女たちがつくってきたお酒の歴史

Mallory O'Meara
マロリー・オメーラ

椰野みさと［訳］

草思社

Girly Drinks: A World History of Women and Alcohol
by
Mallory O'Meara

Japanese translation rights arranged with
DYSTEL, GODERICH & BOURRET LLC
through Japan UNI Agency, Inc., Tokyo

Cover painting: A Bar at the Folies-Bergere by Edouard Manet
Courtauld Institute of Art, London/ Corbis Historical/ Getty Images

女たちがつくってきたお酒の歴史

目次

〔編集部註〕

- 本文中の＊番号ルビは原註を示し、奇数ページ小口寄りに傍註として掲載した。
- 本文中の〔 〕ブラケット内の小さな文字は、訳者による註を示した。

ローレンに――

女性の飲酒について書かれた歴史の本がない、
そう不満をもらしたわたしに、
自分で書けばよいと言ってくれた彼女に捧げる。

バカはよして、あなた勝てるはずない、
兵隊でも水兵でも相手してみせる、わたしとジンだけで。
——ベッシー・スミス

それはまるで剣呑み師の剣のように胃をまっすぐに下っていき、
わたしを力強く神のような感覚にした。
——シルヴィア・プラス

女の子にはこれ、履きなれた靴と強いお酒、
これさえあればいいのよね。
——二〇一三年、ニューハンプシャー州マンチェスターの居酒屋
ストレンジブリューのトイレにいた、緑色のワンピースを着た女性

はじめに

ガーリードリンクって何？

スキニーマルガリータ。アップルティーニ。コズモ。スイーツやホイップクリームの味がしたり、丸ごとスイーツやホイップクリームが浮かんでいたり。真っ赤な砂糖漬けチェリーや、パステルカラーの傘飾りが差してある。こういうのが俗にいうところの「ガーリードリンク」、つまり女の子向けのお酒。

これを誰かがバーで注文する声がすると失笑がもれるような、そういうお酒。この手のものをメニューのなかからあえて選ぶのは恥ずかしい。じつは大好きでも後ろめたい。ほんとうのお酒をいうなら、ビールとかスコッチでしょうに。こちらは堂々としていてよい飲み物。なぜって、だって男のお酒だし。

それにしても、ちょっと待てよと思う。

お酒を飲むのを男女で区別しようと、誰が決めたのだろう。一部のお酒のほうが偉いとか、いつからそうなったのだろう。どこからそんなことに？　どういう理由で、そして、どういった経緯があったのか？

人類は何千年も何万年も飲みつづけてきた。いったい、いつから一部のお酒にピンク色のリボンを飾りつけて、こっちは「ガーリードリンク」だとして格下扱いにしたのだろう。そもそも、お酒が女性向けだと評価が下がるのはなぜか。

ほんとうのところは、すべてのものが「ガーリードリンク」だったりする。女性がアルコールの発明以来ずっと飲んできたというだけでなく、当初からお酒をつくり、提供することもしてきたのだから。

錬金術のようなアルコールの世界

わたしはお酒を飲むのが好き。この本を手に取ったということは、きっとあなたも同じではないだろうか。

ご多分にもれず、わたしも初めて（親の目を盗んでほんとうに初めて）お酒に触れたのは十代の頃で、誰かの家のガレージでのパーティーで渡された生ぬるいナチュラルアイスの缶ビールだった。そのときの感想は、いまでもまったく変わらないが、とにかくまずいものだった。

けれど、まずいと思っていることを悟られたくなかった。なにせわたしは、クールになりたかったから。ビールも飲めないような、イケてない女子にはなりたくなかった。わたしにとってビールとはそういうもの、つまり男の子たちの領分だった。ふつうの女子は男子の飲み物についていけないだろうけど、わたしは違うのよと。しかし最終的にはナチュラルアイスのあまりのまずさに――汗のしみこんだ靴下が排水溝に引っかかって腐ったような味だと、いまでも思う――これから先もめげずに飲むのなら、ほかのものを試すしかないという結論にいたった。ほんとうのお酒はわたしの手には負えない、女の子向けの飲み物が必要だとなった。

こうして暇をもてあましていた十代のわたしは、スミノフアイス、マイクのハードレモネード、マッドドッグ20／20（なかでもブルー・フレーバーの一択で）とともに、仁義なきアルコール道を進むことになった。もちろんこの年頃というのは、味を求めるよりも、なんであれ誰かの兄を説得して買ってもらえたものを飲むことになる。わたしが十代の頃は、男の子たちが飲むのは安くて薄気味悪いビールで、わたしたち女の子は、しびれるほどに甘い発泡性のものを飲んでいた。

ついにお酒を飲める年齢になると、味覚も少しは成熟させねばと思うようになった。そこで出合ったのは、二十代前半のわたしが、数々のパーティーとぱっとしないデートをしのいだドリンク、ウォッカのソーダ割りライム添えだった。まわりにはカクテルを飲む人もいたけれど、試すことはなかった。うっかり自分の許容範囲を超えて強いのを注文して恥をかくのはいやだし。ウイスキーやスコッチはいかにも男臭い。マルガリータやダイキリをフローズンスタイルで注文するのも、女子を誇示するようでいやだった。ワインは赤か白かという以外に種類を知らないなんて、恥ずかしくて人には言えない。こうして、ウォッカとわたしはいつも一緒だった。

やがてニューヨークに移り、親友のローレンに出会った。彼女というのが熱烈なカクテル好きで、初めて一緒に遊びに出ようということになり、連れて行ってくれたのがクラフトカクテルのバーだった。何を飲めばいいのか皆目見当がつかない。初心者のわたしにはメニューが圧倒的すぎて、えいやとばかりに適当なものを注文するしかない。そして目の前にグラスがおかれるや、魔法にかかってしまった。ダークでスモーキーなラム酒のカクテルはたしかに美味しかったけれど、それよりもなによりも、興味深かった。この背後にはなにやら錬金術のような、奥深い技術がみえた。そしてすっかり夢中になった。それまでというもの、自分が飲んでいるのが何なのかも、味の違いがどこからくるのかも意識したことなどなかった。アルコールは酔うための手段でしかなかったのに、ここで手にした繊細なクープグラスから味わった風味は、たんなる砂糖と赤色四〇号［食用着色料］以上のもので、わたしはアルコールがはるかに奥深いものである可能性に気づいたわけである。

数年後にロサンゼルスに移ると、ローレンが今度はバーテンダーセット——シェイカーやバースプーン、ミキシンググラスなど一式——を引っ越し祝いにくれた。ついでにカクテルの本まで。わたしは生まれて初めて知った。アルコールってやつは、人をオタクにすることもある。

カクテルやお酒にまつわる科学と歴史に、目を開かれる思いがした。好奇心が次から次へと湧いてきて、ただ美味しいお酒を味わうだけでなく、もっと知りたいと思うようになった。お酒の歴史には、人類学、化学、社会学、料理史、経済、政治、そして科学と、さまざまな要素がからみ合っている。わたしは片っ端から本を読みあさり、ページの合間から集めたカクテルのレシピを試したりした。

女と酒の新たな発見の旅

そんななか、最初の失望は、これらの本の著者がほぼ男性だと気づいたときに訪れた。二つ目の失望は、これらの本がほぼ男性が主役だと気づいたとき。女性の歴史については、記述があったとしてもほんの一段落程度にとどまった。ある一冊の本に、禁酒法下においてアメリカ史上初めて女性がバーでお酒を飲めた、と短く触れられていた。当時はバーというのはすべてが違法なもぐりの酒場で、あらゆる社会ルールが引っくり返っていたためらしい。そして、たったそれだけの記述でおしまい。わたしが知りたいのはまさにそこなのに！

わたしが読みたいのは、このような女性の歴史の断片、あちらこちらに散在する短い記述がまとめられた本だった。それなのに探しても見つからない。わたしは、このカクテルの旅を始めるきっかけをくれた当人であり、かつお酒の第一人者でもある親友ローレンに相談してみた。すると彼女も同じ意見だった。わたしが読みたい本はこの世に存在しないのだ。禁酒法時代にウイスキーをつくっていた女性たちについて書かれた本はあったけれど、それも著者は男性。女性の手による素晴らしいレシピ本や業界の回想録はあるけれど、歴史ものは見当たらない。

事ここにいたり、わたしは追究にかかった。それら歴史の断片をすべて集めてまわり、そして新たな発見をしたいと考えた。世界中で、あらゆる時代で、女性たちがどんなものを、どこで、どのように飲んでいたかを知りたい。お酒を飲む行為には昔から男女による違いがあったのか。ガーリードリンクという発想は、いったいどこからきたのか。

すぐにわかったのは、アルコールの歴史における女性の役割は、なにも禁酒法時代にウイスキーをつくっていた女性たちが原点ではないことである。アルコールが登場して以来、世界の各地には女性の蒸留家だけでなく、女性の醸造家やバーテンダー、そしてもっともカギとなる愛飲家たちがいた。彼女たちは男性と肩を並べるだけでなく、多くの場合さらに一歩先を行くような存在としてつねにそこにいた。それはたとえば、酒の女神を崇拝してビールを醸造した古代の女性たちに始まり、日本の酒造りを担った刀自《とじ》［もともとは一家の主婦である女性を指し、これが転じて杜氏《とうじ》という言葉が派生した］たち、シャンパンに革命を起こした未亡人たち、ロシアで密造酒造りに励んだお婆ちゃんたち、古典的なカクテルを考案して盛り上げたスターたち、そして現在のクラフトアルコール時代を切り開く（バーカウンターの内側からも注文する側からも）革新者たちにいたるまで、女性はほぼあらゆる時代のアルコールと飲酒文化にとって重要な存在だった。本書では、彼女たちの物語を伝えようと思っている。

歴史をひもとくにあたって、一五編の物語を中心に進めることにした。異なる時代、異なる地域の、一五人の異なる女性たちがいる。それぞれの女性をとおして各時代を道案内することになる。クレオパトラや女帝エカテリーナのように、誰もが知る歴史上の有名人もいれば、意図的にスポットライトを避けて生きたサニー・サンドやガートルード・リスゴーのように、あまり世に知られていない人物もいる。彼女たちはみな、各時代がお酒を飲む女性にとってどのようなものであったか、その一面を明かしてくれることだろう。

リサーチを進めるなかで、わたしは女性の飲酒を許した文化と、女性に自由を与えた文化のあいだに強い相関関係があることに気づかずにはいられなかった。本書ではお酒を飲む女性の姿だけでなく、いつの時代に、なぜ飲めなかったのかについても知ることになる。それぞれの飲酒文化は、家父長制の抑圧と社会における差別的な性役割規範にもっとも大きく左右される。飲酒する女性が直面するダブルスタンダードは、主導権をめぐる不安、女性が支配対象ではなく対等になることを恐れる男性の本音によって生みだされてきた。

ある社会が女性をどのように扱っているかは、グラスの底を覗き見さえすればよいのだ。

何千年ものあいだ、女性が杯を上げる行為は反体制的で危険なものだった。それは世界中の多くの場所でいまなお変わらない。しかし、女性であることに由来して、より低い賃金で、より多くの痛みに耐え、より多くの抑圧と闘うはめになるのだとしたら――これを飲まずにやっていられるかということで――お酒に手が伸びてよいのはむしろ、女性たちではないだろうか。

第1章　酔った猿とアルコールの発見——有史以前

高カロリーのアルコールが進化をもたらす

バーボンができる前、ビールができる前、ワインができる前、あったのは腐った果実だった。いわば最初の「ガーリードリンク」は、カップでも、グラスでも、巨大ジョッキでもなく、森の地面の上に、少し腐った状態で出現した。われわれホモ・サピエンスよりももっと古い時代、先祖のひとりが地面からその熟しすぎて発酵した果実を拾いあげ、美味しいおやつとしてかぶりついた。なんのことはない、アルコールに手が伸びるのは、いまに始まったことではないのだ。わたしたちの酒好きは、何百万年も前の霊長類の祖先にまでさかのぼることができる。

アルコールへの嗜好が目新しいものではないにしても、きわめて重要な示唆を含むことがわかってきた。カリフォルニア大学バークレー校のロバート・ダドリー博士が提唱した「酔っぱらったサル仮説」というのがある。ダドリー博士によれば、人間がアルコールに引き寄せられるのは、より毛深い時代の祖先が、発酵した果実を食料としていたことに由来するらしい。熟しすぎた果物は糖分を多く含み、自然に発酵が起こる。酵母がその糖分を分解することで（ほかの成分とともに）エタノールが生成され、これがわたしたちが飲むお酒の化学的な主成分である。じつはアルコールとは総称であって化学的にはいくつか種類があり、飲料やトイレタリー、医薬品に使われるのがエタノールである。

たとえば食事管理アプリなどを使っているとわかるが、アルコールは高カロリーだ。ダイエットをもくろんでいるときには迷惑な話だが、これが数百万年前で生存競争をしている霊長類だったとしたら非常に好都合ということになる。ダドリー博士は、初期の霊長類に遺伝子変異が起こったことが、エタノール分子に引き寄せられる行動を進化させたと考えている――当時はまだカラオケもなかったわけだしね。

一〇〇〇万年前、二足歩行を始めるなどの大きな生理的変化と同時に、エタノールを処理する能力にも変化が生じた。遺伝子上の一点の突然変異がエタノールの代謝能力を二〇倍に高め、結果として食事での摂取も増えたという、うまく辻褄の合う話になる。はたしてこれはどういうことなのか。わたしたちの祖先は木から降りて森を歩きまわり、地面に落ちている果物の恵みを見つけた。その果物は、枝から摘まれるのを待つかわりに、地面で発酵していた。この発酵した果実は、カロリーが高く、少し変わった匂いを放っている。はるか雲ほどに遠い世代にあたる毛むくじゃらの祖母たちにとって、これに引き寄せられることはアドバンテージになった。純粋なエタノールの一オンス（約二八グラム、量でいえばワンショット未満）は二二四キロカロリーにもなる。労せずして高カロリー獲得！というしだいで、原始時代の女性たちにとって、これは大きな恩恵だった。肉食動物から逃げるためにもカロリーが必要だった――これをわたしは近所のジムに毎月五〇ドル払って疑似体験しているというわけだ。

ざっくりまとめれば、われわれの祖先がエタノールの精神面への作用に気づくよりも先に、要するにアルコールに惹かれることには進化上の優位性があった。発酵した果実はどれほど食べようとも、酔うほどにはならない。そういったことは、ずっと後の時代のことである。

しかしその前に、お酒とは何なのかを少し考えてみよう。エタノールは、純粋な状態では、カクテルに混ぜてみようなどとは思えない。エバークリア［アルコール度数六〇～九五％まであるゴムの風味がする酒］よりもさらに、経口摂取には向いてない。無色透明でかつ揮発性が高く、エバークリアで盛り上がる学生コンパなみに引火点が低い。とはいえエタノールはあらゆる酒類の主成分だ。これに水と風味づけの化合物、砂糖などを組み合わせれば、ビール、ワイン、ウイスキーのような、実際に美味しく飲めるものができあがる。

アルコールには中枢神経系の働きを抑制する作用がある。そしてこれには二相性があり、飲んだ量によって異なる影響が表れる。お酒の適量には個人差があるが、少量の摂取は多幸感をもたらし、不安や緊張が和らいだり、いつになく陽気になって人前で踊りだしそうになる。大量の摂取では脳機能が低下し、運動機能が鈍り、言語が不明瞭になり、眠くなったりする。極度の摂取は命にかかわる。

アルコールは体内で代謝されるとアセトアルデヒドから酢酸へと分解されるが、この中間代謝物は毒性が強く、頭痛や吐き気、全身のだるさ、音に対する過敏、無性にフライドポテトが食べたくなるといった症状を引き起こす（猿人世代のわれわれの祖先が食べていた果物の量は、二日酔いになるほどではなかった）。さて、発酵した果実をつまんでいた先祖に別れを告げよう。長いあいだ酒盛りの状況にはまるで変化がないので、話を数十万年ほど先に進めても問題はない。

古代メソポタミアで女性が仕切っていた醸造業

アルコールは発明されたというよりも、発見された。誰かの頭上で豆電球がピカッと光った記録などないのだし、はたしていつ、誰がどのように発明したのかはわからない。おそらくは偶然の産物だ

1：輝かしき「ローセルのヴィーナス」

ったのだろう。果物や穀物、蜂蜜など、ある種の食べ物を放置しておくと、酵母が集まりはじめる。その酵母は生き物と同じで飢えている。小屋の外なんかに器に盛った果物を放置しておくと、その糖分を食べはじめることで発酵が始まる。野ざらしにされた器に雨が降ることもある。数日ほど発酵すると、置き忘れていた果物のどろどろシロップは、アルコール入りどろどろシロップになっている。よっしゃ、お酒のできあがり。あるとき、命知らずな人たちがこの偶然の産物であるお酒を飲みだして、あんがい悪くないと思うにいたる。

アルコールが正確にいつ発見されたのかは記録がなくても、われわれの祖先がお酒を飲みはじめた時期を示す証拠ならある。原初においても女性は男性と同じくらい飲酒文化にとって重要だった。お酒を飲む人物が描かれた最古の記録のひとつとして、フランスのドルドーニュ県にあるローセルの岩陰に刻まれた、約二万五〇〇〇年前のレリーフが知られている。レリーフは裸体の女性を描いたもので、片手を腹にのせ[*1]、もう片手には角杯のようなものを持っている。学者の一部には、これを角杯ではなく、女性が持ち方を誤った楽器の一種だと考えた男性学者たちもいた。ひとつ想像してみてほしい——女性はお酒を飲むはずがないという信念が強すぎるあまり、わざわざ誰かがこの史上最強に間抜けな角笛吹きの姿を不朽のものにしようと、苦労して岩肌に刻んだ人間がいたと考えたということだ。ともあれ、彼女は「ローセルのヴィーナス」と呼ばれていて、堂々としたご様子で、おそらくは現存するなかでもっとも古い飲酒の芸術的表現である。

角杯の中身は、蜂蜜を発酵させただけの「ミード」（蜂蜜酒）であった可能性が高い。[*2] ミードという語はアルコールに関連するどの語よりも古く、おそらくは最古の酒である。木のくぼみに雨水が溜まった蜂の巣を見つけた初期の人類は、試しに中の液体を飲んでみたのかもしれない。この即席のミードは蜂蜜のような味がして、飲むととてもよい気分になったことだろう。

お酒のような果物や偶然できたものを見つけるのもひとつの方法ではあるが、やがて物事はより組織的になる。お酒が計画的につくられたことを示す最古の痕跡は、紀元前八〇〇〇年頃にさかのぼる。定住して農耕を始めると、人類はついにアルコールを意図してつくるリソースを手に入れた。ここでいうリソースとは、何千年ものあいだ彼らが活用してきた工程を再現させる（つまり水に蜂蜜や果物、穀物を混ぜてアルコールのもとになる液体をつくる）専用の容器や、いまや狩猟採集生活から脱したことで、発酵を待つ時間ができたことを意味する。中国北部の墓跡から出土した陶器片を分析したところ、紀元前七〇〇〇年頃には人類が食料の一部からお酒を醸造していたことを示す残留物が含まれていた。

＊1　多くの歴史家は彼女が妊娠中の女性と推定している。それにしても、なんて失礼な。
＊2　ミードのほうが古いのだから、ワインの呼び名が「ブドウのミード」でもよかったはずだが、たしかに美味しそうな感じはしない。

本格的に手を出すようになるのは（ここではつまり発酵を見守ることだが）メソポタミアの地で、人間はいよいよアルコールにするためだけの作物を栽培するようになる。その最初の痕跡は、今日では肥沃な三日月地帯として知られる、チグリス川とユーフラテス川にはさまれた一帯でみられる。

古代メソポタミアにおける女性の生活はかなり良いものだった。フェミニストの理想郷ではないにしろ、女性は人生のほとんどの場面で男性とほぼ同じ地位を得ていた。その役割は、文化的にはおもに妻と母親であったが、交易や事業にも携わっていた。物売りから食料生産まで、町にはたくさんの女性の売り子や職業人がいた。女神官として権力をもつこともあった。女性の性労働は不名誉ではなかった。王族や金持ちであれば、女の子も学校（神官や書記によって運営されていた、男の子が通うのと同じ学校）に受け入れられた。

ここで女性が占めていた産業というのが醸造業である。ビールとワインという、非常に重要な二つの商品の生産と流通を女性が仕切っていた。ビールは、その歴史の一番始めを問えば、女子たちの手にあったことになる。

紀元前六〇〇〇年から五〇〇〇年にかけて、肥沃な三日月地帯周辺の小さな農耕集落は、村や町、都市へと発展する。メソポタミアでは、とくにチグリス川とユーフラテス川が合流するシュメール（現在のイラク南部）を中心に、文化が急速に発展した。シュメールは最古の文明とされており、紀元前四五〇〇年から一九〇〇年頃に栄えた。文字体系、芸術、醸造のすべてがそこで花開いた。文字による表記の始まりが、ビール造りの工程を記録し出納管理するために発明されたことが判明している。なんならこの本も、歴史的な記録がある最初のアルコール飲料、ビールに捧げるべきだったかもしれない。

シュメールの最大都市は、ウルクだった。ウルクではビールが大変好まれた。老若男女を問わずあらゆる人々が飲んでいた。[*3] それはそうと、そもそもビールとは何だろうか。

ビールとは、ごく簡単にいうと、穀物を発酵させたアルコール飲料である。どんな果物を使ってもワイン［果汁を発酵させたお酒を広くワインと呼び、ブドウが一般的］ができるように、ビールもさまざまな穀物でつくることができる。現在ではほとんどのビールは大麦（厳密にはその麦芽）を使って醸造される。では麦芽とは何かといえば、穀物を発芽させて焙燥《ばいそう》［発芽の進行を止めて保存するために加熱乾燥させること］したもの。ビールをハーブなどで香りづけすることもあるが、基本的にはこれだけ。ビールは栄養価の高い飲み物であり、文明の黎明期にはあらゆる階層の人々にとって主食のひとつだった。高カロリーでエネルギー源となる炭水化物が豊富であり、カルシウムやビタミンB6といったような、ビタミンやミネラルも少量含んでいた。

誰もがビール（「カシュ」と呼ばれた）を飲んでいたとあって、十分な量をつくるためにウルクの女性たちは大規模な醸造を行った。少なくとも大麦から八種類、小麦から八種類、さらに穀物を混合させて三種類と、それぞれに異なる種類のビールがつくられた。肥沃な三日月地帯は農耕文明発祥の地であるだけなく、大規模なアルコール製造業が生まれた地でもある。そしてこの産業は世界の交易や経済をかたちづくる大きな力になっていく――その原動力はすべて女性の労働だった。

＊3　いったい当時の人々はどうなっているんだと驚く前に、事実としてはシュメールのビールのアルコール度数は現在のものよりもずっと低かった。

芸術が花開くにつれて、そこには社会におけるアルコールの役割が反映された。この時代の芸術をみると、お酒がたんなる食事の一部ではなくなっていたことがわかる。飲酒は文化や宗教に大きくかかわるようになっていた。アルコールの普遍的な魅力は、生理的要求にとどまらず、宗教的、社会的な要求をも満たすものだった。現存する遺物からは、メソポタミア社会においてビールがごく身近なものであった一方で、重要な神々への奉納品でもあったことが知られている。古代世界においてアルコールの摂取は、死んだ祖先や神々、さまざまな精霊と交信するための主要な手段だった。

ビールをつかさどる女神ニンカシ

メソポタミアの人々がビールそのものを祝うさいに乾杯を捧げたのは女神だった。女神の名はニンカシという。

シュメール人が信仰した女神ニンカシとは、ビールをつかさどる神だった。ニンカシはビールそのものを体現する存在とされ、パーティーには欠かせない女神といえた。ビールを何杯か飲むと感じる高揚感（わたしのように酒が弱い人は、一杯目の半分あたりか）、あれがニンカシの本質と考えられた。[*4]

彼女はパーティーを盛り上げたわけだが、準備の進め方も知っていたことになる。ニンカシはビールの醸造技術もつかさどった。ビールはニンカシから人間への贈り物と考えられていたため、宗教儀式の一環として神殿において醸造されていた。シュメールで最初に大規模な醸造を行っていたのはニンカシに仕える女神官たちである。神殿で働く女性たちは一回につき約二リットルのビールで報酬が与えられた。

ニンカシの一番の遺産は、ビール醸造の女性たちによって歌われたニンカシ賛歌である。この賛歌はニンカシを称えると同時に、ビールを祝い、その醸造工程を丁寧に教えるものでもあった。ほとんどが文字の読めないメソポタミアの人々がレシピを覚えて共有するには、キャッチーな歌が最適だった。醸造者だけでなく、祭事や宗教儀式でニンカシを称える人々も（そして毎日ビールを飲んで幸せ気分になっていたであろう人々も）これを歌った。以下は、ミゲル・シビル解読による賛歌の一部になる。

……
ニンカシよ、あなたは麦芽を大甕《おおがめ》の水のなかにくわえて湿らせる……
ニンカシよ、あなたは調理されたその滓《おり》（原汁）を葦の敷物の上に広げる……
ニンカシよ、あなたは濾過《ろか》されたビールを樽から注ぐ
まるでチグリス川とユーフラテス川の流れのように

女性たちはまず、「バッピル」と呼ばれる大麦のパンを二度焼くところから醸造を始めた。バッピルを細かく砕き、蜂蜜やナツメヤシの実をくわえる。この美味しそうな響きの混合物を容器に入れて水に浸し、発酵させる。発酵が終わると、どろどろしたビール種は濾過用の樽に移され、その樽から壺

＊4　ニンカシとは「口を満たす聖女」という意味。メソポタミアの人々にとって、ビールを飲むことは文字どおり神を吸収することだった。

へと注がれた。このビールを注ぐ行為が「チグリス川とユーフラテス川の流れのように」と表現されるのは、飲む人に生命力をもたらすと考えられていたためである。

世界最古の詩人とされているのは、エンヘドゥアンナという名の女性である。紀元前二二八六年頃に生まれた彼女は、シュメールの都市ウルの高位神官だった。エンヘドゥアンナは、この都市の飲酒習慣と神々への祝杯をともなう宗教儀式について多くを書き残している。粘土板（少なくとも現存する四二枚）に、シュメールのすべての神々と神殿を称える賛歌を書き残し、いわば世界初の文学作品集をつくり上げた。歴史上初めて作者名がわかる文章を残したのがエンヘドゥアンナである。さらに男女を問わず初めて「私」という代名詞を使い、自分自身について言及した最初の作家でもある。おそらくは今日の多くの作家と同じように、エンヘドゥアンナもまた文学的達成を祝して杯を上げたことだろう。

つまりは文字表現も詩も、ビールを飲む女性たちによってつくられた。これらの女性たちはお酒の造り方だけでなく、お酒がわたしたちの文化の一部となる道筋もつけていたわけである。

宗教儀式はさておくとしても、メソポタミアの女性たちはお酒が好きという理由でも飲んでいた。誰もが酒を飲み、そのことに後ろめたさはなかった（酒が飲めないなら残念な話でしかない、下戸だとしたらニンカシは力になれないのだし）。アルコールには鎮痛作用や気分の落ち着き、多幸感など、あらゆる面で苦痛を軽減させる効果があるとして歓迎された。古代メソポタミアでは気分を良くするものとして、とくに老人に飲酒が奨励されていた。女性たちは、めったに四〇歳過ぎまで生きられない現実を忘れられたかもしれない（男性のほうが寿命が一〇年ほど長かった）。

紀元前二六〇〇年から二三〇〇年あたりに生きたシュメールのプアビ女王の場合、副葬品には一日分のビール六リットル（ちなみに一般庶民の女性がもらえたのは一日あたり一リットル）が入れられる銀の壺のかたわらに、杯、ストロー、水差し、畝状装飾のボウル皿などの酒器一式も揃っていた。ストローさえも銀や金でつくられていた。彼女の墓が発掘されたさいには、五〇人以上の殉葬者の遺骨が発見されている。あの世でも女王にビールを注ぐことになった不運な人々の姿だ。[*5]

それにしてもプアビ女王がなぜストローを必要としたかといえば、ビールの造り方はまだ改良途上だったから。通常は濾過されておらず、口に含んだときのかすを避けるためにストローを使って飲まれた。じつのところ、ストローはこのビールを飲むために発明された——なぜかしら缶入りのナチュラルアイスを飲むよりはいやな感じがしない。

女王の対極にある階層はといえば、女性はビールを醸造して飲むだけでなく、ビールを提供する側でもあった。シュメールの酒場は女性がオーナーとなって切り盛りされた。おもてなしは女性の仕事という考え方のルーツのひとつである。これらの酒場の女主人たちは経済的、社会的な地位は低く、男性客やしばしば店に出入りするセックスワーカーから注文をとっていた。しかし商業活動としては法的にも経済的にも男性と対等な立場だったと考えられている。人々にビールを提供することは、パンを提供することと同じくらい重要だった。誰かが悩みを打ち明けた最初のバーテンダーは女性だったということでもある。

＊5　発見された証拠からは、これらの人々は来世で女王に仕えるために毒殺されたか、または自ら毒を飲んだと考えられる。

メソポタミアにおけるビールの重要性は経済の基本水準を大きく左右するもので、社会的な飲酒習慣が変わりはじめても揺らぐことはなかった。有史以来というもの、アルコールの生産と販売は世界中で地域経済にとって大きな柱だった。それは労働集約型の産業であり、圧倒的に女性によって担われた。古代世界の交易は女性の労働力で成り立っていたのである。

古代エジプトではビールは労働者階級、ワインは上流階級

酒造りと文化の基礎は女性の手によって築かれた。これまで知られている限り、お酒を飲む様子が描かれた最初の記録は女性で、アルコールにまつわる最初の神は女神だった。キリスト教徒が聖餐式でワインを飲むよりはるか何千年も以前から、ギリシャでディオニュソスがワインの神として信仰されるよりもはるかに古くから、ニンカシはビールを醸造して飲むシュメールの女性たちから崇められていた。お酒のあらゆる側面をつかさどった女神の存在は、女性がいかに影響力をもっていたかを象徴している。

そして彼女はひとりぼっちではない。同じ頃のエジプトには、ニンカシの妹がいた。神格同士での姉妹格ということだが、ともあれ妹がいた。

酔った女神として知られるハトホルは、ビールがとても好きだった。天空の女神であり、女性美と豊穣、愛、そして何よりも酩酊の女神である。毎年「ハトホルの大酒飲み」として知られる盛大な祭りが催され、盛大な祝宴がナイル川の氾濫が始まる時期に開始された。これはハトホルが獅子頭の女神セクメトに化身して人間を滅ぼそうと暴れまわったという神話を祝うものだった。太陽神ラーが女神の気をそらそうと地上を大量の赤いビールで（血の海に見えるように）満たし、これを大量に飲み

干したハトホルは、酔って満足したところで人間を滅ぼすことをすっかり忘れてしまったという、とても身につまされる話でもある。

　エジプトでの飲酒の始まりは、メソポタミアととても似ている。古代エジプト人は熱心なビール愛好家だった。ビールは「ヘケト」と呼ばれ、醸造は神聖な活動であり、女神イシスから伝授された神聖な秘密とされた。ビールをつくる神としてメンケトという下級の女神もいた。彼女はハトホルとも近い関係にあり、当然というべきか仲良しだった。

　ヘケトは当初、各家庭の女性たちによって小規模につくられていた。まずは大麦のパンを砕いて壺に入れるところから始まり、そのパンに水をくわえて発酵させ、後に中の液体を抜き取って、濾して飲んだ。

2：ビールを醸造する古代エジプトの女性

　ヘケトは食卓の定番となり、やがて大規模につくられるようになる。世界最古のビール醸造所（の痕跡か）とされるものはエジプトにある。紀元前三四〇〇年頃のもので、ここでも醸造をしていたのは女性だった（醸造の規模によっては奴隷の男手がくわわることもあった）。一日に最大三〇〇〇ガロン［一ガロンは約三・八リットル］の生産能力があった。アルコール度数は五％程

3：人々がストローでビールを飲んでいる
古代エジプト絵画

度で、[*6]現在の平均的なビールと変わらない。毎日一・三ガロンほどが労働者に配給されていた。古代エジプトの美術品には、労働者階級の女性がトップレスで肘までビールに浸かって醸造している様子がみられる――まさに夢のある光景。

　古代エジプト人の生活について、知られているほとんどは上流階級の暮らしに関するものである。ビールをつくっていたトップレスの農民女性たちの日常生活はあまり知られていない。しかし、古代エジプトの女性はお酒が好きで、男性を酔わせるのも好きだったのは確かといえる。飲酒と性行動は密接に関連していた。クラティアンクという名の裕福なエジプト人女性（生没年不詳）の墓には、「わたしは大酒飲みの愛人であり、良き一日を愛し、毎日（セックスすることを）楽しみに、没薬《もつやく》を塗り蓮の香りを漂わせていた」と刻まれた。クラティアンクについてわかることはこれだけだが、これだけでも十分だろう――夢のある生き方だ。

　メソポタミアとエジプトのもうひとつの共通点は、酒好きの女神を盛大に祝ったことである。あらゆる階層の女性がハトホルの祭りを愛した。めいっぱいの盛装に、宝石、化粧、新鮮な花輪を身につけた女性たちが、ハトホルを祀る神殿に押しかけてお酒を飲んだ。豪飲と嘔吐とがそれぞれ大量にあり、どちらも恥とはならなかった。性別に応じて酔っぱらいを非難する現象はまだみられない。ある遺跡の墓壁には「一八杯のワインをここへ／とことん酔いたいから／わたしの喉は藁《わら》のように渇いている」と語る女性が描かれている。ニンカシとハトホルの祭りには男女を問わず地域全体が参加し、いったん祝宴が始まると二週間から三週間続いた。音楽とご馳走、踊りや劇、乱痴気騒ぎ、そしてとにかく大量に飲みつづけることになる。

この時代のエジプトにおいてビールは労働者階級のものだった。労働者階級の女性たちは自分たちで醸造したものを飲んだことがわかっている。しかし上流階級が好んだのはワインだった。ワインはエリートの飲み物であり、特権を意味した。エジプトの裕福な女性たちがハトホルに乾杯したのもこれである。ビールよりもはるかに入手困難なこの時代、ワインはより高価で贅沢な飲み物になっていた。赤ワインは血の色に似ていることで宗教儀式にも使われた。ほどなくして、需要の高まりに押されたエジプト人は、独自に赤ワインや白ワインの生産に乗り出した。

メソポタミアでワインがつくられていたのは紀元前三〇〇〇年だが、最初につくられたのは新石器時代で、紀元前九〇〇〇年から四〇〇〇年のどこかである（膨大な時間差があるのは承知しているが、なにせ歴史の推定とはこれが限界なわけで、ワインについては次章で詳しくみる）。現段階でわかっているのは、始まりはザグロス山脈、ほぼ現在のアルメニアからイラン北部にあたる。この時代の壺か

＊6　アルコール度数（ABV）はお酒に含まれるエタノールの体積の割合を示し、標準的に使われる単位。ほとんどのビールは五％程度で、ワインは一三％前後。蒸留酒であれば四〇％前後ある。

ら発見された残留物からは、人々が意図的にブドウを発酵させていたことがわかった。ここでは世界最古のワイン醸造所とされる、紀元前四一〇〇年頃の遺跡が見つかっている。

ハンムラビ法典によって自由が失われていく女性たち

もうひとつ、メソポタミアとエジプトの女性たちには重要な共通点がある。彼女たちは自由だった。この時代のエジプトの女性たちは自由に経済活動を営むことができた。財産や事業を所有し、多くの面で男性と同じ法的権利をもっていた。お酒好きの女性にとっては、かなり良い時代だったといえる。ところが、この二つの文化は劇的に違う道をたどることになる。

ハンムラビという名のバビロンの王が、メソポタミア全土の征服と統一を思い立った。そして紀元前一七五四年頃、成功を収めた彼はひとつの法典をつくり上げた。全二八二条からなる法典は、商取引やさまざまな犯罪への刑罰を定めたもので、「目には目を」という復讐法を原則とした司法制度が築かれた。多くの人は、これを文明にとって好ましい転換点だったと信じている（なぜならアメリカの学校でそう教えられているから）。しかし女性にとっては悪い知らせだった。ハンムラビ法典は本質的には家父長制を確立させるもので、女性を男性の所有物とする考えを、文字どおり石に刻むような結果になった。[*7]

その趣旨としては女性を「守るため」だったが、法典は女性から権利の多くを剝奪し、法的観点からいえば父親か夫の所有物にした。女性を恣意的に虐待することは禁じられたが、それが彼女の「不品行による報い」とみなされる虐待は公認された。女性は家庭を離れての商業活動を禁じられ、自身の身体だけでなく、性と生殖の権利についても男性の管理下におかれた。ハンムラビ法典がメソポタミア全土で適用されて以降というもの、女性の生活はますます制限され、その権利は縮小されていく。これは女性の経済的・性的自由に壊滅的な打撃を与えた（そして数千年も経ってなお衝撃から立ち直れてはいない）。

女性は醸造業での主導権を失い、全域でその地位が低下した。もはやメソポタミア中の醸造業は男性の手に渡り、以後はすべてのことが悪化の一途をたどる。

この「ハンムラビ法典」以降のメソポタミアでは、善良な女性やいわゆる信心深い女性が酒場に立ち入ることはなかった。二八二条ある条文のひとつには、女性の聖職者がお酒を飲みに酒場に入ったら火あぶりの刑に処すことが定められた。かつてはビールの製造と消費文化を担っていた彼女たちは、ビールをつくることどころか、飲むことすらも許されなくなったのである。

ここ、まさにこの瞬間である。ここからアルコールは性別に応じて差別化されることになる。女性がお酒を飲むことは道徳的な汚名がつくだけではない、ある種の女性にとっては死罪にもなりうる法的効力をもった。

ここにいたるまで、お酒の製造と提供を担っていたのは女性たちであり、その名を祝してお酒を捧げられたのは女神たちだった。しかしいまや、社会のほぼすべての側面と同じように、お酒は男の世界に属すものとなった。ハンムラビ法典の発布は、お酒を飲む女というのは悪い女で、堕落した女で、いかがわしい女だとした。メソポタミアの経済、文化、宗教を大きくかたちづくった産業は、女性の

＊7　これは巨大なペニスのように見える巨大な岩に刻まれた、ほんとうに。こんな作り話はできない。

手からすっかり引き離され、そして何も残さなかった。

このハンムラビ法典が文明に刻んだ影響は、史上もっとも強力な女性のひとりを倒すことにつながる。

第2章　クレオパトラの飲酒クラブ——古代世界

酒好きだったクレオパトラ

クレオパトラは古代世界でもっとも名の知れた女性であっただけでなく、もっとも悪評高かった女性でもあり、それは今日なお変わらない。彼女のことを強力な統治者、フェミニストの象徴、あるいは政治手腕の持ち主だと考える人もいる。多くの人はそれよりも身勝手で浮気性の女性か、あるいは罪深い誘惑者だったと考えている。しかし誰に何をどう思われていようが、死後二〇〇〇年も経ってなお、クレオパトラが何者かを知らない人はいない。

クレオパトラが君臨したのはエジプトで、紀元前五一年から紀元前三〇年までの二一年間にわたり王国を統治していた。その支配は最盛期には地中海東岸一帯に及んだ。古代エジプト最後の偉大な統治者であり、古代世界で単独で統治した女性二人のうちのひとりだった。その治世下、クレオパトラは地中海地域の誰よりも名声と富を手にしていた。

いまではクレオパトラといえば伝説的なセックスアピールがもっとも知られている。おそらくはいま、読者の頭に浮かんでいるのはエリザベス・テイラーで、アライグマもびっくりの漆黒のアイライナーを引いた彼女が、白い麻のロングドレス姿で大理石の柱のあいだをしずしずと歩いているのだろう。

知っていることといえば誘惑にまつわる神話や、彼女の死にまつわる伝説。カエサルに会うために自身を絨毯に包ませて忍び込み、アントニウスを虜《とりこ》にし、蛇に咬まれて自殺したといったことが思い浮かぶ。

古代世界においてクレオパトラは、現代社会でも危険な存在、つまり「力を振るう女」という位置づけだった。ローマの指導者たちは彼女に対する中傷キャンペーンを展開し、その印象操作が永続的な成功を収めたことで、世界が抱くクレオパトラのイメージは貶められた。聡明で行動力のある女性ではなく、悪質で好色で野性的な人物として印象づけられた。このような悪評がつくり上げられた理由のひとつには、クレオパトラがお酒好きの女性だったことがある。

古代ギリシャでは女性の飲酒は言語道断

クレオパトラは古代エジプトの精神と美を体現する存在だと多くの人が思っている。しかし彼女の生まれはアレクサンドリアで、ほぼギリシャの都市に近い。ギリシャといえば、これまた古くからお酒と密接なかかわりのある文化をもつ国でもある。巻き衣のトーガにブドウとくれば、ワインで盛り上がるディオニュソス的な宴会がたちまち連想される。その飲酒文化を描写するなら、ワインのかわりに安物のビヤ樽を囲むいまどきの学生のそれとそう変わらない。

しかし残念ながら、このディオニュソス的な宴会には、誰もが参加できるわけではなかった。紀元前九〇〇年頃、ギリシャの文化が形成されていく過程で、近隣のメソポタミアからはハンムラビが広めた女性の飲酒に対する考え方が取り込まれている。

古代ギリシャの人々にとってワインは生活のかなめであり、文明と洗練そのものだった。ワインを飲めれば万事憂いなしということだが、ただしこれは男性であればの話。女性がお酒を飲むことは、そのほかのあらゆることと同様に禁じられていた。

アメリカの学校に通った人なら、古代ギリシャは民主主義の発祥の地で、素晴らしい時代だったと考えて育ったことだろう——神々とか怪獣とかオリンポスの神殿とか、わくわくする神話がたくさんあるし、この時代には偉大な哲学者も思想家も発明家もたくさん生きていて、みんなでワインを飲んで、トーガを着て、新しいアイデアをバンバン思いついていたんだ、すごい、なんてね。

実際の古代ギリシャは、なかなかひどいところだった。

この時代が生み出した民主主義は、限られた少数の成員にだけ自由を与えた。古代ギリシャの基盤は奴隷制である。奴隷でなかったとしても、民主政治に参加できるのは男性に限られた。女性はほぼすべてにおいて排除された。

ギリシャにおける女性の地位は、古代世界でも指折りの低さである。公の場にも記録にもその姿は登場しない。わたしたちが学校で学んだときには、古代ギリシャは女神アテナを筆頭に最高にカッコよくて強い女神たちが目をひいたから、てっきりこの神々を崇める文化なのだから女性も自由だったのだろうと信じた。これが、なんとも、残念ながら大間違い。ギリシャ神話に登場する勇ましい女性たちの話を、現実世界と混同してはいけない。現実の女性たちにはほとんどなんの権限もなく、一部の祭事や宗教儀式以外にはめったに人前に出ることも許されなかった。

古代ギリシャで男性が女性を支配することには飲酒も含まれた。酒を飲む女は奔放で意のままにならない女として、ひどく恐れられた。ワインを飲むと従順さを失い不道徳になる危険がある——ここでいう危険とはつまり、夫や父の財産上の危険があるということ。万が一にも彼女が（その生殖能力は財産とみなされていたので）、酒に酔って羽目を外して、あげくに処女を失ったり妊娠でもしたら、それは彼女を所有する男性にとって経済的に大きな打撃になる。このような女性蔑視に基づく恐れの感情は、みんなの安全を脅かす存在として奔放な女性を描く神話を生み出した。

パンドラの箱の寓話は（あるいはそのフレーズだけでも）、今日よく知られている。好奇心を抑えきれなくなった女性が、世の中のあらゆる災厄を封じ込めていた箱を開けて、人類にまき散らしてしまう。しかしこの物語は何千年ものあいだ間違って理解されてきた。誤訳によるものであって、本来は箱ではなく、壺の物語である。古代ギリシャでは壺は女性の子宮の比喩だった。ギリシャ人は、世の中のあらゆる災厄は女性の開いた子宮……つまり、セックスをしている女性からくると信じた。この世の諸悪の根源は、束縛されず、奔放で、意のままにならない女だということである——女に酒を飲ませるなど言語道断！　世界を破滅させたいのか、みたいな感じだったのだろう。

エトルリアの女性は酒好きで驚くほど美しい

ギリシャ文化の中心はシンポジウム［ギリシャ語でシンポシオン］、つまり当時では酒宴のことだった。男性貴族だけの儀式的な習慣として、専用の特別な部屋で開かれていた酒宴は、要するに特権的な身分の自由民（人口の五分の一程度しかいない種類の人々）のための、フォーマルで知的な飲み会である。酒宴にはワインが欠かせなかった。原酒で飲むのは野蛮な行為と考えられていたため、ワインを飲むには大きなボウルに水で割る必要があった[*8]。どこであろうともワインは必ず薄めて飲まれた。古代ギリシャでワインをストレートで飲むことは、現代でいえばウォッカをラッパ飲みするようなものだろう。しかも、ただの水割りではない。塩水も頻繁に使われ、さらに蜂蜜や塩、香辛料、ハーブ、油など、風味を良くするためにさまざまな材料がくわえられた。

なにせ塩水で味を高めるような飲料なわけで、当時のワインの品質が格別高くなかったことはおわかりいただけるだろう。もっとも重宝されたのは甘味で、ワインは酸味から甘味までの尺度があり、基本的には「まずい」から「うまい」までの評価にあたる。当時のギリシャには赤、白、琥珀色の三種類のワインがあった[*9]。

たとえ酒宴の席でなくとも、自由民の男性がお酒を飲むことに気兼ねはなかった。むしろ飲まないほうが問題になる。ワインは、男らしい男、戦士、思想家の飲み物だった。都市間での小競り合いや略奪にも、誓言を立てるにもワインを飲みながら事が進められた。ワインにかけて誓いを立てることは、より強く、より重みがあるとみなされた。表向きではワインは人に真実を語らせるとされたことから、重要な儀式にはすべてワインがともなった。なかには酔っぱらった状態でだけ演説を行った雄弁家もいる。

ついには古代ギリシャのワイン好きは気取ったものになっていき、ワインの種類やヴィンテージの違いが大ごとになった。金持ちのあいだでワインを飲むことが日常化すると、彼らはさらに自分を格上げさせる方法を必要とした。紀元前四世紀頃、ヴィンテージワインはステータスシンボルになっていた。

＊8　ここで言っているのは大量の水である。水とワインを同量に割ったものは強い酒とされていた。
＊9　琥珀色のワインは、白ブドウを使って赤ワインと同じように果皮や種を果汁と一緒に発酵させてできる。出来上がりは深いオレンジ色になる。ちなみに近年オレンジワインがふたたび注目を集めている。

酒宴に女性がくわわることは、たとえば踊りや音楽や娯楽のためか、あるいは給仕など、何らかの役割がある場合のほかは許されなかった[*10]。ギリシャ文化の中心……それは女性抜きで成立するものだった。女性の飲酒を禁じることには、女性の身体に対してだけでなく、社会へのかかわりにも制限をかける効果があった。慎ましさが女性の美徳とされ、公の場ではヴェールをかぶることが求められた。

当時の医学はさまざまな迷説をつけて、こうした飲酒をめぐる差別を正当化した。妊娠中の禁酒どころではない。医師たちは女性が子どもをつくるときにも飲むべきではないとした。女性はセックスのあいだしらふである必要がある、そうでないと彼女の魂が奇妙な幻覚に襲われて、それが胎児に伝わってしまうと考えた。かの高名な（そして女嫌いの）アリストテレスのような思想家は女性には魂すらないと考えていたのだから、この程度の説はむしろ当時としては進歩的で革新的なものといえる。

さらには授乳をする女性も、医学的な理由から飲んではいけないとされた。乳母はワインどころか、セックスも禁じられた。そのような淫らな行為は、世話する乳児への愛情を削ぎ、母乳の分泌を滞らせて母乳を悪くすると信じられた。アルコールは女性の精神だけでなく母乳までも汚染させるものだった（アメリカ疾病対策センターは、授乳中の母親による適度なアルコール摂取が、乳児に有害であるとは言えないとしている）。ギリシャの医師ソラノスは、ワインを飲んだ乳母の母乳を乳児が飲むと、ぐったりして痙攣《けいれん》などの症状が出たり、昏睡状態に陥ることもあると考えた。古代アテネにおいて乳母は自由民の女性たちにもっとも人気の職業であったことから、こうした説の広がりは女性の飲酒を効果的に抑制するのに役立ったことになる[*11]。

少なくとも、理論上ではそういうことになる。

こうした世間の抑圧的な慣行や通念を前にして、「もうたくさんだ、わたしは飲むぞ」と思ったギリシャ人女性は多く存在した。

ほとんどの家庭では、ワインの保管は（通常は男性の）奴隷によって管理され、彼らは女性がワインに近づくことがないよう厳しく見張りを命じられていた。そのことはしかし、女性たちがこっそり抜け出して、「カペリア」と呼ばれる地元の酒場に足を運ぶことを止めることにはならなかった。カペリアは広く普及しており、地元のワインバーとしてたいていの地域にあった。これらの酒場はより庶民的な人々を相手にしたもので、ときには奴隷身分の女性もが交じった。社会の抑圧をかいくぐって、古代ギリシャの多くの女性は密かに酒を飲んでいたのである。

ギリシャ女性の密かな飲酒は、たとえば紀元前五世紀の後半のように戦争があるたびに増えた。多くの男性が戦争で不在になると、女性たちはそれまで抑制や禁止されていたことを思うがままに実行した。

ただし自由民の女性が人前で飲酒できる特別な機会も、あるにはあった。

ディオニュソスは、古代ギリシャのワインの神で、人間のもつ野性的な側面を象徴する神であり、愛欲と騒乱と快楽の体現者だった。この神がギリシャの抑圧的な社会に生きる女性たちに人気があっ

＊10　ただし公娼や酒宴に参加する男性の愛人たちはくわわることが許されていた。ヘタイラと呼ばれた彼女たちは、男性とともに薄めたワインを飲むこともあったが、その立場は微妙だった。なんら権利はなく、彼女たちの幸福度は一緒にいる男性の善意に依存していた。
＊11　記録が残っているおかげで、古代アテネの女性については、他の都市国家の女性よりも多くのことが知られている。

たのも不思議ではない。なにせ彼女たちに許されないすべての経験を象徴する神だった。その信者の女性は「マイナスたち」と呼ばれ、「狂った女」を意味した——きっと男性の目からそう呼ばれただけで、彼女たちのあいだでは「一度くらい自由にしたい女」でとおっていたのかもしれないぞと思う。

女性の飲酒が許されたのはディオニュソスを祝う祭りの期間だけで、女性がこの祭儀に参加することは「ディオニュソスに身を委ねる」と表現された。男性像に身を委ねることが女性の飲酒を認める唯一の慣習になるとは、おかしな話でもある。これらの祭りでは相手かまわず交わることも多かったから、男性は（それを期待して）女性が飲んでも構わないことにしたのかもしれない。

女性の飲酒に対するこうした不寛容さは、ギリシャ人が近隣のエトルリア（現在のイタリア中部）を激しく嫌った理由のひとつでもある。エトルリア人は堕落していて、女性は不道徳だと信じられた。どういう根拠かといえば、エトルリアの女性は酒を飲んだから。エトルリアの晩餐や宴席にくわわる女性の姿は、ギリシャの男性たちに衝撃を与えた。じつに乾杯の音頭を女性がとることも多かった。エトルリアの女性は男性と一緒にお酒を飲み、自分専用の酒器を所有していた。彼女たちはギリシャの女性たちよりもはるかに自立していて、ある程度の自由とワインを楽しむことができた。あるギリシャ人の旅人は、エトルリアの女性たちを「大変な酒好きで、しかも驚くほど美しい」と、本書の副題にでも借用したい表現で記した。

並外れた知識と能力を身につけたクレオパトラ

クレオパトラはギリシャ人だったが、抑圧的なギリシャ文化では育っていない。彼女はプトレマイオス朝の最後の王であり、このプトレマイオス朝とは、約三〇〇年にわたりエジプトを支配した、ギリシャ系の血をひく王朝だった。

紀元前六九年、ファラオであるプトレマイオス十二世の娘として生まれたクレオパトラは、先端的な教育を受け、アレクサンドリア図書館に集う学者たちから知識を身につけた。すでに幼い頃から人前で話す訓練を受けていた彼女は、自身の考えを明確かつ簡潔に伝えることができた。この時代の女性が教わることはまずない能力を身につけたことになる。しかも複数の言語を操った。この将来の女王は、王朝のなかで唯一エジプト語を身につけたファラオであり、一〇〇万近くの臣民を相手にするのに役立った。そして彼女はまさに、彼らに話しかけた。

エジプトでも一般的ではないにしろ、ギリシャよりははるかに、女子が教育を受けることは珍しくなかった。[*12] エジプトの女性たちは、お酒を飲むことだけでなく、自らの意思で結婚し、財産を相続したり所有することができ、離婚することもできた。夫に服従する必要はなかった。

クレオパトラが権力の座に登りつめたもう一つの重要な側面は、彼女には尊敬すべき非常にパワフルな女性がたくさんいたという事実である。彼女の前には手本となるべき、戦いを率い、艦隊を育てあげ、神殿を建立し、もちろんワインを飲んでいたエジプトの女王たちがいた。

エジプトのワインは、ブドウのほか、イチジク、ザクロ、ナツメヤシなどの果実からつくられていた。[*13] まずはブドウの収穫から始まる。夏の終わり頃になると、女性労働者は男性や子どもとともにこの作

＊12　ここでの話は上流階級の女の子たちのことである。古代社会についてわたしたちが知っていることは、ほとんどが上流階級がどのように暮らしたかという知識だ。奴隷身分や下層階級の人々にこのような生活は送れない。

業にかかった。木から房ごと手摘みしたブドウを編みかごに集める。そして、そのブドウを大きな桶に入れて踏みつけるようにした。石臼を使うのも効率的だが、種や茎も一緒に砕いてしまいワインに苦味が出てしまう。果汁を抽出するにはブドウを踏みつけるやり方が一番だった。人々がこの桶のなかに入って素足で（清潔であれと願おう）ブドウを踏みつぶした。搾り出された果汁は大きな桶の注出口から小さな桶へと流れ出す。次には果汁と残った固形物を大きな麻布のなかに入れて搾り上げ、麻布の下の壺に集められた。あとは、しばらく壺を放置して発酵させる。果汁は数日程度で軽口のワインになり、数週間発酵させるとより濃厚なワインになった。どちらであれ最終製品は封が施され、ラベルが貼られた。足踏み部分を除けば、ワインは今日でもよく似た方法でつくられている。

ローマ帝国で世界初のガーリードリンク

ギリシャ文化を継承するローマ帝国は、紀元前五〇〇年頃から勢力を拡大した。ローマの文明は、ギリシャ文明の規範や社会通念、神々、飲酒文化など多くの側面を取り入れた。

ローマ人もまたワインを原酒で飲むことは野蛮だと考え[*14]、希釈する習慣を引き継いだ。ワインは主食の一部であると同時に、とくに上流階級にとっては文化的な重要性をもっていた。そしてローマにおいて文化的に重要なものすべてがそうであったように、ワインもまた金持ちだけのものだった。ついでに、女性の飲酒に対するギリシャ人の態度も模倣された。

エジプトの女性であれば評価されるような、意志が強く、大胆であるといった特性は、ローマ人女性では非難の対象になった。お酒を飲んだり、自分の意見や欲望を隠さず、性的魅力を表に出すような女性は、行動規範を踏み外しているとみなされて忌み嫌われた。

ギリシャの影響が広がる以前のローマ初期は、お酒を飲む人には誰であれ眉をひそめた。禁酒の国だったのである。事実初期のローマ人はアルコールに不信感を抱いていて、ディオニュソスを祝う儀式も一切禁止していた。女性にはさらに厳しかった。女性の飲酒は眉をひそめるどころではなく、完全に違法であり、命を失うことにもなりかねなかった。

ローマ創建の初代王ロムルスにまつわる伝説によれば、酒を飲んだ女性には死刑を科したという。当時は女性が親族にキスをすることで、親族が息の臭いを嗅いでワインを飲んでいないことを確認する慣習が広くみられた。女性がワインとかかわるようなことは、神々に献酒を捧げることも含めて一切が禁じられていた。古代ローマ法では、妻が酒を飲んでいるのを見つけた夫は妻と離婚することができた。そうする前に、妻を殴るか殺すことになっても合法だった。飲酒を理由にした離婚が最後に認められたのは、紀元前一九四年である。

＊13　本書では、ワインといえばブドウ酒を指す。今日ではワインと聞いてわたしたちが思い浮かべるのはこれである。しかし前章でも述べたように、古くからある果物ならどんなものからでもワインはつくることができる。

＊14　ギリシャ人とローマ人にとっては、野蛮であることは最悪のことだった。ギリシャ語が話せない者は、わけのわからないことをしゃべる、その様子が「バーバーバー」と言っているように聞こえるということで、バーバリアン（野蛮人）という言葉が生まれた。北方のゲルマン民族は野蛮の典型と考えられていた。古代ギリシャ人もビールについて知ってはいたが、そうした未開な部族が好んで飲むような野蛮な飲み物だとみなした。ビールは、ギリシャでは貧しい人々や奴隷のあいだでさえ広まることはなく、下等な者が飲む下等な酒とされた。

しかしローマの拡大にともない、数十年のうちに見方は変わりはじめる。変化の背景は経済的なものだった。ローマがワインの一大生産地になったことで、酒というのは（男性にとって）案外悪くないのではないかと思われはじめた。そうしてローマ人の飲酒文化が生まれた。

紀元前一世紀半ばには、飲酒はたんに認められるだけでなく、祝われるものになる。

ローマはギリシャのディオニュソス神を引き継ぎ、自分たちの神としてバッカスと呼んだ。独自の祭儀が行われ、ワインを飲み騒ぐ祭りはバッカナリアと呼ばれた。そしてギリシャのディオニュソスと同じく、バッカスの女性信奉者たちが参加していた。こうした儀式が実際にはどういうものであったかに関しては、たんに女性たちが酔って騒いだとするものから、……いろいろと酔って騒いで、服を破り捨て、道中で見かけた人を殺したり性交に及ぼうとして、熱狂状態になった集団が人里を恐怖に陥れたというものまで、さまざまな記録がある。女性たちの状態がどれほどとんでもないものだったかを実際に知るのは難しい。大部分の記録は男性によるもので、きわめて偏っている。泥酔して公衆の面前で乱れ暴れる女性の集団を目にしたローマ人男性の衝撃は計り知れず、これは狂って欲情した暴徒だと思われた可能性は非常に高い。

ローマ人の飲酒に対する態度が軟化すると、コンビビウムが生まれた。ギリシャの酒宴《シンポシオン》のローマ版にあたる。帝国が拡大し財政が潤うにつれて、ローマ人は仰々しさを好むようになる。会員限定の飲み会ほどこれ見よがしの注目を集めるものはない。ギリシャの酒宴とほぼ同じく、コンビビウムは議論とワインを中心とした知的な交流の場だった。食前、食中、食後にワインが出された。ローマでは飲酒文化が広まる以前から、男性だけの文学的な会食が盛んに行われており、コンビビウムはその慣習にお酒がくわわったものだった。

こうした意識の変化にともない、女性やアルコールに関する法律も変わっていった。女性の飲酒はもはや違法ではなくなる。ギリシャの酒宴とコンビビウムの大きな違いは、最終的には女性もコンビビウムに参加できるようになったことである。繰り返しになるが、ローマに関する記録の大部分は男性に偏っているため、コンビビウムをはじめとして宴席への女性の参加について正確に把握することは難しい。女性がどの程度歓迎されたかは、主催者の好みや女性客の社会的地位によって異なっていたようである。

女性が宴席にくわわることが許されたといっても、男性と対等になったわけではなかった。法律は緩められたが、社会的な制約はそうはいかなかった。女性は男性よりも飲む量が少なく、男性とは異なる種類の飲み物を好み、飲むときの作法も異なることが期待された。コンビビウムにくわわってはいても、男性と同じワインを飲んでいたのではなかった。女性たちは干しブドウからつくられた「パッスム」というワインを飲んだ。甘口のワインでアルコール度数も低い。パッスムは、世界初のガーリードリンクだった。

これが、飲むべきお酒の種類が性別に応じて差別化された瞬間でもある。男性か女性かによってお酒の種類を分けることには力関係が反映された（そしていまも）。アルコールに手を伸ばして遠慮なく酔うことは、力をもつ男性にのみ許された。ローマの女性たち（それも上流階級の女性たち）に許されたのは、男性が手にするワインの弱いバージョンを味わうことだけだった。男性が男性同士で酒を酌み交わす行為に男性らしさを求めたギリシャの考えを、ローマは引き継いでいた。

これに女性が入り込んでは、場が台無しになってしまう。

4：クレオパトラが描かれた銀貨

ローマにとって危険なカエサルの恋人

ローマの指導者ユリウス・カエサルがクレオパトラの恋人になったのは、彼女が二十一歳のときだった。そのとおり、その逆ではない。彼女は自らの意志で関係を求めて行動に移したのであり、これは当時のローマ社会では前代未聞のことだった。彼女はカエサルと結ばれるより先に絶対君主としてエジプトを率いていたのだから、これはこれですごいことである。紀元前五一年に父であるファラオの死去にともない、クレオパトラは弟とともに共同統治のかたちで王位を継いだ。王位をめぐり姉弟間での事実上の内戦状態を経てのち、クレオパトラが王座に就いた。

偉大な英雄の恋人として有名だが、誤解しないでほしい。[*15] クレオパトラそのものが無二の存在だった。この女王は軍を指揮し、正義を下し、経済を統制し、外国勢力と交渉し、見事な実践的手腕で国を繁栄に導いた。飛びぬけて聡明な女性で、医学、美容、産科学、計測術に関する本をつくらせた。ある学者は、クレオパトラを評して「賢者であり哲学者」と記した。諸神殿の祭司層から世俗の官僚層まで、すべてを従えていた彼女は女王以上の存在だった。エジプトにおいて、クレオパトラは大祭司であり、執政官であり、交易の長であり、臣民にとって生きた女神だったのである。[*16]

紀元前四八年にカエサルを恋人としたのは、クレオパトラが計算して仕掛けたものだったが、結局のところは互いに戦略的なものだった。彼はエジプトを必要とし、彼女はローマの力を必要としていた。

しかし、そこが問題だった。

女性の権威者は、ローマにとって異質な、文字どおり異国の概念だった。ローマでは女性は政治的な発言権をもたなかった。ほかの文明の遅れた場所ではどうだか知らないが、ローマは違うぞというわけである。クレオパトラを統治者としてみることは、ローマ人には不可能だった。彼らの目には、カエサルのエキゾチックで不道徳な愛人として映るだけだった（この頃カエサルには妻がいた）[*17]。

ローマ市民をさらに困惑させたのは、クレオパトラが（当時としては）一般的にいえば魅力的ではなかったことである。いまでこそわたしたちは彼女をアイメイクばっちりの、すらりとした小悪魔的な女性として勝手に想像しているが、実際の容姿については何も知られていない。それにしても、各時代の著述家たちから事あるごとに難癖をつけられた、もっとも有名な女性ではないだろうか。プルタルコスは彼女をこう評した――「彼女の美もそれ自体では決して比類ないというものではなかった……しかし彼女との交際は逃れようのない魅力があった」

カエサルが彼女に惹かれたのは確かで、間もなくしてクレオパトラは妊娠した。男の子が生まれる

＊15　カエサルが好色で名を馳せていたことも記しておきたい。彼は当時のローマでは珍しくお酒を飲まず、セックスが彼の悪習だった。そしてじつに多くの愛人がいた。
＊16　彼女はその特異な政治的洞察力をもって自身を女神イシスに重ねる演出をし、彼女がエジプトを統治するのにふさわしいかを疑う声をすっかり鎮めた。
＊17　建前上は厳格な一夫一婦制だったが、男性がそれを破るのはよくあることだった。

と、今度は彼女のほうがローマのカエサルのもとを訪れる。しかしこれは誰にとっても良い結果にならなかった。

エジプトの女王は、ローマ女性の理想像とは真逆だった。彼女には力があり、自分の意見を口にし（キケロは彼女を「傲慢」で「無礼」だと軽蔑した）、もちろん、お酒も好きだった。好みはシリアやイオニア産の甘口ワインで、とくに蜂蜜やザクロの果汁で風味づけしたものがお気に入りだった。また彼女は、自分の富を誇示した。クレオパトラはアレクサンドリアの宮廷出身であり、その宮廷文化で最上位の価値がおかれたのは「トリュフェ（tryphe）」だった。トリュフェとは、壮大で豪華絢爛な演出こそが権力の現れであるという考え方である。カエサルの時代のローマは……トリュフェには向かない場所だった。圧倒的に嫌われた。トリュフェを気取るような男は、誰であれ激しく非難される。女性はどうか？――それはありえない。

クレオパトラは危険な影響力をもち込んだのだった。権力があって酒飲みの女がいるとは恐ろしい、ほかの女たちが感化されて危険な考えを起こすかもしれないぞ、といった感じだったかもしれない。ローマの女性にはつねに非の打ち所のない振る舞いが求められていたが、酔った女性だとそうはならない。ローマの男性は、酒に酔った女性たちの様子が、酒に酔った男性と同じであることに恐怖した。彼女たちは、男にも負けないほどたくさんの量を勢いよく飲み、態度が大きくて騒がしく、夜遅くまで遊んで人にからみ、卑猥になり、しまいには吐き出す（これがみんな一斉だったらほんとうに最悪だ）。ポストゥミウスという人物は、元老院でバッカナリアの儀式とその信奉者たちを非難する弁舌をふるった。「……その大部分は女性で、男性とほとんど見分けがつかず、狂ったように踊り、正気を失っている……酒の影響で」。ローマの男性は女性が所有物ではなく人間のように振る舞うことに向き合うつもりはなかった。とくに自分の所有物が酔って暴走する姿など、目にしたくはなかった。

お酒を飲む女性は家父長制社会に挑戦する存在である。男性主導で確立されたローマの地において、彼女たちは招かれざる客だった。

カエサルにとってクレオパトラとの関係は、やがて自身の暗殺を招くことになった一因でもある。カエサルの政敵にとっては、エジプトの女王に愛を注いだ行為自体が、彼が心底ではローマの美徳を信じていないことの証しになった。

クレオパトラとアントニウスの「真似できない生き方の人々」

カエサルが死んだことでクレオパトラはエジプトに逃げ帰った。以後三年にわたり独力で統治し、エジプトをローマの勢力から守ろうと奮闘することになる。

一方でローマでは誰もが臨戦態勢になった。事態の収拾にあたったマルクス・アントニウス（カエサルの部下を務めたローマの将軍であり、親しい友人）は、カエサルの功績を訴えて民衆を扇動し、政敵の共和派をローマから追い出そうとしていた。この追放劇のただひとつの問題は、カエサルの遺書が後継者としてマルクス・アントニウスではなく、姪の息子であるオクタウィアヌスを指名していたことだった。そしてオクタウィアヌスは、クレオパトラを毛嫌いしていた。

ローマでの事態の推移を見守っていたエジプトの女王は、自らもまた戦いに備えた。彼女にとっての選択肢は、マルクス・アントニウスに賭けることにあった。彼が勝ち抜いてローマに君臨すれば、帝国勢力との関係も、自身の権力も守ることができるだろう。二十八歳になったクレオパトラは、彼に合流するため艦隊を率いて海に出た。*18

反カエサル派を破って勝利を収めたマルクス・アントニウスはクレオパトラを呼び出すものの、彼女は拒否する。(駆け引きののちに)ようやく四度目にして召喚に応じた女王は、逆に彼女のもとに彼を招いた。アントニウスが現れると、豪華な女王船に女神のように着飾ったクレオパトラが、エジプトの贅を尽くした豪華な食事で出迎えた。すっかり圧倒されたアントニウスは、すぐにクレオパトラの恋人として、さらに重要なことには、政治的パートナーとして彼女と組むことにした。カエサルのように彼もまた、エジプトと手を組むことに経済的利益をみたのである。そしてカエサルと同じく、すでに結婚をしていた。

ローマ人にとっての権力者像にふさわしい見られ方として、マルクス・アントニウスは自身を生けるバッカス神と称した。この戦略は突飛なものではなかった。アントニウスはパーティー好きで知られ、ばか騒ぎやお酒とご馳走、賭け事がとことん好きな人物だった。その彼を恋人にしたということは、その欲求を満たす必要があったということである。二人は親しい友人を集めて「真似できない生き方の人々」という名の飲酒会を始める。[*19]この会合は定期的に集まってはワインを飲み、食事をし、サイコロ遊びや狩りに興じた。変装して市民にいたずらしたという伝説もある(当時の噂ではバッカナリアの秘密の儀式を行ったともいわれたが、証拠はない)。クレオパトラは自身のアメジストの指輪に、エジプト語で「酩酊」を意味する語を刻ませるほどだった。

クレオパトラの場合、お酒が好きでも飲み過ぎることはなかった。お酒にだらしないのはアントニウスで、しょっちゅう酔いつぶれた。これがエジプトならどちらでも構わない話で、お酒を飲んで騒ぐことは男女どちらでも問題視されなかった。「真似できない生き方の人々」の破天荒ぶりを耳にしたローマでも、人々がマルクス・アントニウスに呆れることはなかった。しかしクレオパトラは蔑まれた。男たちが飲み過ぎるのは仕方ないが、女が堂々と飲酒を楽しむことは許しがたい。オクタウィアヌスはローマで催された二人の祝宴を「東方の娼婦にたぶらかされた乱痴気騒ぎ」と呼んだ。

そうしているうちにも、オクタウィアヌスとアントニウスのあいだには、ローマの支配権をめぐる政治的緊張が高まっていく。アントニウスは妻が亡くなり[*20]、和解の印としてオクタウィアヌスの姉オクタウィアを妻に迎えることで協調がはかられた。しかしアントニウスはその後もクレオパトラの恋人でありつづける。

クレオパトラは恋人アントニウスを説得して、遠征[*21]に必要な資金と食糧、物資、船団を提供することと引き換えに、かつて王朝が支配していた土地（現在のシリア、ヨルダン、レバノン）をエジプトの支配下に取り戻した。豊かに繁栄したエジプトにとってはたやすい交換条件で、クレオパトラはついに王国を拡大できたことを喜んだ。これに激怒したのがオクタウィアヌスである。すべてローマに属すべきと考えるオクタウィアヌスは、領土を譲渡したアントニウスを責めるのではなく、クレオパトラのせいにした。アントニウスの遠征が失敗すると、これを好機ととらえたオクタウィアヌスは、

＊18　ひどい嵐のためアレクサンドリアに引き返すことになった。そうだとしてもカッコいい。
＊19　これは肝臓の機能が解明されるはるか前のことで、クレオパトラも肝臓でアルコールが処理されるとは知らなかった。古代エジプトでは、肝臓は肉体の生命力のもと、ときには魂の座と考えられていた。
＊20　彼の二番目の妻フルヴィアは波乱を生きた素晴らしい女性だった。しかしマルクス・アントニウスのあまりの仕打ちに心痛で亡くなったとされる。
＊21　双子を妊娠していることに気づくまで、彼女もしばらくのあいだは彼の遠征に同行もしていた。

二人を政治的に追い詰めにかかる。

クレオパトラの統治下でエジプトは繁栄し、強大な共和政ローマにも負けず劣らない同盟関係だと認められるほどになっていた。クレオパトラの抜け目ない政治戦略によって、エジプトは強国であると同時に、ローマを後ろ盾にして、その干渉から独立を保つことができていた。国内において彼女はまさに女神の存在だった。ローマはといえば、オクタウィアヌスが彼女を邪悪で酒好きの魔女に見せようとしていた。

ローマでは、自分から酒を飲む女性は、道徳家にとっても風刺家にとっても絶好の標的になった。喜劇では定番の役どころとして、酔っぱらった好色な女性が風刺された。実生活では、女性が酔った様子を見せることは恥ずべきこと、罪の意識につながることだった。これは彼女たちを追い込むひとつのやり方でもあり、オクタウィアヌスはこれに心底から打ち込んだ。

彼はクレオパトラを邪悪な魔女と誹謗中傷する宣伝戦を仕掛ける。彼女の飲酒を大げさにふくらませ、アントニウスが彼女の「奴隷になりさがった」と吹聴した。オクタウィアヌスにとっては「男と対等な女など許してはならない」ものだった。

ほかの元老院議員たちもまたこの中傷に加担した。彼らはクレオパトラはローマを滅ぼすためにやってきたのだと宣言して、嫌悪にくわえて恐怖心を人々に吹き込んだ。ローマの作家ユリウス・フロルスは、「エジプトの女は、酔った将軍に向かって、自分の好意と引き換えにローマ帝国を求めた……彼だけでなく、彼を囲むすべての人を魅了したことから、ローマ人さえ支配できるという野望を抱くにいたった」と表現した。いまやエジプトの女王はローマの最大の敵である。ローマ人にとって彼女はこの世のものではない、邪悪で堕落した女破壊者として映った。

この中傷による「クレオパトラは邪悪な誘惑者であり、淫らな酔っぱらいだった」は、数千年にもわたりクレオパトラをめぐる後世の見方をかたちづくることになる。

歴史家W・W・ターンは、「いかなる国も民族も恐れなかったローマが恐れた人間が、二人だけいる。ひとりはハンニバル、もうひとりは女だった」と記している。

元老院議員たちは我先にといわんばかりにクレオパトラへの口撃を展開した。彼女がアントニウスのそばで政治的な場面どころか、戦争の準備にまでくわわっていることは、彼らの怒りに火をつけた。アントニウスは、兵と食糧の確保から艦隊建造の指示、作戦会議への参加など、戦争に関するあらゆることに、（元老院議員たちの意向に反して）彼女の知恵を求めていた。彼女を帯同させることには、アントニウスに忠誠を誓う人々さえも怒り、カエサルと同じくイメージの失墜を招くとして忠言した。彼らにとっては単純に、そこは女がいるべき場所ではなかったのである。そしてアントニウスは、彼らを無視してクレオパトラをそばにおいた。

こうした政治闘争のうちにオクタウィアとの結婚は破綻《はたん》する。アントニウスが離縁を通告すると、[*22] 激怒したオクタウィアヌスはアントニウスを共統体制から除名し、クレオパトラに対して宣戦布告する。忠誠心をもつローマ軍がマルクス・アントニウスを敵にはしないが、彼女とは戦うことを知っていた。

＊22　彼が正式にクレオパトラと結婚することはなかった。カエサルもそうだった。ローマ人が外国人と結婚するのは違法だった。とはいえ彼女のほうは結婚を望んでいたと考えるべきではない。くわえて、彼女の評判とは裏腹に、クレオパトラの生涯で恋人はこの二人だけだった。

恋人たちの運命はもはや絶望的になる。オクタウィアヌスの進軍によって、北の陸からも南の海からも封じ込められていった。クレオパトラは兵を雇い艦船を建造して攻撃の準備を進めたが、アントニウスは自信と確信を失い暗く沈んでいた。彼の指揮が定まらなくては、オクタウィアヌスに太刀打ちすることは到底できなかった。

敗走した二人は絶体絶命の状況下、最後に「真似できない生き方の人々」を復活させている。新たに「死を共にする人々」と名づけ、アントニウスは希望を愉快に捨て去るかのように最後の放蕩にふけった。クレオパトラのほうは、その行動すべてがそうであったように、ここでも計算ずくだった。彼女は弱さを見せることを良しとせず、宴会で人々の士気が高まることを望んだ。

紀元前三〇年［有名なアクティウムの海戦の翌年］、最後の籠城戦に敗れたアントニウスは直後に自決し[*23]、クレオパトラは、生きて捕らえられるよりすべてを焼き尽くす覚悟で霊廟にひきこもる。そして彼女と財宝をねらうローマ軍が踏み込むと、自ら命を絶った[*24]。三十九歳だった。

ローマが恐れた官能的な快楽と反道徳性の象徴

彼女の死後、その肖像はすべてオクタウィアヌスによって破壊され、その歴史的評価も、政治的正統性も奪われた。彼女のことを書き連ねたローマの作家たちは、そのほとんどが実際の彼女を目にしたことはなく、彼女の力をめぐる物語はその美貌と誘惑だけがやたらと盛り込まれた。そうして官能的な快楽と反道徳性を象徴する、「諸王の女王」として知られることになる。

けれどクレオパトラは、抜きんでた女王であったにすぎない。

彼女は優れた哲学者であり学者で、現実主義の指揮官で、そして愛飲家でもあった。家父長制のもとでお酒を飲む女性に向けられる視線には、男性の恐れと幻想とが入り混じる。そしてクレオパトラという存在はあらゆる面で象徴的だった。しかし女性の奔放さを求めるのは男性が優位であればこそ。女性の飲酒を容認するのは、男性の都合にかなう場合に限られる。

クレオパトラはこうした束縛に従うことを拒否した。最後の最後まで、自身の権力も欲望も両方を守ろうと戦った。彼女は自分でワインを所有し、それを飲んでもいたのであり、そのせいですべてを奪われたのだともいえる。

オクタウィアヌスと元老院の取り巻きたちは、クレオパトラを服従させられず、だから滅ぼした。彼女の墓はいま地中海深くに失われている。

二〇〇〇年以上経てなお、女性が飲みたいという理由でお酒を飲むことへの違和感が社会から消えたとはいえない。古代ギリシャ・ローマ時代からの女性蔑視の根は断ち切られてはいないし、本書の

＊23　まさにロミオとジュリエットを思わせる場面で、アントニウスは、オクタウィアヌス軍の攻略後にクレオパトラが自殺したという偽の報告を信じた。そこで彼自身も剣に身を投じたところが、直後にクレオパトラがじつはまだ生きていると知らされた。大量に出血した彼を友人たちがクレオパトラのもとに運び、最後は彼女の腕のなかで亡くなっている。

＊24　歴史上のこの瞬間にまつわる伝説はたくさんあるが、彼女が実際にはどうしたかは誰にもわからない。彼女の死を描く（男性の）芸術家のほとんどは、彼女をヌードで表現してきた。しかし、二〇〇〇年もスケベな画家たちがどう見せてきたとしても関係ない、彼女は着衣の姿だった。

随所にその片鱗が垣間見えるだろう。

オクタウィアヌスの勝利後、エジプトはローマ帝国の属州として組み込まれた。東洋の地は女性的で野性的で官能的とみなされ、男性的で文明的で理知的である西洋世界によって、征服されるべき世界と考えられた。ローマは強大な軍事力をもつ世界帝国だった。それは奴隷制の上に築かれ、女性蔑視と階級主義と外国人嫌悪と人種主義に満ちていた。

しかし、その力も永遠には続かないものである。世界は変化し、そしてお酒も変化していく。

第3章　聖ヒルデガルトと修道女たちの愉しみ——中世前期

ビールの歴史を変えた修道女

ホップが効いた苦味のビールと聞くとつい、グラスを手にした髭の気取り屋が思い浮かんでしまう。バーカウンターにもたれて、物知り顔でクラフトビールやIPA［ホップを大量に使用したビール］の説明をしてきたりして。いっそトイレの窓から逃げ出そうかと言い訳をめぐらせた経験はないだろうか。ひとつ彼に言い返せるとしたら、彼のその麦芽飲料は（じつにお酒の世界における大革命だった）、女性が広めたということである。しかも修道女だった。

ヒルデガルト・フォン・ビンゲンはキリスト教界でもっとも有名な女性のひとりである。多くの執筆と作曲家として知られているが、この聡明な修道女はビールの愛飲家でもあり、反骨精神あふれるフェミニストの一面もあった。衣装はかなり異なるが、クレオパトラと同じくらいお酒好きだった。お酒の歴史においては、彼女はさらに重要な存在である。ビール産業全体の歴史を変えることにつながったから。

ヒルデガルトが生まれた西暦一〇九八年までには、ローマ帝国はとっくに分裂して崩壊していた。西暦三七六年に始まった北方からのゲルマン人の侵攻と内戦によって、その経済と社会は混乱し自壊していく。四一〇年には本丸のローマ市が陥落、北方民族に略奪されるという大事件まで起きる。最終的に勝利の決めぜりふを口にするのは、ビールを飲む野蛮人たちということになった。

帝国が全土に敷いていた支配の均一性は失われた。その跡には言語も文化も異なる領土が広がっていき、最終的に現在のイングランドとウェールズ、ヨーロッパになる。西洋世界は中世という新しい時代に入った。

しかし残念ながら、そこは国際色豊かなレストランからはほど遠い。七面鳥のローストはごくごくまれで、目につくのは野外トイレばかりの世界だった。

つまり、中世の飲酒についてひとつ理解しておく必要があるのは、すべてがグロくて気持ち悪かったことだ。水から、ワインから、ビールから、とにかくすべてが気持ち悪かった。飲み物の選択肢でいえば最悪だったが、少なくともローマ時代に比べて飲酒文化が大きく進歩した点は、女性も飲むことができたことである。むしろ飲むよりほかなかった。赤ちゃんでさえお酒を飲まざるをえなかった。ワインとビールはほとんどが品質も味も最悪だったものの、概して生水というのはひどく汚れていて細菌を含んでいた。飲み物という飲み物が、ほぼすべてがアルコール飲料。それが嫌なら下痢を選ぶのかという、迷いようのない状況だったのである。水だけを飲んでいたのは貧民（それこそほんとうに貧しい人々）と、ときには修道士が交じるくらい。コーヒーや紅茶といったものは、まだイギリスや西ヨーロッパでは誰ひとり聞いたこともないような植物からつくられる。牛乳は、飲用として食卓にのぼるものではなかった。ここはひとつ、ジュースという選択肢は忘れよう。

ときにはミード（蜂蜜酒）やシードル（リンゴ酒）が飲まれることもあったが、蜂蜜がどこでも手に入ることはない。庶民が飲むことになるのは、もっぱらビールだった。ビールの栄養価は高く、中世の村人たちにとっては生活を支える飲み物だった。朝食も含めて毎食に低濃度のビールがついてきた。ヒルデガルトも子ども時分から毎日ビールを飲んで育ったことだろう。

ヒルデガルトはドイツのベッケルハイムに生まれたが、まだ幼いうちに、両親によって近くのディジボーデンベルクにあるベネディクト会修道院に預けられている。これは経済的余裕のある家庭にはよくあることだった。両親は娘に教育を受けさせようとしたか、あるいは天国への望みをかけたのだろう。いずれにせよ、修道院に預けられた少女たちは、ラテン語の読み書きと教会の儀式のほかに、算術や天文学、音楽など、より高度な科目を学ぶこともあった。

ヒルデガルトが生きた時代というのは、女性が何らかの力や権威、あるいは自立性をもつことができるほぼ唯一の道は教会にあった。中世初期のヨーロッパにおいて女性は大きく三つに分類できた――処女と、妻と、未亡人である。ほとんどの女性は父親から夫へと手渡されることになる。もし夫が死んでしまったら、気の毒だが、運よく息子か夫の事業があって生活できることを祈るしかない。しかしこの分類にはじつは四つ目があった。もう少し余裕のある女性として、修道女という存在があった。神様に嫁ぐとなれば、人間の男に嫁ぐよりも自由を手にすることになる。

世の女性たちと比べて、修道女の多くははるかに自由な生き方ができた。女子修道院が出現したのは西暦四〇〇年あたりで、(男子)修道院とほぼ同じ頃である。いくつかの修道院では建物が分かれて修道士が立ち入れない場所があり、そこで修道女が生活と労働を行うこともあった。いずれの修道院でも、女性が教育を受けることができ、指導的立場に就くこともできた。修道院に入るにはお金が必要とされ、そのため修道女は裕福な家庭の出身であることが一般的だった。神もまた持参金つきの女性を望んだことになる。

ヒルデガルトは、ディジボーデンベルクでの修道生活初期の頃から、彼女の言葉でいうヴィジョン

（幻視）に苦しんだ。「……きらきらした光、同心円状の輪、天上の都市を囲む城壁のような輝く線、降りそそぐ星」と表現された幻視について、今日では多くの研究者が片頭痛の前兆であったと考えている。彼女が自身の経験について書き残した内容からすると、彼女の病気はまさにそれ、片頭痛持ちであった可能性が高い。しかしながら彼女にとっては、そして彼女のまわりのベネディクト会修道女たちにとっても、これは天から下ったものだった。身近にいた修道士に強く促されたヒルデガルトは、これが神からの啓示であるかどうか、他の人が判断できるよう自分の体験を書き留めた。そしてこれを読んだ修道士たちは、「間違いない、彼女のヴィジョンは神の御業《みわざ》だ」と断言する。

これが、ヒルデガルトの人生と、ひいてはビール業界も変えることになった瞬間である。

貧しい女性の生きる術だったエールワイフ

修道院には入りたくないという女性には、多少の自立を得られる別の道が、もうひとつあった——ビールをつくることである。ただしビールではなく「エール」と呼ばれていた（ビールとは、この時代の酒飲みたちがエールと呼んでいたものにホップをくわえたものだ。これは後ほど重要になる）。エールは通常、大麦、小麦、オーツ麦、またはその三つの組み合わせからつくられる。エールをつくる女性は「エールワイフ」と呼ばれたが、惜しいかな、この場合はエールに嫁ぐという意味合いはない。エールワイフは「ブリュースター」とも呼ばれた（語尾が～スターだと女性を意味した）。

どの村にもエールワイフがいた、というよりも、数人いるのがふつうだった。中世の村で醸造するといえばほとんどもしくは全員が女性で、エールはパンと同じくらい庶民の食生活に重要なものだった。しかしパンをつくるための小麦粉については厳しく統制されていて、男性が独占していた。なにせほぼすべての産業を男性が仕切っていた時代である。

ところが、醸造については違った。

誰であっても醸造は自由に許されていた。女性に必要なことといえば、エールをつくって、看板を掲げるだけ。あっという間にエールハウスができあがる。手始めに大きな釜などいくらか必要な設備もあるとはいえ、どれも簡単に手に入るものであり、たとえ貧しい女性であっても醸造に難儀することはなかった。

オーツ麦・小麦・大麦を発芽させて粉砕した麦芽に、沸かしたお湯をくわえて混ぜ合わせる。これを一晩寝かせ、翌日に裏ごしして、それぞれのレシピに従って酵母やハーブをくわえる。エールワイフが住む地域によって異なるハーブがくわえられた。もっとも広く一般的だったのはボグマートルで、その響きどおり美味といえる。これはエールに非常に強い苦味を与えた。もはや何を飲んでいるのかわからなくすることが目的なので、それが肝心だった。中世のエールはかび臭くて渋い味だったのである。どれほど手に負えない味だったかは、ホースラディッシュ（西洋ワサビ）がとくによく使われたことからもうかがえる。北ヨーロッパのエールワイフは、ジュニパーやキャラウェイ、ヤロウなどのハーブをくわえた。イングランドではローズマリー、シカモアの樹液、アイビーがとくに好まれた。ドイツのエールワイフは、ミント、マジョラム、セージ、ドングリを好んで使った。

エールは二四時間のうちにできあがり、五日間ほどしかもたなかった。[*25] そもそも美味しくないうえに、悪くなるのも早い。当時のある作家の評によれば、イングランドのエールは「見た目も味も忌まわしい」。それが一週間もすると酸っぱくなる。エールワイフは酸っぱくなりかけたエールに、糖分や調味料をさらに投入して、もう一日もたせるようなこともした。酸っぱくなったエールは、ときには

5：特大のエール棒で客引きするエールワイフ

お酢として料理に使われた。

お城や金持ちの邸宅では、飲まれていたのは第一にワインだった。財力があれば良いワインが手に入るとはいえ、地域によっては莫大な費用をかけて樽単位で輸入することになる。気候的にブドウ栽培には向かなかったイングランドでは、たとえ城の住人であっても、甘くするかスパイスで味を調《ととの》えて飲めるものにするような、粗悪なワインでしのいでいた。

さても庶民の多くが客となったのは、エールワイフである。エールの準備が整うと、エールワイフは戸口の上に棒を（水平に突き出る形に）掲げる。その棒先には細い小枝の束が結びつけられた。これは開店を示す中世のネオンサインのようなもので、エールを切らしたら、ただ棒を降ろして引っこめる。集客をねらうエールワイフたちは、より注目を引くために棒の長さを伸ばしたことで、ときには通りの交通を妨げるほどだった。あまりに競争が激しくなったロンドンでは、ついには一三七五年に、エール棒は長さ七フィートを超えてはならないとする命令が出ている。

エールは家の台所で提供されていた。専門の飲食店や内装完備のパブなどまだ存在しない時代である。ほとんどの女性は家庭用にエールを醸造していた。余剰分が出るとエールの棒を持ち出し、自宅をエールハウスにした。つまり、エールハウスは文字どおり、エールがある家のことだった。
客が楽しめるよう、酒樽を出してテーブルやスツールを並べたり、あるいはベンチも置いたかもしれない（ちなみに横木《バー》はまだない、それは数世紀先のことだ）。エールワイフ自身が切り盛りして、近所の人や仕事終わりの一杯を求める労働者を相手にした。ときには旅人も現れた。あるいは近くの城の使用人たちが飲みに立ち寄り、主人に仕える苦労から逃れる隠れ家にしたことだろう。ティーンエイジャーが交じることもあった（飲酒年齢なんてあるわけない）。

未成年者の姿を別にすれば、今日のパブと同じように時間を過ごした。人々が酒を飲み、話をする。ときには賭け事や喧嘩騒ぎも起きた。しかし基本的には、近所の人たちがエールを飲んでいるだけだった。

エールハウスの常連客のごく一部には女性もいた。家の外で女性が酔うのは破廉恥だとされていたため、酔うことは通常ないが、その姿は見られた。近所の主婦たちが自宅用にエールを買いにくることもあった。恋人たちがデートで訪れることもあった。女性がひとりで飲むことはまれだったが、主婦仲間や未婚女性のグループが何か祝い事があるときなどに姿を見せた。

ところで、こうしたことより先に、エールワイフがその扉を開く前には、エール検査官を呼ぶ必要があった。

＊25　見た目もよくなかったが、当時はガラスはめったにないので、ほとんどの人は自分が飲んでいる中身は見えていなかった。エールを飲むさいには木製や釉薬《うわぐすり》を塗った陶製のマグカップが使われた。グラスだとしたら、その人はおそらくお城でワインをチビチビ飲んでいるところだろう。

エール検査官とはエールの品質や価格を監視する役人である。この時代のヨーロッパとイングランドは荘園制という体制下にあり、村落の経済に関する権限はそれぞれの荘園領主の手にあった。そこでは毎年、荘園裁判所が開かれ、これは男性のみによる統治機関ともなっていた。村のエール検査官を選ぶのはこの荘園裁判所になる。通常は男性が多いが、女性が選ばれることもあった。醸造業だけは女性が占めていたこともあり、当時これは女性が就くことができる唯一の公職になっていた。

たとえばエールワイフが弱すぎるエールを売ったり、量が少なすぎたりなど、いくつかある違反行為が見つかると、エール検査官から罰金を科されたりした。厳しいようにも聞こえるが、実際にはエールワイフはもっとも規制が緩い商売のひとつで、台所で行われている商売を地方組織が取り締まるのは困難だった。そのため醸造業は荘園領主が独占できない産業になっていた。

また、エールワイフはエール検査官の承認を得ていないエールを販売して罰金を科されることもあった。非常に貧しい女性が検査を受けないエールを販売して捕まった場合、子どもを養う唯一の方法であると嘆願すれば有効なことが多く、たいていは荘園裁判所を説得して放免されることができた。あまりに多くの貧しい女性がエールワイフとして働いていたため、こうした裁定は頻繁に下された。

わかっていただけるだろうか、つまりこれがエールワイフの重要なところである。どんなに貧しい女性であっても手が出せる業種であり、貧しい女性が女性人口の大部分を占めていた。中世初期の醸造には、専門性が不要という特徴がある。女性は台所で家事や育児をしながら醸造することができた。独り身の女性や未亡人は、エールワイフになることで生計を立てることができた。自活ができたり、あるいは多少なりとも生活水準を高めることもできたわけである。そのような業種はただひとつ、この醸造だけだった。ほかの業界で働く女性の賃金は、男性の四分の三程度か、ひどい場合には半分しかなかった。[*26] しかし女性が仕切る業界としてエールの醸造と販売に賃金格差はない。中世を生きる女性の多くにとって、エールワイフになることは、自分や家族を養うのにもってこいの選択肢だった。

しかもこれは重要な産業でもあった。エールは毎日の生活に欠かせない。誰もがエールを飲んでいる以上、つねに、どこにでも市場が成立した。これは地域の経済や政治において、女性が何らかの力をもつ唯一の分野だった。

少し離れた、アイルランドにいた中世の女性たちもまたブリュースター［女性の醸造家］だった。ローマ帝国の支配を受けなかったアイルランドは、ワイン偏重に邪魔されることなく、ビール好きが保たれていた。四世紀の文献には、アイルランドの女性たちの醸造で人気があった十数種類のビールが記録されている。しかし五世紀頃にはついにローマの影響に屈するかたちでキリスト教の島になった。

テオドシウス帝が三八〇年にローマ帝国の国教と宣言して以降、キリスト教は数百年にわたりヨーロッパ中に広まっていた。しかし土着の信仰からキリスト教へ改宗しても、ビールを求めるアイルランド人の心は変わらなかった。幾人もの聖人や教祖たちがビールにまつわる奇跡を起こしている。聖ブリギッド［アイルランドの三守護聖人のひとり］にも、水をアルコールに変えた逸話はいくつかあり（この超能力が使えたのはイエスだけではない）、たとえば、ハンセン病人たちが集まる風呂水をなみなみと満ちる赤ビールに変えたという。また、復活祭の直前にビールが不足したところ、聖ブリギッドが樽に祈りを捧げてビールが大量にできたという伝説もある。大量も大量、復活祭の週を過ぎて先々ま

＊26　どんだけ進歩してないんだと考えると、ある意味すごい。

でまかなえる量の赤ビールだったという。アーメン！[*27]

ホップの効用を世界に広めたヒルデガルト

聖人たちもワインを愛した。ワインは、ローマ時代にキリスト教が取り入れた異教的要素のひとつである。ローマ帝国滅亡後のヨーロッパにおいては、キリスト教の祭儀であるミサ（キリストの血を表す赤ワインを飲む儀式）が、ブドウ栽培を存続させるうえできわめて重要な役割を果たした。教会からのワイン需要は、この飲み物を社会的、思想的に意義づけるとともに、ヨーロッパ全土へと流通させる効果があった。ローマ帝国のあとを受けてワイン造りを存続させた集団のひとつが、修道女である。

中世初期のブドウ栽培が続けられた背景には、修道女と修道士の存在が欠かせない。彼らだけがブドウの木を守ったわけではないが（ちなみに蛮族がヨーロッパのワイン造りを根絶やしにしたという説はただの作り話）、彼らが重要な役割を果たしたことは確かである。修道院や大修道院がワインの主要な生産者になったのは、大量に需要があったからである。教会は宗教的な使用のためにワインを購入したが、その大部分はミサには使われたのではなかった。じつは五世紀のキリスト教徒はほとんどミサを行っていない。大部分は旅人をもてなしたり、修道士や修道女が日常的に飲むために使われた。大修道院には修道女たちが運営するブドウ畑や醸造所があるのが当たり前だった。お酒飲みのシスターたちは、ときには「ブリューナン」［醸造する修道女］とも呼ばれ、「スモール」という弱いビールもつくっていた。ビールかワインか、醸造するもの（あるいは入手しやすいもの）に応じて一日に飲む量が決められており、修道女たちは平均して毎日一・五リットルほどのワインかビールを飲んだという。

ヒルデガルトも毎日のビールを欠かさなかったことは確かである。とくにホップを使ったビールは、彼女のお気に入りだった。

ホップは小さな松かさ状の花で、学名フルムス・ルプルスと呼ばれる植物である。強い苦味があり、今日のいわゆるホップの効いたビールに欠かせない原料としておもに使われている。ヒルデガルトはホップの風味が強く効いたビールを好んでいて、ホップには飲む人にもビール自体にも有益な作用があると信じていた。彼女のこの考えも、一連の奇跡的な巡り合わせがなければ修道院のなかにとどまっていたかもしれない。

自分の幻視には預言的な力があるとの信念を強めたヒルデガルトは、作曲をはじめとした創作活動へと導かれた。ひとつ確実な変化は、修道院のなかで大きな影響力をもつようになったことである。神が幻視を授けている女性に意見するのは難しい。一一三六年には修道女たちのリーダーとして女子修道院長に選ばれた。

数年後、四十二歳のとき、ヒルデガルトは強烈な幻視を体験する。彼女はその体験を書き留め、その後に続いた幻視とともに『道を知れ（Scivias）』としてまとめていった。これをディジボーデンベルクの修道士の何人かが読んだところから、最後には教皇エウゲニウス三世のところまで伝わってい

＊27　詩、鍛冶、治療の守護聖人である聖ブリギッドに捧げられた教会は現在でもたくさんある。彼女については、五世紀後半に生きていたこと、修道士と修道女を受け入れる二重修道院を創設したこと、とてもおいしいビールをつくったこと以外にはあまり知られていない。

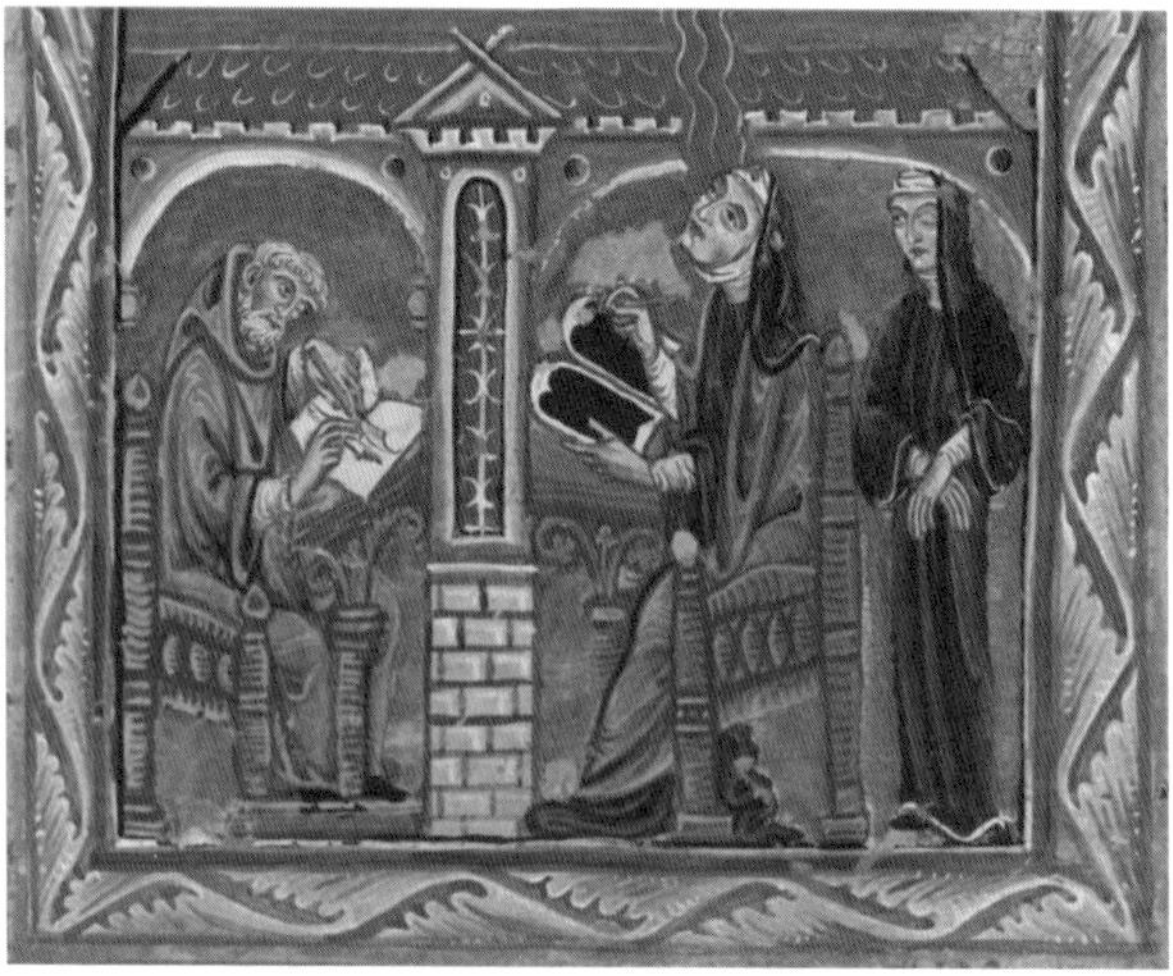

6：幻視を授かるヒルデガルト

くこととなり、教皇によってこれは神から下されたものだと認められた[*28]。そればかりか、教皇はヒルデガルトを女預言者であると宣言した。この称号はヒルデガルトに説教をする権威を認めるもので、沈黙が修道女のあるべき姿とされた時代において、これは女性として前例のない大事件といえた。

教皇の承認を得たことで、ヒルデガルトはさっそく活躍の場を広げていく——といっても、ドイツのあたりだが。国内の各地へと四度にわたり説教旅行に出るかたわらで、彼女のいた修道院には各地から助言を求める巡礼者たちが押し寄せた。一一四八年にまたもや幻視を授かり、ライン河沿いのビンゲン近郊に新たな修道院を設立することを決意するにいたる。この独立計画には強い難色が示されたものの、神が授けた啓示を否定できる者はいなかった。

新しい修道院にあまりお金はなかったとはいえ、その分ヒルデガルトはかなりの自由を手に入れることになった。修道士たちの目を気にする必要がなくなり、自分の思いどおりに物事を進めた。あくまで修道女にとってだが、かなり破天荒だった。この時代の女性が自律性と権限をともに認められるのはきわめて異例なことであり、ヒルデガルトはその両方を存分に利用した。

彼女は修道女たちが祝祭日に文字どおり髪をおろしてくつろぐことを許可した。中世ヨーロッパの女性は古代ギリシャと同じように、公共の場では髪は隠すべきものとされていた。たとえお姫様でも修道女でも農婦であっても関係ない。そんななかヒルデガルトの修道女たちは、堂々と髪をなびかせていた。そもそも髪があること自体も物議を醸すことだった。ふつうなら修道女は年四回は頭を剃るものであり、髪を解いて人目にさらすのは、権威のある者だけに許されることだった。教会の考えでは、キリストに仕える女性であれば沈黙と謙虚さこそが美徳であり、神への奉仕につながる。大胆さの表れはイヴにたとえられた。しかしヒルデガルトの考えは異なっていた。[*29]

彼女の修道院の修道女たちは祝日には金の冠をかぶり、絹をまとった。これらはすべて、女性の服装に関する聖ベネディクトゥスの戒律に真っ向から反していた。批判を受けてヒルデガルトは、会則の多くは既婚女性に適用されるものであって、修道女の位置づけを他の女性たちと同じ枠でとらえるべきではないと主張した――修道女はほかの女子とは違うというわけである。

＊28　カトリックの総本山であるバチカンから、星付き評価をもらったようなものだった。
＊29　ヒルデガルトは当時としては非常にリベラルだったが、同時に非常に階級主義的だった。違う階級が混ざり合うべきではないと考え、裕福な家庭の女性しか受け入れなかった（おそらく彼女の大胆な修道院の資金集めのためにも）。彼女は当時でさえも、このことで批判されている。

彼女の修道女たちにも定められた労働の日課があった。睡眠時間は八時間程度で、夜明けとともに起床する。毎日三時間から四時間の祈り、四時間の勉学、八時間の肉体労働に励んだ。肉体労働の多くはビールの醸造に費やされ、修道女たちの重要な食生活の一部になった。食事はおもに野菜とパンとビールになる。酔って暴れた修道女がいたような話はないが、ビールは欠かさず飲んでいた。

　権力の座を確保したヒルデガルトは、嵐のように執筆を始めた。この時代に文章を書ける女性は非常にまれだったが、人に読まれることはさらにまれなことだった。彼女の著作には写本がつくられ、広く読まれた。自身の影響力の大きさを利用したヒルデガルトは、その間に執筆活動をとおして才能を大きく開花させ、音楽、膨大な書簡（教皇との往復書簡を含む）、詩、自然科学系の書物など、多岐にわたり素晴らしい作品の数々を生みだしていく。ヒルデガルトは、その著作が残っている最初の女性医師[*30]であり、科学者のひとりにも数えられる。彼女は女性のオーガズムについても書いていた（とても肯定的に）。シスジェンダー女性［性自認（心の性）と生物学的性が一致している女性］の身体や女性性についての彼女の取り上げ方は、男性の教会権威による断罪的な見方とは明らかに異なっている。ヒルデガルトにとって女性とセクシュアリティは、本質的に悪でも恥ずべきものでもなかった。

　もっとも重要な著述のひとつに、彼女が初めて記した科学的な書『自然学（Physica）』がある。この本は、金属、爬虫類《はちゅうるい》、鳥、魚、動物、樹木、石と宝石、植物、元素について項目別に分けて医学百科事典的にまとめたもので、各事物について一般的な情報とともに、薬効などが記された。これはドイツで最初の博物学書とされている。医学的な知見に魔術や聖書についての考えが混在しているため、単純にこれを自然科学の本とはいえない。しかしこの本には十二世紀における医療行為と民間療法がかなりよく描き出されており、その後四〇〇年近くにわたる影響力を残した。たとえばアロエやカモミールの鎮静効果など、ヒルデガルトが記したことは今日でも当てはまるものが多い。その一部には、現在でも代替療法の現場で取り入れられているものもある。

ヒルデガルトは、ビールの原料となる植物の力についても多くの点で正しかった。大麦については大いに賞賛し、消化器系、とくに胃と腸に良い作用があるとした。ビール業界の未来にもっとも重要なことは、彼女がお気に入りの添加物について記したことである。バーカウンターで得意げな男子よりも千年近く前に、ホップの効用を世界に広めることに貢献していたのだった。

この時代の多くの医師はヒポクラテスの唱えた四体液説を信じていた。身体は四種類の体液（血液・黄胆汁・黒胆汁・粘液）の調和によって健康や気質が決定されると考えられた。『自然学』には、ホップは体内の黒胆汁を増やす（摂りすぎると憂鬱な気分になる）とある。このことを科学的に書いたのはヒルデガルトが最初であり、そのじつ正しかった。今日では、ホップは自律神経の働きを整え、鎮静効果をもたらし、睡眠を促進することが知られている。

しかし、ビールに含まれるホップには、もっと重要な働きがある。ヒルデガルトは「……その苦味は添加した飲料の腐敗を抑え、長持ちさせる」と書いている。

ここでもまた、彼女は正しかった。このことを科学的に記したのもヒルデガルトが最初である。このホップの防腐作用は、ニンカシ賛歌以来のビールの大革命ということになっていく。

＊30　修道女はしばしば地元の女性たちのために助産師や看護師の役割を果たしていた。

唐の時代の女性は大いにお酒を楽しんだ

中国における飲酒する女性の立場は王朝によって異なるが、なかでも唐の時代はとくに恵まれた時代だった。女性の黄金時代だったとされる唐王朝は、六一八年に建国され、九〇七年に滅んでいる。[*31] この時代には女性が官吏に登用され、軍を率いることもあれば、ポロ競技にすら興じていた。とりわけ上流階級の女性については教育も社会的な自由も手にしていて、折々にお酒を楽しんだ。

都市では特権階級の女性たちが好きなだけワインを飲み、地元の酒楼で大声で歌って楽しんだ。たとえ飲まなくとも、お酒で顔が紅潮したかのように頰に紅化粧をするのが、貴族の女性のあいだで流行だった。女性がお酒を飲むことは好ましいだけでなく、セクシーでもあった。

一時的だったとはいえ、唐王朝にはきわめて重要な意味がある。前王朝の隋は分裂していた南北朝を統一した。続く唐の社会は北朝の伝統を継承し、これは中央アジアや北方ステップ地帯の遊牧民と深いつながりがあった。遊牧民族といえば、女性も政治や戦争、そしてもちろん飲酒にもくわわる文化がある。

とはいえ、女性がすっかり自由だったわけではない。一般的に女性を市場性がある商品としてみる感覚があり、男性はひとりの妻しかもてないが、好きなだけ妾を買うことができた。セックスワーカーの市場は大きく、競争が厳しかった。お酒が主役のようなこの時代の社会慣習において、彼女たちには心得た酒飲みである必要があった。

あらゆる祝い事や宴会、多くの食事、重要な宗教儀式の数々にも、お酒がともなわれた。世俗的なものであれ何であれ、お酒はあらゆる行事に欠かせない文化要素であり、特権階級では酒器とともに埋葬されるほどだった。妓女《ぎじょ》［高級娼婦］はたんに飲むだけでなく、競い合っても負けない強さが期待され、酒席での遊びをたくさん知っていればさらに大歓迎された。

この時代の中国にはビールもあるにはあったが、貴族が好んだのはワインである。イギリスとは異なり、中国の一部の気候はブドウ栽培に適していた。粟《あわ》や米からつくられるお酒も存在したが、中国でもっとも有名で、そして美しい女性のお気に入りはブドウからつくられたワインだった。

その女性、楊貴妃は中国四大美女のひとりとして知られる。[*32] 唐代の高名な玄宗皇帝の妃であり、そのあまりの美しさに、玄宗は絶えず気を取られつづけた（気を取られすぎて王朝ごと傾いた）。クレオパトラと同様に、彼女もまた多くの詩や劇、伝説に描かれているが、楊貴妃が実際にはどのような容姿であったかはわかっていない。確かなことは、太っていて、黒くて長い髪と、黒い目をしていたことだけ。その彼女の美しさはあらゆる流行事《はやりごと》の基準になった。宮廷の女性たちはその服装から髪型まですべてを真似し、彼女が好んだ襟元が高くてゆったりとした、長い衣が大いに流行った。[*33] 控え目どころか歌も踊りも、お酒にも精通していた彼女がこよなく愛したのはライチ[*34]とワインである。

＊31　六九〇年から七〇五年のあいだに中断があり、中国史上で唯一の女帝である武則天（則天武后）が国号を周とした。
＊32　貴妃は本名ではない。貴妃とは当時の側室の最高位のことで、彼女の本名は楊玉環だった。
＊33　こんな逸話がある。ある日、彼女は落馬してしまい結っていた髪が片側だけ緩んで乱れてしまった。馬に乗ってきた彼女の姿を見た宮殿の女性たちは、あわてて彼女の「ちょっと落馬したような」片方に傾斜した髪型を真似したという。
＊34　ライチは東南アジアが原産で、ピンク色の小さくてジューシーな夏の果物。その果汁はカクテルと素晴らしく相性が良く、楊貴妃のレガシーを称えたライチー風味のカクテルがいくつかある。

ろか、宝石をちりばめたグラスで飲んでいた。

楊貴妃は華やかで妖艶な女性で、酒宴を好んだことで知られる。唐代の女性の自由を体現していた彼女は、七五六年に亡くなってから数百年後、紫式部[*35]という女性によって世界で初めて書かれた小説『源氏物語』にインスピレーションを与えている。しかし残念ながら、唐王朝が滅んで以降というもの、長いあいだ中国の女性が飲酒文化の表舞台に姿を見せることはなくなる。

日本の酒造りは少女たちの「口噛み」

米からお酒がつくられた最古の痕跡は、紀元前四八〇〇年の中国の長江流域にさかのぼるが、今日では日本と日本料理にまつわる飲み物の一種として「サケ」が認知されている。これはもっとも歴史の長い飲み物のひとつであり、いまなお世界中で飲まれている。日本酒はライスワインとも呼ばれるが、穀物からつくられているのだから実際にはビールに近い。ワインやビールのように、もともとは宗教的な儀式に使われた。とくに神道においては八百万《やおよろず》の神に捧げるものとしてつくられていた。

日本で酒造りが始まった頃には、「口噛み」[*36]と呼ばれている。西暦三〇〇年頃のことで、米や粟など雑穀を口のなかで噛んで粥状にしたものを、大きな木製の桶に吐き出してつくられた。そこで数日間発酵させてから食される。

日本の最古の歴史書である『古事記』と『日本書紀』が記すところによれば、コノハナノサクヤヒメという女神がいて、自ら米を噛んで発酵させて、酒造りのやり方を生み出したとされた。日本では古くから酒造りが発達し、長いあいだ女性だけがつくることを許された。その職人を指す杜氏《とうじ》[*37]という語は、もともとは女性を指す「刀自《とじ》」からきている。女性は生まれながらに酒造り職人に指名されたようなものだが、とくに若い女性がなり手となった。ちなみにこれは処女に限る。

処女である十代の少女たちが、炊いたお米の塊を噛んでは木桶に吐き出した。収穫祭のような宗教的行事に必要になる量をつくるには、顎が痛くなるまで噛みつづけることになる。このご苦労な少女たちは神への媒介者とされ、彼女たちがつくる酒は「美人酒」とも呼ばれた。

これはアルコール度数が低く、そもそも液体とも言いがたい。濾過という工程がくわわる以前のことであり、出来上がりはオートミールにも似て、液体のなかに消化されかけた米粒が浮いていた。箸を使って食されていたのだから、飲み物というよりも、すりおろし食品に近い。見た目にはそそられないかもしれないが、お酒が飲みたいという人々の欲求が勝ったことで、しだいに宗教的な目的に限らず、一年中飲まれるものとして一般に広まっていった。

平安時代（七九四年から）に入っても、酒造りの主役は女性だった。平安京には御所を含む大内裏に酒を醸造する造酒司《みきのつかさ》があり、女性たちが幾種もの酒をつくっていた。かつてのドロドロとした酒を洗練させて液体にした白酒《しろき》をはじめ、臭木《クサギ》の灰を入れて風味づけた黒酒《くろき》もつくっている。残念ながらその醸造工程については記録が残っていないため、女性たちが実際にはほかに何種類の酒をつくっていて、どのような工程で黒酒を醸造したか正確にはわからない。

＊35　この名は楊貴妃と同じく個人名ではない。紫式部とは通称で、本名は伝わっていない。
＊36　このような小さくて柔らかい、噛んだ食べ物の塊を英語ではボーラスと呼ぶ。食事時には披露しないほうがよい知識だが。
＊37　杜氏とはいわば日本酒のブリューマスター、醸造の責任者であり、男性を連想させる。

皇族や貴族など上流階級の女性たちは、男性に交じって宴席で酒を楽しんでいた。農民層ではまだ古いつくり方のものを飲んでおり、女性がどの階級に属しているかは酒の種類で大きく違っていたことになる。ドロドロであろうが、サラサラであろうが、女性が飲むことについては階級を問わずごく一般的なことだった。

インドの女性たちはお酒で魅力を増す

インドの女性たちも米を原料に独自のアルコールをつくっていた。こちらは噛む作業はあまり関係ない。

「スラー」は、発酵させた大麦か米の粉を主原料につくられた。同じく穀物を原料にした「キカラ」のほうはより甘い。「マレイヤ」はスパイスの効いたブドウ酒。「メダコ」は、水にくわえて、発酵させた米、ハーブやスパイス、蜂蜜、ブドウ果汁からつくられた。「プラサンナ」は、小麦粉、スパイス、プトラカの樹皮と果実からつくられた。「アサバ」は、ウッドアップル、砂糖、蜂蜜でつくられ、シナモンなどのスパイスで味付けされた。「アリスター」は、水、糖蜜、蜂蜜、バター、胡椒でつくられた。米を原料にしたビールも広く飲まれており、さらに補うように、外国からワインも頻繁に輸入された。

西暦三二〇年頃から始まるインドの古典期には、アルコールが大規模に製造、消費されている。この時代にインドを広く支配していたのはグプタ朝で、歴史家からはインドの黄金時代とも呼ばれる。科学も、政治も、芸術も、文化も大いに発展し、花開いた時代だった。女性抜きでも発展できそうな分野はなんであれ花開いた。女性は男性より劣っているとされ、財産をもつことはできなかったが、いくらか自由の余地はあった。芸術の教育を受けることは認められ、行政の職に採用されることもあった（このような自由は、その後の一〇〇〇年にわたり着実に減少していく）。

酒場や飲食店が広まり、宴会や祭りでは大勢でお酒を楽しんだ。飲みすぎてまっすぐ歩けなくなった女性たちが、集団に固まって千鳥足で家路につくようなこともあった。ただしバラモン（カースト制度の最高位）の女性は酒を飲むことを禁じられていた。お酒を口にすると来世で夫と一緒に暮らせなくなると信じられ、悪くするとヒルや牡蠣《かき》に生まれ変わるとされた。とはいえ、ほかのカーストについては、女性はみなお酒を飲んでいる。

ワインにスパイスを効かせたマレイヤは、あまりにも大人気で、仏教の信者は飲むことを禁じられるほどだった。それでも人気に水を差すどころか、なおも酒場では砂糖で甘くとろみをつけて大いに売られた。お酒は女性に特別な魅力を与えるとして、とくにマレイヤは人気を集めた。顔色がバラ色になり、誘われるような効果があるとされた。ローマ時代のパッスムに続くガーリードリンクとなったのは、このマレイヤといえるだろう。これはインド古典時代のロゼワインだった。

中世ヨーロッパの女性たちにはアルコールは罪ではなく生存の手段

エールワイフの最大の悩みは、製品の賞味期限が短いことだった。

エールはすぐに酸っぱくなってしまうため、できるだけ早く売るか飲むかする必要があった。その賞味期限の短さゆえにきわめて限られたローカルな商品となり、エールワイフは絶えず醸造をしつづけていた。

ヒルデガルトはその問題を解決した。

ホップをくわえて雑菌の繁殖を防ぐことができたことで、鮮度が長持ちして移送に耐えるようになり、輸出さえ可能になった。エールにホップをくわえたことで、飲みやすさも格段に向上した。

これら小さな花の苦味が渋い味を改善しただけでなく、ホップにはビールの泡持ちをよくする働きがある。ビールに厚い泡の層を形成することで香りがぐっと良くなる。さらには、ホップができるフルムス・ルプルスという植物のつるは、世界中のあらゆる気候の地で繁茂する。

こうしてホップは、エールをビールにした。味も香りも良くなり、さらに長持ちとなったビールは、村を越えて遠くまで輸送や販売が可能なものになった。ヒルデガルトはじつによいところに着目したことになる。

そして彼女がドイツの地元で執筆を続けるうちに、その作品は広く遠くまで読まれるようになった。九巻の『自然学』は、大陸中で読者を教育した。ヒルデガルトの権威と影響力により、ホップに関する知識とビールの保存効果はヨーロッパ中に広まった。彼女の執筆は、アルコールの歴史に次なる大革命を促すことになった。

一一七九年九月、ビンゲンのヒルデガルトは愛した修道院で息を引き取った。八十一歳で、同時代の女性の平均寿命の二倍に達していた。もしかしたら毎日ホップ入りのビールで健康増進に努めたのかもしれない。

亡くなったさいの彼女は、高名な女子修道院長で、預言者で、科学者で、作曲家で、多作な作家として知られていた。そしてもちろん、ビール好きでもあった。ヒルデガルトと彼女の修道女たちにとっては、アルコールは善であり、悪ではなかった。ビールは毎日の食事の一部として彼女たちを支え、栄養となった。自分たちのためのビールを自ら醸造できたことが、彼女たちが独立と自立を手にすることにつながり、結果として独自の自由を楽しむことを勢いづけた。

ヒルデガルトとブリューナンたちが自治や自由や力への道として教会を利用したのと同じことを、エールワイフたちは自ら醸造することで可能にした。女性は土地の所有さえできなかった時代に、多くの女性がアルコールによって生計を立て、ときには多少の経済的成功を得ることもできた。目的が商売の繁盛であろうと、社会的な力であろうと、子どもたちを養うことであろうとも、中世ヨーロッパにおいて酒造りは、女性たちが頼ることのできる唯一の職業だった。自分の台所にあるもので生計を立てる一番の道であり、多くのエールワイフにとってはモラル云々を考える余裕などなかった。ビールは、経済的にも栄養的にも、自分と家族を生かしてくれた。その後に続く一〇〇〇年も（そして現在も）世界中で女性たちが同じような状況におかれる。貧しい女性にとってアルコールは罪ではなく、生存をかけたものだった。

しかし、残念なことにエールワイフたちには、これに同意しない競合相手がいた。

第4章　李清照と悪魔の日曜学校──中世中期

詩人李清照の酒と文学の世界

かつて歴史家たちは、西ローマ帝国滅亡後の時代を「暗黒時代」と呼んでいた。この侮蔑的な言葉はイタリアの学者ペトラルカに由来するもので、彼は古代ギリシャ・ローマ文化の光が消えた後のヨーロッパを闇だとする意見をもっていた。今日の学者たちは、ペトラルカの言葉ははばかげているとしている。古代ギリシャ・ローマ世界と水っぽいワインには、すっきりとおさらばしよう。

ローマ帝国が去って少しはよくなった西洋だが、エールワイフとお酒好きの女性にははるかに暗い状況が待っていた。東洋の女性にとっても状況はその暗さを増していた。中国の新たな宋王朝では、女性の社会的自由は縮小され、したがってお酒を楽しむ自由も減っていた。地元の酒楼でワインを飲んで大声で盛り上がる女性たちの集団も、この王朝下ではほとんど見られなくなった。

しかし、お酒好きの女性たちにとって、灯を掲げつづけた女性がひとりいる。彼女は文学における女性のあり方も一変させた。チャールズ・ブコウスキーには悪いが、酔いどれ詩人の守り神が誰かを問うのなら、本来、李清照《りせいしょう》こそが、酒と文学の世界に君臨するだろう。

一〇八四年、現在の山東省済南で名家に生まれた清照は、中国でもっとも偉大な詩人のひとりであ

7：李清照（りせいしょう）

る。中国の歴史において、女性がその生涯で詩人として名流の印可［いわば公的なお墨付き］を得たのは、清照ただひとりである。宋代は（唐を例外として、他のほとんどの王朝と同様に）女性の書き手は疎外されていた時代でもあった。さらに清照が並外れているのは、彼女の書いたものが、女性に関する既成概念を打ち破るものだったことがある。その彼女の好きな題材のひとつが、ワインを飲むことだった。

　宋の時代、女性で読み書きができるのは珍しくはなかったとはいえ、彼女たちが教育を受け[*38]、書くことを許されることをめぐっては、文化的な根深い二面性があった。ものを書いたとしても、いざ作品として流通させることは圧倒的な偏見にさらされた[*39]。女性は家庭の一部であり、内々にすべき、私的な生活に属するものと考えられていた。男性は古代ギリシャのように、表に出て公的な活動に参加するものと考えられた。女性がものを書く行為自体はさておくとしても、印刷して広めるとなればまるで話が違い、それはもう、文化的な規範を大きく逸脱する行為となった。

　李清照は幸運にも学者や官僚の多い上流階級の家に生まれたことで、すぐに読み書きに親しんだ。父親は文人で高級官僚、母親は詩人である。幼い頃から詩を書きはじめ、十代ですでに才能を高く評価されるようになっていた。十八歳になったところで同じ詩人仲間の趙明誠《ちょうめいせい》と結婚し、二人は大いに幸せな日々を送る。

彼女が書いていたのは詞詩である。中国の伝統的な韻文文学の一形式である詞は、もとは流行の楽曲に合わせて書かれる歌詞から発達した。厳密に定まった字数、句数、押韻の規則にのっとって作詞される。彼女は天才的な詞家だった。しかし、李清照が同業者や批評家の注目を集めたのは、その書き方ではなく、むしろ何を書いたかである。

一一二五年、北方の金と南の宋による一連の争い、靖康《せいこう》の変が始まる。全土に及ぶ戦乱に巻き込まれた二人は家を焼失し、南京に逃れた。それから一年も経たずして、趙明誠が赴任地に向かうところで赤痢で亡くなる。以後、清照がその精神的打撃から完全に立ち直ることはなかった。戦争と夫の死による影響は、彼女が好む詩の題材をすっかり変えてしまう。夫の死後、李清照が書くものは、当時の女性にはふさわしくない、人々の顰蹙《ひんしゅく》を買いかねないものになっていった。

彼女の怒りは、国の政治に異を唱え、官僚を批判し、大胆な反戦の姿勢を作品に込めることに向かった。彼女の嘆きは、欲望と悲しみ、孤独を描き出し、お酒を飲むことも題材にした。批評家たちからすれば、これらは男性こそが書くべきものだった。男の子というのは悩んだりお酒や色事を口にするものだが、女性はただ静かにしているのがよい。女性の詩人が性的な感情やお酒について作品を書

＊38　もちろん上流階級の女性のこと。下層階級の女性が教育を受けることは少なかった。
＊39　中国では宋の時代に書物の印刷が広まった。ヨーロッパで木版印刷が広まるのは十四世紀頃である。

くとは前代未聞のことになる。[*40]
一九七九年に鐘玲《チャンリン》とケネス・レクスロスによって翻訳された彼女の詩集には、清照の画期的な詩の数々が収められている。
たとえば「梅の花（寒梅）」――

……天さえもこの喜びを分かち合う
月は白く、玉のように輝くその姿を照らす
ともに金の盃を新酒で満たして愛でよう
酔うのをためらうことはしない
この花こそは、どの花よりも美しいのだから

そして「秋の恋（声声慢）」――

淡酒を二杯、三杯とかさねても
吹く夕風寒く、身をさいなむ
はるかに雁は飛んでいき
その姿に胸いたむ

宋の時代にあって、これらは女性が書くには衝撃的な題材だった。李清照は、ワイングラスを手に、

漢詩の世界を引っくり返したのである。

お酒の販売でのさまざまな困難

エールにホップをくわえると長持ちするという噂はゆっくりとヨーロッパ中に広まっていき、人々はお酒でひと儲けできることに気づきはじめる。少なくとも国の財政には醸造業からの利益が上がっていた。エールの統制からの税金と手数料は、かなりの銭貨の山を生み出した。いまやビールが流通や輸出まで可能となれば、ヨーロッパ中の政府官僚や実業家たちが醸造業界に目をつけることになる。ビールが商品化される時代がきていた。

エールワイフにとっては、ホップの出現はこの上ない恩恵になるはずだった。より美味しく、より安く、より簡単に輸送も保存もできるビールをつくれるとなれば、商売繁盛となったはずである。ビールは、「スライスされたパン」より先にやってきた大発明だった。しかしながら、この新しく改良された醸造酒が広まるさいには、歴史家ジョオン・サースクのいう「あるベンチャーが成功すると、シーンから女性の影が消える」ことが起きる。これが醸造業界にもたらした最大の変化は、ビールをどうつくるかだけでなく、誰がつくるのかということになった。エールワイフの生計手段は壁にぶち当たった。

＊40　前章でみたワイン好きの楊貴妃は清照の詩にも登場している。清照は楊貴妃を「ワインで紅潮した顔」と描写している。どうやら皇帝は、後世に語り継がれるほどワインで紅潮した彼女の頬にご執心だったらしい。

そして壁は、彼女たちの魂の前にも出現してくる。

十二世紀の町や村、都市では、もうひとつの成長産業であった教会が、日曜の礼拝から人々の足を遠ざけている競合相手がエールワイフだと気づいた。醸造の商業化にくわえて、教会の力が組み合わさったことで、エールワイフの暗い運命は決定的なものになる。

一三〇〇年頃になると、醸造業は小さな地元密着型の産業から、商業化された巨大産業へと変貌を遂げていく。より規模が大きくなるにつれ、より多くの規制と専門化が進んでいった。まさにそこが欠けていた産業だからこそ隙間を見つけていた醸造家たちは、裕福な実業家たちに押し出されはじめる。

エールの価格は年に一度エール検査官によって設定され、穀物価格の上下によってはそこそこ、あるいは大いに儲けを出すことができた。たとえば、わたしが大学に通っていたマサチューセッツ州の小さな町では特別価格の二ドルだったビールが、ロサンゼルスにくると法外な値段になるのと同じように、大きな町でエールを売ると、田舎で醸造している姉妹よりもはるかに多くを稼いだ。運が良ければ城や貴族の館に売り込んだり、町が大きければ市場でも売ることができる。

さしあたり教育も徒弟制もない醸造業は、中身をいえば非熟練技術とはいえ、現実には多くの能力が必要でもあった。ビールをつくるだけでなく、地元のエール検査官や穀物業者、麦芽業者、水運び屋、使用人、そしてもちろん顧客とも交渉しなければならない。女性たちが成功するには、計算もできて、職人としても商売人としても腕を磨く必要があった。

独り身や未亡人のブリュースターたちは、多くの既婚女性のようには助力が得られず困難に陥ることもあったが、税金や手数料は軽減されていた。むしろ裁量が認められることで、醸造で経済的に豊かになることも多くみられている。既婚女性であれば醸造の管理は（理論上は）夫だった。夫は妻に対して、いつ、どのように醸造し、誰に売るかを指示でき、その気になれば利益を取り上げることもできた。しかし現実には、これは女性が主導権を握るただひとつの業界だった。女性たちが結束することもまれに起きている。一三一七年、イングランド南西部のエクセターでは、ブリュースターたちがエール検査官の設定した価格に激怒し、適正価格になるまでエールの醸造と販売を団結して拒否している。

ブリュースターたちの発言力は地元当局を警戒させ、敵視すら招いた。ビールの管理権を男性に渡そうとしない女性たちは、従順さのない、反抗的な問題人物となった。反抗的な女性が知識と交渉力で身を固めて男性主導の経済にモノ申すとなれば——それはトラブルのもとである。

女性がエール検査官になることもあったとはいえ、通常はひとりの男性が女性の業界を監督するかたちだった。実際にビールをつくり万事を心得ているのだから、女性のほうが役目にふさわしいはずではある。しかし法的慣習とされるものが（つまり性差別の伝統をまえに）、実務経験よりも優先された。そして女性が勝手知ったる分野という理由から、男性の多くはブリュースターにいつ騙されるか信用できないとの猜疑心を抱いた。

醸造のほかにも、ブリュースターはビールの販売でも困難にぶつかった。たとえ営業中のセックスワーカー（売春婦）の姿はなかったとしても、一般にお酒を売ることには、千年以上にわたる根強い売春や性的な乱れを匂わせる空気感（あるいは道徳観によっては暗部）がつきまとった。いつだってお酒は恋愛や性的な駆け引きの潤滑油になってきた。求愛の場……あるいは配偶者から隠れて浮気するにもエールハウスだった。社会的な規範意識が緩み、少し開放的になり、そして度を過ぎる客も多かった。お酒を売る女性たちは用心深くなければならなかった。エールワイフやお酒を提供する女性たちは、横暴で乱暴な男たちに注意が必要だった。酔っぱらいや風紀の乱れに対する懸念は、客の側ではなく、エールワイフに向けられる。彼らを見張る責任はエールワイフにあるのだった。酔った男がちょっかいを出しても、あるいは酔って暴れても、悪いのは彼女となる。もし男がほろ酔いで迫ってきたのを断ったとして、拒絶されて怒った男が引き起こす騒動も、すべて彼女のせいになった。

女性のバーテンダーや給仕なら誰しも、この難しい一線があることを知っている。彼女たちは愛想よく魅力的であるべきだが、その愛想も魅力も過ぎてはいけない。もしも誰かが一線を越えてしまったら、それは彼女が悪いというだけでなく、その後に続く面倒事にも対処しなければならない。八〇〇年前、男のお酒に目を配り、その行動に対処することは、エールワイフの仕事の一部だった。迷惑な酔っぱらい男というのは、角氷や屋内トイレ、ついでにいえば、小さなボウルに入った塩味のスナック菓子が登場するよりも古くから、エールハウスの定番として存在した。

男性側はさらに、問題の多いエールワイフがほかの女性たちに悪い影響を及ぼさないかとの恐れも抱いた。非従順さがまるでエールハウスで感染する病気か何かのようだが、女性たちがエールワイフにそそのかされて夫に逆らうようになっては大変厄介だ。当時の多くのバラッド［物語調の民謡］には、夫に逆らうだけでなく、すべての男性に逆らうエールワイフが登場する。バラッド『親切で信じやすい女主人』（The Kind Beleeving Hostess）ではこう嘆く――

可哀想にも彼は何も言えない

女主人は彼を相手にもしない
彼女はどんどんと飲みつづけ
そして陽気に笑うだけ
彼の怒りなどどこ吹く風

エールを売ることにつきまとう懸念は、客である男性ではなく、エールワイフに転嫁された。この商売に女性がいることが性的な乱れや不義、不正のもとになると考えられた。教会はこうしたやり方で、エールワイフを魔女に変えてしまうことになる。

アメリカ先住民はサボテンからワインをつくっていた

この時代にビールをつくっていた女性は、エールワイフのほかにもいる。一般に信じられているのとは異なり、巡礼者と開拓者が北アメリカにアルコールを持ち込んだわけではない。[*41] 白人入植者が到来して何もかもめちゃくちゃにする何世紀も前から、アメリカ先住民のいくつかの部族では独自のお酒をもち、健全な関係を築いていた。ここでもまた、醸造を担ったのは部族の女性たちである。

北アメリカ南西部の部族のあいだでは、社会的、精神的な目的でアルコールが使われていた。ソノ

＊41　北米先住民が遺伝的にアルコール依存症になりやすいという説は、その大量虐殺の歴史を正当化するために使われる神話である。どのような種類の飲酒も、それを問題と考える前に、文化的背景のなかで理解しなければならない。アルコールをつくっていた部族は、ヨーロッパ人が来る以前にはうまくいっていた。

ラ砂漠に住むオタマ族とトホノ・オーダム族の女性たちは、サワロサボテンから「ハレン・ア・ピタハヤ」と呼ばれるワインをつくった。夏の終わりにかけて部族の女性たちが集まり、長い棒でサボテンの赤い実を集めた。その高さは一五フィートから三〇フィートほどもあり、よりによってサボテンのてっぺんに実がなる。最初に採れたサワロの実はジャムやゼリーになったが、最後の収穫分はワイン造りのために取っておかれた。

ハレン・ア・ピタハヤは、部族の一年の始まりに行われる雨乞いに使われた。これは夏の終わりにあたり、部族の大人たちは男女を問わず全員が飲み、自分たちがワインで満たされることで、大地も雨で満たされると信じた。いまでも多くのトホノ・オーダム族の村ではこの儀式が行われている。

チリカウア族の女性たちは、数種のアルコールをつくっていた。ひとつには「トゥラパー」と呼ばれるトウモロコシの強いビールがあり、これはとくにつくるのが難しかった。トウモロコシを発芽させ、乾燥させてからハーブ類と混ぜ合わせる。すべてを何時間もかけて煮てから、一度水を切り、ふたたびまた煮る。できあがったものを一二時間から二四時間かけて発酵させた。当時のイングランドのエールと同じように、トゥラパーは悪くならないうちに早く飲む必要があった。

同じくトウモロコシのビールの一種に、「ティスウィン」もあった。トホノ・オーダム族の女性たちはサワロサボテンの樹液からティスウィンをつくっていた。トゥラパーと同じことで、原料がなんであれ賞味期限は非常に短いものだった。

醸造は通常、人が大いに集う社交の場になった。部族の女性たちが大量のトゥラパーやティスウィンをつくり、みんなでそれを飲むことになる。飲みごろになると、つくった女性当人からお酒が配られた。女性は一杯のひしゃくを使い、それを人々の輪のなかでまわして飲む。この名誉ある女性は、醸造したなかでも一番美味しい、甘い搾り部分を口にした。

こうした醸造の宴においては日常社会での垣根が低くなることで、女性にとっては性差を超えてニュートラルな場になった。酒を飲んだ後には女性たちは歌やドラムの輪にくわわり、伝統的な男性の役割に取って代わった。十代の少女たちも、親が厳しくなければ参加してもよかった。これらの女性にとっては、通常男性だけの空間に入ることができるカギがアルコールだった。

モンゴルの遊牧民は男と女が競い合って酒を飲む

ヨーロッパでもアジアでも、お酒を飲む女性たちの状況は厳しいものだったが、それでもなお灯が消えることがなかったところもある——ずばり、馬に乗って。

十二世紀の東アジア、モンゴル民族にとって飲酒はとても重要なことだった。彼らの食生活と文化の、どちらにおいても中心にあった。食べ物とアルコールと両方を持ち運べることが遊牧民にとって大事になる。両方を兼ねるとなればまさに理想というわけだった。

おもには「クミス」（馬乳酒）で、雌馬の乳を発酵させた栄養価の高い飲み物である。つくっていたのは女性たちで、雌馬の乳を搾り、乳を泡立つまで攪拌《かくはん》してバターを取り出し、残った液体を発酵させた。できあがったクミスは白濁して酸味のある飲み物で、一日中馬に乗っていても大丈夫なほどのカロリーがあった。クミスは日常的に大量に飲まれたので女性たちはつねに忙しかった。

モンゴルの遊牧民にとって、酔うことは決して恥ずかしいことではなかった。女性であっても喜ばしいこととされ、男性と同じくらい飲んだ。宴会や祝い事では酒を飲むことが中心になった。席の配置は男女別になっており、男性と女性が競い合う酒席もよくみられた——クミスをワインに置き換えてみると、このような光景の結婚式に参加したことはないだろうか。

自分の声を見つけていた李清照

酩酊のかたちは、それをどう表現するか、それまで教わってきたことでほぼ決まる。もし飲酒を男性本位の活動だとすると、酔いを表現することもまた男性の活動ということになる。中国では、李清照はお酒好きを表現したことで、読者や批評家の興味を惹き、衝撃を与え、嫌悪さえ招くことになった。

夫の死後、清照は南遷した宋が都とした杭州に落ち着いた。彼女は詩や文を書きつづけ、その作品からは、彼女が書くこととワインの両方に慰めを見出していたことがわかる。

東の垣根のもとで酒杯をとる
黄昏が降り、漂う菊の香が袖へと満ちて
哀しみが癒されたなど、どうして言えよう
秋風が吹いてすだれを動かす
愛するひとよ、わたしはきっと、
菊の花よりもやつれている[*42]

李清照は当時の多くの批評家たちから怒りを買った。彼らからすれば、女性が自らの感情やお酒について書くべきではないし、彼女には羞恥心が欠けている——まるで羽根ペンと酒杯を持った妖怪女でも見るように、異質な生き物として受け止められた。彼女の性別は、詩の評価をより厳しくする方向にはたらいた。

同時代の文人である朱熹《しゅき》（朱子）は「このような表現を、どうして女性が思いついたのだろうか」ともらした。賞賛する声も、つまるところ「……女の子が書いたにしては上出来」という程度のものだった。しかし清照は書くことをやめなかった。

四十九歳のとき、張汝舟《ちょうじょしゅう》という名の非情な男性と短く不幸な再婚をし、数カ月のうちに離婚する。このことで文壇での評判にも累が及ぶことになる。多くの人はこれを、清照が不道徳な女性である証しだとして、作品の批評をとおして彼女の人生の選択をあざ笑った。彼女の人生のさまざまな悲劇、飲酒、離婚など、ありとあらゆることが揶揄《やゆ》された。しかし、彼らがいくら彼女を批判したところで、その才能を否定することはできなかった。李清照には誰もが認めざるをえない詩の才能があり、文学における常識が男性によってすべて確立されていたなか、李清照は自分の声を見つけていたといえる。そして誰もそれを否定することはできなかった。

李清照以前には、詩にはあまり作者の個性を表現しない長い伝統が確立されていた。詩はたいてい没個性的で性別を感じさせないものだった。ところが清照が書く詩には、女性らしさが前面に出てくる。彼女の作品には、自立していて、型にとらわれず、予想のつかない女性たちの姿が描かれ、しかもよくお酒を飲んでいる。彼女たちは、誰に頼るようなこともせず、ときには率直に、ときには沈黙

＊42　「酔花陰」より。ケビン・ツァイによる英訳がある。

8：エールワイフと宣伝用の帽子

をもって、それぞれが内に秘めた孤独や苦悩、怒りが表現された。

離婚後の清照は、批判的な風評から逃れるように書きつづけた。懸命に詩をつくりつづけることで体面を取り戻したようにもみえる。彼女とその作品を愛する読者は男女を問わずにいた。それでもなお当時のエリート文化からはなかなか受け入れられず、多くの人は彼女をどう評価すべきかわからずにいた。清照の作品は伝統的な女性像から外れていながらも、同時に圧倒的に女性的でもある。彼女は男性主導の業界、男性主導の飲酒文化に参入し、しかも堂々と女性であることを貫いた。そしてそれは、彼女の後世への遺産をも危うくする結果を招くことになる。

女の追い出しと日本酒造り

エールワイフは一見してわかる独特な外見をしていた。混雑した市場のなかでも姿を目立たせるために、高さのある、先をとがらせた帽子をかぶることが多かった。[*43] 宣伝に使うエール棒は、長い棒先に細い小枝の束を結びつけたもので、これは要するにホウキ。彼女たちは大きな釜でエールを醸造した。その穀類のそばには、ネズミを待ちぶせる猫の一匹や二匹くらいいたことだろう。

おや、と気づかれただろうか。

ハロウィングッズの店で売られている魔女の衣装が、中世のエールワイフに似ているのは偶然ではない。十三世紀から十四世紀にかけて、男性のエール売りを否定的に描くさいには、決まってその商習慣をあげつらった。しかしエールワイフとなると攻撃の矛先が変わる。彼女たちを貶めるには外見、性別、そして信仰心が標的にされた。

西ヨーロッパでは、日曜のミサへの参加をめぐって教会がエールハウスと競合し、彼女たちを敵視していた。当時の教会の説教ではエールハウスを「恐るべき敵」と呼び、「酒場は悪魔の学校」であるとした。つまり、エールワイフたちは悪魔学校の教師ということになる。

エールハウスの女主人を描くさいには、信心深い男を罪に誘い込む誘惑者の姿になった。この時代

＊43　この帽子の高さは六〇センチほどもあった。単純なマーケティング戦略だったと考えられている。ずばり目立つため！

の文学や芸術には、鼻っ柱が強く、好色で不従順なエールワイフがエールを飲んだり売ったりする姿が醜悪に描かれている。わずかな経済力と自立を手にしたにすぎないブリュースターたちに対して、教会は彼女たちが自然に反する術を使うとして男性の恐怖心をあおった。宗教的な描写には、地獄で悠々としているエールワイフが（ときには胸をはだけた姿で）描かれた。地獄で焼かれるはめになるのは、他のどんな職業人よりもエールワイフが多かった。

中世で人気を集めた詩、ジョン・スケルトンの『エレノア・ラミングの酒造り』（The Tunning of Elynour Rummyng）は、エレノアという名のブリュースターを世にも醜く悪徳な業者として描いたものだった。エールワイフの力を放置するとどうなるか……女に牛耳られる世界になるというのが、この詩が示唆するところである——それは怖かろう。詩には魔術を暗示するくだりもあり、魔女のような存在として「彼女は悪魔の兄妹《きょうだい》だ」と形容された。

エールワイフや女性の飲酒を描いたこれらの創作はいずれも毒々しく中傷的で、じつのところ危険きわまりないものだった。これらの物語は、エールワイフや彼女たちがコミュニティで占めていた役割に対する男性の不信感を深めることとなる。

十四世紀半ばになると、醸造業はビールの工業化と商業化を進める男性実業家たちに取って代わられた。新たな規制が敷かれ、資本と夫なしでは女性が醸造業に足がかりを得ることはできなくなる。法的な独立性なしには（女性は自分で契約を結ぶことができなかった）女性は業界に参入できなくなり、真っ先に追い出されたのは独身女性と未亡人だった。このことは、教会が広めた偏見と相まって、エールワイフたちにとって消滅への序曲となった。

同じ頃、日本でも似たような問題が酒造りの女性たちを襲っていた。仏教と民間信仰が合わさった女性不浄観は、徐々に女性たちを醸造の場から追い出していった。なかには、酒の神自身が女性であるために女性がまわりにいると嫉妬して怒りを買ってしまうという信仰もあった。やがて酒蔵は男性だけの空間になっていく。こうした性差別的な信仰は、日本酒造りを何百年にもわたる女人禁制の産業にしていった。

酒に酔った感情を表現した先駆者

李清照は、書くことをやめなかった。一一五五年に、七十歳前後で亡くなったとされる。現存する詩は一〇〇篇にも満たないが、そのおよそ半数はお酒を飲む喜びと悲しみをテーマにしている。歴史家は、作品の多くが失われた背景には彼女の性別と作品のテーマが影響したと考えている。男性主導だった芸術様式に、彼女は巧みな自己表現をもって爪痕を残した。酔いにまかせた感情を作品に詰め込んだ象徴的な男性芸術家には、F・スコット・フィッツジェラルドからチャールズ・ブコウスキーまで、歴史をとおして数多く存在する。

彼らの前には、李清照がいた。

中世の末期という時代、彼女はまさにお酒を飲む女性の象徴的な存在だった。大胆で自立心をもち、言いなりにならず、引き下がらず、そして、恐れられ、批判され、排除されても、ついぞ否定はできない。

李清照の詩は、女性の内面世界に目を向けること、そこに美しくて力強く、大事なものがあることを示した。男性の領域とされていたところへ、さまざまな感情を抱き行動する女性の姿を描くことで、詩作をとおして漢詩の世界に道を切り開いた。もちろん、一杯か二杯のワインとともに。

次章でお酒を飲むヒロインは、男の酒と……そしてズボンをも自分のものとして、男女の規範意識をさらに超える存在になる。

第5章　規範を笑い飛ばすメアリー・フリス――ルネサンス期

ブームを巻き起こした男装のメアリー・フリス

メアリー・フリスという人物は、悪態をつき、男装し、売春斡旋や盗みをはたらき、マスターレス[*44]（主人なし）にして「逸脱した高笑い」をし、女性は禁じられていた舞台に上がり、盗品故売に手を染め、もちろん酒も飲んだことで、悪名も高く、捕まり、法廷で糾弾され、有罪の判決を下されたりなどした。まさになんでもありの痛快感がある。

「巾着《きんちゃく》切りのモル」[*45]としても知られるメアリーは、一五八四年頃にイングランドで生まれた。彼女については信頼できる伝記的情報を見つけるのは難しい。彼女には数多くの伝説や逸話として伝えられる破天荒な存在感だけでなく、犯罪者の側面もある。事実、彼女は女性で初の職業犯罪者として知られており、しかも彼女自身はそのことをたいへんな誇りにしていた。

その堂々たる得意顔を確かめるすべはないが、彼女が自ら進んで犯罪者の道を選んだことは注目に

＊44　未婚であることを意味した。

＊45　十六世紀においてモル（Moll）は評判の悪い女性の一般的なあだ名。巾着切りとは泥棒のことで、こっそり盗むニュアンスがある。

値する。この時代には、拡大しつづける大都市ロンドンに、仕事を求めて多くの若い独身女性たちが集まっていた。彼女たちには掃除か料理くらいしか仕事の選択肢はなかった。かつて女性が仕切っていた醸造業からは締め出しにあい、ほかの職人ギルドでは女性の見習いを受け入れなかった。

エールワイフの存在は一五〇〇年には絶滅寸前の状況になっていた。当時では世界でもっとも人口の多かった都市のひとつロンドンで、醸造業のギルド構成員に占める女性の割合は、ほんの五〇年前には三〇%だったものが、わずか一%にまで減っていた。醸造は女性を受け入れる唯一の職人ギルドではあったが、なんら役職を得ることはなかった。既婚女性は夫が亡くなっても醸造を続けられたが、再婚したければ断念するほかなかった。

一五一二年、海軍艦隊のための大規模なビール醸造所がイングランドの南部に建てられている。軍はお酒を売る相手としては最高の顧客になるはずだった——実際大量に買い上げた。陸軍と海軍に提供するには大規模な生産が必要とされ、このことから女性は産業から排除されてしまう。大規模な醸造所をつくるのに必要となる、資本を手にする法的能力が女性にはなかったからである。

しかし彼女たちは、次々とできていく醸造所に雇われて働きはじめることになる。今日のベルギー、ルクセンブルク、オランダにあたる国々では、十六世紀当時、醸造所で働くのはほとんどが女性だった。西ヨーロッパの他の地域と同様に、これらの地域でも女性が醸造を担ってきた歴史がある。これらの醸造所では、女性は労働者としても事務要員としても働いた。オランダでは、出荷されるビールや醸造の記録を一手に管理する女性事務員をおくのがふつうだった。そして醸造の現場では、マッシュ〔原料と湯の混合物〕を担当する「リングスター」という女性たちが働いていた。長い熊手と、大きなオールのような木製のパドルを使い、仕込み釜のなかで麦芽をかき混ぜた。水と混ざり合うことでパン生地のように重くからみつき、動かすには大変な力がいる。肉体的に大変な作業であり、彼女たちは恐ろしく力強かった！　スカンジナビア地域においてもマッシングの工程は女性だけが担うものとされ、彼女たちはそこで「ブラウスター」と呼ばれていた。

一方でロンドンは、醸造所に女性が広く働けるような仕事はなく、メアリーはといえば、誰かのために掃除や料理をすることにはあまり興味がなかった。サービス業や家事業以外でとなれば、経済的な支えもなしに生計を立てたい女性にとって、非合法活動だけが唯一残される道になる。じつはメアリー・フリスが楽しんだ活動――ズボンを穿く、タバコを吸う、深酒をする、エールハウスに出入りして商売を取り引きする――そのほとんどが女性としては犯罪行為とみなされるものだった。

彼女としては、一ペニーでも一ポンドでも稼ごうとしたのかもしれない。

最初はスリやひったくりをしていたが、やがて犯罪の階段を上っていった。彼女は盗品を売買して大いに成功を収め、ほどなくして財を成す。

メアリー・フリスは酒場が大好きで、仕事もすべて酒場でやり取りするのを好んだ。彼女がそこでズボンを穿き、パイプを吹かしながらビールをすする姿はよく見かける光景だった。男たちは、何をどこから怒っていいのやら、そのズボン姿かパイプか巨大なジョッキか、よくわからなかった。本来は男がする活動にズボンを穿いてくわわるメアリーを前にして、人々にはそれが、たんに家父長的な秩序を逸脱している以上に、権力をふるっているものとして映った。

イングランド全土、なかでもロンドンでは酒場の数が増えつつあった。エールワイフやエールハウスが過去のものとなり、男性が経営する施設が急速に普及していく。かつてエール棒を戸口に掲げてスツールをおいていた台所に代わって台頭していたのは、はじめから公共の場として専用に建てられる「タヴァーン」［ワインなど他のお酒も提供し、多くには宿泊部屋があった］だった。これらの飲酒施設はほぼ男性で占められていたが、なかには女性が営むものもみられた。一六〇〇年代の初頭になると、イングランドで女性が経営するタヴァーンは約五〜一〇％ほどで、その多くは醸造業者の未亡人たちだった。

女性たちはまだ外飲みしていたとはいえ、その数は村にエールワイフがいた頃に比べ減っていた。イングランドでもヨーロッパでも、女性の飲酒文化は家のなかの私的な空間へとその場を移し、キッチンで行われるものとなっていった。この移行による影響は非常に大きなものとなり、その後何世紀を経てもなお、世界の多くの地域でキッチンは女性の飲酒文化の中心でありつづけることになる。

依然としてアルコールは階級を問わず人々の生活に身近にあり、あらゆる人々の栄養と医療と社会生活にとって重要な一部だった。女性は月経痛や陣痛を和らげる目的でもお酒を飲んだ。誰かが陣痛を起こすと、地域の女性たちが駆けつけて、温かいワインやビールに砂糖とスパイスを混ぜた「マザーズ・コードル」を用意した。産婦に滋養をつけて元気を保つことが目的だったが、出産に立ち会う他の女性たちもこれを飲んでいる。

そして赤ちゃんが生まれて出産祝いとなると、大いにお酒が飲まれた。当時の医師たちはアルコールが産後の回復を助けると信じていたため、新しく母親になると飲酒が勧められた（いまではこれは間違いで、分娩室内の禁酒は言うまでもない）。

結婚を控えていることも、お酒を飲む機会のひとつになった。イングランドの慣習である「ブライドエール」は、要するに新婚夫婦のための資金集めとして行われた。たくさんの友人や親族、近所の人々に参加してもらい、結婚式の費用や新婚生活への資金が集まることを期待する将来の花嫁が、大量のエールを醸造して盛大なパーティーを開いたものである。ブライダルシャワーのようだと思われただろうか。それもそのはずで、これが「ブライダル」という言葉の由来である。つまり「ブライド」（花嫁）と「エール」から、「ブライダル」。「ブライド・エール」パーティーが、婚前の花嫁を祝うブライダルシャワーへとつながる。

また女性たちは、たんに飲みたいという理由から、自分たちの楽しみとしてお酒を飲むこともあった。近所の女性たちが互いのキッチンに集まってビールを飲むことで交流した。お酒を片手に、友情を育み、地域の出来事を共有し、噂話に花を咲かせた。その様子は、ハイヒールではなく白頭巾が目立つというだけで、リアリティ番組『リアル・ハウスワイフ』［セレブ主婦たちのリアルな日常を追った人気シリーズ］の一場面に出てきそうなものである。さまざまな種類のお酒を飲んでみたり用意することは、女性の文化において重要な要素となっていた。

ビールの自家醸造にくわえて、ワイン選びや保存法も主婦には欠かせないスキルだった。ワインをどう長持ちさせるか、悪くなりそうなワインをどう保存するか、すでに悪くなってしまったワインはどう美味しくするか、さらには、もはや飲めなくなったワインをいかに料理に活用するかなど、すべてが女性にとって必要なことだった。世界中で印刷本が普及するにともない、女性向けにレシピ集や家事指南の本が印刷されるようになっていた。一六一五年に出版されたジャーヴェイズ・マーカムの『イギリスの主婦』（The English Hus-wife。副題は、完璧な女性がもつべき内面と外面の美徳）には、母親や妻のための料理レシピや家庭療法が満載された。「完璧な女性」がお酒をつくれるようにと、ビールとシードルのレシピも含まれている。

ときには女性同士がグループでタヴァーンに飲みに行くこともあった。もちろん、単独はめったにない。評判を傷つけてまで人前でひとり飲みしようとは考えないものだ。もしも女友達なしで行きたい場合には、夫か兄弟や近しい親族といった、公認される男性の同伴を求めた。女性が夫とともにタヴァーンでお酒を飲んだり賭け事にくわわるのは珍しい光景ではなかった。

女性が単独でいると、評判に傷がつくだけでなく身の危険があった。タヴァーンは男性が占める空間であり、性的な攻撃性が高い飲酒文化が根づいていた。女性客には危険なことが多く、性的暴行は頻繁に起きている。現在と同じように、女性にとって他の女性たちと一緒にいるほうがとにかく安全だった。[*46]

女性同士でタヴァーンに出かける機会としては、地元の市場でその日の買い物や物売りを終えたあと、あるいは夫のいない隙をみてのことで、大きな町や都市圏のほうがより一般的にみられた。彼女たちが興じていたゲームには、サイコロ、トランプ、「テーブル」（バックギャモンの原型）や「コインはじき」[*47]など、さまざまな種類がある。

たとえグループで飲むとなっても、そこには女性に対するダブルスタンダードがあった。女性の性的乱れへの恐れにくわえて、この場合には男性たちは、お酒を飲む女性たちの集まりに性的ゴシップが飛び交うことを恐れた。当時のバラッドの多くには、女性の飲酒行為に向けられる男性の不安が表現され、女性たちのタヴァーンでの付き合いが問題視されて描かれた。

作家のエスター・サワナムは、一六一七年にこのダブルスタンダードについて、こう記している。

男性が酔うことは親交の証しとされ、それに比べて、酒に酔う女性の姿はなんと憎むべきことか。注意してみれば、習慣的な酔っぱらいというのは、女ひとりにつき、男は一〇〇人いることは誰だってわかります！　これが女性だと忌み嫌われて、それゆえ避けられることなのですが、男性では笑われても男同士の冗談ですむもので、だからここまで多くの者が実行するのです。

酒飲みの女同士の結びつきを称えるバラッドもまれにあった。『Fowre Wittie Gossips Disposed to Be Merry』では「すべての女に杯を持たせて」とうたわれ、『The Seamens Wives Frolick over a Bowl of Punch』では、船乗りの妻たちが集まってポンチ酒に酔いしれる。

わたしたちは飲み干すほどにお酒が大好きで、
わたしたちみんなが満杯のグラスとカップが大好き
これでおしまいというどの一杯の心地よさも
部屋中を陽気に踊りまわらせる

十六世紀のイングランドの王族もお酒を楽しんだ。ヘンリー八世とその宮廷は非常な酒好きで知られており、フランスからの客人が、王室の女性たちが飲む量を目にして衝撃を受けている。豪華なドレスに身を包んだ宮廷の女性たちは、どんな娯楽を観覧する場であっても大声でおしゃべりしては歓

＊46　女性が連れ立ってトイレに行くのは面白おかしいだけじゃない、そうでしょう？
＊47　これは現代のシャッフルボードにつながるもので、円盤としてグロートと呼ばれる昔の四ペンス銀貨が使われていた。

9：メアリー・フリスの逸脱ぶりをもとにした劇のポスター

声を上げ、フラスコからワインを一気飲みしたといわれる。

メアリー・フリスは、女性のグループを引き連れてタヴァーンに行くのを好んだ。女性たちは気付けのビールを何杯か飲んだのちに、メアリーの不正な活動にもいくらか同行した。この女性団がかかわった世にも非道な行為とされることとしては、男物の服を着て「軽率な行為」に加担した、などというものである。メアリーは窃盗やひったくりなど実際の犯罪にも彼女たちの手を借りていた。男装して酒に酔った女性の集団は、十七世紀の大衆には衝撃的でスキャンダラスなものだった。なかには彼女たちが超自然的な存在で、魔術で化けていると訴える声さえあった。

メアリーの悪名はとどろき渡り、一六一一年、トーマス・ミドルトンとトーマス・デッカーの二人によって、彼女の活躍をもとにした喜劇『どなる女、[*48]またの名を巾着切りのモル』（The Roaring Girl, or Moll Cutpurse）が書かれている。その上演に登場した彼女は、芝居が終わると舞台上に飛び上がり、客席に向かってリュートを弾きながら卑猥な歌をうたいだした。この芝居が成功を収めたことで、彼女は当時のポップカルチャーアイコンとして確固たる地位をものにした。近年の人気テレビシリーズ『ジャージー・ショア』から、お酒をショットで飲む女性たちがポップカルチャー現象になるよりも何百年も前、メアリー・フリスはロンドンでブームを巻き起こしていたことになる。

多くの有名なリアリティ番組の出演者たちと同じように、メアリーもまた、人気を得たところで当局から守られることにならなかった。翌年には男物の服を着ていたことで捕まる。ロンドンの治安当局はメアリーにとってはもっとも効果のなさそうな刑罰を言い渡した。広場に引き出されて群衆の前で罪を告白するという、天性の芝居っ気がある人物に対する罰としては、馬鹿げたものだった。メアリーは涙ながらに自らの過ちと反省を感動的に訴え、心から改悛して二度と過ちを犯さないと誓った……のだが、聴衆のなかには彼女がべろべろに酔っぱらっていることがばれてしまい、酔うといつも泣き上戸だったと後日談を記されることになった。

幾度も捕まったにもかかわらず、メアリーは起訴を免れることにほぼ成功している。投獄されるたびに、莫大なお金の賄賂を使って自由の身になった。それにしても、彼女の悪評をとどろかせたのは犯罪行為ではなかった。彼女は殺人者でも誘拐犯でもなかったし、大強盗をやってのけたわけでもない。主としてやっていたのはスリや盗品をさばくことだった。彼女を伝説にしたのはその行動だった。

これは飲酒の自由というものが、社会における権力といかに密接に結びついているかを知る話でも

*48　この呼び名は、酔って暴れたり犯罪を犯すような若者を指した「roaring boy」をもじったもので、喚き散らすという意味がある。

ある。抑圧的な社会におけるメアリー・フリスという存在は、できようものなら女性もまた、ズボンを穿いて、ビールやいざこざを求めて酒場に行くこともありえると教えてくれる。

独身女性は醸造業から締め出された

イングランドやヨーロッパのエールワイフたちは一五〇〇年代にはほぼ姿を消していたものの、ほかの地域では女性たちがまだ醸造を続けていた。スコットランドのブリュースターたちがビール産業から締め出されるにはもう少し時間がかかった。

十六世紀にはまだ彼女たちがビールの世界を牛耳っていた。一五〇九年のアバディーンの町では、醸造業者はひとり残らずすべて女性だった。イングランド同様にビールはスコットランドの食生活の重要な一部だった。そしてイングランドやヨーロッパの女性たちと同様に、スコットランドの女性たちもまた、その手軽さと即席でできることからビール造りが人気だった。十六世紀初頭に生きていたエレン・ベッサットという名のスコットランドの女性は、ブリュースターであると同時にケーキ職人でもあり、中古の靴を売り、盗品売買まで手がけていた——「女はすべてを手に入れることはできない」なんて、わたしの辞書にはないわと言ったかはわからない。

スコットランドの法律では、女性が夫のお金で生活用品以外のものを買うことは禁じられていて、ブリュースターがこれに違反したことが発覚すると、醸造道具が取り上げられたり破壊されることもあった。さらには一年と一日のあいだ醸造を禁じられることもありえた。そこでブリュースターたちは、偽装工作に励むようになる。彼女たちの多くは隣人や友人にこっそりと隠れてビールを売ることで、正式な認可を受けずに課税や品質検査を逃れた。スコットランドのお酒の闇取引には女性たちが大きくかかわっていた。

ブリュースターたちは、女性同士の深いつながりによる情報のやり取りをうまく利用した。女性たちは隣人や地域の家族のニーズを把握している。ブリュースター同士が友情で結びつくことで、これらの情報を共有して、製品の販売力を伸ばすことにつながった。

このことが、スコットランドの役人たちがしだいに彼女たちに不快感を抱くようになる一因だったかもしれない。

一五三〇年、エディンバラ評議会は、「女性は誰でも、たとえ未婚の者でもブリュースターとして店を構えることができてしまうようだ」との不満げな表明をした（そう、まさにそこがポイントなのだが）。評議会はこの慣習を違法化しようとしていた。この男性ばかりの組織が望んだのは、既婚女性だけが醸造を行うことだった。ビールを売って生計を立てる自立した女性がいることを望まなかった。女性が醸造を行うのは、家事の延長として、家父長的な秩序を守るかたちが望ましいと評議会は考えた。一五四六年には評議会はビール醸造の規制を決定する。評議会によって単身暮らしの独身女性はすべて不審な者とみなされ、町から出ることを命じられた。もはやビールは妻と未亡人だけがつくることができるものになった。留まることができた独身女性の場合、許可書を申請することで醸造や地元市場での販売も可能ではあったが、ほとんどの女性にその余裕はなかった。一六五五年にいたっては女性の醸造業者の割合は一〇〇％のところから二〇％にまで落ちていた。これらの制約と規則は彼女たちを容赦なく業界から押し出していった。

アフリカでも女性主導の酒造り

しかし一方でアフリカでは、女性たちがまだ勢いよくビールをつくっていた。

アフリカにおけるアルコールは、ヨーロッパによる植民地化以前からの古い歴史があり、女性による醸造が多くの伝統社会に深く根づいていた。大陸の東部と南部では、その文化と食生活には穀物を原料とした濁りのあるビールが欠かせなかった。ソルガム［イネ科の穀物］からつくられるビールはどろっとして酸味があり、何より重要なことにカロリーやビタミンB群が豊富に含まれる。イングランドの女性と同様、アフリカ東部と南部の女性もまた食事を補うものとしてビールを飲んでいた。

ビールは朝食時だけではなかった。アフリカの南西端では、祝い事や結婚、葬儀、集会、宗教儀式といった重要な社会行事にさいして、女性たちが甘味のあるソルガムのビールを醸造した。「ウムクォンボティ」は大家族の女家長が醸造するのが一般的で、それぞれに秘伝の材料と伝統があった。ウムクォンボティのレシピは一族の秘密として固く守られ、地域によってさまざまな違いがあった。通常は大きな筒型容器が使われ、中にトウモロコシのモルトと古いビールを入れて、ソルガムの粥をくわえて混ぜる。この混合物を煮沸して冷却し、数日間おいた。酵母菌は外気から自然に取り込まれることもあれば、冷却後に前回つくったビールをくわえて培養することもあった。いずれにせよ、最終的にはどろっとした褐色のビールができあがる。

アフリカ南部のズールー族では、女性が最初にビールを飲んで品質をみるのが伝統だったが、酔うまで飲んでいいのは男性だけの特権とするのが一般的だった。伝統的なウムクォンボティは低アルコールだから、かなりな量を飲まないと酔えないだろうけれど、ともあれ特権だった。カラバッシュと呼ばれるひょうたんを共有して飲まれた。ズールー族の宗教では、多産と豊穣と醸造をつかさどるのはムババ・ムワナ・ワレサという女神だった。ニンカシと同じようにこの女神が人間にビール造りを教えたと信じられ、そのことからズールー族の神々のなかでも、もっとも崇拝される神のひとりだった。

現在のナミビアにあたる南西部には、昔から豊かな醸造文化があった。この地の女性たちは、軽いものから濃厚なものまで数種のビールをつくり、モルトの製造手法を複雑に発達させた。女性たちが日常的にビールをつくるなかで、多くの試行錯誤がなされたことも功を奏したのだろう。ビールは各家庭の食生活に欠かせないものとして常備された。

ビールと並んで、「オマオンゴ」という果実酒も女性たちによってつくられている。原料となるのは完熟したマルラで、黄色の酸っぱい核果である。果実が地面に落ちると、村の女性たちが少女も含めて総出で拾い集め、その果汁を搾ったものを発酵させた。オマオンゴは村の男性たちのためにつくられたが、その残った分については、果肉の繊維質が底に溜まった澱部分に女性たちが水をくわえ、混ぜたものを数日間発酵させた。これは「オシンウェイ」と呼ばれる、女性向けのアルコール度数の低い飲み物になった。小さな傘飾りを添えれば、ナミビア版の伝統的なガーリードリンクになる。

大陸のほかの地域はといえば、椰子《やし》やバナナを使ったものが人気が高かった。「ムベゲ」はバナナを原料としたタンザニアのビールで、キリマンジャロ山麓に住むチャガ族の女性たちによってつくられた。女性たちは、皮をむいたバナナを何時間も煮込んで粥をつくることから醸造を始めた。この粥を数日間発酵させた後に裏ごしし、ムゾ（発芽させた雑穀を乾燥・粉砕して煮沸したミレット粥）をくわえた。できあがりは、どろっとして濁りのある黄褐色のビールになった。ムベゲは今日の平均的なビールと同じくらいの強さで、バナナの甘い風味とミレットの酸味が混ざり合うものになる。

ナイジェリアのヨルバ語を話す女性たちは、油椰子やラフィア椰子、ソルガムからアルコール飲料をつくった。お酒は「ウエンムム」と呼ばれ、「飲むもの」を意味した。男性たちが椰子の木から樹液を集めてくると、椰子酒造りは女性の仕事だった。発酵の最初の数日ほどでできるものは甘くてアルコール度数も低く、これは女性向けの飲み物だった。熟成が進むにつれて味が濃厚になり、アルコールの含有量が増えると男性向けの飲み物になる。女性たちはさらに椰子酒を補うものとして、ソルガムからビールもつくっていた。ヨーロッパやイギリスと同じように、アフリカにおいても醸造は、家父長的な秩序のもとで女性主導で行われる経済活動だった。その独占状況は十六世紀と十七世紀にはほぼ揺らぐことなく続いた。しかしそれも、白人の入植者が侵入してくるとともに脅かされることになる。

蒸留酒の発見――錬金術師マリア

ミードと、ビールと、ワインと、サケ。

この時点まで、世界には発酵酒しかなかった。マティーニもマルガリータも中世には存在しない。ところが、まさにヨーロッパやアジアで女性が醸造業から締め出されたのと同じ頃、新しい分類のお酒が登場した。十五世紀の終わり頃にかけて、世界中で人々が蒸留というものを知り、それを使ってアルコールをつくるやり方を学びはじめていた。蒸留酒の登場は、人類がビールとミードをつくれるようになって以来の、アルコールの歴史における最大のゲーム・チェンジャーになる。

もちろん、この大変革の背後には女性がいた。さて、ここで少し時代を戻そう。

紀元一〇〇年から二〇〇年頃（確かなことは誰にもわからない）、マリアという女性は世界でもっとも偉大な錬金術師のひとりだった。彼女は自らをユダヤ婦人マリアと名乗り、『マリア・プラクティカ』と呼ばれるものを含めて、錬金術の重要な著作を残したとされる。[*49] おそらくはシリア人で、アレクサンドリアに住んでいたようだが、彼女に関する伝記的情報はほとんどわかっていない。[*50]

錬金術とは科学からは遠いものであり、万物の本質を追究することを目指した、非常に緩やかに体系化された世界観だった。その基本は自然界の元素を観察することにある。錬金術師は卑金属を使った実験を行っており、鉛を金に変えようとしたことなどはおなじみだろう。彼らの大きな目標のひとつは、不老不死や永遠の若さをもたらす霊薬「命の水《エリクサー》」を見つけることだった。

『マリア・プラクティカ』の原本は残らなかったが、そこに書かれていた化学知識や実験器具の仕組みについては、他の書物をとおして知ることができる。マリアが発明した機器のひとつに、「トリビコス」と呼ばれた三本腕の蒸留装置がある。トリビコスは、液体を入れる陶製の容器部と、三本の銅製の放出管とつながったアランビック（上部で蒸気を凝縮するための蒸留器の頭部）、そして液体を受けるためのガラス製のフラスコで構成されていた。容器を下から加熱すると蒸気がアランビックへと上昇し、そこで冷却されて、受け皿となるフラスコのなかに滴り落ちる仕組みである。現在ではこれはアランビック・スチル（蒸留器）、または略してスチルとして知られている。

マリアがトリビコスの装置をつくったとき、[*51] 彼女が探し求めていたのは不老不死の「命の水」だっ

＊49　史上初の女性ユダヤ人作家ということになる。
＊50　三世紀にローマ皇帝ディオクレティアヌスが錬金術師たちに対する組織的な弾圧を行い、彼らの文章をすべて焼却させた。

た。ついにそれを解明することはなかったが、彼女の発明はもうひとつの魅惑的な「命の水」、お酒の発見につながったということになる。

マリアの発明がアルコールとつながってくるのは、八世紀にイラクの化学者ジャービル・ブン・ハイヤーン（化学の父ともされる）が、アランビック蒸留器でワインがどうなるかを試したことから始まる。その結果は、お酒の歴史においてもっとも重要な瞬間のひとつになった。

アルコールの沸点は水より低く、水の一〇〇度に対して七八・三度である。そのため、ワインやビールなどを沸騰させると、まずアルコールが先に蒸発して気体となって放出される。その蒸気を集めることができるのが、アランビック蒸留器である。そして、その蒸気は冷やされてふたたび液体に戻る。なんとまあ、これで蒸留酒のできあがり。はじめのうちは「アクア・ヴィテ」（生命の水）として知られていた蒸留アルコールは、今日飲まれているあらゆる種類のお酒の基礎になった――ちなみに、こうした蒸留酒全般を総称して「スピリッツ」という。ウイスキー、テキーラ、ウォッカ、ジン、ラム、そして小粒チョコレートのなかのチェリーリキュールにいたるまで、すべてがスピリッツに含まれる。

ジャービルは実験で得られた液体を科学的に研究はしたが、飲むことはしていない。話を後の時代に進めよう。

一四〇〇年頃になると蒸留法が広まりはじめ、アジアやヨーロッパの科学者たちがその技術を使ってさまざまに実験を重ね、試飲した結果を記すようになる。最初に蒸留酒が普及したのはドイツで、大部分はワインから蒸留された。もともとは医療用として一般に販売されていて、薬屋はこれを「ブランデー」と呼んでいた――この呼称は「焼いたワイン」を意味するドイツ語「ゲブラント・ヴァイン」からきている。人々は強壮剤として少量のブランデーを買い求めた。基本的には歯の痛みから膀胱の不調まで、ありとあらゆる病気に効く万能薬としてブランデーが買われていた。

それから一〇〇年を経て一五〇〇年代初頭、蒸留酒はついに飲酒文化の主流になる。科学者たちが「アクア・ヴィテ」と呼んでいたものは、フランスでは「オードヴィー」(eau de vie)、スカンジナビアでは「アクアヴィット」(aquavit)、ロシアでは「ウォッカ」(wodka)、ゲール語〔おもにアイルランドとスコットランドが言語圏〕では「ウスケボー」(略してウスキー、ウイスキー)となった。薬としての価値は健康増進や鎮痛効果であったものの、やがて人々は病気や怪我をしていないときでもその効果を求めるようになった。一般的な健康維持のために毎日飲む強壮剤としては、薬効が目的なのか娯楽目的での常習的な飲酒なのか、線引きが非常にきわどいものになっていった。

歴史のこの時点まで、人々は発酵飲料しか飲んできてない。ビールはアルコール度数五％程度で、ワインや日本酒が一五％前後。これが蒸留酒になると三〇から六五％までもありえた。[*52] まだ誰も、ほ

＊51　マリアはもうひとりの女性錬金術師と協力していたと考えられている。その女性は、わたしたちの愛すべきワイン好きのエジプトの女王にちなんでクレオパトラと名乗っていた。

＊52　イギリスが体積比による度数(ABV)を採用したのは一九八〇年のことである。蒸留酒が最初に普及した一五〇〇年代には、単純な「プルーフ」テストによって課税されていた。これは火薬に液体を垂らして火をつける方法で、火薬が点火すればその液体が蒸留酒であることの「プルーフ」、つまり証拠だとなる。このテストに合格したお酒は「プルーフ」、そうでないお酒は「アンダープルーフ」となる。合格したお酒にはより高い税金が課せられた。この単純なテストの問題点は、この証明がアルコール度数が四〇から九〇％までありえたことだろう。

んとうには蒸留酒の飲み方をわかっていなかったのである。たとえば人生でビールだけを飲んできた人が、ウォッカを飲んだらどうなるか。しかし誰も制限をかけることを思いつかなかった。エリザベス一世は、臣民が好きなだけアクア・ヴィテを飲めるようにすべきだとの宣言さえしている。

蒸留が盛んに行われるようになるや、女性たちがそこに参入した。道具さえあれば、女性はキッチンで簡単にアルコールを蒸留することができた。ほどなくして、イングランドからハンガリーまで、蒸留器を買う余裕のある上流階級の女性たちが自宅でスピリッツをつくるようになる。一五六四年、ミュンヘンでは三〇人の蒸留業者のうち半数を女性が占めた。イングランドではその比率はさらに高く、スピリッツはほとんどが女性によって生産されていた。ちょうどエールの場合と同じように、家庭内でつくられる小規模な家内労働の成果物としてつくられはじめた。この頃になるとブリュースターの姿はほぼ消えていたが、女性の蒸留家がそれに取って代わった。

蒸留が本格的に普及したのは、ブドウの木を育てるには気候が寒すぎる国々においてだった。高価な輸入ワインに代わるものとして、穀物を原料とするスピリッツが人気を集めた。十六世紀には、アイルランド、ドイツ、スコットランド、ロシア、スカンジナビアなどで蒸留ブームが起きている。

ロシアではウォッカが大流行した。簡単につくることができ、値段も手頃で、身を刺すような冬の寒さをしのぐのにも役立った。一五〇〇年代初頭には、酒場でビールと並ぶ人気になる。ロシア人の飲み方は周期的で、長い期間を飲まずに厳しい労働を続け、その後の休日や祝祭日を酔っぱらって過ごすことを繰り返した。この地では女性も男性とともに酒を飲んでいた。十七世紀のドイツの学者アダム・オレアリウスは、ロシア人女性たちが夫と膝を突き合わせて、男性側が気を失うまで飲みつづける様子を記している。彼女たちはそのまま寝ている男たちの上に座って飲みつづけ、互いに乾杯をかわしたという。
村の祭りでは、未婚の少女たちもウォッカやビールを飲むことが許されていた。少女たちは一番の晴れ着を着て輪踊りにくわわり、宴もたけなわとなると民謡や踊りを披露した。そこでは神話や伝説上の生き物を歌うこともあれば、ウォッカを称える歌もあった。

おいしいウォッカを、さあ飲んで、さあ飲んで
コップでもグラスでもなくて、バケツほどに
戸口の柱にしがみついてでもここを動くものか
ああ、わたしを離さないで、柱よ、
飲んだ女は、ほろ酔いのならず者[*53]

ロシア女性の飲酒はあまりに日常化していて、踊りの盛り上がり部分は、少女たちが酔った女性の動きに似せてよろけるステップを踏むほどだった。

＊53　一九〇六年出版の『Russia As Seen and Described by Famous Writers』（有名作家たちが目にしたロシアの様子）に収録された、レイディ・ヴァーニーのエッセイより。

蒸留業が女性を魔女に仕立てる

女性にとって朗報になったのは、醸造業で消えた経済面の穴埋めをする道が、蒸留業にあったことである。スピリッツは市場からの需要も高く、最小限の訓練と設備があれば、キッチンで簡単につくることができた。

悪い知らせとなったのは、蒸留業が女性を魔女に仕立てるもう一つの目印になったことである。十六世紀半ばから十七世紀初頭にかけて、ヨーロッパでは魔女裁判による犠牲者がピークに達している。キッチンで何かを調合したり、地元のハーブを使った治療法についてやたら詳しい女性にとっては危険な時代だった。女性の蒸留業者は、ブリュースターの場合と同じように疑念の目を向けられた。

魔女はキリスト教的な価値観とは真逆のものを象徴していた。夫に従い、神を畏れて崇拝し、子を産み育て、家のなかを守るのが女性であり、魔女はその対極にある存在だった。魔女として告発される嫌疑のおもなものとしては（これらに限定されないが）、授乳中の女性の母乳を涸らす、女性を不妊にする、男性を不能にする、子どもを殺すなどがあった。これらの告発は、家父長制の秩序を守ろうとする願望からきている。秩序を脅かすようなこと（同性愛や男装、出産や子の養育に差し支えるようなことすべて）が死罪に値した。その枠外で女性ができるようなこと、たとえば（困ったことに他案が思いつかないが）、家でつくったスピリッツを売って経済的に自立するなどは、嫌疑がかかった。

お酒に酔っている女性もまた、神を畏れる善良で従順な女性の対極にあった。なかには卑猥な酒飲み歌をうたったなどとして魔女の告発を受けた女性たちもいる。十六世紀と十七世紀にサバト（魔女の集会）を題材とした芸術作品の多くには、どう見ても酒盛りをしているだけの女性たちが描かれている。サバトに対する男性の恐怖心は、かつてバッカスの女性信奉者たちに向けられたものにさかのぼることもできるだろう。女性たちが熱狂して手がつけられない状態の酒盛りを前に、中世の魔女狩りの男たちもまた衝撃で震え上がったに違いない。

男性が酔う分には、その評判も気質も好意的に受け入れられることにつながる一方で、女性の場合にはその体面を傷つけ、女性としての自覚を欠くとされるだけだった。

当時の考えでは、女性の体は男性よりも冷たくて湿っていて、そのためアルコールの火の性質から影響を受けやすいと信じられた。生まれつき冷たい気質のところにお酒は熱をくわえることになり、女性的な特性を打ち消して、正常な均衡を壊すことになる。生まれつき熱い男性の性質は、アルコールによってさらに高められ、より力強く男性的になる。基本的にこの時代の科学者は、でたらめな生理学的解釈で女性を抑えつけるのに一役買っている――お嬢さんたち、お酒を飲むと髭が生えてくるよ！くらいの勢いだった。女性が飲みすぎるとお腹からペニスが生えるという、酔っぱらいが変身する口承まであった。[*54]

酒を飲むと女性は悪魔に抵抗する力が弱まると信じられていたが、ほんとうのところの懸念は、女性が家父長制に対する不満を強めることだった。

＊54　滑稽なほどに馬鹿げているが、このような神話は危険でもあり、トランス女性に対する蔑視の根深さに反映される。

メアリー・フリスの偽装結婚

なにせズボン姿で犯罪をはたらき、さらに公共の場で酔っていたのだから、メアリー・フリスがあれほどまでにロンドンを騒がせたのも無理はない。彼女は、当局を追い払おうと思いきった行動に出る。結婚をした。

男装の咎《とが》で捕まって数年後、メアリーはルークナー・マーカムという男性と結婚をしている。この人物についてはあまり知られていないが、かつて『イギリスの主婦』を著して「完璧な女性」はビールの醸造法を知るべきだと主張したジャーヴェイズ・マーカムの息子であった可能性はある。二人の結婚については、メアリーの仕事の便宜上だとするものや、当局からの干渉を避けるための偽装だというのが通説だった。二人は同居すらしていない。[*55]

とはいえこれにより、メアリーは気兼ねなくタヴァーンに出入りして駆け引きにいそしみ、盗品売買を繁盛させた。ロンドン当局は、ついにメアリーを止めることはできなかった。一六五九年に亡くなったさいには莫大な財産を親族に遺している。

メアリーはロンドンのフリート街にある、聖ブライド教会墓地に埋葬された。かの聖ブリギッド、赤ビールをなみなみとつくったアイルランドの聖女に捧げられた教会である。ここならメアリーも承知したことだろう。

彼女はその最期まで、家父長制の喉に刺さった小骨のような存在だった。ズボン姿でビールをひっかけて、パイプを吹かしながらロンドンの街を騒がしくうろつきまわり、面倒事を起こしつづける彼女は、お酒は男性だけのものではないことを執拗に見せつけた。タヴァーンに出入りする彼女の姿は、反逆的なものとして受け止められた。しかも彼女は、誰もが見ることのできる場で、堂々と秩序を破っていたことになる。女性は家の奥で飲むよう圧力をかけられていた時代に、彼女はそれを拒否した。表などに出ず、酒など飲まず、静かにして、従順にせよ。そのすべてに対してノーと言った女性は、メアリー・フリスが最初ではないし、最後でもなかった。やがて、工業化の急速な進展とともに、世界中で多くの女性たちが彼女のあとを追うことになる。なかでもひとりの女性は、蒸留技術がもたらした経済的、政治的な力を利用して、自らの帝国の基盤を固めようとする。

ちなみに、メアリーについていえば、ズボン姿で埋葬された。

＊55 そろそろ疑念が湧いてきたと思うが、メアリー・フリスがＬＧＢＴＱＩＡ＋［男女二つの性別が前提のＬＧＢＴに包括できない、クィア、インターセックス、アセクシュアルほかを含めた多様な性の総称］のスペクトラムのどこかに該当することを示す兆候はある。しかし彼女自身の言葉がない以上、確かなことはわからない。その人生の多くがセンセーショナルに扱われてきたため（彼女が魔術使いでなかったのは確かだが）、なんとも難しい。彼女の死から三年後に自伝が匿名で発表されたが、彼女が書いたものではなかった。たんにお酒とズボン姿が好きだっただけかもしれないとも思うのだ。

第6章 女帝エカテリーナのウォッカ帝国——十八世紀

ロシアの王位に惹かれたエカテリーナの結婚

十八世紀の幕が開けて、革命が起きたのはアルコールだけではなかった。一七〇〇年代は、急速な工業化が進み、ヨーロッパ諸国が世界中を植民地化して食い荒らした。この二つの勢いが、世界のあらゆる場所で女性の飲酒文化を変えはじめる。それは同時に、世界でもっとも強大な統治者のひとりであった女性が、その帝国をつくり上げるための舞台にもなった。そのさい彼女は、蒸留酒が生み出した政治力を利用している。

ロシア人の酒豪ぶりはつねに伝説的なものだった。一五〇〇年代にウォッカが登場して以来というもの、旅人たちはこの国の驚くべき飲みっぷりに目を見張った。男性と同じくらい底なしに酒を飲むロシアの女性に、多くが衝撃を受けている。上流階級の女性たちはワインを飲み、下層階級の女性たちはビールとウォッカに夢中だった。

ついには政府もアルコールがどれほど金を生むかを理解することとなる。一五四〇年代にはイワン雷帝が国庫による運営と統制のもとで「カバーク」と呼ばれる居酒屋を定め、一世紀を経ずに政府がお酒を一部独占するようになった。一六四八年にはお酒の醸造と販売する権利を求める農民が全土で反乱を起こすも鎮圧されている。翌一六四九年に採択された「会議法典」は、政府による統制を全土に拡大させ、ウォッカであれビールであれ、アルコールの販売と流通、さらには製造についても完全な独占権を確立させた。十八世紀になると政府は、この国の桁外れの飲酒習慣から莫大な利益を得ていた。

　これが、女帝エカテリーナが統治することになるロシアだった。一七二九年五月二日、公女ゾフィーとしてドイツのシュテッティンに生まれた彼女は、ドイツ貴族の娘で、母方はホルシュタイン公国を統治する家柄だった。莫大な富や領地があるわけではなかったが、ヨーロッパの王室とつながりが深い家系に育っている。エカテリーナは幼い頃から政治的センスに長《た》けていて、早くから権力を身近なものとしていた。後年に書き残したことによれば、「いつの日か王冠を戴くのだという考えが、一瞬も途絶えることなく頭のなかにあった」という。

　そして早くからビールも身近だった。十代の頃にモスクワを旅行したさいには、父親に宛てて「道中で病気にはなったが、それは自分のせいだ」と書き送っている。なぜなら「ありったけのビールを飲んでしまった」ことが原因で病気になったらしい。

　若きエカテリーナにとってモスクワへの旅は避けられないものだった。それというのも、ひと目見た瞬間から嫌悪した相手だったとはいえ、彼女にとっては又従兄にあたるロシア大公ピョートル三世と婚約したためである。しかしこれによってロシアの王座への切符を手にすることになった。一七四五年、彼女が十六歳のときに二人は結婚する。後年になって記した日記によれば「ほんとうを言えば、彼の人柄よりもロシアの王位に惹かれた」とある。ピョートル三世は、少し丁寧な言い方をするなら、「変わり者」だったのだろう。もっと正確に言えば、精神的に未熟で、癇癪《かんしゃく》持ちで、臣下に暴虐に振る舞い、退廃的な（そしてうんざりするような）空想にふけっていた。

エカテリーナの視線が揺らぐことはなかった。苛立たしいばかりの新婚の夫に耐え、ロシアに溶け込もうと全力を尽くす。彼女はゾフィーからエカテリーナへと改名し、ロシア正教に改宗し、ロシア語と文化をすぐに身につけた。なによりも大事だったのは、ロシアの政治で生き抜く術を身につけたことだった。彼女は民衆からの愛と強力な政治的支援者の両方を手に入れた。ほどなくしてクーデターの準備が着々と進められ、エカテリーナはその成功にかけてウォッカの力を借りることになる。

家事をしながら酒造りをするベトナムの女性たち

ベトナムのアルコールに関するもっとも古い歴史の記述は一四〇〇年頃のもので、その時代は女性が米を発酵させてアルコールをつくっていた。しかし十七世紀になると、ベトナムの女性たちは蒸留酒に夢中になる。

一六〇〇年代から一七〇〇年代にかけて、農村部では台所での小規模な蒸留がふつうだった。蒸留酒造りは、余分な米を使いきる手軽で効率的な方法として、一般家庭で広く行われた。米から蒸留したお酒は総称して(現在も)「ルオウ」と呼ばれ、多くの女性が、自分で飲むだけでなく親族に配ったり、市場で近隣の人に売ったりするものとしてつくっていた。捨てる女性あれば拾って酒にする女性ありといった具合に、余った穀物を蒸留によって物々交換や販売ができるものに変えていた。おまけに、工程で出た残りかすは豚の餌になった。

十八世紀のベトナムでは、蒸留は台所と密接に結びついていた。「ナウ」という言葉には、アルコールをつくることと料理することの両方の意味がある。蒸留に必要となる道具は、発酵させたもろみを加熱する鍋など、すでに囲炉裏のそばにあるようなもので、揃えるのは簡単だった。つまりは、ルオウ造りは女性が家事をしながら行うことができる、体力負担の少ない作業だった。そのため、とくに寒い時期には、小規模な生産や販売が女性の働きを中心になされた。気温が低いと発酵が効率よく進むし、外が冷えているときにはぐいっと一杯飲みたくもなる。

女性が窮地のときなど、飲んでよし売ってもよし。ルオウは刺激のある強い酒だが、美味しく飲める。たいていの場合、釉薬《うわぐすり》を塗った陶器製の容器に注いで、地下や冷暗所、湿度の高い場所で最低一カ月は熟成される。こうすることでより滑らかな味わいに仕上がる。ルオウの種類に応じて、発酵に用いる容器や発酵させる期間、使用する米や酵母の種類が変わり、味わいが大きく違ったものになる。この時期にもっとも一般的だったのは「ルオウ・ディー」で、日本酒に似た、ほんのり苦味がありながらも滑らかな味だった。

女性が窮地でも急を要するでもなく、より上質なお酒をつくろうとなれば、二回目の蒸留を行った(今日のスピリッツは少なくとも二、三回蒸留するのが一般的だが、これについては後述する)。そうすると、さらに滑らかでほぼ無色透明なルオウができあがる。これにジャスミン、カモミール、バラの花びら、蓮の花、アプリコットなど、植物性成分をくわえることもある。もちろん、わざわざ二回蒸留して香りや風味を配合したさいには、女性はもっと高いお金をとった。

ルオウは通常、中をくり抜いたひょうたん(バウまたはベールーという)や釉薬を塗った陶器(サンという)に入れられ、バナナの葉を圧縮乾燥させたコルクで密封して、販売や保管に用いられた。このバウとサンは地元の市場ではありふれたもので、それというのも、ルオウは食生活の一部であると同時に、多くの伝統行事や儀式、結婚式、新年のお祝いにも欠かせないものだった。また、薬としても広く重宝され、今日の赤ワインの一杯のように、少量のルオウは健康に良いと考えられていた。

ただし、節度を守ることは、とくに女性にとってきわめて重要だった。広く浸透していた宗教的な戒律は、アルコール摂取について性別を主眼においていた。儒教と仏教が理想とする女性像は、あくまで謙虚さと礼節を強調するものだった。

しかし、ベトナムの田舎町で理想と現実は必ずしも一致しない。農村部では性別に関係なく誰もがアルコールを飲んだ。公共の場で飲むのは男性の活動とされていたため、女性はもっぱら家庭内で飲んでいた。彼女たちの飲酒文化は、世界中の多くの女性たちと同じように、台所を中心とした私的なものだった。少なくとも、保管中のすべてのお酒に手が届く場所にはいたことになる。

初期のアメリカで大規模な施設での醸造を支えた奴隷労働

はるか数千キロ離れたアメリカ大陸では、ヨーロッパ人が北にも南にも侵入し、先住民のアルコールと生活を蹴散らしたり横取りしているところだった。激しい土地の奪い合いを繰り広げたのちに、十七世紀には北アメリカの東海岸一帯に、疫病が広がるかのようにイギリス人の入植地が形成されていく。そして、入植地ができると酒場ができた。

初期のアメリカの酒場は、イギリスのそれとよく似ていた。相手にするのが上流階級の客であれ下層階級の客であれ、全員白人で全員男性が占める空間だった。女性はどんな階級であっても立ち寄ることはほぼなく、酒場に足を踏み入れることには、女性の評判を傷つけるリスクがあった。

初期の植民地時代、白人女性の大部分は既婚者で、夫と一緒に連れてこられたか、誰かを夫とするために連れてこられた女性たちだった。法的には彼女たちは配偶者に従属しており、借金の返済責任を負うことはできない。夫たちは妻が地元の酒場にいる姿を見られることも、妻のツケを支払うことも勘弁ならなかったわけである。

当時の酒場において女性の姿は非常に珍しく、そのためアルコールや飲酒行為を取り締まる法律にも女性への言及はほぼない。イギリスと同様に、出入りする女性は給仕かセックスワーカー、あるいは店主の妻だと思われた。概して女性はそもそも酒場とはかかわらないほうを好んだ。

先住民女性と黒人女性は一切立ち入れなかった。一六八七年、ニューイングランドでは法律により先住民にアルコールを売ることを禁じている（ただし違法取引が続いていた証拠はあり、先住民女性が白人の売り手からラムやブランデーを買って転売することもあった）。

初期のアメリカの酒場は「オーディナリー」として知られ、白人かつ男性でない人間が少しでも交じることは、いわゆる無法な酒場だけに見られた。そこは植民地時代における場末のダイブバー［暗くて怪しげな安酒場を指すスラング］のようなもので、酒場に求められる節度など屁とも思わない所だった。下層階級の客から注文をとるオーディナリーでは、その多くが性別や人種が交じることを容認していた。法律上では使用人や奴隷にされた人々は主人や所有者による特別な許可がなければ接客を受けることはできないはずであり、こうした反逆的なオーディナリーでは、女性や奴隷や先住民にもお酒を提供していたことから、反政府的な陰謀をたくらむ人々をかくまっているのではないかとの疑いをつねにかけられた。そういった施設には、さまざまな違反行為があったとして治安官が毎度のように呼び出されている。ときには騒音苦情や、遅くまで営業したとの嫌疑もあったが、ほとんどは「公序良俗に反した」というものだった。差別意識の化身のような人は何百年も前からいたということだ。[*56]

女性がアルコール関連の犯罪で裁判所に現れることはめったになかった。あるとしたら十中八九が無免許でのお酒の販売。世界中どこでもそうだが、貧しい女性にとって自家製の酒を売ることは第一の選択肢になっていた。独り身、未亡人、船乗りの妻など、経済的にもっとも弱い立場にある白人女性たちは、醸造や蒸留を手がけて、間に合わせの看板を戸口に掲げた――エールワイフに似ていなくもない。

植民地時代のアメリカで、女性が酒場の免許を取得するのは困難だった。女性を肉体的にも精神的にも弱い者とする考え方があり、法を遵守したり暴力的な酔っぱらいに対処できないとされたためである。酒場の主人とは秩序の維持をまかせておける人物であるべきというわけで、マサチューセッツなどいくつかの植民地では、小さな町の酒場の数を一軒に制限し、その免許は地元の有力な白人男性だけに与えた。

しかし圧倒的な偏見にもかかわらず、当時のアメリカでは女主人による酒場がかなりの数にのぼっていた。これは多くの町や都市における経済的な判断によるもので、それというのも、免許を申請する女性の大部分は独り身か未亡人であり、町としては、彼女たちが生活を近隣に頼るよりは、お酒でも売ってもらったほうがよいと考えたためである。[*57] なかにはボストンのように、女性には安いビールを売る低級な飲酒施設の運営に限って許可した都市もあったが、その場合には食事も宿泊も蒸留酒も提供はできなかった。女性が蒸留酒を売りたい場合は露天商として売ることができた。

高級な酒場を女性が経営することはまれで、その少数の存在が役人にとってはじつに厄介だった。

＊56　アメリカ初期には、多くのエリートのクラブが、上流階級の白人男性たちが女性や黒人や貧乏人がいない環境でお酒を飲めるようつくられた。あるクラブが多様な会員がいるという場合、それは異なるキリスト教宗派の白人男性も許容することだった。多様とはよくぞ言ったもんだ。

ニューイングランドの清教徒たちの考えでは、女は男に奉仕すべきものであり、酒場を経営する女主人たちにとっては、それはそれで仕方のないことではある。しかしその考えからすると、女は男に従うべきものでもあった。ときには酔って暴れる客も出てくるだろうし、女主人には客の行動に対処する責任がある。そういった場合にどうなるか。女が男に対して何らかの権限をふるうとなれば、清教徒の社会秩序がすっかり狂ってしまうぞ、と役人たちは恐れた——そのうち女にも権利があるとか言い出しかねないではないか。

こうしたことを監督するため、女性に酒場の免許を与えるさいには、男性のみの町民会で選ばれた男性の監督者に従うことが条件になることもあった。とはいえ総じて、女性には露天商になってもらうほうが役人にとっては(よけいな神経も使わず)簡単で、女性が男性にまさる力をもつ恐れが少なかった。酒場の女主人は、男性客の会話に交じることすら慎むべきとされ、露天商においても同様に禁じられた。

ときには、酒場の女主人であることには評判以上のものを失う危険もあった。ヨーロッパの女性蒸留業者たちと同じように、ニューイングランドでのアルコールの製造や販売もまた、魔女として迫害される危険にさらされた。一六九二年、セーラム村一帯で起きた魔女狩り騒動で犠牲になった最初の女性は、タップスター(女性の酒場経営者)である。女性はサラ・オズボーンという名前で、町一番とされていた酒場「シップ」を経営していた。酒場の利益を誰が受け取るかをめぐって義理の両親と言い争いとなったのちに、都合よく魔女として訴えられる最初のひとりになった。シップは彼女を町でも目立って力のある女性に押し上げたが、同時に嫌疑をかけられやすく、最終的には致命的な集団ヒステリーと女性差別の標的になったかたちである。彼女は獄中で死を迎えた。

ご想像のとおり、植民地時代のアメリカにおいて、表向きの飲酒文化とは、およそ女性は含まれないものだった。これは歴史上のほかの地域と同じことで、女性たちには相対的に社会的な力が欠けていることを反映している。酒場が果たす役割は、大衆文化の涵養にも、職業的な結束にも、近隣との絆の構築、コミュニティの維持にも、世の中や地元の出来事を共有して情報を周知するにも、欠かせなかった。酒場では多くの重要なことがやり取りされ、そこに女性の居場所はなかった。彼女たちはお酒も生活も、隠れるように営まれている。

しかし、これだけは言いたいが、この時代の女性はお酒を飲んでいた。初期のアメリカというのは誰もが酒を飲んでいたし、アルコールのほかには飲み物があまりなかった。人々はまだ（当たり前のことながら）水質には神経質で、喉が渇いた女性がいた場合、たいていはビールか、シードルか、ラム酒か、ブランデーを手にとった。子どもであれば、スモールエールと呼ばれる弱いビールがあった。ニューイングランドの平均的な白人農家を例にとれば、ビール、シードル、蒸留酒を含めると、年に

＊57　植民地時代の未亡人のひとり、アリス・ゲストはその境遇を利用して、この時代にあって最高にユニークな酒場をつくっている。一六八五年に未亡人となり経済的に困窮したアリスは、フィラデルフィアのデラウェア川岸の洞窟で暮らしていた。彼女はそこで洞窟を酒場にする許可を申請する。大変な状況のようだが、彼女の洞窟酒場（つまり洞窟）は、船でやってくる膨大な数の船乗りや移民を客とするのに理想的な立地だった。この酒場は大成功を収め、やがてこの酒場のために船着場をつくり、自分の家を買うことができた。しかし店をもっとよい所に移すことはなく、おそらくそのユニークな内装が付加価値となって集客力を高めたと考えられる。彼女は世界初のテーマ型バーのオーナーだったかもしれない。

一〇〇ガロン（約三八〇リットル）以上のアルコールを飲んでいる。

人々がこれほど大量のお酒を必要としたのは、カロリーをアルコールに頼っていたためである。主婦にとって一般的な朝食は、トーストを小さく割ってビールをかけたものだった。アルコールの栄養面での利点にくわえて、ほろ酔い気分になることは、近世の人々にとって数少ない楽しみのひとつでもあった。

ほとんどの女性は読み書きができなかったため、女性の飲酒習慣について書かれた記録はほんのわずかしかない。わかっているのは、女性たちが集まって家のなかで飲むことが多かったことである。裁縫会のような日常的な集まりから、出産、葬儀、結婚式などの大きなものまで、女性たちは室内に集まってお酒を飲み、キルト作りをしたり、食べて、飲んで、おしゃべりして過ごした。

現在では女性中心の読書クラブと言えば（本の話よりもワインを飲む集まりとして）物笑いの種になることも多いが、何百年ものあいだ、女性が集まってお酒を飲み、リラックスして交流できる唯一の場所は、ほかの妻や母親たちとともに囲む近所の台所でしかなかった。ともすると女性をある種の行動に駆り立てて、それを笑いものにする伝統が古くからある（美しさを女性の一番高価な通貨にしておいて、その準備に時間がかかることを笑いものにするようなことだ）。植民地時代のアメリカの男性は、どこでもお酒を飲んでいた。家でも法廷でも教会でも飲んでいて、そして、およそ男性が酒場を支配していた。そして女性が支配できるといえば台所のみであり、女性は公共の場での飲酒は禁じられていたとはいえ、それでも飲酒文化が形成されていた。それは私的なものだったが、盛んだった。

お酒を飲む集まりでなければ、お酒をつくるためにも女性たちは集まった。家族用のお酒をつくらない主婦は、怠けていて役立たずとみなされた。イギリスからの入植者ジョン・ハモンドが一六〇〇年代半ばに記したように、「どんな主婦かは、その酒で判断されるもの」だった。

ビールの醸造、シードルの搾汁、ミード造り、酒類の蒸留はすべて、入植地の女性たちの仕事だった。技術の普及とともに、世界中の女性が台所で蒸留酒をつくるようになっていた。初期のアメリカでは、女性たちは庭で採れた果物やベリー類から蒸留酒をつくった。ワインには手を出していない。ワイン造りを試みては失敗を重ねたのち、人々はニューイングランドの気候がブドウには適していないと気づいたからである。

しかし、リンゴにはとても適していた。ニューイングランドでのリンゴ栽培については、もっとも古い記録は一六二三年で、以後この地域で盛んに行われるようになる。一六三五年にはアメリカ初のリンゴ品種「ロックスベリー・ラセット」がマサチューセッツで栽培され、シードルに好適な品種として知られた。*58

リンゴが豊富だったことから、相当な量のシードルがつくられた。プレス機は大きくて高価なもので、所有する女性はほとんどいなかったため、搾汁はもっぱら手作業だった。女性たちは頑丈な木製の槽に入れたかわいいリンゴを、鬼の形相でひたすら砕いてつぶした（うっぷんの発散になりそうだ）。果汁は槽の下に集められ、残った果肉は編んだ袋に移された。その袋をしぼって桶に残りの果汁を集めたのち、布や板で桶を覆って二四時間以上おいた。さらに数回ほど果肉の繊維質を取り除く（手間がかかる）作業を経て、果汁を樽に注ぎ入れてやっと発酵させることになる。

＊58 この品種はもうあまり栽培されていない。ありがとう、ロックスベリー・ラセット！

この工程は、さまざまな種類の果物を使って繰り返された。リンゴだけでなく桃や柿を使った果実酒にくわえて、トウモロコシや糖蜜、トウヒ（スプルース）、白樺からビールもつくられている。それぞれのつくり方は、女性たちが娘や嫁のためにまとめてレシピ集として保存された。そのなかには、蒸留酒に果実やハーブ、スパイスをくわえて調合するコーディアル（リキュールとも呼ばれる）のレシピが含まれていた。冷蔵庫がなかった時代、コーディアルは旬でない果物の保存になった。女性たちはこれを、さまざまな健康障害に効く強壮剤としても用いた。これらのレシピ集は代々母から娘へと、女性のあいだで受け継がれる家宝であり、非常に貴重なものだった。

こうしたお酒をつくっていたのはすべて女性だったとはいえ、一家の主人である男性の所有物と考えられていた。シードルやビールの生産者については、それをつくる妻は法的には夫の庇護下にあるため、曖昧なことが多かった。トーマス・ジェファーソン［アメリカ合衆国第三代大統領］はモンティセロの邸宅敷地に評判の高い醸造所をもっていたが、それを管理していたのは妻のマーサである。彼女はビール愛好家だった。醸造所が稼働する前から、建物の計画と設計の段階からすでに参加していた。のちには彼女の娘（こちらもマーサという名前）が後を継ぎ、優れたブリュースターになっている。

娘のマーサは上質な材料でのビール造りにこだわり、[*59] 使用人にも来客にも振る舞って大いに喜ばれた。最初の年にして彼女は（モンティセロの多くの奴隷身分であった人々とともに）一七〇ガロン以上のビール、つまり一八〇〇杯以上に相当する量をつくっている。マーサのビールは絶賛され、父親が友人のジェームズ・マディソン［アメリカ合衆国第四代大統領］を試飲会に招待したほどだった。

植民地時代のビールは、味はよかったかもしれないが見た目は決して美しくない。ガラス製品がまだ普及していない時代で幸いだった。黒く濁っていて、たいていは錫《すず》製のマグカップか、木製のタンカード［取っ手や蓋が付いたジョッキ］から飲まれた。ブラックジャックと呼ばれた黒くて重い革製のジョッキもあり、これは蠟引《ろうび》きした革を縫い合わせて銀の縁をつけたもので、主としてビールに使われた。アルコール度数はふつうは六％程度で、今日のビールと同程度の強さである（バドワイザーは五％である）。

大規模な施設での醸造は奴隷労働を抜きには不可能だった。奴隷にされた黒人には独自の飲酒文化があったが、彼らには自らの歴史を記録することが許されておらず、信頼できる情報は乏しい。当時の白人作家によって書かれた歴史は圧倒的に人種差別と侮蔑によるもので、およそ役に立たない。わかっているのは、休日や祝祭日には、奴隷にされた人々にアルコールがたびたび提供されていたこと、そのさいにはフィドルの伴奏とともに踊ったり、お酒を飲むことが行われたことである。出産、結婚式、葬式には、たいてい何らかのアルコールがつきものだった。

プランター（プランテーション経営者）はまた、刈り取りの季節などには、過酷な労働の報酬としても、奴隷にした人々にラムやウイスキーなどを用意した（多くの奴隷主はこの習慣の代償に腹を立てた）。歴史資料のなかには、奴隷にされた女性たちが可能な範囲でお酒をつくっていたことを示す記録がある。アフリカでは広く女性がアルコールをつくる伝統があったことから、多くが捕らえられてアメリカに送られるさいに、女性たちはその知識を持ち込んだ。若い黒人女性が、支給されたウイスキーを使って水と砂糖、ハーブをくわえたカクテルをつくっていた証拠もある。

＊59　われらがヒルデガルトのように、マーサもホップが大好きで、苦くてホップの効いたビールを好んだ。

ヨーロッパ諸国によって植民地化され、奴隷にされた多くの民族にとって、アルコールとの関係は複雑である。奴隷制や植民地支配の道具として使われたのは確かであるが、一方でアルコールは、つかの間にせよ、奴隷にされた人たちの反抗心にも使われた。作家で学者のローラ・セラントは、カリブ海地域においてみられたアルコールと黒人女性の複雑な歴史について、二〇一五年の論文「踊りのなかに隠れたもの」(The Silences in Our Dance)で述べている——「肯定的な逃避先としてのアルコールは、個人に〈自己保存効果〉に似た感覚をもたらすだけでなく、集団として背負わされたものから逃れる想いを表現する機会にもなる。……奴隷にとってこれは、社会秩序に挑戦する〈反乱〉を可能にし、奴隷主には容認されることのない振る舞い、言葉を発したり、感じたり、踊ることを可能にしたのであり、彼らを沈黙させ、文化を消し去ろうとする企みに対する反抗心を可能にした」

一七〇〇年代の多くの奴隷女性にとっては、祝い事や親睦を深める飲酒は、集団内のつながりを育むものであり、白人奴隷主が冷酷に引きはがそうとした文化との、細くて大切なつながりを保ってくれるものだった。

クーデターの報償はウォッカ

エカテリーナの夫は、ロシア国民と近衛軍をはじめ、それこそ愛人を除くほぼ全方面で不人気だったにもかかわらず、一七六一年にピョートル三世として皇帝の座に就いた。エカテリーナにとっては、その皇后の地位はたんなる足がかりである。

この不幸な二人は、夫婦としての関係をもつことがないまま、床入りまでに九年かかったとされる。お互いに愛人をつくっていたが、ピョートルは事をひけらかした。性的な女性遍歴を大っぴらに自慢してまわり、エカテリーナを退けるようになる。しかしこのことは彼自身に大きな問題を招いた。第一に、巧みな政治感覚と才色兼備の魅力をそなえたエカテリーナは、人々から好かれていた。第二に、彼女の愛人は近衛軍の士官のひとりで、すでにピョートルを憎んでいた男たちのなかでも有力者であった。ほどなくして、エカテリーナと愛人は、皇位を手にするための策略をめぐらせるにいたる。

クーデターが計画されていた夜、エカテリーナは集めた兵士たちに、夫を倒せば大量のウォッカを与えると約束した。[*60] 男たちはただちに彼女への忠誠を誓う。彼女はこの新たに配下にした軍を引き連れて前進し、ピョートルのいる場所へと向かった。

数時間後にはピョートルは捕らえられ、エカテリーナは女帝に即位し、ロシア最後の女帝となった。その夜、彼女は巧みな政治手腕を発揮することで、一滴の血も流すことなく帝国を手にしてみせた。

それにしてもアルコール代は途方もなく高くついた。エカテリーナは戴冠するとすぐに、すべての酒場を自分の軍に開放すると宣言する。「飲み物全部わたしのおごり！」[*61]――この世界一歓迎される言葉が放たれるや、駆けつけた兵士とその妻たちは、ありったけのものを持ち出した。ワイン、シャンパン、ウォッカ、ビール、ミードを問わず、その辺にある桶や樽に手当たりしだいに注がれたという。

こうしてエカテリーナ大帝が誕生した。[*62]

エカテリーナはロシア正教とロシアの伝統を守ることで地位を固めたが、同時に軍事的な優位性を

＊60　この方法は大学生のグループに頼み事をしたいときにも使える。
＊61　三年経ってもペテルブルクのワインとビールの商人たちへの王室からの補償金が続いた。

10：ご満悦な瞬間のエカテリーナ大帝

復活させ、ロシア文化を発展に導いた。帝位に就いた初期には、理想とする政治の諸原則を示した『訓令』を書き上げてその名声を高めた。啓蒙思想の影響を強く受けていた彼女は、官僚、税金、刑事司法、経済における道徳の重要性を強く説いた。ウォッカをロシアを代表する蒸留酒として認め、贈り物とすることで他のヨーロッパ君主とのつながりを育むことをしている。熱心な読書家で作家でもあった彼女は、ゲーテをはじめ、多くの思想家や作家にもウォッカのボトルを送った。

この新しい女帝はアルコールの使い方について賢明であり、他の人々にも同じことを望んだ。宮廷の常習的な飲酒に足を引っ張られることを良しとせず、ロシア貴族に向けて新たな節度の規範を作成している。

節度を強く訴える一方で、エカテリーナは臣民の日常生活においてアルコールがいかに欠かせないものかを理解していた。間もなくして彼女は、アルコールを国の経済に組み込むべく見直し、大きな法改正を行うことになる。

イングランドの「狂気のジン時代」

一七〇〇年代にいたる頃には蒸留酒が世界中を席巻していた。オランダでは、海軍力と経済力を誇った黄金時代をとおして国を代表する蒸留酒はジュネヴァだった。ジュネヴァは、発芽させた穀物を原料につくられ、さまざまなボタニカル（草根木皮）をくわえて風味づけした無色透明な蒸留酒で、なかでも重要な香味成分がジュニパー・ベリー（杜松《ねず》の実）である。その独特の香りがくわわることで、雑味が多い蒸留酒の難点を隠してくれた。かつてスペインからの独立戦争にあったオランダを援助するためにエリザベス一世がイングランド軍を派遣したさいには、その兵士たちがこのフローラルな香りがする、強いお酒の味を覚えて帰国している。

イングランドでのジュネヴァの市場は急速に広がった。またたく間に「強いお酒の店」がとくにロンドンを中心に各地に出現し、人々はジュネヴァを略して「ジン」と呼ぶようになる。十八世紀初頭にあっては、イングランド政府は新たな収入源を必要とし、地主たちは余剰穀物の市場を必要として

＊62　ピョートルは数日後に遺体で発見された。その死には多くの混乱と陰謀説があったものの、公式には脳卒中と痔の激痛による死とされた。証拠はなかったがエカテリーナ（あるいはその共謀者）による暗殺疑惑が多くかけられた。

いた。ジンは安く簡単にすぐにつくれた。[*63] この比較的に豊かだった時代（そして移動も活発になった時代）の恩恵にあずかり、ますます多くの人々がコーヒーやラム、紅茶、チョコレート、そしてこの新しい蒸留酒ジンといった、目新しい飲み物に費やす可処分所得をもつようになっていた。

一七〇二年、アン女王がジンのさらなる普及にひと役買う。彼女はこの蒸留酒を強く支持して、その消費を奨励した。さらに女王は、ロンドンとウェストミンスター周辺での独占権を有していた蒸留名誉組合への勅許状を取り消したことで、ジンの生産量を増やすことにつながる。交付が取り消されるや、これらの地域には何百もの小さな蒸留所が誕生することになった。

産業革命とジンの普及は、手を取り合うようにして進んだ。ジンは近代的な飲み物であって、都会の飲み物だった。とくにロンドンを筆頭として、工場や事務の仕事を求めて都市部に押し寄せた何千人もの若い女性たちの飲み物だった。初めての近代女性の飲み物といえる。

しかし彼女たちにとって問題だったのは、ロンドンが誇大な触れ込みに見合っていなかったことである。女性が就ける職はごくわずかで、しかも給料もよいとはいえない。なんとか職を得られても、かつてない状況におかれることになった。家族とは離れていて、彼女たちには自由になる時間とお金があった。それならば、仕事を終えた女性たちは、どこに遊びを求めたのだろうか。

女性たちはジン酒場に行った。

男性が飲みに行こうとなれば集うのはタヴァーンだったが、まだ目新しいジン酒場は伝統的な男性一色の空間ではなかった。概して女性はまだ大衆的な酒場の飲酒文化に受け入れられていなかったものの、ジン酒場に入ることには差し障りがなかった。なにしろこれらを経営していたのは、ほとんどが女性だったためである。

数世紀前のエールワイフと同じように、ジン酒場（あるいは、少量のジンを意味するドラム単位で売っていたことから、ドラムショップとも呼ばれた）を営む女性たちは、最低限の設備と知識だけで、資本がなくても店を構えることができた。下層階級の女性でも手が出せる数少ない職業のひとつであり、すぐに圧倒的に女性が占めることになった。厳密にいえば免許が必要だったが、免許にはお金がかかる。

そのためジンを蒸留して販売する女性のほとんどは違法営業だったが、無許可での販売によるリスクは大きく、女性は男性よりもはるかに頻繁にこの犯罪で起訴され、有罪判決を受け、刑務所送りになる可能性が高かった。そこで多くの女性は、いざとなればすぐに店をたたんでずらかることができるよう、即席でこしらえた屋台[*64]でジンを売ることで、当局からの摘発を逃れようとした。なかにはさらに徹底させて、手押し車を引いてまわったり、手かごに忍ばせて売り歩く者さえも出た。こうした移動販売は、公開処刑といった大勢の見物客が集まるイベントでは大いに繁盛することになり、彼女たちに客をとられたかたちの地元の酒場からの恨みも買った。

何千もの女性たちが売ったり飲んだりしたことから、ジンは「レディース・ディライト」（女性の楽

＊63　しかもグロくて気持ち悪かった。初期のイギリスのジンは髪の毛が白くなりそうなほど強く、まるでマニキュアの除光液を飲むようなものだった。蒸留工程が改良され、質のよい原料が使われるようになるのは一七〇〇年代半ばになる。

＊64　屋台でジンを提供するということは、座席があって風雨から守られることであり、結果として、客が長居してジンにお金をもっと使うようになった。

しみ）と言われるようになる。この蒸留酒にはすぐに女性的な色合いがつき、マダム・ジュネヴァやマザー・ジンなどと呼ばれた。

彼女たちが売っていたジンは、今日トニックウォーターで割って飲むような美味しいものではなかった。ジュニパー・ベリーが使われることはほぼまれで、厳密に言えばジンですらないのがふつうだった。むしろ正確には、まともな原料でつくられることがほとんどなかったというべきか。このジンは麦芽を原料に蒸留され、テレビン油、塩、胡椒にくわえて、たとえばコリアンダーなど高価な材料のかわりに、ジンジャーやアーモンド油を混ぜてつくられた。出来上がりはアルコール度数五七％ほど。ちなみに現代のエバークリアだと六〇％以上からある。もしも十八世紀に水洗トイレが普及していたら、このジンはトイレ掃除に使われたことだろう。

違法なジン売りの女性たちは、たいがいが地を這うような貧しさだった。かろうじて食いつなぐ唯一の道が屋台や路上で売り歩くことであり、そこから得るものも失うものも、もっとも大きいのがこの女性たちだった。とはいえなかには、きちんとした屋台や店、貯蔵庫をもつ女性もいて、酒場の経営や蒸留免許を手にしているようなエリートさえも少数ながら存在している。一七〇〇年代半ばのロンドン蒸留組合にはおよそ二三〇人の蒸留業者がいて、そのうち四人が女性だった。

ジン酒場が画期的だったのは、これが女性客に特化していたことである。仕事終わりの一杯にくるメイドや、仕事の合間に一杯やる使用人、買い物のついでに立ち寄る主婦などがおもな客層となった。多くのジン酒場では、利便性を高めて集客をはかろうと、蠟燭《ろうそく》などの日用品も揃えて販売していた。

ジン酒場は頻繁に客でごった返していた。男性客も（女性目当てだけの客も含めて）多く訪れ、彼らと一緒に飲む女性たちもみられた。女性同士でちびちびとジンを飲むこともあった。ロンドンの歴

11：ロンドンのドラムショップ

史において、女性が初めて体面を気にせず外で飲酒できた場所が、ドラムショップである。そこは女性が中心にいた「公共」の場であり、この都市にとってまったく新しい現象だった。

じつのところ、ジン酒場は今日知られているバーの前身である。女性たちは、文字どおりの意味で、飲み屋の形を変えた。働く女性にはテーブルに座って飲む時間がない。そこで、認可を受けたジン酒場には長いカウンターを設けて注文に応じるところが多かった。先を急ぐ工場労働者が立ち寄って、素早くグラスをおいて仕事に戻ることができる。この「バー」すなわち、飲み物を出すための長いカウンターは、女性中心のドラムショップに定番のものだった。

それにしてもタヴァーンのような立派な店ではない。ジン酒場の大半は（とくに無認可店は）窮屈でむさ苦しいものだった。その多くはあえて建物の隙間や薄汚れた地下室にひっそりと隠れていた。ただし公平を期すなら、この時代のロンドンはたいがい窮屈で汚らしい場所ではある。一部には地元の人しか知らない秘密経営の店もあり、かつて即席でできていたエールハウスの初期と似たものがあった。

問題が発生したのは、人々がまだスピリッツの飲み方をよく理解していなかったことによる。ロンドンは、初めてお酒の飲み方を覚えた大学生ばかりの街のようなものだった。消費者は、ほかのお酒と同じ勢いでジンも飲めるものだと考えた。エールを一パイント飲むのだから、ジンも一パイント飲めばいいじゃないか、という具合である。安価なジンが市場にあふれたことで、ジン・クレイズ（狂気のジン時代）と呼ばれる流行現象を引き起こし、一七二〇年から五一年にかけてロンドンを席巻する。街のいたるところに大量の酔っぱらいがあふれ、数えきれないほどのアルコール中毒と関連死が発生した。

ジン・クレイズは、飲んでいるのが誰かという点でパニックを引き起こした。上流階級は、下層階級に蔓延する泥酔状況に驚愕したが、とくに下層階級の女性による過飲は恐怖を与えた。独身で若い働き手である女性たちが、結婚して子どもを産むことをせず、かわりに遊びでお酒を飲んでいることは、女性らしさの概念を根底から覆す現象だった。彼女たちの泥酔はロンドンの社会を恐怖の底に陥れた。

上流階級にとっては、貧しい妻や母親たちの飲酒姿もまた見たくないものだった。近隣とのつながりが深く、監視の目がはたらく既婚女性たちは、家のなかにジンのボトルをおいていることが多かった。やがてジンは「マザーズ・ルイン」（母親の破滅）と呼ばれるようになる。禁酒運動（飲酒に反対する社会運動）が始まり、酔っぱらいの貧窮した母親や乳母はその宣伝役を果たすかたちになった。[*65] 改革派は女性の飲酒を止めさせることを大義として掲げた。

当然ながら、この新たな禁酒運動は女性の利益を目指したものではない。ジンへの反対運動は、女性の健康というよりも、統制と優生学にかかわるものだった。

イギリスは世界の大国にのし上がる途上にあった。大英帝国の動力となったのは、やがて成長して船乗りや兵士や労働者となる、膨大な数の下層階級の子どもたちである。国の指導者たちが望んだのは、イギリスの労働者階級が一心となって、低賃金で労働に耐え、イギリスの戦争で戦い、世界を植民地化するのに役立つような人々をより多く生み出すことだった。労働者階級の人口は多ければ多いほど国の経済に望ましい、つまり改革派はそのように思わせようとした。子を産まず、自立してジンを飲む独身女性は、イギリスの労働力供給を狂わせる存在でしかない。[*66]

新聞には、酔った母親がジンを買うお金のために子を殺したり、ジン中毒の妻が家族を破滅させたといったセンセーショナルな記事が掲載された。醜く年老いた鬼婆が独りあばら家でジンを飲んでいる描写もよく見られた。年老いて独身の（大英帝国の国力にはまったく役立たずな）女性に対する差別は非常なものだった。この時期には人体自然発火にまつわる都市伝説も盛んになっている。犠牲者とされた大半は単身暮らしの老女だった。定番の想定としては黒焦げで発見され、遺体のそばにはジンの空き瓶が都合よくおかれていたことだろう――さて女性諸君、そんな姿にはなりたくないだろ

＊65　イギリスで禁酒運動が始まったのはこの時期だが、北米でも同じ頃に禁酒運動が始まった。アメリカ先住民の活動家たちは、白人入植者から持ち込まれた破壊的な影響から身を守るためにコミュニティでのアルコールを制限しようと運動を始めた。

＊66　こうしたことの結果として唯一良かったのは、医師たちが妊婦の禁酒を訴えたことだろう。

う？　女は酒など飲まずに黙って結婚して、労働者をたくさん産むほうが世の中のためだった。

一七三六年、最初のジン取締法が可決される。政府は消費を抑えるために、ジンに物品税を課し、販売免許に関する法律を制定した。改革派は犯罪や不道徳が生まれる原因はジンだとばかりに定め（問題は貧困だとはならない、そういうものだ）、ジン酒場を彼らの最大の標的とした。

この運動は、貧しい人々、とくに貧しい女性を罰するような性質のものだった。ドラムショップは貧しい人々が集まる場所であり、貧しい人々、とくに貧しい女性が歓迎される唯一の公共の場になっていた。そこに貧しい女性の姿があることは、彼女は仕事中でもなく、家にいて子づくりや養育をしているわけでもないことを意味する。

認可を受けたジン小売業者のうち二〇％を女性が占めていたが、ジン取締法によって告発された業者の七〇％が女性だった。彼女たちが逮捕されると、ときには地元の人々が集まって助けようとすることもあった。常連客や隣人たち、友人たちは、巡回する検査官から彼女たちを守ろうとした。最初の施行から四カ月も経たないうちに、続けざまに暴動が起きる。そのさいには女性たちが担った役割が大きく、通常は女性たちが口火を切って暴動を扇動し、大声を上げたり泥や石を投げたりして、肉体的な争いにくわわることも多かった。

その後の一五年にわたり、ジンの販売や消費に対する課税と統制を目指すイングランド政府によって、合計八回の法律の制定と廃止が決定されている。そしていずれもうまく機能することもないまま、最終的には一七五一年に制定されたジン取締法がようやく効果を上げた。これにより、ジンへの課税と価格がさらに引き上げられ、蒸留業者が無認可の店にジンを売ることが禁止され、刑務所、救貧院、労役場でのジンが禁止された。そしてついにはジンの消費量は減少する。この時期には一般的に可処分所得が減ってきており、たいていの人はジンを一パイント飲むような行為は、それはいかんなと理解してきたところでもあった。ジン・クレイズは、ほかのブームと同じような経過をたどって収束した。流行した当初は目新しさ（そして価格の安さ）につられて大衆がジンを試したが、一世代ほど経つと輝きは失われた。

一七五一年のジン取締法は女性をこの商売から締め出すことに成功した。しかしその北部のスコットランドでは、女性たちがまだ無許可の酒屋を営んでいた。売っていたのはジンではない。彼女たちは最初のウイスキー・ウーマンだった。[*67]

スコットランドの人気酒ウイスキー

ウイスキーは、穀物を発酵させたもろみから蒸留されるスピリッツである。現在では、熟成させて口当たりがまろやかなものが一般的だが、初期のスコットランドのウイスキーは熟成を行わない強いお酒で、またたく間に全土で人気酒となった。一七〇七年にスコットランドと正式に合併していたイングランド議会は、その人気ぶりに目をつけたところで、一七二五年、麦芽酒税の導入を可決する。これによりウイスキーの蒸留と販売のコストが大幅に引き上げられた結果、ほとんどの蒸留所が経営難から閉鎖に追い込まれるか、地下に潜ることになった。これは女性たちには影響しなかった。[*68] 彼女

＊67　ウイスキーの綴りには違いがあり、スコッチ、カナディアン、日本産は〈Whisky〉で、アイリッシュとアメリカンはｅが含まれる〈Whiskey〉の綴りになる。

たちは違法に売ることには慣れていた。

スコットランドで初めて違法な蒸留で逮捕されたのはベッシー・キャンベルという女性で、一五〇六年のことである。その時代、スコットランド当局は魔術（もちろん実際には民間療法や自宅での蒸留にあたること）を行ったとの疑いのある女性たちを逮捕・処刑していたため、スコットランドの女性は役人の目を逃れて密造酒をつくることに長《た》けていった。

一六九九年、エディンバラでは「若者にとって大変危険な罠であり、淫行や放蕩につながる」として、女性が酒場で働くことを禁じる法律が可決された。これが「シビーン」として知られる無許可の酒場が台頭する一因になる。通常シビーンは女性によって経営され、ウイスキーはその看板商品だった。ときにはウイスキー造りまで手がける女主人もいた。法外な麦芽税の支払いを逃れるために、多くは自宅で密かにウイスキーを蒸留することになる。たいていの場合、ウイスキーの密造は、蒸留器を焚き上げる煙が隠れる夜中に行われた。違法なウイスキーが「ムーンシャイン」と呼ばれるようになったのは、このように月明かりの下でつくられていたことによる。

都市部でも農村部でも、多くの女性がシビーンでウイスキーを飲んだ。また、家庭においても、仕事の終わりや始まりに飲んでいた。北西部のウェスタンアイルズでは、一日の始まりに家の女主人が使用人の女性にウイスキーを一杯与えるのが一般的な朝の儀式になっていた。畑で働く女性たちはウイスキーを飲んで体を温めた。十八世紀に入ると食料品店で販売されるようになり、主婦たちがウイスキーのボトルを家に持ち帰ることが多くなる。食料品店は主婦や母親の領域であり、自宅用のお酒を選んで購入する判断を下すのは女性だった（この事実を、酒類メーカーは数百年経ったいまでも認識しきれていないが、これについては後述することにする）。

スペイン人による植民地化に反抗した南米先住民の女性たち

地球をぐるっとまわって南米大陸では、先住民の女性たちが独自の密造酒をつくっていた。しかし、これら女性密売人たちは、たんに税金逃れをしているのではなかった。彼女たちはスペインの植民地支配に対する抵抗活動をしていた。

十六世紀、インカ人は南米のアンデス地方一帯に広大な帝国を築いていた民族であり、現在のエクアドル北部から太平洋沿いに下ってチリ中部のマウレ川にまで広がっていた。先コロンブス期のアメリカでもっとも大きく、首都はクスコ（現在のペルー中南部）にあった。驚くこともないが、インカの女性はアルコール造りを担っていた。

トウモロコシを発酵させたビールは「チチャ」と呼ばれ、初期の日本酒に似たようなつくり方だった。村の女性たちがトウモロコシ粉の丸めたものを口に含み、唾液がデンプンを糖に分解するまで噛んだのちに、すべてをボウルに吐き出した。その後、混合物を沸騰させてから希釈し、この液体を容器に入れて二、三日ほど発酵させた。これでなんと、トウモロコシのビールができあがる。必要なものは、ボウルと自分の口だけ。チチャのアルコール度数は、今日の平均的なビールと同じくらいで、五％程度になる。

チチャの分配にも女性の役割は欠かせなかった。このトウモロコシのビールは結婚や葬儀、戦いの

＊68　とはいえ、一七三六年にイングランドでジン取締法が制定されたときと同様に多くの騒動があった。グラスゴーでは暴動が起きた。これらの暴動では女性の役割も大きく、通りを行進したり太鼓を叩いて扇動を合図した。

儀式といった重要な社会的・政治的儀式に使われた。そのためチチャを製造販売するのは、コミュニティにおいてある程度の力をもつ人間だった。恵まれた立場の女性は（未亡人や独身の場合もあった）、アルコールをつくる小規模な農場や販売する施設を所有していることが多く、これにより多少の自立が担保されるかたちだった。アルコールの生産と流通における彼女たちの役割は、少なくともジェンダー面では、インカの社会が比較的平等であったことを反映している。

スペイン人がやってきて、一五〇〇年代後半にインカを征服してすべてが崩れ去った。十七世紀には南米各地のさまざまな先住民族がスペインの支配下で抑圧されていた。現在のグアテマラ、ペルー、ボリビア、メキシコにあたる各地域において、スペイン人が先住民の支配に用いた戦略のひとつに、アルコール規制が含まれる。

南米では数千年も前から、宗教的・政治的な儀式のさいに発酵飲料は欠かせないものだった。チチャと並んでほかに、リュウゼツラン（別名マゲイ）の樹液を発酵させて「プルケ」と呼ばれる神聖な飲み物もつくられた。プルケは濃厚で酸味のある発酵アルコール飲料で、脱脂乳にも少し似ている。メキシコ中部から南米にかけて王国を築いたアステカの人々にとって、プルケは女性と密接に結びついていた。リュウゼツランの樹液を得る方法を最初に編み出したとされるのは、アステカ神話の女神マヤフエルである。宗教的な目的以外では、毎日飲めるのは高齢者か妊婦だけだった。プルケはつくるのも飲むのも女性だったが、売られることはなかった。アステカの人々にとってプルケは神聖な飲み物であり、商業的にやりとりされるものではなかったのである。

しかし、スペインによる植民地化ののちには、プルケはその神聖さを失い一般的な飲料になった。一六〇〇年頃にはスペイン人でさえもが口にするようになっていく。

メキシコの小さな村では、プルケの流通を農民女性たちが支配していた。女性たちは「プルケリア」と呼ばれる店を構えてプルケの販売を独占しており、村が小さすぎて店がない場合には、自宅の戸口で売っていた。その製造と販売によって多少の経済的安定を得ることができ、ときには社会的地位を向上させることもあった。誰だって良いお酒を売る女性とは仲良くしたい。たとえば地方から出てきて都市に店を構えたとすれば、プルケがもたらすお金と保障は、彼女たちに新しい都会に適応してスペイン統治下で生き抜く道を開いた。

女性は客側としてもプルケリアに出入りした。むしろ誰もが出入りしたというべきで、とくに宗教的な祝祭の期間などは大勢の客が押し寄せた（実質的には近所のバーのようなものだった）。プルケリアの賑わいはスペイン人を不安にさせるほどになる。植民地の支配者たちは、これを反抗や反逆、無秩序を生みだす震源地とみなした。

スペイン人にしてみれば、カトリック教徒であるからには節度と節制が重要な美徳であり、彼らにとって飲酒とは宗教的な伝統にまつわるものであって、パーティーのためのものではなかった。しかしメキシコ人にしてみれば、節度とはその時々に応じて尺度が変わるものだった。彼らにとって飲酒の慣例には政治的機能があり、プルケは重要な文化的アイデンティティの一部だった。スペイン人は、このプルケを支配すれば先住民を支配することにつながり、プルケに課税すればお金儲けにもなると考えついた。そこで植民地時代の初期にはそのことに全力を注ぎ、アルコールの販売と消費の両方を制限する法律をつくりだす。

最初の規制法は、年配者の先住民女性だけがプルケリアを経営できることとし、ただし免許の取得と、接客できる客数も制限するものだった。客を男女別に分ける条例をとおそうとさえしたが、一七五二年頃になって断念している。夫と妻、家族がともに飲むことを止めるのはあまりに困難だった。

これらの法により、メキシコ全土には多くの違法なプルケリアが出現することになった。メキシコシティではスペイン人女性が無許可の酒場を開き、郊外の先住民女性がつくる無税のプルケを売った。そして先住民女性もまた小さな違法プルケリアを営み、これら闇業者たちがこっそりとプルケの製造と販売を手がけた。

そこから南下してペルー、スペイン統治下の「ランチェリア」(先住民居住区)では、先住民の女性たちがチチャの醸造と販売を続けていた。彼女たちは「チチェラ」と呼ばれた。その頃にはチチャはトウモロコシを噛んでつくるものではなくなっていて、チチェラたちは、トウモロコシを発芽乾燥させてから、水と混ぜて発酵させた。チチャのほかにも、トウモロコシの茎の汁から「グアラポ」という発酵飲料もつくられていて、これはチチャを甘くしたようなものである。

ペルーに奴隷として連行されてきたアフリカの女性たちは、土着の醸造法を持ち込んだ。自由身分のアフリカ人女性のなかには自ら醸造を行うこともあり、アフリカ系ペルー人女性がつくるビールは、アフリカとペルーの両方の技術が駆使された。

密造するだけでなく、女性が酒を飲んでいたこともスペイン人を苛立たせた。ペルーの酒場で酒を飲んだり踊ったりする女性たちは、カトリック教徒の入植者たちにとって衝撃であり、植民地社会のルールを侮辱する姿として映った。女性が単独で酒場に行くことを禁じる法をつくろうともしたが、メキシコのプルケリアで男女を分離しようとしたときと同様に失敗している。先住民の女性たちは、スペイン人による植民地化をおとなしく受け入れなかった。

自立した女性がお酒をつくるか飲むか(あるいはその両方を)することは、スペイン政府が必死に守ろうとしている家父長制の社会構造に反していた。ロンドンの女性たちと同じことで、リマの女性も、お酒を売って自分でお金を稼いだり、仕事後に酒場で友達と遊んでいるとなれば、彼女は家にいて子をつくるわけでも、夫につき従っているわけでもないことになる。

このような従順でない女性たちは、先住民の男性の多くからも結婚を拒まれる存在だった。インカの文化は、スペインに比べれば女性がより自由だったとはいえ、家父長制であることには変わりなかった。単独にせよ、互いに集まって飲むにせよ、こうした女性たちは、土着にも入植者の文化にも共通する抑圧的で女性蔑視な構造から逃れることができていた。

残念ながら、ほかの植民地化された国々においては、女性たちの状況はこれほどうまくはいかなかった。

カリブ海地域では、新しい蒸留酒が島々を席巻していた。ラム酒は糖蜜（砂糖を精製するときの副産物）や、サトウキビの搾り汁を原料としてつくられる。発酵した糖蜜を蒸留するとおいしい蒸留酒ができあがることを発見したのは、一六〇〇年代、カリブ海諸島の砂糖プランテーションで奴隷労働を強いられていた人々だった。このラム酒はまたたく間に人気を集め、奴隷主たちの手に取って代わられると、北アメリカとアフリカとヨーロッパを結ぶ奴隷貿易、いわゆる三角貿易において恐ろしい役割を果たすことになる。

ジャマイカでは十七世紀、ラム酒やラムパンチ[*69]を売る酒場の女主人といえば白人女性がほとんどだった。ラムパンチウーマンと呼ばれた彼女たちは、ラム酒を大量に仕入れて（一回あたり六〇ガロンから五〇〇ガロンというほどの大量）、販売していた。こうした女性たちが多くいたのは、海賊の巣窟として悪名高いジャマイカの都市、ポートロイヤルだった。海賊が多く集まることから、ポートロイヤルにはエールやパンチを売る酒場も乱立していた。そこで働く女性が多くいたわけだが、一般的には社会の周縁に生きるいかがわしい存在とみなされた。彼女たちのなかには、ラム酒（悪魔を祓《はら》うほど強烈という意味で、キル・デビルとも呼ばれた）を自分で蒸留することもあれば、レシピや商売を娘に引き継ぐこともあった。

ポートロイヤルで女性海賊たちがお酒を飲み交わした歴史は知られていないが、想像してみる分には楽しそうだ。

フランスの女性がワインを飲む新しい酒場「ギャンゲット」

フランスでは新しいタイプの飲み屋が登場し、女性の公共の場での飲酒を変えていた。イギリスと同様に、フランスの酒場は男性のための空間であり、そこに足を踏み入れる女性は侵入者として扱われた。しかしそこへ、より女性に優しい選択肢が、パリなど大都市の郊外に現れた。

新しい「ギャンゲット」は、たんにお酒を飲むだけでなく、むしろ食事やダンス、娯楽に比重をおいた大型の飲酒施設だった。その呼称は、そこで飲まれていた酸味のある地産の白ワイン「ギャンゲ」に由来している。ロンドンに登場したジン酒場と同じように、ギャンゲットは男性一色だった酒場の伝統からは外れた、新しいタイプの公共の飲酒施設だった。女性が侵入者扱いされることなく客として歓迎されたことから、ギャンゲットは女性との結びつきが強いものになっていった。

都市の外れに立地していたギャンゲットは、週末の目的地として、少し華やかな（そして都市の課税区域外で）お酒を楽しむ場所となった。女性たちは郊外を散歩したり、買い物をしたり、さまざまなギャンゲットに立ち寄ってワインを楽しんだりして一日を過ごした。多くの店は野外に設置され、美しい庭園や緑に囲まれて都会の日常から解放される場所として利用された。

しかし間もなく、フランスで進行していた革命に、すべてが飲み込まれることになる。アメリカ独立戦争に大いに触発されるかたちで、アメリカ人がイギリス人を追い払うことができたなら、フランスの民衆が君主制を打倒することだって可能ではないかと人々は考えだした。ヨーロッパでもアジアでも王族たちが神経を尖らせはじめ、ギロチンという言葉を耳にしようものなら飛び上がらんばかりになっていく。

エカテリーナ大帝がもたらしたビールの大革新

ロシアでは、エカテリーナがフランス革命の推移を注意深く見守っていた。もちろん自分の首を切り落とされるのは嫌だったはずで、ロシアへの波及を徹底して恐れた。女帝として自らの権力を固め、統治基盤を引き締める必要があると考えるにいたるわけだが、そうした動きに転じる前に、彼女はビールに大革新をもたらしている。

一七六六年、その軍事力の台頭を警戒しつつも、イギリスとの通商条約の締結に臨んでいたエカテリーナは、交渉のあいだにロンドンのスタウトビールがいたく気に入る。濃厚で強いビールを好む彼女の嗜好にスタウトがぴったりはまった。その供給を確保するために、エカテリーナはサザーク区に

＊69　ラムパンチとは、ラム酒と水と砂糖に、レモンやライムなどの柑橘類、クローブやシナモン、ナツメグなどのスパイスを混ぜたもの。

ある醸造所アンカー・ブルワリーと契約してスタウトを醸造させ、彼女と宮廷のためにロシアへ向けて出荷させた。スタウトは長い航海に耐え、到着後にも美味しく飲めるものでなければならない。そしてこれを実現するためには、アンカー・ブルワリーの職人たちはレシピを改良する必要に迫られた。エカテリーナのためのとくに濃厚で濃色なスタウトを、アルコール度数を高めて醸造することで日持ち期間を延ばした（推定では最大七年）。このビールは彼女を夢中にさせた。

この新しいビールは、輸出用に度数を上げたスタイルのスタウトだった。アルコール度数は一二％で、平均的なワインと同程度の強さがある。エカテリーナは自分と皇室が飲むために大量に買いつけた。女帝の熱烈なお墨付きを得たことで、このスタイルは「ロシアン・インペリアル・スタウト」として知られるようになる。このタイプのビールは現代でも買うことができる。[*70] いまでもインペリアルタイプのビールは平均よりも高いアルコール度数がある。

この進展はビール産業に革新をもたらした。インペリアル・スタウトやポーター（これも黒ビールの一種）は、世界中に出荷できるものになった。これもまた、女性が成した素晴らしいビールの大革新といえる。

さて話をロシアに戻せば、国による統制下でウォッカの価格が高く、かつ製造事業を独占していたことを背景にして国内に騒乱が広がっていた。このまま事態が深刻になる前に、政府による蒸留酒への規制を再編成する必要が生じていた。

そこでエカテリーナが最終的に下した決断は、貴族にウォッカ製造独占権を与えて、自分たちの領地内で蒸留できるようにすることだった。農民にとってはウォッカの価格を下げ、彼女には多くの税収をもたらす制度になった。それ以前に比べれば大きな改善といえたが、依然として農民が自分でウォッカをつくることは許されず、違法な蒸留が一般的にみられた。

この新しく豊かな税収は、エカテリーナが領土を大きく拡張させる資金となっていった。彼女の治世はロシアの黄金時代とされる。国内では膨大な量の改革事業に取り組むとともに、露土戦争でクリミア半島を獲得し、プロイセン・オーストリアとともにポーランドを分割した（これによって消滅させられた国々にとっては最悪の時代だが）。ちなみに上流階級の女の子のための学校も設立している。

歳を重ねるにつれ保守的な傾向が強まったとはいえ、芸術の熱心な庇護者でもあり、民間人による印刷所の設立を許可する勅令を出している。このことはロシアの出版産業を大きく発展させるとともに文芸活動の開花をみることになった。エカテリーナは自分を過小評価する男たちにつねに苛立ち、「女性的な知性の結果として行動にゆるぎない一貫性が生まれるのだ、ということに想像力がはたらかない」人々を嫌ったという。

彼女のもとで、ロシアはヨーロッパの大国の列にくわわった。国を活性化させ、近代化の時代へと導く役割を果たした。そのお供には、大のお気に入りであるスタウトが力になったことだろう。エカテリーナ大帝は、三四年の長きにわたって女帝として君臨したのちに、一七九六年にこの世を去った。

アルコールに関する法律は、単純に飲酒を抑制して酔っぱらいを防ぐだけが目的であったことはない。むしろ、誰がどこで飲んでもよいとするか、人を統制するものになる。それは権威に対する脅威を抑え込み、特定のタイプの人々、とくに貧しい人々、さらには貧しい女性や先住民の女性を、ある

＊70　美味しいので一度試してみる価値はある。

種の望ましい行動へと追い込むものになる。あるいはそれは、誰がこの産業にくわわり、分け前にあずかってよいかということでもある。古代世界がそうであったように、誰にアクセス権を与えるかは、誰が政治的・経済的な権力へのアクセスが可能かを示すものになる。エカテリーナは幸運にもルールをつくる側の人間となり、政治的な権力をもってお酒の経済力を利用できた最初の女性だった。

ロンドンでジンを飲む女性であれ、リマでチチャを飲む女性であれ、メキシコシティでプルケを飲む女性であれ、世界中において家父長制の社会が（公衆衛生と節度を名目にして）彼女たちを抑え込むのにアルコールを規制する法律を用いた。しかし完全に成功することはなかった。いつだって女性たちは、プルケリアで、シビーンで、秘密のドラムショップで、あるいは自宅キッチンで、必ずやこっそりと隠れて醸造も蒸留も、販売する道も、飲む方法も見つけだした。次に続く世紀も、彼女たちはこの活気ある密造酒の市場を世界中でリードしつづける。

エカテリーナ大帝は自らの帝国を守るためにアルコールを利用した。次章で出会う女性はアルコールの帝国を手に入れる。

第7章　未亡人クリコと女性たちを虜にした味――十九世紀

スパークリングワインの立役者、バルブ＝ニコル・クリコ

ウォッカ、ウイスキー、ジン、ラム。

新しい時代の到来を祝して乾杯するにふさわしい、新しい蒸留酒が出揃った。いよいよ、味わい方やつくり方、提供の仕方など、これらのお酒を洗練させる段階である。そして発酵酒もまた、長い年月を経てアップデートの時期を迎えていた。十九世紀において大きな革新を遂げたのがシャンパンである。

シャンパンといえば、決まってドン・ペリニヨンを連想する人が多い。[*71] しかしあのお方は、ワインに泡が入るのを嫌った。この十七世紀のフランスの修道士が有名になったのは、ワインをブレンドする技術であって、黄金色に輝かせることではなかった。シャンパンと聞いて思い浮かべるべきは、スパークリングワインの立役者、バルブ＝ニコル・クリコである。

＊71　ドン・ペリニヨンはベネディクト会の修道士で、実際には彼は修道院のワインから問題となる泡を取り除く方法を見つけようと腐心していた。彼がシャンパンを発明したという説は、彼の死後、はるかのちになってシャンパン会社が始めた（彼にちなんで名前をつけただけの）非常に誤解を招く販売戦略による。

バルブ゠ニコルは一七七七年十二月十六日、現在シャンパンの中心地となっているフランスのランスに生まれた[*72]。フランス革命のさなか、金髪で灰色の瞳をもつ少女は、裕福な繊維商の長女として育っている。その血にはワインが流れていた。一七二九年に世界最古のシャンパンハウスを創業したのが、曽祖父のニコラである。

二十歳になり、同じく裕福な繊維商の息子であるフランソワ・クリコと結婚する。フランソワの父親もまたワイン業に手を出しており、新婚夫婦は、その父の会社の小さな部門を開花させたいと考えた。そして結婚して最初の年に、さっそくクリコ家の事業をシャンパン専業に変える計画を練る。

最初はたんにワインの仲買人として、自分たちでつくるのではなく、地元のブドウ園から仕入れて業者に販売する立場として始めた。スパークリングワインが、シャンパンと呼ばれるまでになる以前の話である。シャンパーニュ地方ですらも、シャンパンを名乗りはじめるのは一八六〇年代になる。

夫妻はいくつかのブドウ園を所有していて、ともに土壌の可能性をさまざまに検討した。この時代は、ワインを飲む人はその生産地の評判を頼りにするほかなかった。ワインボトルにラベルが貼ってあるわけでもなく、レビューやお勧め度がわかる出版物があるわけでもない。そもそも一般的にワインはボトルで売られるものではなく、よほどの高級品でもない限り、樽に入っていた。シャンパーニュ地方は一六〇〇年代からすでに高級ワインの産地として知られていた。そして二人が所有するブドウ園の多くは、その一等地にあった。

さて、ここでいうシャンパンとは、大晦日に飲んでいるようなアレではない。一八〇〇年代初頭のワインは、今日の店頭でいえばデザートワインと呼ばれそうな、とても甘ったるいものだった。いまどきのシャンパンだと糖分の含有量はボトル一本あたり約二〇グラム程度がふつうだが、当時のワインは、少なくともその一〇倍は甘く、どろっと冷えた状態で提供されることが多かった。どちらかといえばコンビニで売っているシャーベット状のソフトドリンクに似ている。

色も黄金色ではなかった。大量に甘いシロップとブランデーをくわえていたため、茶色がかったピンク色をしていた。しかも、今日のスパークリングワインほどの泡立ちもなかった。十九世紀初めのガラスは圧力に耐えるものではなく、今日のボトルに比べると半分ほどの力で破裂した。

スパークリングワインをつくるのは、たとえ耐性の高いボトルがあったとしても、かなり難しい工程である。[*73]調合にはマスターブレンダーによる深遠な専門知識が必要になる。つまりはこう。ワインは二次発酵を経てスパークリングワインに変わる。シャンパーニュ地方は冬の寒さが厳しく、そのために酵母がワインの糖分を食べて分解しきる前に気温が下がると、二次発酵が起こることがよくあった。春になって気温が戻ると、酵母がふたたび活動を続けることになる。これで二酸化炭素がさらに発生するが、ワインはすでに密閉されて樽詰めされており、放出されない泡が樽のなかに閉じ込められる。[*74]やがてワインメーカーは、この自然現象に頼ることなく意図的に発泡させることに成功した。ボトルに詰める前に、酵母と蔗糖《しょとう》の入ったシロップ、ブランデーをワインにくわえれば（そして樽ではなく瓶詰めにすると）、ほうら、できあがりとなる。

＊72　これはシャンパーニュ地方。ここで生産されるスパークリングワインがシャンパンを名乗るには、アペラシオンと呼ばれる、原産地呼称委員会による認証に定められた生産工程を順守しなければならない。これについてはのちに詳しく説明する。
＊73　フランス人にとっては悔しいだろうが、スパークリングワインはイギリスで発明された。

未亡人となり自由を得たバルブ＝ニコル

バルブ＝ニコルが興味を抱くようになる以前に、シャンパンの人気を高めたひとりの女性がいる。

一七五〇年頃のこと、王室に取り入って自分のワインを広めようとしたフランスのシャンパン製造業者、クロード・モエがヴェルサイユを目指した。たどり着いたところで、新しもの好きの若い女性たちをつかまえて反応を試してみると、これは「女性を虜《とりこ》にする」味で、もっと飲みたくなるとの声があがった。この女性たちのなかにいたのが、ルイ十五世の公妾だったポンパドゥール夫人だった。

彼女はもっとも熱心な顧客のひとりとなり、王室の催し事にはモエのシャンパンを出すよう強く推した。ポンパドゥール夫人は、シャンパーニュ地域のスパークリングワインを非常に特別なものとしていち早く認識し、影響力をもった最初のひとりである。「飲んだあとも女性が美しくいられる唯一の飲み物」と公言した。十八世紀にポンパドゥール夫人のお墨付きといえば、今日でいえば人気モデルのクリッシー・テイゲンの推しドリンクになるほどの効果があった。

シャンパンがバルブ＝ニコル・クリコをより美しくしたかどうかは歴史にないが、彼女がシャンパン造りに夢中だったことは確かである。そして、それは彼女ひとりだけではなかった。

バルブ＝ニコルが業界に参入した頃、モエはすでにワイン会社で大きな成功を収めていた。会社はワインの販売業も手がけており、仕入れ先であるワインメーカーの半数近くを女性が占めていて、その女性たちは全員が未亡人だった。[*75] バルブ＝ニコルより前の世代のフランスでは、家族経営の事業において女性は欠かせない役割を担っていた。その慣習はしかし、彼女がワイン造りを志す頃になると見下されるようになり、女性が事業を行うことへの偏見が高まっていた。いよいよ一八〇四年にナポレオン法典が施行されると、その法的枠組みでは、女性は母親か妻となる以外にはほぼ何もない立場に立たされた。しかしこれにバルブ＝ニコルが動じることはなかった。彼女はワイン造りを愛した。夫妻が会社を築くにあたって、夫のフランソワが経済面のやりくりをするあいだ、バルブ＝ニコルは後方に控えていることしかできなかった。ようやく自分たちのワインをボトル詰めするようになると、彼女はブドウ畑に打ち込んだ。ブドウの生育状態を調べるために畑を歩きまわり、収穫期には一二日間ほど続く早朝の作業を見るために夜明け前に駆けつけた。かごいっぱいのブドウが畑から運び込まれ、圧搾器のなかに優しく集められた。彼女はその過程を観察するのが大好きで、ロープや木がきしむ音に聞き入り、ブドウが圧搾されていく様子を喜びをもって見守った。[*76]

ところが、状況は一変することになる。

ナポレオン法典の制定から一年後、女性による事業が困難さを増していくなか、一八〇五年にフランソワが腸チフスでこの世を去る。バルブ＝ニコルは二十七歳で未亡人となった。急成長していた大好きなワイン事業をみすみす失うかわりに、彼女は義父を説得して、事業の継続をまかせてもらえる

＊74　ドン・ペリニヨンがワインの泡を嫌っていたのは既述のとおりだが、一六六〇年代に彼とオーヴィレール修道院にいた仲間の修道士たちは、地元のワインになぜ泡が入るのかを調べてほしいと頼まれた。まだ誰も二次発酵について解明できておらず、泡の問題は地元のワインメーカーを苦しめ、シャンパンは悪魔のワインとも呼ばれた。ドン・ペリニヨンも最後まで解明できなかった。傍註＊71・73参照。

＊75　悲しいことに、彼女たちについての情報はほとんど失われている。

＊76　通常、ブドウの圧搾は複数回行われる。一番搾りか二番搾りがもっとも上質で、そこから果汁の質は落ちていく。通常テーブルワインは三回目以降、四回、五回と圧搾した搾汁からつくられる。

ことになった。さらに義父は彼女に投資することにも同意し、その額は現在でいえば五〇万ドル近くにも上るものだった。ただしこれには、義父が選んだ事業主のもとで四年間修行するという条件がついた。白羽の矢が立ったのは、裕福な商人であり経験豊富なワインメーカーでもあったアレクサンドル・ジェローム・フルノーという人物で、彼女とともに組み、その手法を助けることに同意する。

新たに未亡人となったバルブ＝ニコルは、人生を自分で管理できるようになったことに気づいた。奇妙なことながら、十九世紀のフランスでは、未亡人のほうが既婚女性や独身女性よりも法的な自由があった。未亡人には既婚女性と同じ社会的特権があったが、通常は男性側に渡される経済的自由も手にできた。バルブ＝ニコルは、その両面を利用することになる。

マクシ族の女性がつくるキャッサバのビール

世界でもっとも珍しいビールを見つけるなら、アマゾンの熱帯雨林をおいてほかにない。マクシ族は、現在のガイアナ南西部にある北ルプウニ地域に住んでいた（現在も住んでいる）、カリブ語を話す民族である。マクシ族の女性たちは、身近な熱帯雨林の植物を使って幅広くさまざまな種類のアルコール発酵を行っていた。

紫芋と砂糖を原料とした「フライ」をはじめ、パイナップルやマンゴー、カシューアップルなどの果物からつくるワインもあった。とはいえ大きな主力は「パラカリ」と呼ばれるビールの一種で、キャッサバのパンを発酵させてつくられた。これは日常生活にも儀式にも欠かせない、きわめて社会性の高い飲み物であり、このキャッサバのビールにはマクシ族の社会を結びつける接着剤の役割があった（そして現在でも変わらない）。

キャッサバは苦味のある、根が肥大して芋になる作物で、十九世紀のマクシ族にとっては、伝統的な生活様式と食の多くがキャッサバに依存していたほど、その根底を支える欠かせないものだった。マクシ族の豊かさの尺度はキャッサバ畑の収穫で計られた。そのため、女性たちがキャッサバからつくるパラカリは非常に重んじられ、彼らの文化的アイデンティティに不可欠なものだった。そして特殊な飲み物でもあり、アマゾンの先住民族では（そしておそらく世界中でも）ほかに類を見ない。多くの土着のビール造りにみられるように嚙んで唾液を利用するのではなく、パラカリはカビ付けして発酵させる。

まずは女性たちがキャッサバ芋を収穫して粉にするところから始まる。品種の異なるキャッサバの根が何百と栽培されたが、そのうちのいくつかはビール造りに好適とされる品種だった。粉はパンに焼き上げられ、わずかに焦がされた。その次が重要な（そして面倒な）部分で、女性たちはバナナの葉を簡単に組み立ててカビの培養器のように機能させ、その中にはパンを細かく砕いて水に浸したものをおく。その上にパラカリ・ママの粉末を振りかけると、その緑色の細かな粉末が接種材として、カビ菌糸を繁殖させるスターターになる。これは前回の残りのパラカリのカビ菌の上に、乾燥させたキャッサバの葉を敷いておいたものからつくられた。たとえて言えば、数カ月も冷蔵庫の奥に放置していたパン種のようなものだと思えばいい。

バナナの葉で組み立てた構造体を閉じて、ふたをするように毎日バナナの葉をさらに追加して、三日間放置する。ある程度の発酵が進むと、女性たちは濡れてカビの生えたパンを取り出し、バケツに入れて冷暗所においた。そしてそのまま数日もすると、バケツのなかの液体がアルコール度数の低い、甘いビールになる。一週間かそれ以上おいておくと、強くて苦味のあるビールになった。裏ごしして水で薄めた出来上がりは、濃く滑らかな口当たりで、バケツのなかで発酵させる時間によってクリーム色か薄茶色になった。

カビ菌にくわえて、マクシ族の女性たちはちょっとした超自然的な助けも借りた。

一九六〇年代あたりまで、女性たちは特別な能力を授かるとされるシンボルの刺青を入れるのが一般的だった。料理の腕が上がるシンボルと並んで、醸造のシンボルが多くの女性にみられた。こうした醸造のお守りは、よい酒をつくる能力を授けると信じられ、ふつうは口や顎、前腕、手などに入れられた。柄や模様はさまざまな昆虫を描いたものであるが、じつのところ厳密な決まりがあった。甘いビールや甘いワインをつくる腕を高めたい女性は、甘い物質をつくることで知られる節足動物、たとえば蜂の刺青を入れた。マクシ語で「ヤキ」という動詞には、「刺す」という意味と同時に「酔う」という意味もある。より刺激的な飲み物をつくりたいなら、痛い針をもつ生き物の刺青を入れる。手にサソリの刺青があれば、彼女のつくるビールが強く苦味があることを意味した。前腕に蜂の刺青を見つけたら、彼女のマンゴーワインが甘くて美味しいということだった。

現在では醸造のお守りを刺青にすることはなくなったが、さらに強烈ともいえる新たな習慣ができている。刺青のかわりに、本物の虫を捕まえて自分の手を刺すというものだ。もしや強いビールをつくる願掛けに喜んで火蟻の群れに手を突っ込む自家醸造家を見たことあるだろうか……いないはず。

カクテルのレシピ本

さて十九世紀の北アメリカ。醸造の刺青を入れる人はいなかったが、飲酒文化に大きな革新が起きていた。ここはひとつ拍手喝采で迎えたい真打、カクテルの登場である。

カクテルはアメリカの歴史において特別な位置を占めている。カクテルを調合する技術はアメリカで初の芸術的表現であり、初めて世界の関心と味覚をとらえたアメリカ文化の一端だった。

蒸留酒が手に入るようになると、やがて他の種類と混ぜて味を確かめる人々が出るのは当然の成り行きだった。カクテルの正確な起源は（そもそもなぜそう呼ばれるのかさえ）、歴史家にとって明らかになっていない。現在わかっているのは、一八〇〇年代半ばにはアメリカで広まっていたことである。伝統的なカクテルはお酒に砂糖、水、ビターズを混ぜてつくられていて、それぞれにスピリッツや砂糖の種類、ビターズの成分は千差万別だった。[*77] ほどなくしてフルーツジュース、コーディアル、リキュールもカクテルの材料にくわわった。

ジェリー・トーマスは、一八〇〇年代半ばにカリフォルニアとニューヨークで活躍した伝説的なミクソロジストで（じつに、カクテル創作者としてのこの肩書きは、そんな昔からあった）、バーテンダーの父として知られている。一八六二年にアメリカで初めて出版されたお酒のレシピ本『バーテンダーズ・ガイド』を書いたのが、彼だった。

――突然だが、ここでちょっと口をはさみたくなる。植民地時代の女性たちも書いていたはずで、何百年もかけて彼女たちが伝え合ってきた飲み物やコーディアルのレシピが詰まった料理本の数々はどういう扱いになるのだろう？

＊77　ビターズはさまざまな薬草（ハーブ）や植物原料をアルコールで調合したもの。最初は薬用に使われていたが、やがてカクテルにくわえられるようになった。ご想像のとおり、味はたいてい苦い。

二〇一七年に話題の女性向けのジンをつくるポンプ&ウィムジー社を立ち上げたニコラ・ナイス博士は、ジェリー・トーマスがスポットライトを独り占めすべきではないと指摘している。二〇二〇年のポッドキャスト番組のインタビューに答えて、次のように述べた。

ジェリー・トーマス以降のあらゆる本についてということになりますが、男性世代に受け継がれたバーテンダーの遺産のようなものがありますよね。ですが、改めて考えてみるに、彼らのレシピはどこからきていたのでしょう? 彼に影響を与えたのは誰で、そして家では何を飲んでいたのか……。彼の遺産が圧倒的な影響力をもったのは誰もが認めるところですが、当時において、ほんとうの強い影響力があったのは誰だったか……。ジェリー・トーマスの初版は八〇〇〇部売れました。イザベラ・ビートンは、おそらくもっとも成功した多作の作家で、彼女の家事指南書は同時期に二〇〇万部以上も売れていました(イギリス人だが、本は世界的に売れた)。彼女の本よりも多く売れたのは、ただひとつ聖書だけです。これは今風にいえば、セレブ一家のカーダシアン家なみの影響力です。誰がこれを読んで、触発されて、レシピを使い、再現したのだろうかと考えてみるにつけ……女性が与えた影響の大きさがきちんと評価されるべきなのです。

『ビートン夫人の家政読本』が出版されたのは一八六一年で、ジェリー・トーマスの本が出る前年にあたる。彼女の本には、家の手入れのノウハウにくわえて、ビール、エール、コーディアル、あらゆるカクテルやパンチのレシピが掲載されていた。なかにはいまどきのカクテルメニューに載るような「ブレイン・ダスター」という名のカクテルレシピさえある。一八六六年にはマリンダ・ラッセルが

『家庭料理本──こだわりの使えるレシピ集』(A Domestic Cookbook)を自費出版し、これはアメリカで黒人によって出版された(知られている限り)最初の料理本として、これにもアルコールやコーディアルのレシピが掲載されていた。

家庭での女性の仕事は、昔から長いこと過小評価されてきている。そのためカクテルの歴史に対する女性の貢献は、その技術の土台を築いているにもかかわらず、すっかり見過ごされてきた。ジェリー・トーマスがカクテルをつくったのは結構なことだが、彼は子どもの世話をしながら、家の掃除をしながら、夕食をつくったりしながらそんなことができたのだろうか──と言ってみたくもなる。

アメリカ西部開拓時代の酒好きの女性たち

十九世紀、アメリカにおける女性の飲酒文化はほぼ私的なものでありつづけた。国全体の飲酒習慣は大きく変化したものの、それでもなお女性は排除されていた。貧しい女性はことさらだった。独立戦争後の上流階級のアメリカ人は、下層民どもを寄せつけまいと方法を探しはじめる。自分たちがお酒を楽しむあいだ(結局のところ何をしていてもだが)、貧乏人や女性、有色人種が近くにいることを嫌った。そこへきてホテルが登場した。

最初のホテルがアメリカに建てられたのは一七〇〇年代後半で、一八〇〇年代に入ると本格的に普及する。ホテルはそれまでのどんな豪華なタヴァーン[タヴァーンの多くは酒場と宿屋を兼ねた]と比べても一線を画すものだった。大きな建築費をかけた巨大な建造物で、個人向けに質の高い寝室を提供した。ほとんどのホテルにはバーがあり、長いカウンターとテーブルと椅子がおかれていて、各種のアルコール飲料を(場所によっては食べ物も)提供する専用の空間だった。多くのホテルのバーにはドレスコードのような規定が設けられたことで、飲酒の空間を階級で分けることに役立った。

独立戦争以前には、酒場では商品やサービスに対して固定した料金を請求することになっていた。しかしその後はこの慣習は衰退し、つまり酒場やホテルでは料金の設定しだいでただちに労働者階級を締め出せるようになる。こうして貧乏人を追い払うことができる能力に多くのホテルが飛びつき、ホテルはふさわしい人々がふさわしいお酒を飲みに訪れる場所となった。そして上流階級のあいだでは、飲酒文化のあり方が男女の分離よりも階級の分離を重視したものになっていった。その結果として、エリートの白人女性がホテルで催される祝賀会やパーティー、イベントに出席することが認められるようになる。こうした機会には男性はお酒を飲むことから、ついには女性もまたバーで飲むことが許されるようにもなっていった。

ほかの残りの女性たちにとっては、公共の場での飲酒が唯一できたのは、接客業界に台頭してきたもうひとつの新たな受け皿、「サルーン」だった。十八世紀のアメリカの飲酒文化は、ホテルとサルーンに二分される。サルーンは中流階級と下層階級がお酒を飲む場所であり、つまるところ低級なバーで、食事や娯楽が提供される場合もあった。おおむね男性の空間であって、中世のエールハウスにでも倣《なら》うかのように、男性が同伴するか女性のグループが一緒でなければ、女性がひとりでサルーンで飲むことはなかった。

もう少し客層の男女比のバランスがとれていたのが、ダンスホールだった。これらはサルーンの奥や二階にあり、明るく照らされていて、全体として華やかな空間になっていた。何が最大の呼び物かといえば、そこはダンスというほかない。ただ座ってビールを飲みたいだけなら階下のサルーンにたむろした。ダンスホールにいるのは労働者階級のカップルたちがほとんどで、生演奏に合わせてダンスしたりお酒を楽しむという、デートに人気の場所だった。

ダンスホールでは、男性が女性を連れ立ってお酒を飲むだけでなく、独身男性がダンスの相手を申し込むのと引き換えに、女性に一杯おごることもよくあった。「トリーティング」（ご馳走すること）と呼ばれたこの慣習は、多くの（自由も職業の選択もままならない）女性たちが夜に外出できる環境づくりに役立った一方で、なにやら微妙な期待の空気を生みだすことにもなる。この慣習によって、男性の多くは女性に一杯おごった場合に、女性側はその引き換えに何か――その男性とデートするとか、ベッドを共にするといったような、なんらかのこと――を果たすのが筋だと考えるようになった。

このトリーティングが由来となった社会的な圧力と期待感の応酬は、今日なお女性たちがバーで感じるものでもある。もちろん、タダで飲めるのは嬉しいに決まっている。とはいえこの息苦しさと下心の所在をすっきり晴らすためにも、リズ・レモン［テレビドラマの主人公で、アラフォー独身女性の奮闘を描くコメディ］のお言葉どおり、女性にはチーズのスティックフライでもおごるほうが喜ばれもするだろう。


大部分のアメリカ人、とくに下層階級の人々にとって、アルコールはいまだ食生活の重要な一部だった。多くの女性が高い免許税を避けるようにして自宅での不法な醸造や蒸留を行っていて、台所だけで成立する取引が盛んに見られた。地方当局に見つからないよう家中にボトルを隠す女性たちもいて、流し台の下に特大サイズのパイプがあったり、壁の内装パネルに秘密の裏側があったりした。貧民街の安アパートに住む女性たちはその道のプロだった。

自分ではつくらない女性は、買う必要がある。女性たちが地元のサルーンから家族分のビールをバケツで持ち帰る習慣は「グラウラー運び」と呼ばれた。[*78] 一部のサルーンは、女性客が昼間に来店してビールやウイスキーを買えるようサイドドアが設けられ、「レディーズ・ドア」や「ファミリー・エントランス」などと呼ばれた。

ところが、正面から入っていく女性たちも存在した。

西部へと開拓が進むとともに、飲酒文化もまた西部へと広がっていく。十九世紀前半に西部開拓時代の先頭を走ったのはほとんどが男性だったが、なかには社会規範などどこ吹く風という女性の姿が、バーカウンターの内側にも外側にも珍しくなかった。西部では少なくとも二〇人以上の女性バーテンダーがお酒を提供していた記録がある。カンザス州ウィチタには「荒くれ者《ロウディ》のケイト」と呼ばれた女性がいて、夫（こちらは荒くれ者のジョー）とともにサルーンを経営し、よく客を飲み負かす（さらには撃ち負かす）ことで悪名高い存在になっていた[*79]。荒くれ者という呼び名は、とくに夫のジョーがいないときなど、彼女が迷惑客にいたく暴力的に対応したことからつけられた次第だった。

お酒の調合や給仕をする女性たちがいたほかに、ブルマー・ガール[*80]と呼ばれた一群もいて、彼女たちはブルマーをはいてお酒を飲み、タバコに賭け事など、一般的に女性がやってはいけないことをやっていた。ブルマー・ガールたちは、西部に特有の埃っぽい雰囲気のサルーンに陣取り、アコーディオンなどの生演奏を聴きながらコーディアルやブランデーを飲んだ。ビターズとウイスキーに蜂蜜を混ぜたものが南部ではとくに人気を集めた。

西部開拓時代の悪名高き人物たちのなかには、酒好きの女性も何人か含まれている。銃の使い手で、馬を駆ったカラミティ・ジェーンこと、本名マーサ・ジェーン・カナリーは、バッファロー・ビルのワイルド・ウェスト・ショー［各地を巡業した西部劇ショーの一座］に出演していた一員で、伝説的な酒飲みとしても知られた。男物の服を着て、タバコを噛み、嵐のように罵倒してまわり、サルーンにやってくると「私はカラミティ・ジェーン、酒は私のおごりよ！」と叫ぶことが好きだった。
アメリカの民謡にこんなものがある。

かわいい彼女は、ダンディ
男のように立って酒を飲み
注文するのはジンとブランデー
彼女には怖いものなし
彼女には怖いものなし

一八四九年に起きたゴールドラッシュを契機に、アメリカ西部には人種や性別を問わず、あらゆる人々が大挙して押し寄せた。人口に占める女性の割合は増加していき、間もなくして多くのサルーンが女性を受け入れるようになる。ゴールドラッシュに沸いたサウスダコタ州の街デッドウッドでは、

＊78　もしビール醸造所に行く機会があったらグラウラー（約三・八リットルほどのビールが入った巨大なガラス瓶を）を勧められてみるといい。きっと十九世紀の母親たちをねぎらいたくなるから。
＊79　二人の元夫を含めて少なくとも五人の男性を射殺したとされる。
＊80　ブルマーは基本的に両足が分かれたスカートで、ドレス型のワイドパンツのようなものだった。一八〇〇年代半ばに大流行していて、作家のアメリア・ブルーマーが禁酒日報紙で広めたのがきっかけになった。アメリアにとっては女性たちがそれを着て飲みに行く姿は相当不愉快だったことだろう。

12：ブルマー・ガールたち

お酒が飲みたい女性が多くいたことから、一部には裏口から入って飲むことができる別室を設けるサルーンも見られた。

しかしすべてのサルーンが手放しで迎え入れたわけではない。いくつかの町や都市では女性が正面から入ることを禁じる法律ができた[*81]。女性が酒場を占めることを多くの男性が恐れた。まるで男の子たちのツリーハウスに「女子はダメ」の札が立つみたいに、女性恐怖症のサルーンの主人たちは正面の扉に「男性限定」の看板を掲げた。はるかアラスカの地においても、開拓の街にやってきた多くの下層階級のアメリカ人女性を抱えてなお、女性を雇ったりお酒を飲ませたりすると、サルーンは免許を失う危険があった。

十九世紀パリのカフェにはレズビアンの女性客が集まった

一八〇〇年代、イギリスの女性の飲酒文化はふたたび家のなかへと後退する。ヴィクトリア朝時代の感性が求めたのは、女性のなかの慎み深さと道徳的な真面目さであり、自己犠牲の精神をもって家庭を守ることが務めとされた。公的なことはすべて国の男たちにまかせて、女性は静かに内的生活を送る。この理想像から逸脱する行動は非難の対象になった。

前世紀にみられたような、社会における女性の役割の変化――より自立し、より多くの女性が職を得て働いた――、それは男性優位の考え方に則さない変化だった。これに反発する男性の改革指導者たちは、労働者階級の女性、とくにお酒を好む女性を標的にした。一八三七年にヴィクトリア朝が始まった頃には、女性が何かを楽しむようなことはおよそすべて、不道徳につながるとされた。女性は誘惑の餌食になりやすい弱い性であるとみなされ、家にこもっているほうがすべての人のためになるのだった……いっそのこと、ストッキングの引き出しか帽子箱のなかにでもしまっておければ安心だったのだろう。

もはや公衆の場での酩酊は起訴される犯罪となり、男性よりも女性のほうが有罪となることが多かった。女性が公共の場で飲酒するとなれば、ヴィクトリア朝の人々にとって大変なスキャンダルだった。社交界の花形だったレディ・ジェシカ・タットン・サイクスという女性は、浪費と飲酒と恋多き女性としてしばしば世間を騒がせた。恥とされることを拒んだ彼女が、世間の批判を逆手にとって放った言葉は、「わたしはしょせん、男性の悪いところを真似ているだけ」というものだった。

＊81　進取的で知恵のはたらく酒場のなかには、正面ドアのすぐ隣にもうひとつドアを設置して法の裏をかくところもあった。

イギリスでもアメリカでも、女性には家庭の天使であることが役割として求められた。彼女たちには、自身が厳しく道徳的な節度をもって生きるだけでなく、家庭内のすべての人に節度を守らせる責任もあった。ヴィクトリア朝の理想像は、女性にとって不可能な状況をつくりだした——なんの力もないけれど、責任はすべて負わなければならない。

いずれにしても、女性の飲酒を止めることにはならなかった。

ヴィクトリア朝の女性たちは策士的なやり方をとった。社会からは道徳的な模範になることを求められていたので、隠れて実行せざるをえない。上流階級の妻たちは、いわゆるティーパーティーを開き、参加者は美しいティーカップからシェリーやジンを上品にすすった。ジン・コーディアル(ジン、甘味料、香料からつくるリキュール)は購入するにしても自家製であっても、女性のあいだで熱烈な人気があった。労働者階級の女性たちは、地元の食料品店でジンを買うときに、ほかの買い物にボトルをまぎれこませた。

ジン・クレイズは去ったとはいえ、イギリス人はまだジンを愛していた。

アルコールはなおも、さまざまなかたちで女性の生活の一部になっていた。十九世紀半ばまで、ジンで入浴すると健康増進につながると考えられた(ただしバスタブ・ジンという酒の由来はこれではない)。上流階級の女性は、病を得ると体力回復のためにラム酒の風呂に入った。タイムやセージなどのハーブを入れて煮詰めたワインは、肌の美白効果があるとして顔に塗り、体の美肌づくりには、バラの花びらを混ぜたミードを塗った。シミやそばかすが気になる部分には、花の入った白ワインを含ませると薄くなるとされた。髪色を明るくするために、ルバーブと白ワインを煮たもので洗髪し、または、赤ワインとラディッシュで髪を赤く染めることもあった。裕福な女性たちは、乳児を水ではなくスピリッツで入浴させることさえしていたが、この習慣は幸いにももはや存在しない。

十九世紀にはパブリックハウス、通称パブが台頭した。パブとなると、狭くて非衛生的だったエールハウスからは大きく改善されたものだった。煙たい暖炉のかわりにストーブがあり、みんなが暖をとることができた。パブはお酒の販売と提供を目的として建てられていて、きちんとした店構えをもち、正面に看板を掲げて営業された。前世紀のジン酒場が生み出した革新を経て、パブの多くには注文ができるバーカウンターが設けられていた。容器が標準化され、錫《すず》製のマグカップかグラスが使われるようになる。メニューにはワインとビールのほか、数種類のスピリッツがあった。一八〇〇年代のイギリスのパブは、シルクハットの頭がもっと多かっただろうけど、ともあれ現在のパブによく似ていた。

客側に立つのは禁じられたにしても、パブでは多くの女性が夫とともに働いていた。夫が金銭面を握るのだとすれば、それ以外のすべてを仕切るのは妻だった。このパブの女性たちは、お酒を出して客への対応をし、勘定をつけ、世間話をするといった、バーテンダーが現在でも行っているすべての業務をこなした。

バーカウンターと並んで、パブには「スナッグ」もよくみられた。スナッグとは小さな個室で、女性が通行人の視線を避けてお酒を飲むことができ、ふつうは窓がなく、ほかよりも豪華に飾り立てた室内だった。一般的にパブは労働者階級の男性が飲みに行くタップルームと、上流階級の男性がつるむパーラーの、二つのエリアに分かれていた。ヴィクトリア朝というのは、とにかく差別と隔離が大好きな時代である。女性が飲みに行くとなれば場所はスナッグだった。[*82] この男女の隔離は、双方に利があると考えられた。女性は男性の粗暴な飲酒行動から守られ、男性は女性が酒を飲むという、恐ろしくスキャンダラスな光景を目にせずにすむというしだいだった。

スナッグにいたのは、人前でお酒を飲んで世間を騒がそうとした反抗的な女性たちではない。中流階級や上流階級の女性たちが、リラックスして、一杯か二杯のお酒を飲みながら友人たちと交流するという、現代の女性たちがバーに行くときと同じものを求めて集まっていた。

一方でフランスをみると、まるごと女性の飲酒客に特化した施設もあった。

カフェが出現したのは十七世紀からである。今日ではコーヒーを飲んだり、作家が小説を書くふりをしている場所を連想するが、当初のカフェはレストランに近いもので、食事もお酒も揃えているのがふつうだった。十九世紀になり、パリには女性が経営し、顧客のほとんどを女性の作家や芸術家が占めるカフェがいくつかできていた。とくにレズビアンの作家や芸術家たちが集まった。イギリスのジン酒場が女性客中心だったとはいえ、ここに歴史上初めて女性にとって専用の一般の飲酒スペースができたことになり、ひとつフランスのレズビアン・コミュニティに感謝すべきだろう。

これらのカフェは、内密にされることはなかったが、控えめだった。女性の同性愛に対する法律はなかったため、フランス当局はむしろ男性の同性愛を取り締まるほうに熱心で、レズビアンたちの出会いの場となっていた場所はほぼ放置された。これらのカフェができる以前にも、個人が主催するサロンに女性が集い、お酒を飲み、交流する場は存在していた。それにしても、ル・アヌトン、ラ・スーリ、ル・ラ・モールといった店は画期的なナイトスポットだった。これらの施設は、所有も運営も、そしてなにより客までも、すべて女性だった点で革命的だった。そこでは社会的な境界線がゆるみ、あらゆる階層の女性がいて、ワインを飲み、タバコを吸い、人前でくつろぐことができる特別な場所だった。

そのグラスのいくつかには、バルブ＝ニコル・クリコのシャンパンが注がれていた。

国際的な人気を得たヴーヴ・クリコのシャンパン

バルブ＝ニコル・クリコがアレクサンドル・ジェローム・フルノーのもとで修行することが決まると、二人はクリコのワイン事業に、巨額の資金を投じた。ヴーヴ[*83]・クリコ・フルノー社の誕生である。はじめはワインの約七五％を自社で製造し、残りは地元のワインメーカーから調達していた。事業は当初から成功を収め、ブランド名はすぐに高い評価を得るようになる。彼らのワインは素晴らしかった。

この共同操業は何年も順調に進んでいたが、一八〇九年に難局に直面する。ナポレオン戦争がヨーロッパ中に経済不安をもたらし、各地で港が閉鎖され、輸出市場を逼迫《ひっぱく》させた。一八一〇年には、ヴーヴ・クリコ・フルノー社は終わりを告げる。決まっていた四年の修行期間が過ぎ、経営も悪化したことで、アレクサンドルはバルブ＝ニコルとの仕事から手を引く決断をした。

しかし彼女のほうは諦めなかった。この小柄で頑固な女性はシャンパン造りを続けようとする。義父を説得し、ふたたび三万フラン（現在でいえば約二二万ドル）を投資してもらった。こうして、ヴーヴ・クリコ・ポンサルダン社が始動する（ポンサルダンは彼女の旧姓）。

＊82　スナッグは内輪だけで飲みたい人々が広く利用した。くわえて聖職者や政治家、既婚男性とその愛人たちにも好まれた。
＊83　ヴーヴはフランス語で未亡人の意味。

彼女は、この新たに門出したヴーヴ・クリコを成功させようと固く決意した。ナポレオンによる大陸封鎖令が続き、港の閉鎖と不安定な通貨によって輸出が困難になっていた。そこでヴーヴ・クリコは、市場を国内にしぼり、もっぱら自分の土地で育てたブドウを使ったワインを自国内で販売する。経営を助けるためには宝石も売った。仕事は朝の七時から始まり、夜の一〇時まで続いた。ランスにある自宅を仕事場に、そのほとんどの時間を帳簿の管理や何枚もの書簡をひたすら書き送ることに費やした。つねに納入業者や販売業者、顧客たちと連絡を取り合うことを怠らなかった。

その努力が報われたように、再出発して迎えた一年で彼女は利益を上げている。大きな利益ではなかったが、ともあれ黒字だった。自立してこれほどの資本と事業を動かしていた女性は、この当時のフランスにほんのひと握りしか存在しない。そして彼女は、そのひとりだった。

こうした状況が数年ほど続いた一八一四年、ヨーロッパを引き裂いていた戦争は、彼女の玄関先に迫ってくる。

ロシアがフランスに進軍し、ランスはロシア軍に占領された。しかし恐れていたような略奪や焼き討ちに遭うことはなく、ロシア軍は占領中にたくさんのシャンパンを（奪うのではなく）この未亡人から買い上げた。シャンパンはロシアの兵士たちに大変気に入られた。

翌一八一五年の春にナポレオン戦争が終結すると、シャンパーニュ地方にいた五〇万人の外国からの兵士たちが、地産のスパークリングワインを開けて勝利を祝った。このことが、シャンパンが祝杯に欠かせない文化的要素とされることにつながる。ロシア将校たちがランスの地で乾杯したのは、ヴーヴ・クリコのボトルだった。彼女のシャンパンへの需要は急増し、生産量は一〇倍にも増えた。撤兵するロシアの兵士たちはシャンパンへの嗜好を自国に持ち帰った。シャンパンはそれまでは何十年ものあいだ金持ちの飲み物だった。それがここで一挙に、とてつもない数の労働者階級の男たちが、この特別なワインの味を覚えたことになる。いまやシャンパンは国際的な人気になった。

ひとつバルブ゠ニコルには、ロシアでの人気に乗じるには大きな障害があった――戦争により国際貿易が禁じられていたことである。これが実際には一生に一度のチャンスになると気づかない女性ではなかった。彼女は先手を打つかたちで、和平が成立して禁輸措置が解かれる前に、途方もないリスクを冒してシャンパンの積荷をロシアへと密輸した。

シャンパンは良好な状態で到着し、禁輸措置の解除を待っていた競合他社（最大のライバルはモエ）のはるかに先を行くことになった。ロシアの市場に唯一あるだけでなく、その品質も素晴らしかった。シャンパンの積荷は一八一一年のヴィンテージもので、この年は完璧な収穫に恵まれ、絶妙で力強いワインができていた。すぐにヴーヴ・クリコは熱狂的な人気を呼び、とんでもない値段で売れていった。一万本以上あった積荷は残らずすべて売れ、彼女は驚異的な利益を上げた。

購入者たちはヴーヴ・クリコの品質を絶賛した。プロイセンの国王はその年の誕生日にヴーヴ・クリコで乾杯した。ロシア皇帝アレクサンドル一世は、ほかのワインは飲まないとまで宣言する。

それにしてもバルブ゠ニコルが天才的だったのは、最初の積荷の成功を確認するより先に、すでにもう一度大量に送り出していたことにある。この二回目の出荷もまた、競合他社をはるかに引き離して無事に着荷した。

生涯着続けることになる喪服姿の未亡人バルブ゠ニコルは、ヨーロッパでもっとも有名な女性のひとりとなった。彼女自身はセレブとなり、そのヴーヴ・クリコは世界でもっとも高い評価を集める商品のひとつとなった。

そしてこの未亡人の飛躍は、まだ始まったばかりである。

女性がつくっていたアイリッシュウイスキーとスコッチウイスキー

フランスでシャンパンが、イングランドでジンがつくられていた頃、アイルランド人はまだウイスキーをつくりつづけていた。

アイルランドの湿った気候は大麦の栽培に適しており、これが蒸留酒の主要な原料にもなった。熟成させないウイスキーは「ポティーン」と呼ばれ、これはアイルランドの密造酒のことを指す。大麦が手に入らないときには、オーツ麦からジャガイモまでどんなものでも使われた。ポティーンは無色透明で、原料が何であろうとも雑味が多いスピリッツだった。アイルランドの女性たちはこれを自宅でつくり、地域の行事があるさいには自家製のスピリッツを持ち寄った。ヤギのミルクやミント、蜂蜜と混ぜて飲まれることもあった。

一六六一年にアイルランド政府は最初のウイスキー税を課す。一ガロンにつき四ペンスの課税から逃れるために、母親や妻たちは監視の目が届かない辺鄙《へんぴ》な場所に蒸留器を隠すようになった。一七〇〇年代になるとさらにイングランドによる課税が、全土で小さな蒸留所を廃業に追い込んでいった。一八〇〇年代のアイルランドでは、密造酒のつくり手のほとんどは、家族を養うために精を出す貧しい女性たちになっていた。

そしてその頃、イングランドがアイルランドをすっかり呑み込むところだった。一八〇〇年の連合法の可決によりグレートブリテンおよびアイルランド連合王国が成立し、アイルランドは大英帝国の一部になる。間もなくしてアイルランドの課税はさらに強化され、ウイスキーの密造を摘発しようとするイングランドの密告者に直面することになった。

多くのアイルランド女性にとって、ウイスキー造りは唯一の収入源だった。容赦ない密告者たちは彼女たちに目をつけ、密造の疑いがかかると財産や家畜を差し押さえた。たとえ高齢であっても免れることはなかった。隣人たちが彼女たちを守ろうと密告者に反撃すると、イングランドはその弾圧を増強させる。密告者は数を増し、アイルランド人を鎮圧するためにマスケット銃などの武器が与えられた。

しかしアイルランドの女性たちはこれに鎮圧されることはなく、蒸留は続けられた。一八三〇年代によく歌われた民謡がある。

家にいたころのわたしは
それはそれは陽気だった
父さんは豚を一匹飼っていて
母さんはウイスキーを売っていた

アイルランドでもっとも伝説的なポティーン密造者に、ケイト・カーニーという女性がいる。ダンロー渓谷に住み、イングランド人に捕まることはなかった。一八〇〇年代半ばの飢饉《ききん》のときのことである。一〇〇万人ものアイルランド人が餓死した時代に、彼女はお腹を空かし栄養が必要な人々みなにポティーンを配った。穀物とハーブを混ぜて醸造し、ときにはさらにヤギのミルクを混ぜて栄養価を高めた。ケイト・カーニーとその密造ウイスキーは、今日にいたるまでアイルランドの民間伝承として語り継がれている。

世界でもっとも有名なアイルランドのウイスキー銘柄のひとつが、ブッシュミルズである。一八六五年一月に所有主が亡くなり、蒸留所はその妻のエレン・ジェーン・コリガンに託された。経営を引き継いだ時点ですでに大成した会社ではあったが、はるかに飛躍させたのがエレン・ジェーンである。性別を隠すためにE・J・コリガンと名乗って運営のおもてに立ち、大麦の多くを地元の未亡人たちから買い上げ、多くの女性を雇用した。ブッシュミルズは彼女の采配によって規模を拡大し、数々の受賞を果たす。おそらくもっとも重要といえるのは、彼女が蒸留所に電気を導入したことだろう。今日のような国際的なブランドへと成長するのに必要な、その最初の一歩を踏み出したことになる。[*84] その発展の大きな分岐点において、ブッシュミルズを支えていたのは女性たちだった。

スコットランドの女性にとって密造酒はお手のものだったが、合法的なウイスキー蒸留の分野でも能力を発揮している。一八〇〇年代、スコットランドには蒸留所を運営する女性が三〇人以上いた。そうしたなかには、一八〇〇年代半ばにヘレン・カミングという女性とその夫が経営していた蒸留所がある。ヘレンはキッチンの窓から、一本一シリングでスコッチを売っていた。[*85] 一八七二年に義理の娘エリザベスが事業を引き継いで拡大させ、さらに大きく近代的な蒸留所を建設する。その蒸留所を一八九三年にジョン・ウォーカー＆サンズ社に売却し、これが現在のジョニー・ウォーカー（世界で一番売れているブレンデッド・スコッチウイスキー銘柄）となっている。

アイルランドやスコットランドの女性がもっていたウイスキー造りの腕前に対しては、アメリカで「メールオーダー花嫁」になるほどの需要があった。アメリカの男性はお金を払ってまでして、アイルランドやスコットランドから移住して、ウイスキーをつくってくれる結婚相手の女性を求めた。[*86] ……

ウイスキーのうまい女房をひとり！　とでも注文したのだろうか。

アメリカンウイスキーを密造する武装した女性たち

アメリカでは女性たちが大麦のかわりに、ライ麦や小麦、トウモロコシからウイスキーをつくっていた。ジョージ・ワシントンはアメリカで最初の蒸留業者と呼ばれるが、実際には彼以前にも、数多くの女性がウイスキー造りに携わっていた。

ウイスキー造りは、まずは大きな桶に粉砕した麦芽と水を入れて、よく混ぜ合わせるところから始まる。ときには粉砕麦芽をさらに振りかけるなどしながら、どろどろとした粥状のマッシュにして数時間放置した。そこへさらに水、麦芽、穀物をくわえてかき混ぜる。ほどなくしてマッシュが蒸留できる段階になると、アイルランドやスコットランドと同じような大きなポットスチル（単式蒸留器）が使われた。ポットスチルは昔もいまも変わらず非常に単純な蒸留方法で、かつてユダヤ婦人マリア

＊84　現在のマスターブレンダーはヘレン・マルホランドという女性。調査によると、ブッシュミルズは女性がもっとも好むアルコールブランドのひとつである。

＊85　綴りの違いのほかにも、スコッチウイスキー（略してスコッチ）とアイリッシュウイスキーには、味の違いも大きい。スコッチは大麦麦芽を原料にして蒸留されることが多く、より重く深い味わいがある。アイリッシュウイスキーは、未発芽の大麦が使われ蒸留回数も増える傾向があるため、より軽く滑らかな口当たりになる。すべてのスコッチがスモーキーでピート香がするわけではなく、スコットランドのどこでつくられたスコッチかにもよる。

＊86　女性たちはアメリカに渡るさいに、船酔い対策としてウイスキーを一本持参するようアドバイスされた。

が考案したものを大きくしただけのものになる。新しいタイプのカラムスチル（連続式蒸留器）も一八三〇年には特許を取得しているが、自家用や小規模な蒸留所ではたいてい、より単純なポットスチルが使われつづけた。

蒸留ができる女性が数多くいるのは好都合でもあった。それというのもアメリカでは一八〇〇年初頭にウイスキーブームが起きている。議会は国内産業を強化するためにラム酒（国外で製造されるスピリッツ）に課税し、アメリカでつくられるウイスキーには課税しなかった。そのため人気が急上昇する。合法的な蒸留業者には女性も含まれていたが、その歴史をたどるのは難しい。ブッシュミルズのエレン・ジェーンと同じように、性別による偏見を避けるためにフルネームではなくイニシャルを使うことが多かった。この時代、アメリカには蒸留所を経営する女性が少なくとも五〇人いたことはわかっている。

違法な蒸留業者もこれまた多くいて、女性によるアメリカンウイスキーの密造という、長い伝統の先陣を切っている。彼女たちというのは、つねに法から身を守ろうと身構えているような、往々にして武装したタフな女性たちだった。なかには暴力で名を馳せるような女性もいた。一八〇〇年代後半、テネシー州ポーク郡にいたモリー・ミラーは、悪名高いウイスキー製造組織のボスで、少なくとも三人の徴税官と五人の密告者を殺害している。同じくテネシー州出身のベッツィー・マレンズは大々的な密造を行っていた。当局が彼女を逮捕しにやってくると、体重およそ二七〇キロのベッツィーは、刑務所に連行したければ家から運び出してみろとすごんだという。彼女が逮捕されることはなかった。

南部では、山や丘陵地に隠れて活動する女性が多かった。北部では、屋根裏や空き部屋がなければ森のなかに蒸留器を隠した。西部では、幌馬車にウイスキーの樽を詰め、平底のかばんに瓶を詰めて客のもとへと運んだ。

ウォッカを密造する農村女性たち

ロシアでは、女性たちがウォッカで同じことをしていた。十九世紀後半に密造酒の地下経済を占めていたのは、ロシアの農村女性たちである。その前の十八世紀にエカテリーナ大帝がウォッカ産業を国庫独占から開放したが、農民が蒸留することは法的にはまだ許されていなかった。それでもなお女性たちは、自宅でウォッカをつくって地元の催しや市場へと出かけていき、数個のグラスとボトルを持って歩きまわってはその場で客にお酒を売った。これらは夫からは完全に独立して営まれていて、既婚女性がウォッカを売って得たお金は彼女たちのものになった。多くの女性はその利益を家計の足しにしたが、なかには教会に寄付することさえあった。なにも密造者のすべてが銃を持ったタフなギャングのボスだったわけではない。彼女たちのなかには、日曜日の教会で隣に座っているような、ショールを巻いた優しいおばあちゃんたちも含まれていた。

一八九四年にまた国家による製造独占が法制定されると、こうした女性たちの存在はウォッカ文化のカギを握ることになる。多くの酒場がなくなり、自宅で飲むのがもっぱらになっていき、そして家庭内となれば女性が融通を利かせることができた。男たちが家族や妻を残し、都市の仕事を求めて留守にすることが多い農村部においては、農場での重労働を担うのも、仕事を終えてウォッカの一杯を楽しむのも、いずれも女性たちということになった。大きな羊の毛刈り作業を終えたあとや祝祭日など、集まってお酒を飲むことすらあった。農村の未婚の女性たちにもアルコール付きの独自の祝い事があった。復活祭後の七番目の日曜日（聖霊降臨祭）、彼女たちは森に集まってお酒を飲み、歌い、白樺の枝に飾りつけをして楽しんだ。

たとえロシア女性が労働の担い手となって家庭外で過ごす時間が長くなったとしても、家庭内で行われる飲酒については彼女の責任になった。夫がお酒を飲み過ぎるのは良い妻ではないからだと非難され、もっと優しくて魅力的な妻になるよう諭された。夫が外で飲み歩くのは、その妻が魅力的な家庭にできていないせいだと考えられた。

こうした考え方、つまり責任はすべて女性にあっても飲酒の抑制する力はもてないことが、女性による禁酒運動の種が蒔《ま》かれる土壌となっていく。そしてそれは、ロシアやヴィクトリア朝時代のイギリスだけではなかった。

十九世紀には、日本、アメリカ、フィンランド、メキシコ、スウェーデン、ノルウェーなど、世界中の国々で禁酒運動が起きている。その動きは、政治における女性の役割をすっかり変える舞台となった。

シャンパン造りに革命を起こしたヴーヴ・クリコ

いまやバルブ＝ニコル・クリコは、近代史上初めて国際的な大企業を動かす女性となっていた。[*87]ヴーヴ・クリコのシャンパンボトルは、すべてコルクにロゴを焼きつけて出荷され、[*88]この錨を模したロゴは現在でも変わらない。

彼女はまさに、よい時代によい場所にいたことになる。世界中で資本主義が経済を先導し、シャンパン造りは、職人による地場産業から大規模事業へと移行しつつあった。

ワイナリーにはそれぞれブドウの世話をする熟練労働者「ヴィニュロン」がいて、男性がもっとも高い技術者とされて高い報酬を得ていた。これが女性であれば「ヴィニュロンヌ」となり、彼女たちは結婚後の名前を旧姓とハイフンでつないで名乗ることが認められるほど社会的地位は高いものだった。その能力の高さから、彼女たちは夫のものではなく、一人前に見られていたわけである。収入はヴィニュロンよりはるかに少なかったが（男性の年間一〇〇〇フランに対し、約六〇〇フラン）、ある程度の独立性と社会的な力を手にすることができた。

地下貯蔵室で問題を前にしていたのは、バルブ゠ニコルである。生産を急ぐことができずにいた。一八一五年、「未亡人のボトル」への需要があまりに大きく、注文の対応に苦慮していた。さらに悪いことには、その年のブドウの収穫は最悪で、翌年には完全に底をついてしまう。ヴーヴ・クリコは完成したシャンパンを切らしていた。

発酵を早めることはできない。しかし作業を早めることはできるかもしれないとバルブ゠ニコルは気づいた。製造工程でもっとも時間がかかるのは滓抜《おりぬ》き——つまり、瓶内二次発酵で生じた酵母の残骸である滓を取り除くことで、これが厄介きわまる作業だった。従来のやり方には大きな欠点があった。別のボトルに注いで移すと発泡性が損なわれて、たいてい途中でワインが駄目になった。ボトルを傾けたり振ったりするやり方では時間が際限なくかかり、濾過では品質が落ちてしまう。彼女はほかの新たなやり方、シャンパンを早く完成させる手法を見つけようと決心した。

＊87　彼女のような例はいまなお珍しい。バルブ゠ニコル以降、ヴーヴ・クリコの指揮を執った女性はただ一人しかいない。ミレイユ・ジュリアーノである。彼女は二〇一四年に会社を去った。

＊88　現在販売されているボトルにも、ラベルに彼女のサインが記されている。

13：未亡人クリコ

その使命を彼女が伝えると、貯蔵庫で働く従業員たちはみんなが笑った。

いくつか試行錯誤を重ねたのち、シャンパンのボトルを逆さにして保管しておけば、その瓶首に滓が集まってコルクの上に沈殿して、素早く簡単に取り除けることをひらめく。すべてのボトルをそのように保管すれば、シャンパン造りに革命を起こすことになるだろう。しかしなおも従業員たちは苦笑して、そんなうまくはいかないだろうと言った。そこで彼女は、自分のキッチンテーブルを地下に運ばせて、傾斜した穴をたくさん開けた。セラーマスター（醸造責任者）のアントワーヌ・ミュラーとともに、二人はその穴を使ってシャンパンの瓶首を下に保管する方法を工夫した。一カ月半の実験ののち、バルブ＝ニコルは自分が正しかったことを知る。コルクを一回はじくだけの最小限の労力で、ワインの品質を落とすことなく、すべての滓がシャンパンから飛び出した。今度は彼女が笑う番だった。

バルブ＝ニコルとアントワーヌはただちに、すべてのシャンパンを「ピュピトル」という滓下げ台[*89]（動瓶台）を用いる方法に切り替えた。間もなくして、美しく澄んで輝きを放つシャンパンを、大量に生産できるようになった。

一八一二年にはわずか二万本だったシャンパンが、数年のうちに年間二〇万本ほども輸出されるようになる。誰も彼女についていけるはずはなく、競合他社はこれに怒り狂った。モエ社は彼女がどうやってこれほど早く透明なワインをつくれるのか、謎を解こうと躍起になった。しかし彼女のセラーで働く従業員たちは非常に忠実でありつづけ、ピュピトルの秘密は一〇年あまりにわたりヴーヴ・クリコのなかだけで守られた。

日本最大の酒蔵を築き上げた未亡人、辰馬きよ

バルブ＝ニコル・クリコがシャンパンの帝国を築いていた頃、日本では辰馬《たつうま》きよが、国内で最大勢力の「サケ」の帝国を築こうとしていた。

一七〇〇年代になると日本酒の製法は洗練され、高度な技術が用いられるようになっていた。米を

＊89　ピュピトルはA字型の自立スタンドのような木製ラック。沈殿させて滓をとるために、ピュピトルで瓶口を斜め下にして瓶を少しずつまわすルミアージュ（動瓶）という作業を行う。

噛んで吐き出す時代は過ぎ去っていた。しかしさまざまな女性蔑視の迷信があり、ほぼ女性は酒蔵から締め出されていた。なかには、当主が亡くなり妻が切り盛りした櫻正宗のような大手の例外もあったとはいえ、全体としては、女性が経営に携わることは許されていなかった。

とはいえそれも、辰馬きよが舞台裏から帝国を築こうとするまでの話、ということにはなる。

一八〇九（文化六）年七月十六日、きよはひとりっ子として西宮で生まれている。胸に大望を抱く、元気で利発な女の子だった。大手蔵元の娘として生まれ育ったきよの血には日本酒が流れていたといえる。嫁ぎ先である蔵元の辰馬家は、一六六二年創業の名門で、日本でも有数の最大かつ草分けとされる蔵元だった。西宮で酒造のほか自ら製樽《せいたる》も行っていた。十九世紀は酒造業にとってよい時代だった。酒造業は日本の主要産業のひとつであり、大きな収益が得られる時代だったのである。

子どもの頃のきよは、実家の酒蔵で多くの時間を過ごし、樽洗いから蔵人《くらびと》の監督まで、あらゆる仕事のやり方を学んだ。結婚できる年齢になる頃には、彼女は酒造りを熟知していた。

一八三〇（文政十三・天保元）年、二十一歳になり別の蔵元の息子と結婚する（蔵元両家の祝宴ならさぞかし盛り上がったのだろう）。夫婦は少なくとも六人の子をもうけたが、一八五五年に夫が急逝する。彼女は四十六歳にして、女性を嫌う業界のなかで大世帯を引っぱることになったわけで、彼女はそこで策を講じる。

きよが採用したのは、完全に信頼がおけて、実質的に自分の代理となって働いてもらう番頭の存在だった。表面的な交渉事や対面の会合についてはすべて番頭が処理し、彼女は表には出ることなく舞台裏からすべての糸を引いた。きよはこうした構えから帝国を築きはじめた。

彼女はとても革新的だった。遠く離れた江戸への酒荷輸送にいち早く乗り出し、莫大な収益を上げた酒造家のひとりである。輸送力を上げるために自ら廻船を所有して運航させた。より迅速で確実な蒸気船ができるとそれもまた購入する。結局は和船から蒸気船に乗りかえて海運業にも進出し、貨物を保護するための海上火災保険業などへと事業を拡大させた。はては米相場の変動から酒蔵を守るために、取引所を設けて金融業を手がけている。

きよは経営面だけでなく起業家としても優れていた。バルブ＝ニコル・クリコと同様に、きよもまた有名ブランドがもつ力を認識していた。米が不作の時期などはとくに、他の蔵元から大量に原酒を仕入れるようになるが、きよはこれを自社のものとブレンドして辰馬酒造の銘柄として販売する方法を試している。これは今日でも酒蔵の存続に欠かせない戦略であり、彼女はその先駆者だった。

酒蔵の外では、子どもたちが成長するにつれ、他の蔵元の子どもたちと結婚していった。きよはこうした親族関係による結びつきを通じて、まるで日本酒版の『ゲーム・オブ・スローンズ』の女王さながらに、その事業をさらに強化させていった。

彼女はまた、酒蔵での日々の作業についても細心の注意を払っていた。要求水準の清潔さが保たれているか確かめるために、ときには自らの手で樽を洗うこともしている。一八〇〇年後半には辰馬家は毎年二万二〇〇〇石（三九六八キロリットル）を生産しており、これは一番の競争相手に比べても三倍にのぼる。きよの指揮のもと、半世紀にわたり辰馬家は日本で群を抜いて大きく、もっとも繁栄した蔵元になった。[*90] 信頼する番頭を表に立たせることで、きよは業界に計り知れないほどの力をふるった。

一九〇一（明治三十四）年、きよは九十二歳でこの世を去っている。その生前の影響力の大きさにもかかわらず、彼女のことは今日ではあまり知られていない。歴史家によれば、これは日本の古い伝統の結果とも考えられる。女性が事業で成功するとその競合相手に恥をかかせることになるため、身内にとっては隠すべき事柄になってしまう。彼女が亡くなったときでも、その事業は国内の他のどんな酒蔵をもはるかにしのぎ、三倍規模の成功を誇っていた。辰馬家の墓所のなかでも彼女の墓に目立つものはなく、小さくひっそりと隅に隠れている。その存在は日本酒の歴史からほとんど忘れ去られている。

アルコールの世界における女性たちの影響力

バルブ＝ニコル・クリコは、幸運にもそのような運命に見舞われることはなかった。[*91] 一八四一年、彼女はついに六十四歳で引退する（この同じ年に彼女の最大のライバルだったジャン・レミ・モエが亡くなっている）。彼女は会社の重役としてとどまり、実質的には女性ひとりの取締役会となった。顔の認知度はともあれ、その頃には国際的な有名人になっていたが、自分のシャンパンが売られている国々を訪れることは一度もなかった。

シャンパン市場を国際的なものにする役割を果たしたのがヴーヴ・クリコのブランドである。今日だったら未亡人クリコは億万長者になっていただろう。彼女とアントワーヌが開発した方法は、スパークリングワインに大革命をもたらした。滓抜きにピュピトルを用いる手法は、今日でも多くのシャンパンハウスでみられる。

十九世紀の女性たちは、新たなカクテル調合の芸術をつくっていたにせよ、弾圧的な体制に逆らって秘密の蒸留設備をもっていたにせよ、アルコールの世界において、目に見えない強力な影響力をもっていた。

女性による台所や家庭内での労働については、何千年にもわたって構造的に軽んじられ、評価されることがなかった。さらには近代史のごく最近まで、非常に多くのさまざまな状況の人々が、酒場で働くことや飲むことを許されていなかったのだから、アルコールの歴史というものを酒場に限定することはできない。十九世紀という時代のアルコールは、公衆酒場やホテル、サロン、パブでの出来事として語られるだけでなく、世界中で、人々の私的な家庭生活において非常に重要なものでありつづけた。多くの女性たちによるレシピや発見の集積が、さまざまなアルコール産業や企業の土台になっている。バルブ＝ニコルは革新的な働きをして、それにふさわしい賞賛と成功を手にした数少ない女性のひとりだった。

数多くの名前と物語が歴史のなかに失われてしまった。後世に記録が伝わるようなことは、ごくひと握りの人のみに与えられた特権であって、多くの場合そこには階級の問題がある。バルブ＝ニコル・クリコや辰馬きよにみられるように、いつ、どこで生まれたかが重要になることもある。しかし、この次の世紀が到来すると、女性の影響力はもはや隠されたままではなくなっていく。

一八六六年七月、バルブ＝ニコル・クリコは未亡人の黒い服に身を包んだまま、八十九歳で亡くなった。[*92]

*90　現在は辰馬本家酒造は、灘の銘酒である「白鹿」で知られており、いまでも日本を代表するブランドのひとつである。
*91　詳しくは、ティラー・J・マッツエオによる伝記『シャンパーニュの帝国――ヴーヴ・クリコという女の物語』（中央公論新社）がお勧め。いまのところ辰馬きよについて書かれた伝記はない。
*92　フランス女性のほとんどは五十歳まで生きられなかった時代だった。

彼女はランスから南へ三〇マイルほど離れたオジェ郊外の田園地帯に、美しい邸宅を所有していた。のどかなブドウ畑が広大に見渡せて、夏の暖かい日差しを浴びてシャルドネのブドウが育つ様子を眺めることができた。彼女はそこで人々をもてなすことが好きだった。かなりの高齢になるまで、芸術家や作家、政治家、ときには海外からの王族まで招いて盛大なパーティーを主催した。ただひとつのルールとして、そこで出される飲み物はシャンパンだけだったという。

第8章　エイダ・コールマンと「アメリカン・バー」——二十世紀

カクテル界の新しい女王エイダ・コールマン

一九〇〇年になると、飲酒の風景は基本的にいまと変わらないものになっていた。それはなにも、ミクソロジストがすでに昔気質な口髭を生やして、サスペンダーをしていたというだけではない。工業化を遂げた社会には、そのほぼすべてにバーがあり、バーテンダーがいて、カクテルをはじめとして今日のバーに揃っていそうなたいていの種類のアルコールがあった（ケーキ風味のウォッカは未開発だったけれど、ほぼ同じものが飲めた）。グラスに注いで飲んでいたし、ついに氷も調合にくわわるようになっていた。二十世紀の最初の一〇年間はカクテルの黄金時代とされ、現在でも定番のカクテルのほとんどがこの時期に創作されている。

そして史上初めて、女性の有名なバーテンダーが活躍した時代でもあった。

エイダ・コールマンは、一八七五年頃にイギリスで生まれた。父親はゴルフクラブで働いていた。そのクラブの所有者はルパート・ドイリーという人物で、手広いホテル経営で成功していて、オペラ劇場の興行主でもあった。彼女の父親が亡くなると、ドイリーはエイダにゴルフクラブでの仕事を勧めた。彼女は二十四歳くらいだった。

エイダがサービス業に向いていることは即座に判明する。この若くて明るい髪色の女性は、魅力的で愛嬌があり、とても親しみやすく、そしてなによりも、ものすごく頭が切れた。ほどなくしてドイリーは、彼女をロンドンにある高級ホテルのクラリッジズという、自分が経営する格式高い施設のひとつに異動させた。その豪華な高級ホテルは改築されたばかりで、エレベーターや客室にバスルームを設置するなど近代的な設備を備えていた。ここは現在でも王族やその賓客を迎えることで知られている。一八九九年、エイダはそのホテルの花屋で働いていた。

仕事を始めて間もないエイダは、フィッシャーという名のクラリッジズのワイン商に能力を見込まれる。彼はエイダにカクテルの調合やシェイカーの扱い方を手ほどきした。人生初でカクテルのマンハッタンをつくった彼女は、すぐにその技術が好きになった。カクテルづくりに熱中した彼女は、バーカウンターでの仕事をさせてほしいと頼み込む。

このバーカウンターの後ろこそが、まさにエイダ・コールマンがいるべき場所だった。

もはや花屋のことなど忘れて、新しい仕事で頭角を現すと、その才能は誰の目にも明らかだった。彼女がつくる素晴らしいカクテルは、自身の社交的な魅力に劣らず人を惹きつけた。そしてこの新たな才能に目をとめたドイリーは、彼女をまたも別の注目すべき場所へと異動させた。

ロンドンのサヴォイ・ホテルだった。ドイリーが手がけるなかでも、もっとも有名で成功したホテルで、そのサヴォイ内のカクテルバー、その名も「アメリカン・バー」[*93]を豪華に改装したばかりだった。やがてそこに、カクテル界の新しい女王が君臨することになる。

ビール売りで自立する先住民の女性たち

アフリカ南部では、農村の人々にとってビールの消費と醸造は、何世紀にもわたってその文化の根幹をなしていた。そしてその産業を担っていたのは、醸造する女性たちだった。

一八六〇年代、オランダからの入植者たちは、アフリカ岬にほど近いウムタタ（現在の南アフリカ共和国中南部の東ケープ州）に入植地を築いた。入植地はウムタタ川のほとりにあった。入植者たちは一八八四年に周辺地域を併合し、ウムタタには、人口の大部分を占める黒人を支配する白人政府がおかれた。そしてその先住民の女性たちがビールをつくることが、政府にとって大きな懸念になっていく。

ウムタタは、多くの黒人男性の出稼ぎ労働者たちが集まる中継地として発展していった。彼ら出稼ぎ労働者は喉が渇いているし、お金も所持していたわけで、理想的な客として、ビールを売りたい女性たちにとって絶好の収入源をもたらした。農村部の女性たちはこのわかりやすい商売を目指してウムタタにやってくるようになり、ビールはまたたく間に活況を呈する産業になる。

たとえウムタタが遠すぎたとしても、アフリカ南部には女性が参入できるビール業の盛んな町が、ほかにもたくさんあった。北へ数時間ほどの港湾都市ダーバンもまた、ビール売りの拠点だった。一九〇二年、この街には連日何百人もの女性が列車に乗ってやってきている。ビールを売りにくるのはほとんどが女性だったが、なかには十二歳の少女さえ交じって、大きなブリキ容器やひょうたんをビ

＊93　これはヨーロッパで最初にアメリカンスタイルのカクテルを提供した店のひとつだった。覚えているだろうか、カクテルはアメリカで最初の芸術的表現で、世界に広まった最初のアメリカ文化だったと先に記した。サヴォイはこのバーをアメリカン・バーと名付けることで、ここにはアメリカのクールで新しいカクテルがあることを示そうとしたのだった。

ールでいっぱいにして運んできた。ほかにも彼女たちは鶏や卵、ハーブなども売っていたが、主力商品はビールだった。

都市部での出稼ぎ労働が盛んになる以前は、アフリカ南部の農村では女性はたいてい主婦や農作業の担い手だった。子どもを育て、料理をして、作物の手入れをしたり、薪を集めたり、もちろんソルガムのビールを醸造したりして日々を過ごした。十九世紀になっても醸造はまだ女性たちの仕事だった。ビールは栄養的にも社会的にも重要で、農村での交流やもてなしに欠かせなかった。

彼女たちの醸造は、まず浸漬《しんせき》してからすりつぶした穀物を煮て、そこに発芽したソルガムをくわえて混ぜ、マッシュをつくった。このマッシュを発酵させることで、どろっとしてアルコール度数の低い「ウトゥワラ」と呼ばれるビールができる。ふつうは家庭でつくられていたが、大きな行事などで大量の飲み物が必要になると、女性たちが集まり一緒になって醸造にかかった――みんなでビールパーティーはいつだって楽しい。

一八〇〇年代に入って都市化が進むにつれ、アフリカ南部においてビールは儲かる商品になった。女性たちは家族のためだけにつくるのではなく、商業目的で醸造するようになる。醸造のほかには、女性が生活費を稼ぐ道はあまりなかった。しかしこれは、エールワイフやチチャを醸造販売した女性たちと同じように、お金を得るだけのことではなかった。自立も可能だった。なかには小遣い稼ぎとして片手間に醸造する女性もいたが、仕事として専業にする女性も出てくる。ウムタタやダーバンのような都市にやってきて、ビールの商売に参入した女性のほとんどは独身で、彼女たちには自活できるほかの選択肢はほとんどなかった。

この醸造で生計が立つようになることが、白人政府を悩ませた。

じつのところ醸造業者は二重の脅威だった。先住民の黒人によるお酒の販売と消費については、植民地支配者である白人たちのあいだで長らく激しい議論になっていた。醸造で自活できるとなれば、その女性たちは白人の農場や企業で賃金のために働かないことになる。白人政府や事業者は黒人の労働力を確保するうえでこれを懸念した。女性たちが自ら稼ぎ手となることは、植民地社会に敷かれた白人の家父長制的な秩序にも反していた。さらには、黒人が土着のビールを飲むことは、白人が期待する規律や節制という価値観を否定することでもあった。

当然ながら、これらの価値観は現地の人々に期待されたものであって、白人のルールは異なっている。一八〇〇年代にインドを訪れたひとりのフランス人伯爵が、当地を植民地化していたイギリス人の過度な飲酒ぶりを指摘している。女性でさえも同じ飲みっぷりで、「若いイギリス女性たちが飲むビールとワインの量といったら、それはもう雷に打たれるほどの衝撃だ」と記した。

アフリカの人々の飲酒と、そこで商売する女性たちが目立つことに対して、白人にパニックが広がりはじめた。女性の醸造やビール売りの数が増えるにつれ、当局は弾圧を試みる。

これまで見てきたように、アルコールに関する法律は通常、ただ飲酒行為だけを規制するものにはならない。[*94] それは誰が飲むのかを規制するものとして、通常はその特定の対象として貧しい人々、なかでも貧しい女性、なかでもとくに貧しい非白人女性をねらって施行される。

一八九九年、南アフリカで黒人へのお酒の販売を禁じる法律が成立する。さすがの政府も、ウトゥ

＊94　飲酒運転に関する法律など、誰もが同意する顕著な例外もある。

ワラの消費を取り締まることはほぼ不可能とわかっていたため、この法律では先住民の女性による「ネイティブビール」と称されたものの販売は許可された。とはいえ、女性がこの商売で稼いで力を得ることを恐れる当局は、販売はただし永続的でない場合に限って認めることとした。つまり、女性はそれとわかる店を開くことはできず、行商のような一時的な販売方法をとるしかない。あるいは、地下に潜るしかないということになった。

アイルランドやスコットランドの無許可の酒場「シビーン」と同様に、南アフリカにおけるシビーンもまた、出稼ぎ労働者の増大にともなってビール市場が拡大を続けるなか、大いに繁盛した（シビーンは、いうなればスピークイージー［禁酒法時代のもぐり酒場のこと］の先駆けである）。たいていの場合、これらの店を切り盛りするのはシビーン・クイーンと呼ばれる女店主たちで、借家に店を構えるのがふつうだった。お酒を飲むための客席が詰め込まれる部屋以外は、すべてドラム缶や樽いっぱいの密造ビールで埋め尽くされた。ときには母屋はすっかり醸造専用として、客たちは裏庭の小屋に集まって、音楽を聴いたり演奏したり、お酒や踊りを楽しんだりした。

そこは人々が話し合う場にもなっていた。シビーンは、反乱の聖地にもなっていく。ソルガムのビールを飲みながら、人々は白人に対する蜂起や政府の転覆についてささやいた。とある白人の政府高官は、白人住民の最大の敵としてシビーン・クイーンを名指ししている。

何千人もの、さらに多くの農村女性たちが、町や都市に出てきて一時的にビールを売るという法的権利を活用した。その多くは仕事で都会に出てきた男性の妻や親族であり、ビール売りをすることで愛する人の元を訪ねることができた。

しかしあまりにも女性たちがビール業に進出したため、白人政府はその阻止を探りはじめる。ダーバンでは、市内にやってくる女性に対して鉄道の利用を法律で制限しようとする動きもあった。ウムタタでは、一九〇八年、ビール売りに許可証を義務づける政策がとられた。合法的な住民のみが醸造を認められ、しかも一度に醸造できる量も（わずか二二リットルと）限られた。農村の女性が街に出てビールを売ることはできなくなり、これにより何千人もの女性が経済的機会をはばまれることになった。

一九〇七年のダーバンをみると、市内の黒人女性の四分の一にあたる人数が、ビール売りか、醸造者か、あるいはその両方になるためにやってきていた。この大規模な、行商してまわる黒人女性の姿を前にした白人の当局者や住民は不安になる。彼らは黒人女性、とくに未婚女性は不道徳な存在と信じていた。白人がアフリカ先住民に対して抱いていた美徳というのは、まったくの空想的な道徳観に人種的ヒエラルキーが一体になったものだった。自立して自活している女性は、夫婦という理想的な単位から外れていた。そういう女性には従順さも期待できないし、どうせ悪行に手を染めているにちがいない、ということになる。

この人種差別的な偏見に満ちた道徳の理想はさておき、白人当局者の苛立ちは正しかった。この後の一〇年にわたり、黒人女性は先住民による蜂起に大きな役割を果たしたというだけではない、彼女たちこそが蜂起そのものとなっていく。

二十世紀初頭のメキシコでも飲酒とプルケの醸造・販売が規制

二十世紀初頭の南アフリカでネイティブビールとその醸造者に起きていたことは、メキシコでプルケとそれを醸造する女性たちにも起きていた。

一九〇〇年代に入り植民地主義からの脱却をはかる国内にあって、プルケは（多くの伝統的な産物や慣習とともに）劣ったものとみなされるようになる。かつてはメキシコの重要な文化的アイデンティティの一部であった飲み物が、汚くて低級なものとされた。このことは、その市場を占めていた貧しい女性たちに大きく影響した。プルケが自家醸造であるという側面、つまり訓練も高価な設備もなしに、小さな台所でつくることができるからこそ、貧しい女性たちがプルケで生計を立てることが可能だった。それがいまや、台所で手づくりされる事実が、プルケを不衛生な底辺の飲み物ということにした。

二十世紀初頭の一〇年はポルフィリオ・ディアス政権下にあった。この独裁政権は、スペイン人と同じように、プルケとプルケリアを社会的に望ましくないもの、怠惰や酔っぱらいのような不適合を生む元凶とみなした。プルケ製造やプルケリア営業をさまざまに制限する法令がつくられ、路上や酒場でプルケを売って生計を立てていた女性たちにとってこれは、八方塞がりの不可能な状況を出現させた。この飲み物は、社会の進歩をはばむ不衛生な悪習だとされているのに、どうやってその社会に居場所を見つけろというのか。それが唯一の生活手段ともなればなおさらである。多くの女性がお酒を売る権利を求めて抗議し、政府に歎願書を届けた。悲しいことには、プルケリアに対するディアス政権の姿勢は変わることなく、時間とともにその人気は低下していき、その結果、女性が参入できた業界はまるごと衰退していった。

アルコールには階級差がつきものだった。このような新しい社会的圧力が、女性の飲酒文化を抑制したのは確かではあるにしろ、とりわけ貧しい女性に集中した。貧困がもっとも女性の飲酒を抑制したことになる。社会的地位が高いエリート層の女性であれば、公共の場で泥酔して逮捕されることはめったになかった。それに引きかえ貧しい女性は、頻繁にお酒を飲める余裕こそないとはいえ、飲んで酔ったとなれば逮捕される可能性が高くなる。お酒を飲むにせよ、つくるにせよ、貧しい女性ははるかに大きな代償を払った。

人々はあまりにも長いこと飲酒を病理化してきたために忘れてしまっているが、何千年もの歴史において、ただ酔っぱらうためだけにアルコールがあったのではない。飲酒といえば悪いこと、危険で罪なこととして描写されているが、しかしアルコールには、世界中の先住民族において女性たちの食生活と経済に欠かせない役割があった。お酒をつくって飲むことは、社会の伝統や文化的アイデンティティとつながる重要な手段になっていた。メキシコや南アフリカのような地では、多くの女性にとってそれは生きる手段だった。道徳や礼節や治安のためとして先住民のアルコール文化を制限した法律や規制は、たいていの場合、見え透いた抑圧にすぎなかった——眼鏡に滑稽な口髭をつけた、女性蔑視と人種差別のかたまりだった。

アメリカの禁酒運動と女性参政権運動

エイダ・コールマンは、バーカウンターの後ろで特異な才能を発揮したが、そもそも、そこにいた時点でも特異な存在だった。

当時、バーで働く女性はバーメイドと呼ばれていた。この仕事がバーメイドと呼ばれたのは、イギリスやアメリカのほとんどのバーやパブでは、二十五歳以上の女性には応募を求めない決まりがあったためである——女は二十六歳になると枯れ果てるから、つむじ風で塵《ちり》になるとでも思われたのだろう。エイダは二十四歳ということで、高齢だった。

バーメイドの女性たちは、一般的に収入だけが目的で、技術を磨いてキャリアを積むような仕事ではなかった。いくらかほかの仕事よりも稼げたりだとか、少なくとも多少楽しいかもしれないが、この業界に本気になって応募する女性はほとんどいなかった。世の中にはバーメイドは社会に悪影響で、バーで働くことは女性のモラルを損なうと考える人もいた。ロンドンでは女性がバーで働くことをやめさせようと社会運動が起きていた。

世紀の変わり目にあったアメリカでは、男性のバーテンダーは約五万人いたのに対し、女性はわずか一四七人だった。カナダではさらに少ない。[*95]

これは「外に出て」お酒をつくっていた女性の数である。ところが、家庭のなかでつくっていた女性を数え上げれば、その数はとてつもないものになる。その人気が広まるにつれて、主婦たちはカクテルがつくれるようになる必要があった。カクテルに使われる材料に始まり、振り混ぜたり保存したり、飲むさいに使われる道具の数々について、家庭の妻や母親たちは大いに影響を与えている。

少し前のヴィクトリア朝といえば装飾品に満ちた時代だった。裕福なヴィクトリア朝の大人にとっては、たったひとつの作業のためだけに特別につくられた物以上に愛すべきものはなかった。飲み物を混ぜるのも例外ではない。つまり、二十世紀初頭には、あらゆる食器、グラス、調理用具、保存容器の類いが無数にあった。イギリスでもアメリカでも、女性向けの作法の指導書には、およそ想像しうるあらゆる種類の催し事に応じて、お酒の種類とそれぞれに合う食器類が事細かく記されていた。アフタヌーン・ティー、ガーデン・パーティー、舞踏会、女性たちの昼食会、フォーマルな夕食会など、いくらでもある。

格調高い夕食となると、テーブルの上には五種類のグラスがおかれることになる。それぞれ、水、シャンパン、赤と白のワイン、シェリー酒で使い分ける。大金持ち用にはクリスタルグラスもあるし、中流階級用の一般的なグラスもあった。女性の顧客に売り込もうとする商品カタログには、ウイスキーやシェリー酒のタンブラーからワイングラスまでが揃って、[*96]あらゆる種類が選べて、ほかにもワイン用の凝った装飾のサイドボードや酒専用の収納棚まで掲載されていた。いまでこそ男性的で洗練された飲酒を象徴するウイスキーのデキャンタは、始まりは女性の飲酒シーンを演出するキーアイテムだった。エレガントなサイドボードの上におかれた美しいカットガラスのデキャンタと、そこに注がれるウイスキー。これが世紀の変わり目の、上流階級の女性たちによる飲酒文化のすべてだった。装飾的で、社交的で、自宅で飲むためだけに特別につくられていた。

一九〇〇年代初頭、プロのバーテンダーを除けば、アメリカやイギリスの裕福な白人主婦ほど複雑なカクテルのつくり方や見せ方を知っている人はいなかった。

女性著者による最初のカクテル本が出たのは一九〇四年である。『一〇一の飲み物』(One Hundred and One Beverages) はメイ・E・サウスワースによって書かれ、タイトルどおり、温かいカクテル

＊95　ボトリングは特別な例外にあたる。この世紀の変わり目にいたるまで、アメリカやカナダでは、アルコール産業にいた女性の圧倒的大部分は瓶詰め作業とラベル貼りが仕事だった。彼女たちは手作業で瓶を洗い、中身を充填し、栓をした。これは台所仕事に似ていたため女性の仕事とされたのである。瓶詰めの機械が普及したのちにも、多くの蒸留所や醸造所では女性が瓶を梱包して出荷した。

＊96　当時のワインのほとんどはフランスからの輸入で、価格はウイスキーの約四倍もした。ワイングラスを注文するということは、きっとお金持ちだ。

ちなみにサウスワースはバーテンダーではない。と冷たいカクテルのレシピを一〇一種類収めていた。このカクテル本は、彼女が執筆したさまざまなテーマによる一〇一のレシピを集めたシリーズのうちの一冊であって、たとえば『一〇一のサラダ』の隣に並べるとぴったりくる本だった。ロースト料理やパイを焼くのと同じように、カクテルをつくる腕が期待されていたのである。

こうした手引書には、女性の飲酒について厳しい助言もみられた。料理本やエチケット本の人気作家だったイライザ・レズリーは、その著書のなかで「淑女は、どんな理由があっても、シャンパンを二杯飲むようなことがあってはならない。それはアメリカ女性の頭が耐えられる量ではないのだから」と記している。

このようなルールも、男性にお酒を勧められたときは例外になる。フォーマルなディナーパーティーでは、「チャレンジング」と呼ばれる習慣があった。男性が女性に向けてグラスを持ち上げた場合、一口飲んでみるというチャレンジを女性が拒否するのは失礼にあたった。このようなことは、ダンスホールでの「トリーティング」とともに（これは前章でみたとおり）、男性に誘われたら女性は飲まなければならないという義務感を生み出すのに役立ち、一〇〇年以上経ったいまも完全には消えていない。

アメリカのあらゆる階級の女性が、フォーマルなディナーパーティーに限らず、つねにお酒を飲んでいた。なにしろ医者が飲めと勧めていた。

この時代、アメリカでもっとも普及していた万能薬はアルコールだった。当時の売薬（大々的に宣伝された市販の治療薬）には、平均して二二%のアルコールが含まれていた。これは平均的なワインの二倍に近い度数である。もっとも流行した売薬のひとつは「リディア・ピンカムの植物薬」で、月経の不調から虚弱体質、ヒステリーにいたるまで、あらゆる症状を緩和するとうたわれた、女性向けのハーブの強壮剤だった。[*97] ウイスキー会社は女性をターゲットにして自社製品の薬効を宣伝した。もっとも悪名高いといえるのはダッフィーズ・ピュアモルト・ウイスキーで、女性に絶大な人気を誇った。そのお墨付きをうたった宣伝も効いた――ニューヨーク州バッファローに住む、百十六歳になるバートン夫人という女性は、「二五年間これを飲みつづけて、おかげで体もまだ動けるし、わたしはこのダッフィーズ・ピュアモルト・ウイスキーが飲める限り、あと二五年は長生きできそう」と主張したらしい。[*98]

全体として、アメリカの女性は頻繁に酒を飲むように勧められていた。男性からの要請に応じたり、いわゆる女性特有の悩みを解消して、健康を維持するためでもあった。実際のところ、男性に言われさえすれば、女性はいつでも酒を飲むことができた。彼女たちは依然として家庭の天使であって、礼儀作法と道徳の模範となり、家庭内のすべての人の行動に責任を負うことには変わりなかった。

しかし、こうした個人的で規制のない健康目的の飲酒は、悲劇的な結果をもたらすことになる。

＊97 リディア・ピンカムの両親はマサチューセッツ州リンで食料品店を経営していて、そろって厳格な禁酒支持者だった。アルコールの販売を拒否したが、それだと販売している他店に競合できない。そこでリディアが売りはじめたのが自家製の万能薬で、なにせ両親にとっては、だって薬だもの、というわけで問題なかったらしい。

＊98 もちろん、こうした主張は検証されていない。会社は一九一一年に倒産した。しかし、不死身に近いバートン夫人がニューヨーク州のどこかでまだウイスキーを飲んでいたことを願う。

蒸留酒が世界中に普及してからというもの、医師が「不摂生」と呼んだもので人々が死にはじめる。現在でいえばアルコール中毒、アルコール依存症、その他のアルコールに関連した疾病を総称して、不摂生と呼んだわけである。やがて不摂生は不道徳とほぼ同義語になった。もし誰かが貧窮して死んだとしたら、その原因は劣悪な環境や栄養失調や病気などではなく、不摂生のためとされることが多かった。アルコールは都市が抱える問題のスケープゴートだった。貧しく疎外された女性たち、いかがわしい暮らしを非難する手段として、不摂生という言葉が使われた。悪循環といえる。アルコールは医学的な万能薬であって、医師にかかる余裕のない人々にとって、手軽で入手可能な唯一の鎮痛剤であることが多かった。たとえ診察を受ける余裕があっても、処方されるのはおそらくアルコールだったろう。

こうした不摂生に汚名がつきまとうことから、アルコール依存症に苦しむ中流階級や上流階級の女性たちに診断が下されないことが多かった。医師は彼女たちの社会的立場を守るための曖昧な診断書を書くだけで、ほぼ何の助けにもならずじまいだった。たいていの医師は、そもそも女性とアルコール乱用の影響について話すことにも消極的だった。

女性は一般的な飲酒文化に含まれていないことになっていたため、アルコールに関する医学的な警鐘は男性に焦点をあてていた。女性に言及する文献があったとすれば、それは胎児と家庭の結束に及ぼすアルコールの危険性のみで、女性自身の健康にかかわるものではなかった。お酒のような強壮剤は飲酒とはみなされなかった。そうして結局のところ、アルコールが薬効性とされているようでは、多くの女性は飲み過ぎると健康上の問題が生じることに気づくことさえなかったのだろう。

アルコール依存に苦しむ女性の数は男性より少なかったにもかかわらず、女性の悪評ははるかに大きかった。それは社会秩序の侵害にあたる——彼女たちの存在は、家庭の堕天使ということになった。アメリカ社会において、女性がアルコール依存症とかかわるのは二とおりしかないとされていた。夫のアルコール依存症の被害者であるか、それとも、禁酒運動に参加してアルコール依存症への抗議の声を上げるかの、どちらかでしかなかった。

禁酒運動についていえば、すでに前の世紀からひとつの政治運動として形成されてきていた。工業化と資本主義の進展が引き起こした弊害の数々に対して、アルコールがスケープゴートになったことで、世の多くの人々が、それならばアルコールさえなくなればすべてが良くなるんじゃないか、と考えた。たとえばアルコールを（きっぱりと法的に）禁止してしまうとか、それで解決できるのじゃないか、と考えたのである。

一八四〇年代になると、禁酒運動はアメリカの政治の舞台に登場する。はじめは地域的な運動から始まり、やがて州レベルで立法化されるにいたる。一八五一年、メイン州は公共の場での飲酒を禁止した最初の州になった。一八五五年までには、中西部と北東部の一三の州がこれに続いた。その内容は商業的な製造の禁止から、アルコールの販売の禁止、公共の場での飲酒の禁止まで、さまざまだった。一九〇〇年代に入り、禁酒派が連邦レベルでの法制化を提唱しはじめたことで、アルコールは政治の大きな火種となる。

禁酒運動にくわわることは、多くの女性にとって魅力的なものに映った。結局のところ、この国の道徳への責任を背負わされながら、なんら果たせる力も持てなかったのは、彼女たちである。禁酒運動は多くの女性から支持を集めたものの、女性運動家たちは、男性政治家からも、男性のみの禁酒協会からも相手にされなかった。そこで女性による禁酒協会が各地でつくられるようになる。一八五二年にニューヨーク州女性禁酒協会が結成されるなど、会合が開かれるようになった。

女性による政治活動といえば聞こえはいいが、その禁酒協会のほとんどは非常に保守的で、ほぼ白人だった。その活動は家父長制社会を支持するビラを書いて配布し、厳格な性役割を守ることや、家庭における女性の道徳的責任を強調するものだった。彼女たちにとって、女性の飲酒がもたらす最大の恐怖とは、家事や家族に対する務めを怠ることだったのである。

これは混乱を招くメッセージだった。これらの協会は、政治的力を得るために女性を結集させようとしていて、同時にその力を制限しようともしていたことになる。なかでもっともよく知られた団体に、女性キリスト教禁酒連合（ＷＣＴＵ）がある。一八七四年に設立された当初は、女性参政権という新しい政治理念を支持することすらないまま、言い出すまでに一〇年近くかかっている。[*99]

ＷＣＴＵには黒人女性の支部もあり、多くの女性が禁酒運動をとおして、自分たちを排除する政治体制にかかわる道を見出した。とはいえ多くの州では、支部も活動も人種による分離があった。伝説的な調査報道ジャーナリストで黒人女性活動家でもあったアイダ・Ｂ・ウェルズは、ＷＣＴＵ会長のフランシス・ウィラードと、新聞のインタビューでの人種差別発言をめぐって衝突している。

この二つの運動、すなわち禁酒運動と女性参政権運動とは、しばしば密接に関連するものとして扱われる。どちらか一方が他方の結果であると考える人が多くいるのは、禁酒運動がこの国の大きな関心事になっていたのが、女性の参政権運動とほぼ同じ時期であるためだ。多くの醸造業者や酒類会社もまた参政権運動に反対する結果になった。彼らは、アメリカの女性はすべてアルコールに反対で、選挙権が認められれば禁酒法に投票するものと考えた。しかしながら、実際の歴史はそれよりはるかに複雑である。

一八九三年に女性参政権が認められていたコロラド州で、一九〇九年になって州都デンバーで女性が夜間に飲食店でお酒を飲むことを禁止する法が施行された。この法律に抗議したのが、公共的な問題の改善に取り組んでいた女性社会奉仕連盟（ＷＰＳＬ）である。この団体は、男性の行動は制限せずに女性の行動を制限するような政策すべてに反対していた。ＷＰＳＬの主張というのは、公益的な施設は（白人である限り）すべての人が利用できるようにすべきだというものだった。

女性参政権に反対する人々は、選挙権を与えても女性の堕落を助長するだけだという一例として、この団体を取り上げた——彼女たちに選挙権を与えてしまったら、酒を飲む権利をよこせと闘うだけだ！　ＷＰＳＬからの苦情に対して州政府の役人は、法律を通過させたのは女性の飲酒に対する苦情のためだとした。女性の飲酒を肯定していると思われたくなかったＷＰＳＬは苦情を取り下げ、抗議活動を中止した。ここにもまた、女性の権利と、女性に求められる品位という役割の衝突が垣間見える。

女性参政権と禁酒法に対しては、さまざまな考えをもつ女性が全土にいた。両方に賛成することもあれば、どちらにも否定的なこともあった。一方には賛成でも、もう一方には賛成でないこともあった。多くの禁酒協会が（とくにＷＣＴＵが）アメリカ中を信じさせようとしていたのとは違い、女性たちは一枚岩などではなかった。

禁酒法への支持は性別を越えて人々のあいだで高まりつづけ、アメリカはいよいよ、史上最大かつ

＊99　じつに男性のみのアメリカ禁酒協会のほうがＷＣＴＵよりも先にこれを承認した。

14：ロンドンのサヴォイでバーに立つエイダ・コールマン

見事な失敗に終わることになる社会実験に向けて動き出した。

エイダ・コールマンの「ハンキーパンキー」

アメリカでもイギリスでも、社会が女性をバーから締め出そうとするなか、エイダ・コールマンはまだそこに君臨していた。

一九〇三年、エイダはロンドンのサヴォイ・ホテルの「アメリカン・バー」で初の女性ヘッド・バーテンダーとなる。[*100] カリスマ性とウィットに富み、素晴らしいお酒をつくるエイダは、雲の上のような顧客ともすぐに打ち解けた関係を築いた。チャーリー・チャップリンやマレーネ・ディートリッヒのような有名人にも、皇太子をはじめ王族にも愛されるバーテンダーとなり、みんなからコーリーの愛称で呼ばれるようになる。

カクテルの歴史家テッド・ヘイは、アメリカン・バーを有名にしたのは、エイダと彼女のカクテルだったと指摘している。多くの顧客がエイダに会い、彼女がシェイクするものを味わおうとして店を訪れた。

そしてエイダは、見事にその場を変えてみせた。ヘッド・バーテンダーという仕事については、有名人とおしゃべりするだけではない、はるかに多くのことがあった。一晩に何百杯もの注文に対してレシピを覚えてシェイクしたりかき混ぜたりしなければならず、同時にドリンクメニューから他のバーテンダーの仕事まで全体を監督し、そしてすべての客が満足しているか目配りする必要があった。

エイダはカクテルづくりの技術をきわめる一方で、新たな味を生み出すことにも優れていた。今日のカクテル業界でエイダ・コールマンの名を伝説的にしているのは、いまなお世界中のメニューを飾る「ハンキーパンキー」の生みの親ということになる。彼女がこの飲み物を考案したのは、チャールズ・ホートリーという当時の喜劇役者のためだった。彼女の常連客だった彼は、とくにロンドンで仕事があるときはよく訪れていた。ホートリーは、アメリカン・バーにやってくると「コーリー、疲れたよ。なにかパンチの効いたものをくれ」と言う癖があった。

このパンチ効果にあたるものをつくりだそうとエイダは考えた。一九二五年の『ザ・ピープル』紙のインタビューに答えて、彼女は当時のことをこう説明している――「彼の注文に応えようと、新しいカクテルができるまで何時間も実験しました。次の来店時に、これが新しいドリンクだと言って差し出したところ、彼はそれを一口味見してから、グラスを空けて、『なんてこった、これはほんとうにハンキーパンキーだ!』と言ったのです[*101]」

*100 いまなお彼女はこのポジションに就いた唯一の女性となっている。

エイダがホートリーのためにつくった一杯は、ジンにスイート・ベルモット、イタリアのアマーロ[*102]の一種であるフェルネット・ブランカをシェイクしたカクテルだった。このフェルネットというのは、最大限優しい言い方をすれば「ちょっとパンチがある」と言えなくもない。こうしてインパクトのある名前が定着し、飲み物もまた定着した。

パリジェンヌを魅了した「緑の妖精」アブサン

お酒の世界に新しい味を生み出していたのはエイダ・コールマンだけではない。フランスでは、もうひとりの未亡人が、バルブ＝ニコル・クリコのシャンパンの王座を受け継いでいた。

現在ではシャンパンは甘口から辛口まで甘辛度《あまからど》で分類されていて、ブリュットなら辛口で、セックなら半甘口のシャンパンということになる［甘辛度の表示には七段階ある］。一八〇〇年代後半、ワインもシャンパンも、甘ければ甘いほど女性向けと考えられていた。イギリスでは、流行に敏感な裕福な女性たちのアフタヌーン・ティーにはシャンパンが用意され、これは甘いほどよいとされた。甘くないワインは男性向けだった。ところで、そもそも辛口のブリュットのシャンパンを発明したのは、ルイーズ・ポメリー夫人という女性である。

ルイーズ・ポメリーは、一八六〇年に夫に先立たれたことで、ポメリー・エ・グレノのメゾンを引き継ぐことになった。毛織物業が家業の中心だったが、シャンパン造りも手がけていた。そこへ亡き夫のビジネスパートナーで、社名に名を連ねるグレノの勧めにより、彼女はこの事業に乗り出すことになる。グレノは彼女の鋭いビジネスセンスを目の当たりにして経営のすべてを彼女に譲り渡し、間もなくして、羊毛関連をすっかり売り払った彼女は、シャンパン造りに専念することになった。

彼女が最初にとりかかった仕事は、バルブ＝ニコルが生まれ育ったのと同じランスの地に、真新しい拠点を設けることだった。その新しい拠点には美しい建物が立ち並び、シャンパンを称える巨大なバー・レリーフ（浅浮き彫り）の作品がいくつも地下貯蔵庫の壁を飾っていくことになる。

他のシャンパンメーカーでも甘くないシャンパンを試すところはあったが、そのリスクとコスト面から誰も本格的に取り組もうとはしなかった。ブリュットタイプは高くつくうえに、つくるのが難しい。より完熟した上質のブドウが必要になるし、熟成期間も甘口の場合の一年に対して、少なくとも三年はかかる。くわえて市場では甘いシャンパンが好まれていた。需要のないシャンパンをつくるのに、高いお金をかける必要はどこにもなかった。

しかしポメリーは、違う種類のシャンパンをつくることに断固としてこだわった。彼女は何か新しいもの、ほかにはないものを目指した。

最初のうちは彼女の試作は失敗が続く。味はまずく、見た目もぞっとする色だった。財務担当者は彼女が間違った判断で時間を無駄にしていると考えたが、ポメリーはさらに努力するだけだった。

彼女はブドウ畑と交渉して、自分が指示したとおりのタイミングで摘めば、収穫したブドウをすべて買い取る約束をする（急な天候の変化でブドウが台無しになることを避けるために、多くの栽培者は完熟するよりも前に収穫を行っていた）。さらには、指定したとおりの収穫が行われる限り、万が一

＊101　当時のイギリスではハンキーパンキーは手品や魔術を意味した。
＊102　アマーロは苦いハーブのリキュール。アマーロにはイタリア語で苦いという意味がある。

なんらかの損失が生じてもすべて補償するとまで約束した。

一八七四年、彼女の努力はついに結実する。

今世紀最高のヴィンテージのひとつとされるマダム・ポメリーのブリュットは、詩に書かれるほどの出来栄えだった。そのシャンパンは世界中の顧客から熱狂的な支持を集め、非常な高値で取り引きされた。これには財務担当者も自らの誤りを認めるほかない。彼女はこの成功を記念して、自身の誕生日である三月十八日をメゾンの休日に定めた。

ポメリーのブリュットは、史上初めて商業的に販売された真に辛口のシャンパンだった。ポメリーは一九〇〇年代初頭にはフランスで最大かつもっとも成功したシャンパンメゾンのひとつとなり、彼女が誕生させたシャンパンは業界を一変させた。今日ではヴーヴ・クリコでさえもブリュットタイプのシャンパンを販売している。

一九〇〇年代初頭、シャンパンの人気は変わらず高かったが、フランス女性のグラスを満たす新しい蒸留酒があった。

アブサンにまつわる神話といえば数多くある。「緑の妖精」と呼ばれたアブサンは、アニスで風味づけした蒸留酒で、アルコール度数が高く（ウォッカの度数が四〇％程度に対し、アブサンは四五〜七〇％程度ある）、ハーブほか植物性の原料に由来する天然の美しい薄緑色をしている。

二十世紀初頭には、アブサンはある種の精神錯乱を引き起こすと信じられ、アブサンを飲む人は幻覚を見るとも言われていた――いずれも事実ではない。とくにフランスを筆頭に広く飲まれたことと、アルコール度数が非常に高いこともあいまって、あらゆる種類の馬鹿げた主張が生まれた。一九一四年頃にはフランスをはじめ多くの国で禁止されるにいたる。こうした禁止を導いた俗信のひとつとして、アブサンが女性のあいだに特有の悪習を生むとされたことがある。「アブサンティスム」と呼ばれた中毒症状の専門家であったJ・A・ラボルド博士は、アブサンによる中毒症状はアルコール依存症とは別物であり、独自の症状があるという考えを支持した。一九〇三年に彼はこう記している。

女性にはアブサンへの特別な感受性があるといえ、たとえワインなどほかの酒類ではめったに酔うことがないとしても、少なくともパリでは食前酒の誘惑がつきまとうことを認識すべきであり、これは誇張抜きで言うが、数年前から女性のあいだでは男性と同じくらいこの中毒が一般的になっている。

アブサン自体は、ジンと同様に、女性に好まれる飲み物とされていた。アブサンを宣伝する華やかなアール・ヌーヴォーのポスターの数々には女性が描かれた。現代でも、芸術作品においてアブサンは緑色のドレスを着た女性の妖精姿として擬人化されて描かれる。

この飲み物がパリの女性たちを魅了したのは、ただエレガントな飲み物だったからでも、その準備に美しく精巧な専用スプーンが使われたからでもなくて[*103]、体をコルセットに詰め込まれていては大量

＊103　フランスの伝統的なアブサンの飲み方というのは、まずは前述の専用スプーンをアブサンを入れた小さなグラスの上におく。次に、スプーンの上に角砂糖を乗せ、その上から冷やした水を一滴一滴、角砂糖がすっかり溶けるまで滴下させた。

の液体を飲むのが難しかった（いまでも同じだろうけど）という背景がある。ワイン一杯と同じくらいの強さのお酒を少量で口にできるのは、まさに効率的だった。多くのパリジェンヌはこれをストレートで飲むことで、液量をさらに減らした。ジン・クレイズの時代から数世紀を経て、女性たちはスピリッツの飲み方ならお手のものになっていた。

アメリカン・バーのもうひとりの女性バーテンダー

ロンドンのカクテルシーンにおけるエイダ・コールマンの存在感は、サヴォイのアメリカン・バーにとどまらなかった。

素晴らしいドリンク以外にも、エイダのお気に入りの常連客になると、閉店後に自宅へと招待されるチャンスが特典のひとつになっていた。彼女はそこに多くの陽気な招待客を集めて、踊り、歌い、笑い、夜通し音楽を聴くという、盛大で豪華なパーティーを開くことで知られていた。

そこに招待されることがなかったひとりに、アメリカン・バーのもうひとりの女性バーテンダー、ルース・バージェスがいる。このルースという女性については、長く何年も同じバーで働いていながら、二人は不仲だったという伝説以外にはあまり知られていない。彼女たちはシフトで一緒になることさえなかったといわれている。当時の話によれば、ルースが採用されたとき、エイダに彼女の有名なカクテルレシピをいくつか教えてほしいと頼んだところ、エイダがこれを断り、その後、二人の女性は二度と口を利かなかったといわれている（繰り返すが、この逸話の真偽はわからない。男性優位の業界で女性二人が対立しているという噂をつかんだ新聞社が、これを捏造《ねつぞう》した可能性も高い）。

一九二五年、サヴォイは改装のためにアメリカン・バーを閉鎖し、ルースとエイダの引退が発表された。エイダは五十歳前後で、その後はバーテンダーに戻ることはなかった。

エイダ・コールマンは一九六六年、九十一歳でこの世を去った。自身のキャリアを振り返り、二〇年以上にわたったバーテンダー生活で注いだカクテルは一〇〇万杯ほどにもなると計算していた。

エイダはカクテル界では伝説的な存在であり、史上もっとも影響力のあるバーテンダーのひとりとして知られている。二〇一五年、『ドリンクス・インターナショナル』誌によると、彼女の一番有名な創作であるハンキーパンキーは、いまなお世界でもっとも売れているカクテルのひとつに挙がる。このカクテルは、サヴォイで彼女の後任になったハリー・クラドックが、一九三〇年にまとめた『サヴォイ・カクテルブック』で紹介された。クラドックは、アメリカン・バーが改装のため閉鎖するまでの五年にわたり、エイダの下で働いていた。彼がその序文に「ワインが生まれたのは男の慰めのためで、この世に女が造られた厄介への、ほんの埋め合わせだとも言われる……」などと記しているところをみるにつけ、彼女のレシピを収録するとは大胆なことをしたものだと思う。エイダが上司だった頃、彼はそんな感想をもらす勇気があっただろうか。

エイダ・コールマンは、チャンスさえ与えられれば、女性も同じようにカクテルシェイカーで魔法を生む能力があると証明してみせた。素晴らしいドリンクをつくる能力は珍しくなかったとしても、彼女はそれを人前で行う能力で傑出していた。社会が女性に家庭内でただでつくらせようと必死になっている時代に、エイダは世界でもっとも名高いバーのひとつで、セレブな顧客たちにカクテルをつくるチャンスを与えられた。そしてその才能が、カクテルの歴史に残る足跡になった。

やがて、少なくともアメリカでは、政治の変化によって、誰もが私的空間でカクテルをつくらざるをえなくなる。この国の飲酒文化は大きく様変わりし、女性にとっては風景が一新されていく。

第9章 密輸酒の女王ガートルード・リスゴー——一九二〇年代

禁酒法の成立と白人女性の参政権

禁酒法。

これは通常、アルコールの歴史において女性が連想される時期にあたる。多くの個性あふれる女性たちが禁酒運動を代表して集会を開き、組織をつくり上げ、抗議活動を繰り広げたことは確かである。禁酒法の発端を女性に求める人さえ少なくない。

しかし、それがすべてではない。

禁酒運動の陣を張る女性たちの反対側には、それ以上の数ではないとしても、同じくらい多くの女性たちがいた。もぐりの酒場に出入りする女性も、ウイスキーの密輸や密造酒造りにくわわる女性も、禁酒法撤廃のために議会への猛烈な働きかけをした女性たちすらもいた。

禁酒運動はアメリカだけで起きていたわけではなかった。世界中の各地で禁酒団体がアルコール禁止を掲げて闘っていた一方で、新しい時代のモダンな女性たちが、髪を短くボブに切りそろえ、煙草に火をつけ、お酒を楽しんでいた。

事実、この時代にもっとも成功した密売人[*104]のひとりは、アメリカを拠点にさえしていない。彼女が築いたお酒の帝国の玉座は、バハマにあった。

ガートルード・リスゴー、通称クレオは「密売の女王」として知られ、高級ウイスキーを海を越えてアメリカに運び込んだことで国際的なニュースの見出しを飾った。

彼女は一八八八年三月一日、オハイオ州ボーリンググリーンで、イングランド人とスコットランド人の白人の両親のもとに生まれた。人からクレオパトラに似ていると言われたことからついたあだ名がそのまま定着し、「クレオ」と呼ばれるようになった（のちにお酒に囲まれる人生への伏線のようでもある）。幼い頃に母親を亡くし、父親は彼女と兄弟たちの面倒を見ることができなかったため、叔母の家に預けられた。彼女が非常に賢いことは幼い頃から明らかだった。頭の回転が速いことで知られ、学校と読書が大好きだった。[*105]

クレオは背の高いすらりとした女性へと成長し、サンフランシスコで速記者として働きはじめる。のちになってニューヨークに移り、ロンドンを本拠とする酒類輸出業者のアメリカ支社に職を得た。一九二〇年に禁酒法が施行されると、彼女の人生は一変する。

さてその前に、少しばかり話を戻して、アメリカでアルコールが禁止されるにいたった経緯をみてみよう。

アメリカでは一九二〇年代以前から、すでに何十年にもわたって禁酒運動が盛んで、さまざまな協会や団体がこの大義を掲げて奔走していた。これらの改革論者たちは、アルコールが違法にさえなれば、社会の悪が大部分とまではいかなくとも、そのいくつかは消えるはずだと固く信じていた。運動にくわわる女性の数はとくにWCTU（女性キリスト教禁酒連合）が結成されて以降には急激に増えていった。なかでも夫のアルコール依存症に苦しんでいた女性たちは熱心な支持者になっていて、酒場を斧で襲撃したことでも知られる著名な禁酒運動家のキャリー・ネーションもそうしたひとりだった。[*106] 彼女たちの多くは、女性に対する暴力を禁止するよりは、アルコールを禁止するほうが簡単であろうと信じたのだった。

しかし問題は、男女を問わず禁酒支持者の多くが、自分たちが支持しているものがいったい何なのか、明確には理解していなかったことである。

禁酒を支持した平均的なアメリカ人のほとんどは、この運動がサルーンを閉鎖させるものであって、自宅で酒を飲むことも難しくするなどとは考えなかった。禁酒運動が、すべてのアルコールをあらゆる場所で一切禁止させる意味だとは、わかっていなかったのである。なんなら、ほとんどのアメリカ人は、適度にたしなむ程度は飲酒にはあたらないとすら考えていた。標的にされた「飲酒者」や「飲酒行為」という言葉から連想していたのは、一日中サルーンにたむろする、だらしなくて貧しい酔っぱらいたちだった。かりに禁酒法が施行されたところで、影響を受けるのは下層階級と彼らがお酒を飲む場所だけだと多くは考えていたのである。たとえばワインやコーディアル、シェリー酒（これは上流階級の飲み物だった）、薬用酒といったものは、危険とされる酩酊性飲料の範疇からふつうに除外されていた。

一九〇〇年代の初頭には、女性の参政権を求める運動も展開されていた。そこでどちらの運動にも

＊104　一八〇〇年代、密売人はお酒をブーツに忍ばせたことからブートレガー（Bootlegger）と呼ばれるようになった。
＊105　これはのちほど意味をもってくる。
＊106　ホラー映画『キャリー』を思い出すが、こっちはホンモノ！

反対する人々は、女性が参政権をもてばお酒も禁止されることになるという考えを広めようと、意図的に両者を結びつけた。女性の権利運動を率いていた（スーザン・B・アンソニーのような）活動家たちはこの二つの問題を必死に切り離そうとはしたものの、WCTUをはじめとした多くの女性主導の禁酒団体は、自分たちがすべての女性の代弁者であると国中を納得させることに成功する。こうしたことから、醸造所や蒸留所にとって女性は敵視される対象になった。テキサス州では一九一五年、反女性参政権運動による選挙操作があったとして（虚偽情報を流布、有権者への威圧行為、女性参政権反対の候補者に有利になるよう票を操作したとして）、テキサス州醸造者協会が提訴されるまでになり、翌年には全米醸造者協会も同様の容疑で告発されている。

KKK（クー・クラックス・クラン）のようなヘイト集団もまた、熱烈に禁酒法を支持する一大勢力になった。彼らの見方では、サルーンなどの飲酒施設では、人々が性別や階級、人種の壁を越えて交流する傾向が強まってしまう——このKKKが支持することはなんであれ悪い考え方だとするのは、なかなか鉄壁の法則といえる。

一九一七年十二月十八日、議会上院はアルコールの禁止を定める合衆国憲法修正第十八条を提出する。この修正条項への支持は全国的な広がりをみせ、ニューヨークのようなウェット（禁酒を「ドライ」といい、飲むほうを「ウェット」と呼んだ）の牙城でさえも例外ではなかった。人々はサルーンが消えれば貧困や犯罪の解決につながると考え、これに社会的な意義をみて支持した。宗教団体もそろって修正条項を支持した。国がビール断ちすることに期待がふくらむ茶商と炭酸飲料メーカーのように、目がドルマークに変わった経済的な利害関係もくわわった。一九一九年一月には三六番目の州での批准が完了し、これにより修正条項が成立する。そして翌一九二〇年一月に禁酒法が発効、ついにアメリカはアルコールが全面的に禁止となり、「ドライ」な国となった。アメリカの壮大な実験の始まりである。

同年には、修正第十九条もまた憲法に盛り込まれ、白人女性に選挙権が与えられた（黒人やネイティブ・アメリカンの女性がその権利を保障されるのは、一九六五年まで待つことになる）。

多くの中流・上流階級の女性にとっては、生活への影響はあまりなかった。いずれにしても外で酒を飲むことはあまりなかったし、サルーンに行くこともしない。たいていは自宅にお酒もワインもたっぷりと備蓄していた。ただし禁酒法支持者が思い及ばなかったのは、上流階級の娯楽や社交（これは女性の主戦場）と、アルコールとの切っても切れない関係である。

お金持ちの女性とそのパーティーの力を過小評価するとは、とんでもない。

社会規範を無視するアメリカ女性「フラッパー」の登場

さて、ビールのような醸造酒であれ、ウイスキーのような蒸留酒であれ、いまやアルコールの製造・販売・輸送・輸出入は違法となった。ところが、「摂取すること」自体は違法ではなかった。禁酒法はこの国の飲酒文化を完全に変えたものの、それは誰も予想しなかった方向に向かう。すべてがごっそり地下に潜ったのである。一九二〇年に入って禁酒法が施行されるやすぐに、法に反する根強い飲酒シーンがアメリカ中に爆発的に広まることになった。

理由はもちろん、人々はまだ酒を飲みたがっていたから[*107]。

ヨーロッパからの入植者によって植民地が建設されて以来、何世紀ものあいだ、アメリカ女性の飲酒文化は家庭内の私的な空間が中心だった。それがいまや、誰もが飲酒は私的な場所でしかできなくなったわけで、結果として禁酒法は、アメリカの飲酒女性にとって最高のものになったといえる。なぜなら、それまでの性別によるルールを引っくり返して、女性が飲む場所にみんなを等しく集めたから――映画『ウォッチメン』のセリフを言い換えるなら、「私はあなたたちとここに押し込められたわけじゃない、あなたたちのほうが私と一緒にここにいるしかないのよ」ということになる。

サルーンもパブもホテルのバーも、公共の飲酒スペースがすべて閉鎖されると、「スピークイージー」の時代がやってきた。スピークイージーとは隠れて操業される非合法な酒場を指し、禁酒法時代には、場末のいかがわしいものから優雅で高級なものまで、ピンキリで存在した。とはいえ一般的なアメリカ人には、どんなに薄汚いところでも定期的に通える余裕はなく、スピークイージーは手が届かない場所だった。なんとも禁酒法は、お酒を金持ちのための悪習にしたことになる。そして何よりも、誰を規制対象とするかに腐心したような施行となったことで、禁酒法はアメリカにおける階級差を際立たせるものになった。

誰に頼めばよいかがわかって、お金さえあれば、良質なお酒はアメリカでいくらでもまだ手に入った。この違法なお酒については、需要と供給とのあいだの壮大な落差にくわえて、密造するにしても、監視をかいくぐって密輸するにしても危険をともなったため、とんでもない高値をつけた。スピークイージーの客はシャンパン一本に二五ドルほども払うはめになり、これは二〇二〇年現在でいえば約三八〇ドルに相当する。

法外な酒代とともに、スピークイージーではしばしば一流の娯楽が提供された。客は高価なスコッチを味わいながら、国際的にも有名なレベルの歌手やダンサーを目にすることができた。通常はフルコースの料理が用意され、どの都市のスピークイージーであっても最高級レストランに匹敵する食事を楽しめた。じつはホテルやレストランは大打撃を受けて廃業に追い込まれるところも出てくる。しかしアメリカの金持ちはたいてい夜遊びではお酒を飲みたがり、そのためにはスピークイージーに行くしかなかった。

禁酒法施行から数年のうちに、何千にも上るスピークイージーが出現することになる。その大部分はシカゴやニューヨークのような大きな都市に集中し、マンハッタンの四五丁目はアメリカでもっとも「ウェット」な通りと言われた。

利用客はまずスピークイージーを探すわけだが、それは豪華な邸宅の地下だったり、地味なオフィスビルや小売店舗だったり、共同住宅の一角、宿舎やティールームだったりした。見つけることができたら、次はスライド式のパネルを二回ノックしたり、特定の間合いでベルを鳴らしたり、あるいは薄暗い鉄格子の向こうの顔に秘密の暗号や合言葉をささやかないと中には入れてもらえない。

禁酒法以前のパブやサルーンと違って、スピークイージーにはたくさんの女性がいた。なにしろ歴史上初めて、お酒を飲むときに男性が女性をそばにおきたがったからだ。女性を同伴するほうが当局に怪しまれなかったのである。禁酒運動を牽引した反酒場連盟ASLの代表、トーマス・ニコルソン司教は、一九二四年の記者会見で「女性の飲酒が急速に増えている」ことに難色を示している。一九二〇年代に『ニューヨーカー』誌のスター記者だったロイス・ロングは、毎晩のようにスピークイー

＊107　WCTUの主要メンバーですらもまだお酒を飲んでいた。そのうちの何人かは、リディア・ピンカムの植物薬の宣伝役にもなっている！

ジーに通い、その酒豪ぶりで同僚の男性編集者を驚かせた（彼女いわく堂々と隠れて飲んだ）。

アメリカの歴史上初めて、とくに女性客の要求を実際に満たしたのが、スピークイージーの存在だった。女性受けをねらった内装にする店もみられた。なかには魅力的な男性バーテンダーが雇われることもあった。この点ではとくに、アメリカ女性のセクシュアリティにおける、興味深い新展開を垣間見ることができる。

歴史上この時点まで、女性にはデートの経験はなかった。上流階級の女性に生まれたとしたら見合い結婚に縛られるか、あるいは中流階級や一部の下層階級の女性たちのように、求愛を受けることもあっただろう。ところが秘密性が守られるスピークイージーが女性たちを呼び込んだことは、女性の欲望とセクシュアリティにまったく新しい（そしてスキャンダラスな）開放性を生むことにつながった。彼女たちは自分たちが恋愛市場において力をもつことに気づいた。こうして、デートとスピークイージーでお酒を飲むことが趣味として挙がるような新しいタイプのアメリカ女性、「フラッパー」が登場する。

フラッパーとは、短いスカートを身に着け（ここで短いとは膝丈のこと）、髪を短くボブに切り、煙草を吸い、お酒も飲む、社会規範を一切無視するような行動で知られる若い女性を指した。一九二〇年代の『ニューヨーク・タイムズ』紙において、ヘレン・ローリーはフラッパーについてこう述べている――「彼女たちというのは、男性が自分だけ楽しみを求めて出かけても女性は家を守ることに対してノーを言った、史上初の女性です。彼女たちのおかげで、わたしたちは退屈から抜け出して、陽気な夜遊びの自由を手に入れているのです」

禁酒法のおかげでカクテルパーティーが発展

それにしても、外に出るような余裕がない女性はどうしたか。その場合、いまと同じように家で飲むことになる。

禁酒法はアメリカのもうひとつの娯楽の発展に貢献した――カクテルパーティーである。違法なアルコールを一番安全かつ安価に飲める場所となれば自分の家だった。一九二〇年代のアメリカの中流階級はカクテルパーティーが大好きだった。シェイカーやサービングトレイ、カクテルグラスといった、家庭でミクソロジー［多彩な食材による創作的なカクテルづくり］を楽しむための、さまざまな道具やバーアクセサリーが店で販売されるようになる。シャンパンは高価で手が届かなかったため、たいていは粗悪な密造酒が飲まれていた。そうした蒸留酒は、カクテルに混ぜて飲める味に変える必要があるような低品質だった。元の風味を隠すにはカクテルがもってこいで、パーティーの客に涙が出そうな密造酒のストレートを味わわせるようなことは避けられた次第である。

そして禁酒法のおかげで、カクテルのレシピは爆発的に増えることになった。この時期に女性が好んで飲んでいたものには、ジン・リッキー（ジンとライムジュースとソーダ水）やジン・フィズ（似た感じで、レモンジュースと砂糖入り）といったカクテルがある。男女を問わず人気だったのは、背の高いグラスにお酒（通常はウイスキー）とソーダ水（もしくはトニックウォーターやジンジャーエール）を入れて氷がくわわるだけの、ハイボールだった。

当時の多くの女性セレブにはお気に入りのお酒があった。サイレント映画のスターだったルイーズ・ブルックス[*108]が愛したのはオレンジブロッサムで、このオレンジジュースとジンのカクテルは、現在のスクリュードライバーの先駆けと言えて、禁酒法時代に大いに人気だった。彼女はしばしば新聞王ウィリアム・ランドルフ・ハーストの夏の別荘で、ハーストの愛人で女優のマリオン・デイヴィスとお酒を飲むことをしている。そのデイヴィスもオレンジジュースのカクテルを愛飲していたが、お気に入りはミモザ［シャンパンとオレンジジュースのカクテル］だった。デイヴィスはまた、女優のノーマ・シアラーやコンスタンス・タルマッジ、脚本家のアニタ・ルース*109などとともに女性の仲間同士で集まる飲酒クラブをつくっていた。彼女は非常な愛飲家で、サンタモニカの別荘にバーをまるごと一軒輸入して建てたほどである。イギリスのサリー州に一五九〇年に建てられたものが、三〇〇年以上のちになって、マリオン・デイヴィスがオレンジジュースとシャンパンを混ぜるためにカリフォルニアの地でふたたび組み立てられることになった。

ほかにも、映画スターでプロデューサー、映画芸術科学アカデミー［アカデミー賞の主催団体］創設者のひとりであったメアリー・ピックフォードには、彼女自身の名前を冠したカクテルがあり、ラム酒とパイナップルジュースとグレナデン［ザクロ果汁のシロップ］からつくられる。今日でも人気のクラシック・カクテルのひとつ、シンガポールスリングは、シンガポールのラッフルズ・ホテル内にあるロングバー*110で中国人バーテンダーの嚴崇文《ギャントンブン》によって考案されたもので、もともとは、ジン、チェリーブランデー、リキュールのベネディクティン、レモンジュース、ビターズ、ソーダ水でつくられていた。ピンクの色合いをもつこのカクテルは、バーを訪れる裕福な白人観光客の女性がお酒を飲んでいる事実を隠すための、「ガーリードリンク」として生まれた。

「密売の女王」ガートルード・〝クレオ〟・リスゴー

これだけお酒が必要とあれば、誰かがつくるしかない。

禁酒法以前にもそれこそたくさんの女性が密造酒を手がけていたが、一九二〇年代はまさに彼女たちの全盛期になった。製造から輸送まで、女性の密売人による売上げは、男性を五対一で上回ると考えられた。なかには高齢のおばあちゃんもいて、たとえばアーカンソー州のマーガレット・コネリーのように、九十歳を過ぎて禁酒法時代にウイスキーをつくっていた強者《つわもの》も含まれている。

多くの女性が密輸の名人になった。女性たちはスカートの下や乳母車の中、ブラウスの中など、男性の禁酒法取締官が捜索しないような場所にお酒を隠して運んだ。いくつかの州では男性の係官による女性への捜索が一切許されず、多くの密売人がこの規則に乗じた。そして密輸組織はこぞって女性を選んで雇った。オクラホマ州の禁酒法取締官のひとりは、「一番の困難は女性の密売人を捕まえることだ」と公然と認めるほどだった。

禁酒法施行から二年後の一九二二年になり、ようやくこの問題への対応として女性の係官が雇われている。それにしても、カナダから入国してくる女性を捜索できるよう女性の国境警備隊員がおかれたのは、七年後の一九二九年のことだった。着任して最初の三カ月、彼女がドレスやロングコートの下から発見した密輸入酒は、七〇〇本近くに上った。

＊108　ルイーズ・ブルックスはジンの大ファンだった。ハリウッドを引退した理由を尋ねられた彼女は、「お酒を飲んでファックするのが好きすぎたから」と答えている。
＊109　彼女は映画『The Fatal Glass of Beer』（ビールで破滅した男）の脚本を書いている。
＊110　この執筆時点でロングバーには、プリシラ・レオンという女性が受賞歴のある主任バーテンダーとなっている。

一九二〇年代、女性は闇酒で大金を稼ぐことができた。なかには年間三万ドル（二〇二〇年現在の価値に換算して約四五万ドル）を稼ぐ女性も出てくる。女性の密輸人たちによるひとり勝ちの状況は、当局が市場の独占を懸念してしまうほどだった――あの長くて面倒なドレスが、ついに何かの役に立つ時代だった！

取締官から狙い撃ちされるように標的となったのは女性、とくに労働者階級の女性たちだった。少量のアルコールでも逮捕される可能性がもっとも高かったのがこの女性たちで、密造や密輸、密売にかかわった女性のほとんどは、家族を養おうという労働者階級の母親たちだった。ただしこれは、彼女が白人であれば、子どもの養育を訴えることで放免や減刑になる可能性もまたもっとも高かった。

この業界に参入したその他大勢の女性たちと同様に、ガートルード・〝クレオ〟・リスゴーは、密売人になるつもりも、ましてやその女王になるつもりもなかった。

株式市場で大金を失い、修正第十八条が通過したことで酒類輸出業での職を失ったクレオは、禁酒法にひとつのチャンスをみる。回顧録の『バハマ・クイーン』のなかで、「わたしにはこれが唯一の開かれた道だと感じた……もう失うものはなく、あとは何を手にできるかだけだった」と書いている。こうして彼女は、密売ビジネスに参入する決心をした。

通常は、陸地であればアルコールは車やトラックに隠して運ばれる。車のトランクや細工した座席の下、ドアパネルの裏に積み荷を潜ませて、密売人が夜間を選んで移動した。そうなる前、そもそも国内に持ち込むには、たいていはボートで密輸されることになる。

バハマ諸島は、禁酒法時代には酒類密輸業の一大中心地になった。ひとつには、バハマではアルコールがまだ完全に合法だったことがある。くわえてフロリダに非常に近く、ラムランナーと呼ばれた密輸業者には理想的な地だった。首都ナッソーは、またたく間に密輸の拠点として活況を呈するようになった。

ところで、禁酒法時代には酒類の定義が少し緩くなっていた。合法的な醸造所や蒸留所がすべて閉鎖となり、非合法の酒類に対する明白な規制や監督がなかったことから、入手可能な酒の多くがテクニカルな意味での酒に過ぎなかった。密造者たちは、飲料用ではない、たとえば不凍液として用いられるような、工業用の変性アルコールを使用することが多かった。変性アルコールには飲用に適さない化学物質が混じっている。この工業用アルコールを再蒸留して有害な成分を取り除いた密造業者もいたが、それでも毒性が残ることがあった。禁酒法が施行されるあいだに、少なくとも一万人が毒性の密造酒が原因で死亡したと推定されている。

15：禁酒法時代に密輸用につくられた女性服。コート下にバーがあればポケットなんて不要？

たとえ毒性がなくとも、一九二〇年代のアメリカで注がれたアルコールの多くは本当にひどいものだった。木製の樽で何年も熟成させることが良質なウイスキーの色と味を生むものだが、熟成に時間をかけることはない。密造業者の多くはまともなスコッチやウイスキーのように見せるために、人工的な色をつけることを選んだ。一七〇〇年代にイギリスに巻き起こったジン・クレイズのときと同じように、原液のアルコールをジュニパーオイル［杜松《ねず》の実から抽出される精油］で香りづけして、偽物のジンが簡単につくられたり、水で薄めるだけで飲用に転用されることもあった。

この点、「密売の女王」は際立っていた。

クレオが偽のウイスキーを密売することはなかった。買い手は、彼女が売るものはすべて本物だと信頼した。彼女の言葉を借りれば、「わたしのお酒が最高級なのは誰もが知っていた」。

アメリカで禁酒法が施行されると、クレオが勤めていたイギリスの酒類販売会社[*111]（彼女は社名を明かさなかった）は事業を継続させようと彼女に白羽の矢を立てる。会社はバハマ経由でアメリカへの供給ルートをもちたがっていた。これは一生に一度のチャンスかもしれないと考えた彼女は、この冒険的な事業に同意し、ニューヨークからナッソーへと旅立つ。

繁華街のマーケット・ストリートに店を構え、ナッソーでの同社の酒類卸売事業の立ち上げを監督した。すべての出荷を手配し、買い手を見つけ、帳簿を管理した。ヨーロッパから貨物を積んだ船が到着すると、クレオは荷降ろしに立ち合い、中身が最高品質の酒であることを確かめた。

彼女はルツェルン・ホテルの一室を住まいとして選んだ。密売の本拠地として知られていたこのホテルは、つねに犯罪者と彼らについて記事を書くジャーナリストの両方が集合しているような場所だった。密造業者や密輸業者が取引を交わすホットスポットになっていたため、ホテルのロビーを途方もない大金が出たり入ったりした。これだけ現金があふれていればバーテンダーもさぞや繁盛したことだろう。

クレオは仕事を始めるや早々に困難に直面している。彼女はバハマで酒類卸売免許を持つ最初の白人女性になったが、それを喜ばない人もいた。彼女が女性であることを理由に一緒に仕事するのを拒否する蒸留業者や販売業者がいることがすぐにわかった。ナッソーでは、店先に「スカート禁止」と掲げるバーやクラブも珍しくはない。競争相手である同業者たちは、人々がクレオとの仕事を避けるよう、彼女が国税庁の覆面捜査官であるとの噂を広めた。

しかしクレオは、これに怖気づくのはまっぴらだった。商品の悪口を吹聴してまわっていた男を探し出すと、いつも携帯していたピストルを取り出して、今後その男の噂が耳に入ったら撃つぞと脅しをかけた。彼女は回想録で次のように語っている。

わたしは床屋で顔に泡をのせている彼を見つけて、すぐに中に入っていき、彼にちょっと話がしたいのだと伝えた。そして彼をオフィスに連れてきて、そこで彼にずばりこう警告した。この次は間違いなく弾丸で撃ち抜いてやると。すると彼は飛んで逃げていった。

＊111　彼女はヘイグとマクタビッシュという二つのスコッチ銘柄を扱っていたとされる。これがほんとうだとしたら、クレオは当時において最高のスコッチ二銘柄をアメリカの愛飲家たちに楽しませつづけたことになる。

最高級のお酒と、ウソを許さない姿勢、やがてクレオは、この二点をもって密輸業界で押しも押されもせぬ存在になっていく。

日本の「モガ」の出現と、新しいソビエト体制下の女性たち

禁酒運動が世界中に広がる一方で、もうひとつ世の中を突き動かしていた動きがある。一九二〇年代には、さまざまな国で「モダンガール」(アメリカでいえばフラッパーガール)が舞台に躍り出た。日本にも、ボブヘアに短いスカート、煙草とカクテルを手にする「モガ」と呼ばれる独自のモダンガールがいた。一九一二年から二六年までの、自由主義的な運動が展開された短い大正年間、日本では多くの女性が外に出て職業に就き、新たに発見した自立に一杯か二杯ほどの祝杯を上げていた。彼女たち、モガことモダンガールたちは、西洋化の流れを象徴する存在であり、都会に生きる意志的な女性たちだった。

モダンガールはドイツやフランスにも出現し、一方で中国には摩登小姐《モダンシャオジェ》がいた。スコットランドでは、多くの男性が第一次世界大戦の塹壕戦へと駆り出され、その間に男性にかわってバーカウンターの内側にも客側にも入り込んだ女性たちが、地元の役人を大いに悩ませた――夫がいなくなったことで、女性にはパブを訪れるお金と自由が増えていた。

メキシコでは、女性たちが武器を手にとり革命にくわわっていた――この社会革命と新たな政治体制をもたらす武装闘争は一〇年に及ぶことになる。地球の反対側ではロシアが、独自の革命と内戦を経て皇帝専制政治が倒され、最終的にはソビエト連邦が取って代わった。そうして一九二〇年代、女性たちは新しいソ連の労働力にくわわり、同時にまた、合法的にも非合法的にも、新しい都市の飲酒

文化にくわわった。

前世紀の社会がみた劇的で広範な工業化の進展は、近代的な都市の飲酒文化をもたらした。新しいソビエト体制下、飲酒は男らしさと同一視される。アルコールが男らしさを育むものとされ、少年にお酒を飲むことが奨励された。

飲酒は、男性の労働者としての地位を物語るものでもあった。ただし同じ労働者であっても、女性の場合はお酒を口にすることなく、家事責任を果たすのが主婦の理想として求められた。もはや定説のようだが、飲む女性は性的に乱れた女性だとする考え方があり、アルコールは女性の貞操を脅かすだけでなく、ひいてはソビエトを支える労働者階級の家庭構造を脅かすことを意味した。アルコールは弱い女性の体をさらに弱くさせ、それが子どもにも伝わると信じられた（そのくせ国営蒸留所の多くが子どもを雇ってアルコールで給料を支給していた）。ソビエト政権が女性の飲酒を容認できずにいたのは、女性にも男性と同等の権利があることを受け入れる用意がなかったためである。

一九一七年のボリシェヴィキ革命によって男女の法的平等がうたわれてもなお、飲酒と男らしさと労働者の地位という三者は固く結びついたまま、女性の労働は低評価のまま残された。

しかしながら、この貞淑で厳格な主婦のイメージは、一九二〇年代の実際のロシア女性を正確に反映するものではない。農村の女性たちよりもお金と自由があった工場労働の女性たちは、往々にして社交的でお酒が大好きだった。女性の識字率が低いということは、彼女たちの飲酒習慣を伝えてくれる資料が極端に少ないということでもある（世界中のほとんどすべての国で同じことがいえる）。そんななかでも、スラヴの民族祝日セミクのときのように、女性だけで酒を飲む慣習があったことが知られている。復活祭後の七番目の木曜日に祝われたセミクの慣習では、製粉所や工場労働の女性たちが集まり、酒を飲んだり、歌ったり、リボンや花で身を飾った。

革命によって生まれたソ連の新しい祝日のひとつだったのが、三月八日の国際女性デーである。女性の飲酒が公認される機会はめったになかったものの、この日だけは特別に盛り上がった。たくさん飲み、たくさん踊り、この日は、スカートにお酒を忍ばせて職場に持ち込む女性もいた。ナタリア・ニコラーエワという名の女性労働者は、自分のアパートで飲んで踊ったところが、階下の住人が騒音の文句を言いにやってきてドアを叩いた。するとナタリアは「あなたは引っ込んでなさい、今日は女の休日なのだから、わたしはお酒を飲んで好きなことをするけど誰にも邪魔されたりしない」と言い放ったとされる。

こうして、政府の意向がどうであったにせよ、一九二〇年代のロシア女性はまだお酒を飲んでいた。そして、法律の規制がどうあろうとも、ロシア女性はお酒をつくりつづけていて、一八〇〇年代以来の女性による密造の伝統はまだ色濃く残っていた。一九二二年時点では、国内の農村部ではほぼすべての家庭で、発酵酒であれ蒸留酒であれ、何らかの違法なアルコール飲料がつくられている。第一次世界大戦では織布の輸出が止まり、女性が大きな割合を占めていた綿織物や亜麻など紡績紡織業が壊滅的な打撃を受ける。職を失った多くの女性たちは、小規模な自家醸造や蒸留をよりどころに、これをビジネスに変えた。

家庭用のスチル（蒸留器）があれば、約一六キロの穀粉から、アルコール度数が二五〜三〇％の「サマゴン」（自分で蒸留するという意味）を三・八リットルほどつくることができ、ふたたび蒸留を重ねれば度数はさらに高くなった。サマゴンはウォッカによく似ている。これはロシア版の密造酒で、台所に転がっているどんな食材からもつくられた。小麦粉が一般的だったが、他の穀類やジャガイモ、ビートルート（カブに似た赤い根菜）なども使われ、果物や蜂蜜で風味づけされることもあった。

女性たちは一九二〇年代をとおしてサマゴンをつくり、自宅用のほかにも地元のレストランやカフェの一角で売ることをしていた。なかには工場でも隠れて労働者相手に売る女性すら出ている。この時期はロシアの人口の七割が自家製のお酒を飲んでいたと推定されている。密造酒をつくる女性はロシア全土にいて、その商品が売られていた。

これは多くの女性にとって魅力的な生計手段だった。障害があるような女性にとってはとくに、最低限の設備で家庭内で簡単にできる商売は非常に魅力あるものに映った。

当時のロシアの女性は、たとえ賃金を得て働いていたとしても、本来あるべき一人前の労働者とは見なされていなかった。本物の労働者とは男性の労働者を指した。「サマゴンシュチキス」と呼ばれた自家醸造をする者は、本物の労働者にとって敵とみなされた。密造酒をつくる女性の大部分というのは、貧困にあえぎ、家族を養おうとする独身の女性たちだったが、その存在は危険で堕落したものとして、最悪の場合、資本主義者だとのレッテルを貼られてしまう。

一九二二年、政府はサマゴンシュチキスを標的とした組織的な宣伝活動を開始する。官僚たちによって、密造酒が国の経済と道徳にもたらすとされる脅威が大きく誇張された。十代の少女から年老いた祖母まで、圧倒的に貧困層にあたる何万人もの女性たちが、密造か密売により逮捕されることになった。彼女たちはこの経済犯罪により、罰金や最長一年の強制重労働、投獄、財産の没収などの刑事罰を受けた。貧困女性の逮捕があまりの数に上ったため、最終的には、家族を養うためだけのサマゴンシュチキスについては法律が緩められるにいたっている。

つまりこういうことである。たしかに女性が世界中に広がる禁酒運動の一部を担ったことは間違いない。しかし、アルコール撲滅に結集していた女性のほとんどは、上流階級の女性たちだった。中流階級や下層階級の女性の支持がなかったことが、運動の最大の問題のひとつとなっていく。

カナダの禁酒法

カナダでは、『バンクーバー・サン』紙が「女性が本能的に禁酒に投票するとは考えないほうがいい」と報じた。一九一八年から二〇年にかけて戦時の禁酒法が短い期間敷かれたが、女性の支持が広がることのないまま、運動家たちは禁酒法を延長させることはできなかった。[*112] アメリカと同様、カナダの禁酒法は飲酒を家庭内へと押し込めることとなり、そうなると女性を排除するのは不可能に近い。「ブラインド・ピッグ」と呼ばれるもぐりの酒場には多くの女性客がいて、そのため徐々に公共の場での女性の飲酒が受け入れられる素地ができた。

以降、戦後の一九二〇年代には、多くのカナダ女性がこの国の飲酒文化における自分の立場を考え直すようになる。マリオン・デイヴィスのような華やかなハリウッドのロールモデルに影響を受けたますます多くの女性、とくに労働者階級の女性が「ビアパーラー」(カナダの飲食店)に足を運ぶようになった。とはいえつねに歓迎されたわけではない。ホテルやビアパーラーの多くでは、独身の女性は客としても給仕係としても入店を許されず、オンタリオ州では、たとえ店主であっても女性が飲み物を出すことを禁じていた。

女性たちはまた、相変わらず家で飲むことも好んでいた。一九二四年、エドモントンに新しくできた公営の酒類販売所から最初に現れたのは、ギネスビールを六本ほど小脇に抱えた女性の姿だった。

莫大な財産を築きメディアの寵児となったクレオ

一九二三年頃になると、クレオは年間数百万リットルのウイスキーを販売するまでになっていた。しかし、これは始まりにすぎない。クレオはビジネスをさらに成長させようとする。なかでももっとも賢明な選択のひとつとなったのは、密輸界のもうひとりの有名人、あの伝説的なビル・マッコイと手を組んだことだった。じつに、英語圏の多くで「本物」を意味する「リアル・マッコイ」というフレーズは、顧客が手にしたお酒が本物のウイスキーであって、その辺のカビの生えた浴槽で人工着色料と混ぜ合わせたような、気持ちの悪い工業用アルコールとは別物だという優越感からきた呼び名である。そのウイスキーの多くはクレオがもたらしていた。

彼女はマッコイと組んで、大量のウイスキー（ライ、スコッチ、バーボン）をアメリカに密輸している。二人はたいていナッソーからフロリダ沖まで船でやってきて、そこで手配したスピードボートに積み替えるかたちで、一度につき二〇〇から五〇〇ケースのお酒を運んだ。アメリカは海岸から沖に三マイル（約五キロ）の管轄区域があり、その領海の外でお酒を積んだ船でボートを待ち受けた。クレオは、マッコイとその乗組員たちとともにニュージャージーまで同行することもあった。

マッコイはのちにイギリス人記者のウィントン・ウィグリーに語ったなかで、クレオがいかにタフ

＊112 ただし先住民以外の人々の場合は、ということ。カナダの先住民は、人種差別的なアルコール禁止法も含めて、一八七六年に成立した非情なインディアン法の対象となっていた。お酒を飲んだり所持するにはカナダの市民である必要がある。そして先住民が市民権を得るには、禁酒を証明する必要があった。インディアン法のいくつかの条項は一九八五年にいたるまで一〇〇年以上廃止されることなく残った。

な働き者で、彼を「ぼろぼろ」にしかけたかを回想している。クレオがいかに大変な相手であってもマッコイは彼女を非常に尊敬していた。彼が記者に語った内容がある。

当時のナッソーは、魅力的で無防備な女性には向かない場所だったけれど、ひとつ言えるのは、彼女は魅力的ではあっても、決して無防備ではなかったことです。彼女のことを知りもせずに勝手な真似をしようものなら、その密輸屋は彼女の逆鱗に触れたことを後悔することになるだろうし、ひとりや二人くらい物覚えの悪いやつはピストルを肋骨に突きつけられた記憶があるはずでね。彼女は有能でまったく隙がなかった。女の子だからと油断したりごまかしが利く相手じゃない。クレオは自分にも相手に対しても、自分のことは自分で責任をとる姿勢を求める女性でしたから。

クレオとマッコイが当局以上に恐れたのが、同じ仲間の密売人たちだった。密輸業者同士での強奪や乗っ取りが日常茶飯事となっていて、彼女は用心のために大きなピストルを肌身離さず持ち歩いた。そうして危険をくぐりぬけた二人の共同稼業は大いに報われるかたちとなり、ともに莫大な財産を築いている。クレオのキャリアの終わり頃には、数百万ドルに達していたとされる（一九二〇年代半ばの一〇〇万ドルは、二〇二〇年現在の価値にしてほぼ一五〇〇万ドルに相当する）。

クレオ・リスゴーは、禁酒法時代にもっとも成功を収めた密輸人のひとりであっただけでなく、もっとも有名でもあった。

記者たちによれば、彼女は世界最大の国際的なウイスキービジネスを営んでいるとされた（おそらくそれは真実だったのだろう)。そして前出のイギリス人記者ウィグリーが、ナッソーでの彼女についてインタビューを終えた一九二三年、「密売の女王、その名はクレオパトラ」という記事を掲載したところ、以来その名前が定着した。[*113] その年の秋になると、世界中の記者が彼女にインタビューをしたがった。クレオはメディアの寵児になった。ニューヨークのジャーナリスト、ロバート・ウィグリー(同じ苗字だが前出のイギリス人とは無関係)によれば、「……彼女はほんとうに素晴らしい人格者だ。洗練された趣味の持ち主で、本の話ができて、旅のトランクには最高の音楽を詰めていて、その服装には芸術的なセンスがみえる……」と評された。

クレオは自分の文学の趣味については饒舌だったかもしれないが、それ以上の個人的なことについては謎が多い。彗星のように現れたこの密輸の女王は、自分の生い立ちについて毎回異なる話をすることで知られていた。イングランド人とスコットランド人の両親のもとに生まれていたにもかかわらず、出会った人々はすぐに彼女の人種的なルーツに疑問を抱き、世界のどの地域から来たのかを知りたがった。そしてそのたびに彼女は、ギリシャ、ロシア、インド、エジプトといった国から来たという話をでっち上げて、彼らの期待に応えた。

クレオ・リスゴーの顔は、『ロサンゼルス・タイムズ』『ニューヨーク・タイムズ』『シカゴ・トリビューン』などの新聞の紙面を飾った。世界一のアルコール密輸業者のひとりと書きたてるわりには、

---

*113 ほかにも十数人もの女性がアメリカ中のさまざまな新聞でこの名前をつけられた。そのなかのひとりには、クレオ・エップスという名のオクラホマ州の悪名高い密売人も含まれている。彼女については第11章で紹介する。

16：密売の女王クレオ・リスゴー

記者たちは彼女に対して、今日でも女性が聞かれるような無意味なインタビューの質問を浴びせている。彼女のウイスキー事業について尋ねるかわりに、彼らはクレオがなぜ独身なのか、彼女の恋愛はどのようなものかを知りたがった——なんとも、記者たちは何もわかってない、女の子は男の子が好きなわけじゃなくて、ウイスキーとお金が好きなのに。

クレオのもとには世界中から手紙や愛の告白、結婚の申し込みが殺到し、人々は彼女に熱烈な好意を寄せた。彼女をパーティーに招待したい人々や賞賛の言葉を並べる人々、自分の息子に会ってほしいと頼む親たちまで、さまざまな手紙が書かれた。

間もなくしてクレオは、つねに記者や写真家たちに追いかけられ、その活動を記録されるようになる。こうした注目は、目立たず秘密裏に仕事を進める者には非常に厄介だった。クレオはいまや、孤独な息子をもつ母親たちだけでなく、当局からも追われることになった。

違法酒場で活躍する女性たち

さて、アメリカに渡ったクレオのウイスキーはどこに行ったのか。

どこに向かったのであれ、それを飲んだり、給仕したり、歌い上げたり、合法性を争ったり、差し押さえられた場合でさえ、そこには女性がいる可能性が大いにあった。

ウイスキーが届けられた先は、マンハッタンのミッドタウンにある華やかな高級スピークイージーの「エル・フェイ」だったかもしれない。エル・フェイは禁酒法時代のアメリカでもっとも成功したスピークイージーのひとつだったが、それもすべて、火のように強烈なホステスがいたことによる。テキサス・ガイナン[*114]は、ニューヨーク市中の数あるスピークイージーのホステスのなかでも、もっとも有名で人気を誇る女性だった。始まりは一九二三年、ブロードウェイで女優として働いていた彼女は、ボザール・ホテルで開かれた業界のパーティーに出席していた。それはよくある業界パーティーの例にもれず退屈きわまりないもので、場を盛り上げようとした誰かが、彼女に歌をリクエストする。そこでの彼女があまりに楽しくて愉快だったため、ホテルの支配人が司会進行の仕事を依頼した。これを引き受けた彼女は、ほどなくして実業家（そしてギャング）のラリー・フェイと知り合い、ラ

＊114　この名前は、彼女が乗馬と投げ縄の名手だったことからつけられた。テキサス州ウェーコに生まれた彼女は、ブロードウェイから声がかかる前は、西部劇の女ガンマン役で大活躍していた。

リー・フェイは新しく開店するスピークイージーの仕切り役としてガイナンに目をつけた。

彼女はエル・フェイでまたたく間に人気を集めた。テキサス・ガイナンはまさに天職を見つけたことになる。

店の顔となるホステスとして、彼女には誰をクラブに招くべきかがわかっていた。この時代のカギを握る重要な顔ぶれ、屈指の富豪たちや有名人たち（あるいはその三者を兼ね合わせた人々）が彼女のもとにお酒を飲もうとやってきた。ギャングに、芸術家、上流階級のひいき客たちが交じり、並んでお酒を飲んだりショーを鑑賞しながら、互いに交流が交わされた。エル・フェイには美しく華やかな女性ダンサーたちが登場することが多く、この店のウイスキーやシャンパンが法外な値段であることを忘れさせるのに一役買った。[*115] ヴァンダービルト家、モルガン家、クライスラー家といった財閥一族や、ルドルフ・ヴァレンチノをはじめとした有名人たちも含めて、誰もがこの店で飲むことが好きだった。

ガイナンはどこまでも強気で辛辣で、挑発的な掛け合いをとおして悪戯《いたずら》っぽい仲間意識の輪へと顧客たちを惹きつけた。冷やかしの言葉ぐらいはふつうのことで、むしろ応えないのは野暮というもの。彼女の赤く塗られた唇からは、絶え間なく皮肉なひと言や、ジョークや、口笛や、小言が繰り出された。彼女がすごいのは、顧客をまさに違法行為のど真ん中に満足させて楽しませただけでなく、ありとあらゆるものに法外な金額を請求されても厭わなくさせたことである。

テキサス・ガイナンの姿は、混み合うなかでも簡単に見分けることができた。プラチナブロンドに染め上げた派手な髪型、きらびやかなドレス、幾重もの真珠の飾りと、そして何よりも、驚くほど白くて輝くような笑顔が印象的な女性だった。このホステスはたいていはクラブのメインルームの中央におかれた高いスツールの上にちょこんと腰かけていて、鳴り物を叩いたり口笛で賑やかに場内を盛り上げた。ようこそ、わたしのカモたち！――これが決まり台詞で、この大きくて陽気な出迎えが彼女のトレードマークだった。

ガイナンには、ヘレン・モーガンやベル・リビングストンといったライバルがいたが、彼女たちもまた高級スピークイージーの白人ホステスだった。しかし対抗意識をもつかわりに、スピークイージーの多くの女店主や女性オーナーたちは互いに親睦と友情を育んだ。ベル・リビングストンが酒類販売で逮捕されたさいには、ガイナンは装甲車を用意して刑務所から自宅まで護送させている。

エル・フェイはラリー・フェイに大きな経済的成功をもたらし、開店から七カ月で約八〇〇万ドル（現在のドル換算）を稼ぎ出した。スピークイージーのあまりの成功についてガイナンは、「禁酒法がなければ、わたしも存在していなかった」と明言している。

独自色のあるスピークイージーを所有していた女性たちもいる。アフリカ系アメリカ人による文化運動「ハーレム・ルネサンス」の立役者であった、実業家で慈善活動家のアレリア・ウォーカー[*116]は、ハーレムに購入したタウンハウスのひとつの階を、まるごとナイトクラブに改装した。このクラブに

＊115　ダンスが終わると「かわいい女の子たちに大きな拍手を！」とテキサスが叫んでショーを締めくくることで知られていた。

＊116　アメリカで初めて自力で億万長者になった女性、マダム・C・J・ウォーカーの一人娘。ウォーカーは黒人女性専用の化粧品とヘアケア製品を開発して自身の会社「マダム・C・J・ウォーカー製造会社」（the Madam C. J. Walker Manufacturing Company）を設立した。

は芸術家、作家、俳優、活動家、政治家、ミュージシャンたちが集い、お酒を飲み、交流し、連夜盛り上がる（ゲイやレズビアンを受け入れた）、この街でもっとも注目されるスポットのひとつだった。作家のラングストン・ヒューズは彼女のことを「ハーレムの喜びの女神」と呼んでいる。

クレオ・リスゴーのウイスキーは、たとえばテキサス・ガイナンのクラブやアレリア・ウォーカーのタウンハウスでなかったとしたら、もしかしたらベッシー・スミスのグラスを満たしていたかもしれない。当時もっとも有名な黒人パフォーマーのひとりであったベッシー・スミスは、全長二一メートルほどの旅客鉄道車両に乗って全米をまわっていた。

「ブルースの女帝」と称されるベッシー・スミスは、女性が自由にお酒を飲み、セクシュアリティを表現すること（彼女自身はバイセクシュアルであることを公言していた）、そして何よりも、なおかつ尊厳に値するのだということを歌った。この尊厳を求めた彼女の闘いは、業界においては彼女をやや粗野（つまり労働者階級の色が濃い）とする声が多いなか、大変苦しいものになった。

放送作家のグウェン・トンプキンスに言わせれば「大きくて、褐色で、地面からずいぶん離れたところに頭があった」ベッシーは、美しくて背の高い女性だった。その伝説的な歌声によって女帝の称号を得た彼女は、日々の出来事や心情を歌って人々を感動させた。アメリカで女性たちが一般の飲酒文化にどんどんと参入していき、そのかたちを変えていった時代、ベッシー・スミスはその背後に流れていた歌声である。

彼女の曲のひとつ（いまなお人気の）、原題「ミー・アンド・マイ・ジン」は、現在では「ジン・ハウス」または「ジン・ハウス・ブルース」として知られている。

近寄らないで、わたしは罪におぼれている
近寄らないで、わたしは罪におぼれている
ここに踏み込まれても、あるのはわたしとジンだけ

バカはよして、あなた勝てるはずない
バカはよして、あなた勝てるはずない
兵隊でも水兵でも相手してみせる、わたしとジンだけで

密造酒がつくれるのなら、彼女はわたしの友だち
密造酒がつくれるのなら、彼女はわたしの友だち
なぜって、彼女とならば上物のジンがついてくる

ハイな気分になったら、やりたいことなんて何もない
ハイな気分になったら、やりたいことなんて何もない
お酒で満たしてくれれば、誰にだって優しくもなれる

外套はほしくはないし、ベッドがなくてもいい
外套はほしくはないし、ベッドがなくてもいい
ポークチョップなんて要らない、ここにジンを

ベッシー・スミスはこの時代のもっとも偉大な歌手のひとりであったものの、それにふさわしい活躍の場が広く与えられることはなかった。禁酒法にともなって多くの社会的な境界線が意味をなさなくなった一方で、スピークイージーには人種による厳格な隔離があった。例外的には、客層の人種混合を打ち出した「ブラック・アンド・タン」（黒人と白人）とも呼ばれるナイトクラブが各地にあったとはいえ、全体としてみれば、クラブはたいてい白人専用か黒人専用のどちらかだった。

禁酒法の時代は、白人のあいだで黒人のエンターテインメントや音楽、とくにジャズへの関心が高まった時期と重なる。多くの黒人のミュージシャンや歌手たちが、客として迎え入れられることは決してない白人のクラブでの演奏に呼ばれた。ベッシー・スミスの場合、白人の歓楽に黒人のエンターテイナーが望まれた第一波には取り残された。彼女は裕福な白人の好みに合わせようとはしなかった。彼女は労働者階級の出身であり、労働者階級について歌った。女性歴史博物館〈womenshistory.org〉には以下のようにある。

大柄で浅黒い肌の彼女の「外見」は、当時の一般的な可愛らしさの基準からは外れていた。彼女にとってブルースとは、それを生み出したアフリカ系アメリカ人の文化に深く根ざしたものであって、そこにこそまぎれもない真正性があった。クロスオーバーを求めはじめたばかりの聴衆にとっては、彼女は少し本物すぎた。

それでもなお、一九二〇年代の終わり頃には、ベッシーはアメリカ国内でもっとも成功した黒人パフォーマーとなる。

禁酒法の顔、メイベル・ウィルブラント

クレオの名高いウイスキーにとって不運な可能性があるとしたら、アメリカでもっとも権力のある女性の指示で没収されることだった。

合衆国司法次官補のメイベル・ウィルブラントにとって、クレオ・リスゴーは執心の標的ということになる。カルビン・クーリッジ政権で女性としては最高位に就いていた彼女は、実質的に禁酒法施行の責任を負っていた。

ウィルブラントは黒髪の小柄な白人女性で、弁護士としてキャリアをスタートさせている。司法次官補への任命については一般的に、彼女がまさに適任であったという事実のほかに、ひとつには禁酒法を支持したアメリカの女性層に報いると同時に、……うまくいかなかった場合の責任も負わせるためであったとされる。この仕事を引き受けたことで、メイベル・ウィルブラントは禁酒法の顔として認知されることになった。それまでは禁酒運動から距離をおいていた彼女だが、この重責を担い、国の新しい法律を守ろうと果敢に乗り出した。『ワシントンポスト』紙は彼女を「禁酒法の源泉」と呼んだ。

そんなわけで、ウィルブラントは国民の飲酒行動を管理する立場となり、これはほかの何百万もの女性たちが家庭内で担っていた役割だが、彼女の場合はその規模が国全体に広がったことになる。そしてほかの女性たちと同じように、彼女もまた十分な影響力もリソースも与えられることはなかった。連邦政府の最高位の女性とはいうものの、彼女には禁酒法対策本部の予算にも取締官についても裁量

権がなかった。

修正第十八条に違反した者を逮捕するには、取締官は飲用に適したアルコール（繰り返しになるが、飲酒自体は犯罪ではない）を製造、販売、輸送および輸出入している現場を押さえる必要があった。多くの州では、いったん修正条項が成立するやその執行に関する責任を連邦政府に委ねたため、密売と密輸を阻止することがウィルブラントの仕事の一部となった。政府が禁酒法の執行に問題を抱えていることは、彼女の目には明らかだった。執行に携わる連邦政府の機関はひどく非効率的で、互いにほとんど連携していなかった。郡や市町の保安官など、あてにしていた地方での協力は期待外れなものだった。

ウィルブラントはさらなる資金と人員の増強を訴えつづけることになる。「どうかわたしに権限と、三〇〇人の部下を選ばせてほしいのです。そうすれば、この国の禁酒をとことん守ってみせます」――この言葉を聞いた記者は彼女に信頼を寄せ、連邦政府でこの仕事をまかせられるのは唯一ウィルブラントだけだとして、「この国初の法律のトップレディ」と呼んだ。

彼女が取締りにあたってとくに強化した機関のひとつが、沿岸警備隊である。ウィルブラントは密輸と密売ルートの摘発に取り組み、そのことはクレオ・リスゴーの人生にも困難をもたらした。密輸業者の誰もが、手の込んだ新たな戦略を練らざるをえなくなったのである。

クレオの競争相手のひとりに、マリー・ウェイトという名の女性密輸業者がいる。身長一八〇センチを超える堂々たる体格の持ち主で、スウェーデン人の父親とメキシコ人の母親をもち、スパニッシュ・マリーと呼ばれていた。キューバのハバナとフロリダのキーウェストを定期的に往復する一五隻の船団を情け容赦なく駆っていたウェイトは、沿岸警備隊をかわすために護送船団方式をとっていた。

四隻の小型船が一斉に出航するが、貴重な液体を積んでいるのは三隻だけ。四隻目が積んでいるのは銃で、ほかの船が夜闇をぬって疾走するあいだ、沿岸警備隊の接近をはばむためのものだった。小型船にはすべて無線機が搭載され、キーウェストにある彼女の無線局（もちろん無免許）からの信号が届く。ウェイトは自分の船に伝達するためにスペイン語で暗号をつくり、この業界で最速を誇っていたとされる。[*117]

クレオやマリー・ウェイトのような密輸業者は、もし沿岸警備隊に捕まったとしても賄賂を使って切り抜けようとするぐらいは平気で、しばしば成功もしていた。

ウィルブラントは、スピークイージーへの手入れも数知れず行っている。そこでテキサス・ガイナンもまた、取締官たちにとって執心の標的になった。エル・フェイは何度も繰り返し捜索を受けたため、ガイナンは騒動による宣伝効果をねらって、黄金の南京錠のネックレスとダイヤモンドの手錠ブレスレットを身につけて出廷することもやってのけた。ガイナンは、自身のことは禁酒法をめぐる政治の駒[*118]として利用されているのだと世間の注目を楽しむ一方で、法廷に立っては無罪を主張し、ダン

＊117　やがて沿岸警備隊が彼女の暗号を破り、一九二八年三月に乗組員とともにマイアミで逮捕された。彼女は、ウイスキー、ラム、ジン、ワイン、ビール、シャンパンなど五五二六本を荷揚げしているところだった。逮捕後、マリーは子どもたちのために家に帰らなければならないと当局に訴え、翌日には裁判所に戻ると約束した。当局もこれを認めたが、ウェイトには子どもがいないことは知らなかった。彼女はボートとピストルと大金とともに姿を消し、二度と現れることはなかった。

＊118　彼女は「心が狭すぎて耳がふさがる人もいるのよ」とよく口にした。

サーや従業員たちを守ろうと懸命に闘った。ついにエル・フェイが閉鎖されると、ガイナンはほんの二ブロック先に「デル・フェイ」を開いた。摘発されると、次は西四八丁目に「テキサス・ガイナン・クラブ」を開いた。摘発されることは日常茶飯事となり、ガイナンはそのたびに歌をつくって顧客たちに披露したという。

裁判官がこう聞いてきたの、「きみはお酒を売っているのか？」
だからわたしはこう答えた、「あらま、ご冗談でしょう、
誓って言います、わたしのワインセラーといったら、
チョコレートとバニラ菓子でいっぱいなんです[*119]」

ウィルブラントがどんなに懸命になっても、テキサス・ガイナンを取り押さえるには苦労を強いられた。一九二六年、マンハッタン西五四丁目一五一番地に開店した「300クラブ」はたちまち大人気となり、当時もっとも華やかなスピークイージーのひとつとなった。店内には美しいショーガールやきらびやかな社交界の名士たち、著名人たちが集まり、なかには作家のドロシー・パーカーや女優のメイ・ウェストも常連だった。シャンパンと笑い声、ダイヤモンドがいたるところで輝いていた。
ガイナンは逮捕されるたびに決まって、お酒は客が持参していて、自分のお酒を飲む客を止めることはできない、という釈明を繰り返した。彼女によれば、従業員はいっさいお酒に手を触れていない、ということになる。馬鹿げた主張だが反証するのは難しい。ガイナン自身は最後まで罰金を払うことも、刑務所に入ることもなかった。しかしながら、300クラブは開店から約一年後、ウィルブラン

トの取締官たちに踏み込まれたのが最後となり、ガイナンは罪を免れたものの、クラブが再開することはなかった。

やがてメイベル・ウィルブラントは、クレオのことも追いつめることとなった。この密売の女王を追跡するのは、それほど苦労は必要なかった。クレオの行く先々につきまとうパパラッチのおかげで、その居場所や旅行計画が秘密になることはほとんどなく、そのため彼女は、自分の活動を伏せるため特別な注意を強いられていた。一九二五年、彼女の作業員の何人かが密輸で捕まり、間もなくしてクレオ自身もマイアミで当局に取り押さえられた。彼女はニューオーリンズに移送され、憲法修正第十八条違反で逮捕された。

当局に対して、クレオは彼女なりの独創的な言い訳をしている。作業員たちが持っていたウイスキーは確かに彼女のものだが、彼らに盗まれたのだという主張である。彼女の言い分は、自分は密輸者ではなくて、密輸された側であり、無実な被害者というものだった。クレオの馬鹿げた主張はしかし、テキサス・ガイナンほどうまくいかなかった。禁酒法執行官は彼女の言い分を信じることなく、さらに悪いことには、彼女の有罪を証明することに成功する。ここへきて密売の女王もついに観念し、取引をする決心をした。

執行官に提案したのは、もし彼女を釈放すれば、ほかの密輸業者に対する証人になるというものだった。クレオの取引は受け入れられたが、彼女が誰を密告したのかは研究者にも判明されていない。

＊119　グレン・シャーリーによるガイナン伝記『Hello, Sucker!』（わたしのカモたち！）より。

ともあれ密売の女王は自由の身となった。

クレオ・リスゴーは、バハマに戻ってやり直すことなく、引退を決意した。ビル・マッコイは彼女に考え直すよう懇願し、一緒に逃げようとしたが彼女は拒否した。クレオは一九二六年の引退について記者団を前に、「わたしはずっと自分の力で生きてきて、何も恥じるものはない。ひとりの男性に指図されたいとは思わないから……結婚はしない」と語っている。

禁酒法撤廃を勝ち取った女性たち

一九二〇年代が終わる頃には、アルコール肯定派の重要な女性キーパーソンの多くが活動から身を引いていた。禁酒法撤廃を求める声の広まりを前に、各地の禁酒団体は、女性たちの一致した声は依然としてアルコールに反対だとする考えを押し出そうとしていた。[*120] 多くの政治家が禁酒法を支持し、女性層は禁酒法を後押ししつづけるものと期待していた。しかしながら、アメリカ人はそろそろドライな国であることに嫌気がさしていて、そしてひとりの女性が、禁酒団体が女性の声を代弁している政治にうんざりしていた。

禁酒法が成立したとき、ポーリン・セービンは非常に裕福で影響力のある共和党の幹部だった。彼女は全米共和党婦人クラブの創設者であり、一貫して禁酒法支持を表明してきた。しかし年月が経つにつれ、彼女のまわりにいる、社交界の多くの裕福な共和党の白人女性たちとともに、セービンは禁酒法の約束が守られていないことに気がつく。組織犯罪率は上昇し、アルコール関連死も増えた。禁酒法は人々の飲酒を止めることにはならなかった。止めさせたのは、多くの人が「安全に」飲むことだった。

一九二七年、全米共和党婦人クラブは会員を対象に禁酒法に関する意見を調べた。すると圧倒的多数の女性が禁酒法に反対していて、世の中が変わってしまったと不満をもっていることが判明する。セービンを含めて多くが、息子たちが粗悪な密造酒を飲んで病気になることを心配していた。

禁酒法を支持する女性は全米各地に多くいたが（WCTUはまだ健在だった）、どの階級においても女性の大多数はじつは支持していないことが明らかになりつつあった。アメリカの女性たちを理想主義的な禁酒論を掲げる政治集団であるとする考えは、完全に現実離れしたものになっていた。飲む女性の大半は適度に飲んでいて、そのことが禁酒運動家たちの憤りを募らせた――そのような女性の飲酒家は、アルコールが本質的に中毒や破滅を呼ぶものではないと証明していることになる。セービン自身もお酒を軽く飲む女性で、ニューヨークの自宅には上質なワインや酒類のためのたいへん立派な貯蔵室があった。

こうした状況は変えなければならないと彼女は決心した。

一九二八年、全米共和党婦人クラブがその会員の大多数がもはや禁酒法を支持していないと気づい

＊120　メイベル・ウィルブラントでさえ一九二九年に引退している。アル・カポネやロイ・オルムステッドといった悪名高い密売人を逮捕し、何万人もの有罪判決を見届けた彼女は、その後、カリフォルニア最大のブドウ栽培グループ企業であるフルーツ・インダストリーズの弁護士となったことで大きな波紋を呼んだ。このグループ企業の人気の売れ筋製品のひとつが、ワインの発酵に多く使用されるブドウの濃縮果汁だった。数年間にわたりウィルブラントは同社がそのような製品を販売する権利を擁護した。それからのちはアルコール関連以外の企業やクライアントの弁護を手がけるようになった。

た翌年、セービンは、修正第十八条を撤廃させるという使命を公に発表し、全米に衝撃を与えることになる。

セービンの主張は、有害な密造酒が未成年の息子たちを危険にさらすだけでなく、禁酒法が法律の軽視を助長していて、その施行が市民の権利を不当に侵害しているというものだった。翌一九二九年、彼女は共和党女性委員を辞してふたたび周囲を驚かせた。その翌日、セービンは、禁酒法廃止キャンペーンを開始させる。

ほかに一五人の女性仲間たちとともに計画をまとめた彼女は、全米に広がる自身の圧倒的な人脈を使ってこの運動への支持と宣伝を呼びかけた。セービンは自分たちの使命を伝えるための冊子をつくり、全面禁止に代えて、法の尊重と節度ある飲酒を推進するという主張を配布した。

彼女のグループは女性全国禁酒法改革協会（ＷＯＮＰＲ）となった。このやたらと頭文字同士の二団体、ＷＯＮＰＲとＷＣＴＵ（女性キリスト教禁酒連合）は、互いにしのぎを削る展開となる。セービンとグループの女性たちが注力したのは、ＷＣＴＵが――その主張とは裏腹に――すべてのアメリカ女性の代弁者ではないと示すことだった。

禁酒法に反対する女性たちがサイレント・マジョリティであると知ったセービンは、彼女たちが政治活動にくわわり、新しい選挙権を行使するよう働きかけた。セービンが女性たちに活動に参加して情報を得ることを訴えたこの当時というのは、女性の投票権は歓迎されても、その意見は歓迎されなかった時代だった。女性に選挙権はあったが陪審員を務めることはできなかった。つまり何かしら政治支援に加勢することは期待されたが、いったん法律が制定されたのちには関与できなかった。しかしセービンは、すべてに物言うことを主張し、女性の意見や考えが歓迎される組織を望んだ。

間もなくして、WONPRは全国規模へと広がる。うっぷんをためた裕福な母親たちを過小評価してはいけない。彼女たちは、各州の女性からなる諮問委員会を組織し、それぞれの州には地方キャンペーンを指揮する活動支部がおかれた。すべてボランティアによって運営され、WONPRに会費はなかった。政治的には中立の立場をとり、禁酒法廃止という一点で集結した。

まさに、そのとおり。禁酒法にとって最強の抵抗勢力となって登場したのは、大酒飲みでも、密造や密売人でも、カクテル愛好家でもなく、母親たちだった。いまやアルコールにとって最大の味方は、主として中・上流階級の、髪を上品にセットした手強い主婦軍団という一大勢力だったのである。

WONPRは、一年を経ずに、禁酒に代わるようなアルコール規制を定める憲法の改正案を作成し、提起した。一九三〇年二月、アルコール法に関する一連の議会公聴会の初日に姿を見せたセービンは、彼女の言葉を借りれば「ドライ派の組織が主張しがちな、アメリカの女性がすべて禁酒法支持だという前提での議論を引っくり返す」ためだと語った。

彼女は、修正第十八条が引き起こした犯罪の増加、非効率的な取締りによる法外なコスト、増加する刑務所収容者数、有害アルコールによる死亡率、未成年者の飲酒率の上昇、法律に対する不満の増大などについて熱く語った。そして、完全な禁酒をこの国に求めるのは不可能なことだと力説して、プライベートではお酒を飲みながらも、公には禁酒法を支持した政治家との個人的な体験談まで披露した。ニューヨーク市の裕福な名門出身で、かつ一〇年以上にわたり政界と深いつながりをもつ女性として、セービンは多くの力になる経験を積んでいた。彼女が主張したのは、馬鹿げた偽善を終わらせて、それに代わる良識ある規制をつくるべきだということだった。

公聴会のあと、WONPRはWCTUに直接対峙するかたちで、WCTUが主張する禁酒法の表向きの成功について、その内実は違っていることを検証データを用いて証明した。一九三一年の末にはWONPRの会員数は四〇万人を超え、これは五〇年以上の歴史あるWCTUのどの時点にも勝る規模になった。会員はすべての州にわたり、そのほとんどは政治経験がまったくない女性たちだった。

WONPRは、街頭でも自由にお酒を飲めることを提唱したわけではなく、飲酒推進派というよりもアルコールの法制化推進派といえる。ただし求めたのは禁酒法の全面的な撤廃だった。修正第十八条を修正することにはまったく興味はなく、完全に棄て去ることを求めた。

セービンはアメリカ中を旅してインタビューに応じ、ラジオをとおして話した。彼女は事実と数字を挙げながら、一九二〇年から三〇年までのあいだに、禁酒法の施行によって連邦政府の支出が三七〇万ドルから二九〇〇万ドルに増加したこと、アルコールに関連した死亡者数が三〇〇%増加したことなどを、丁寧に説明してまわった。また、禁酒法支持で知られる地域があれば必ず訪れて、その地にWONPRの支部を設けた。全米各地の映画館ですらも、ニュース映像に彼女が使命を訴える姿が見られるほどになる。

さらにセービンは、男性の政治家が太刀打ちできないことにも熱心に取り組んだ。それは、ロビー活動である。女性を集めての社交と豪華なディナーパーティーを武器に変えた。WONPRの構成員は、議員の妻たちを招いて催し事やアフタヌーン・ティー、フォーマルな夕食会を開いた。こうして多くの有力政治家の夫人たちが、小さなサンドイッチとクッキーの皿を囲んで、撤廃論への支持を固めていった。

議員自身への働きかけもしている。一九三〇年の大会において、WONPRは全会一致でハーバート・フーバー大統領をはじめ連邦議会と各主要政党の指導者に意見を書き送ることを決定した。翌年には、すべての上院議員と下院議員に手紙を送っている。この手紙は、禁酒法廃止の問いを各州議会に送付する法案に賛成するかどうかを直接尋ねるものだった。その方法は抜け目なく、受け取った人がウェットかドライか（つまり禁酒法の反対派か支持派か）はあえて問わず、国民に判断を委ねるかどうかだけを尋ねた。ほぼ六割が「賛成する」と答えた。残りの四割は、WONPRの執行委員会で名前を挙げられたわけで、ツイッター（X）上で非難されたようなものだった……ただしものすごく時間がかかるが。名前を挙げられた人物は、次の一九三二年の選挙でWONPRの会員から敵対票が投じられることになる。彼らは政敵として背中に的当てを描かれたようなものだった。

WONPRはアメリカ国民の支持も集結させた。一九三一年十一月、禁酒法撤廃について講演者の育成を目指して反禁酒の研究所と関連学校を設立している。この研究所とともに、WONPRは全米の団体やクラブに撤廃運動を広める講演会に乗り出した。さらには、同じく撤廃を支持するアメリカホテル協会や労働総同盟（労働組合）など他の団体とも提携していった。

セービンは商品宣伝とブランディングの力もよく理解していた。女性たちは、WONPRブランドのピンバッジ、ブックマッチ、シルクのスカーフ、指ぬき、パウダーパフのケース、あるいはスペアタイヤのカバーさえ買うことができた。

WONPRはじつに効果的で、運動は野火のように広がった。間もなくしてWONPRは、アメリカでもっとも大きな女性の声となる。そしてこの組織がエリート層の女性たちによるものだというイメージを払拭するために、会員の構成は三七%が主婦、一九%が事務職、一五%が工業労働者であるという調査が示された。

共和党の旧友たちが禁酒法撤廃を党綱に盛り込むことを拒否すると、セービンは一九三二年の民主党全国大会に姿を現した。[121] 民主党は完全撤廃を公約に掲げ、すぐにフランクリン・ルーズベルトが党の候補者に指名される。WONPRは膨大な数の会員に、政党を問わず、撤廃を支持する下院議員にのみ投票するよう呼びかけた。

この年、ポーリン・セービンは『タイム』誌の七月十八日号の表紙を飾っている。その記事ではセービンが撤廃を実現させる能力が疑問視されていたが、彼女の闘いはまだ終わってはいなかった。

一九三二年の選挙が近づくと、セービンはWCTUの根拠そのものを逆手にとった見事な批評戦をめぐらせた。正しい意味で禁酒〔原語の本来の意味としては節制や自制といったことを指す〕を支持しているのはWCTUではなくWONPRであると主張したのである——つまり非現実的な断酒ではなく、真の意味では節酒であるはずという理屈である。セービンは、撤廃の立場こそが良識あるアメリカ人がとるべきものと位置づけた。

ルーズベルトは地滑り的な勝利を収め、選挙後にはウェット派の政治家たちが上下両院で多数を占めることになった。しかし、ここへきてもWONPRは圧力を緩めなかった。一部の議員はすっかり撤廃するのではなく、禁酒法の修正を支持していた。

一九三三年、上院では修正第十八条の修正が審議される。するとセービンは、いまや一五〇万人以上の女性会員を擁するWONPRの全会員に向けて、各自の州選出の上院議員に連絡をとり、反対票を投じるよう説得を伝達した。いくらかの政治闘争を経たすえ、上院はようやく修正第十八条撤廃法案を可決し、下院もそれに続いた。

一九三三年十二月五日、[122] アメリカの禁酒法はついに終わりを告げた。

テキサス・ガイナンはその瞬間を見届けることはできなかった。彼女はその一カ月前に亡くなっていて、最後まで自分のキャリアを築いたのは禁酒法だと話していた。アレリア・ウォーカーもまた、一九三一年にロングアイランドでの誕生パーティーでシャンパンに囲まれ、撤廃の知らせを聞くことなく亡くなった。ベッシー・スミスは、一九三三年にはその人気は下降線をたどっていたが、撤廃のほんの数週間前に「Gimme a Pigfoot and a Bottle of Beer」(わたしにピッグフットとビールを)［ピッグフットは豚足の煮込みで、アメリカ南部のソウルフード］という曲をレコーディングしている。

陽気にさせてみせてよ、わたしにはどうだっていいけど
文句があるならどうぞ、わたしにはどうだっていいけど
わたしが欲しいのはピッグフットのひと皿とビールを一本

この歌は、ベッシー・スミスが一九三七年に自動車事故で亡くなる前に録音された、最後の曲のひとつとなった。

禁酒法撤廃後、メイベル・ウィルブラントは個人弁護士となり、二度とアルコール関連の弁護を(あるいは起訴も)することはなかった。[*123] WONPRは撤廃が決まった二日後に最後の祝勝会を開いている。おそらくポーリン・セービンは、苦難のすえに勝ち取ったシャンパンで自らの勝利を祝った

＊121 しかし登壇することはできなかった。
＊122 十二月五日は禁酒法が撤廃された日として、今日でも多くのバーで祝われている。

ことだろう。[*124]

そして、アメリカが「ドライ」だった時代にカクテルを絶やさない働きをしたあの女性、「密売の女王」はどうなったのか——。

クレオ・リスゴーは築き上げた財産を使って余生を楽しんだ。人目をできるだけ避けて、国中のさまざまな高級ホテルでひとり暮らしをしている。何年もマスコミに追いまわされつづけたクレオだが、後年になり自分自身の物語を語りたいと考えるようになった。彼女の回想録は一九六五年に出版された。

お気に入りのホテルはデトロイトの最高級ホテル・タラーで、二五年にわたり滞在していた。亡くなったのは一九七四年六月、ロサンゼルスで、八十六歳だった。ナッソーでは彼女を追悼して何日も半旗が掲げられたという。

アメリカのいくつかの州では撤廃後にも独自の禁酒法が実施されつづけ、一九六六年まで禁酒法から完全に解放されることはなかった。[*125] ともあれ一〇〇万人を超えるWONPRの不屈の努力があったおかげで、アメリカはふたたびお酒が飲める国になった。

一三年間の禁酒法時代を飲酒文化が生き延びたのは、女性の存在があってのことだった。

アルコールの歴史について書かれた本の多くには、女性について、禁酒運動やWCTUの活動、いかに禁酒を支持したかに言及するにとどまるのが大半である。WONPRが女性の大半は禁酒支持ではないことを示そうと奮闘して一〇〇年近く経つが、流布される話は相変わらずで、禁酒法を女性のせいにする人はいまだに多い。しかし実際には、家庭でのカクテルパーティーであれ、スピークイージーであれ、女性こそが飲酒文化を盛り立てて、そのなかへと歓迎される人々の間口を広げてきた。

女性は禁酒法の撤廃を勝ち取った。

お酒を飲んだにしても、お酒を歌ったにしても、お酒を振る舞ったにしても、お酒を支持する集会を開いたにしても、禁酒法時代において女性はお酒の最大の味方だった。

このあとに続く二〇年もまた、アルコールに関連して文化的、政治的な闘争がたくさん起きてくる。そして女性たちは、ビアホールで、バーの裏で、そして次章に登場する女性でいえば舞台の上で、それらと闘った。

＊123　彼女はキャリアの残りを航空会社で過ごしている。そこで飛行機に夢中になり、やがてパイロットになった。ウィルブラントは若い女性パイロットたちへの支援もしていて、彼女がスポンサーになった世界一周飛行のアメリア・イアハートもそのひとり。
＊124　ひとつの目標を達成したＷＯＮＰＲは、一九三三年に解散した。
＊125　禁止法を撤廃した最後の州はミシシッピ州だった。

第10章　テキーラとズボンとルーチャ・レジェスの栄光——一九三〇〜四〇年代

メキシコの女性たちの葛藤を体現した歌手、ルーチャ・レジェス

一九三〇年代、メキシコ人女性は家庭外でそれまでよりも多くの自由を謳歌していた。しかし、相変わらず家庭外で楽しむことが許されなかったひとつが、お酒を飲むことだった。これはじつに残念なことで、それというのも、この一〇年前までのメキシコ革命を経たあとでは、女性たちには労《ねぎら》いのお酒がぜひあるべきだった。

革命はおよそ一九一〇年から二〇年にかけて続き、これを支えた女性の働きは、社会における女性の権利を大きく変えるきっかけともなった。女性たちが兵士となり、活動家となり、ジャーナリストとなって果たした役割は、国が彼女たちをより平等に扱うことを後押しすることになる。一九二二年には地方選挙での投票権が与えられ、一九三〇年代には、ようやく女性が自分で法的文書や契約書に署名できるようになった。

メキシコ革命が女性の権利を促進したとはいうものの、一九三〇年代から四〇年代にかけて、女性は依然として社会の抑圧やダブルスタンダードと衝突している状況だった。この男女間の格差は一般的な飲酒文化をみれば一目瞭然のことで、そこでは独身であろうと既婚であろうと女性は招かれざる客であり、女性たちの飲酒文化は大部分が私的なものになっていた。

メキシコ文化においてアルコールは男らしさと密接に結びついていた。「カンティーナ」と呼ばれる大衆酒場は、地域社会における重要な交流の場であり、ときには暗黙の了解のもと、ときには露骨なかたちで、男性たちだけの空間だった。一九八〇年代にいたるまで、カンティーナの店主は女性が足を踏み入れることを法的に禁じることもできている。

カンティーナにも女性はいて、給仕や屋台食を売っていたり、エンターテイナーとして働く姿はあった。しかしそこに遊びに行ってお酒を飲むとなると話は違う。カンティーナは「善良」で「まとも」な女性が行く場所ではなかった。女性が自立してお酒を飲むことがあれば、男性がその家庭を治められていない証拠と考えられた。メキシコの女性にとってお酒に酔うことは恥ずべきことで、第一に母親や妻として家庭内での責任をおろそかにするものと考えられた……なにやらどこかで聞いたような話だが。

なかには女主人が切り盛りするカンティーナもあった（かつてのプルケリアの名残といえる）。しかし、全体としては男性が占める空間であって、そこでの定番の男らしい飲み物といえば、テキーラだった。

テキーラは、リュウゼツランからつくられる蒸留酒である。シャンパンがフランスのシャンパーニュ地方でしかつくられないように、テキーラはメキシコのハリスコ州でしかつくられない。[*126] そして、これまでみてきた多くの文化とそれぞれのお酒のように、テキーラはメキシコの男らしさの理想と切っても切れない関係にある。これは、実生活でも映画のなかにおいてもタフな男の飲み物だった。

ところが、アルコールの広告を見るとボトルを手に持つのは女性だった。ビールであろうとテキーラであろうと、お酒を売るには美しい女性のイメージが用いられ、ビールブランドの雑誌広告にも、テキーラの販促カレンダーを毎月飾るのも、彼女たちの親しみやすい笑顔だった。それはお酒を飲む姿ではなく、手に持っていたり、男性（または男性たち）に勧める姿が写されたもので、その手の広告のなかでもとくに頻繁に登場したひとつの典型的な女性像がある――「チナ・ポブラナ」である。[*127]

チナ・ポブラナが最初に現れたのは一九〇〇年代（酒広告の小道具として女性が使われはじめたのと同時期）、物静かで従順で、間違いなくお酒は口にしなかった。一九三〇年から四〇年にかけてのメキシコ映画には、セクシーで無骨なカウボーイのキャラクターが頻繁に登場したが、その男性ヒーロー像である「チャーロ」の相手役となったのが、彼女「チナ・ポブラナ」である。悪人たちをやっつけて町の平和を守ったチャーロが、仲間たちとテキーラで勝利を祝う場面で、彼のそばに寄り添うのが、この美しい刺繍飾りのブラウスとスカートを身に着けた彼女の姿だった。台詞はあまりなく、そのかわりに憧れのまなざしと愛らしい笑顔という無言のメッセージを送る役柄だった。広告ではどうかといえば、賑やかにお酒を楽しむチャーロを見てクスッと笑顔を見せるが、その場にくわわることはしない。喜んでお酒を勧めはしても、自身が飲むことはしない。やがてこのチナ・ポブラナは、女性らしさの理想像ということになる。

＊126　同じようにリュウゼツランを原料とする蒸留酒に「メスカル」がある。その製造が許されているのは特定の地域に限られるが、オアハカ州がその大部分を占める。どちらもリュウゼツランが原料とはいえ、使われる品種も蒸留工程も大きく異なる。メスカルの特徴としてはテキーラにはないスモーキーな風味で、これは地面に掘った穴の中でリュウゼツランをいぶし焼きすることで生まれる。

＊127　もともとはプエブラ州の女性が着るドレスのスタイルを指した。

しかしながらこの理想像、現実とはまるで調和しなかった。メキシコの女性たちは――かの疫病神のハンムラビが法典を思いついて以降、どこの国でも状況は似たようなものだったが――お酒の味など知らず、物言わず従順であれという役割期待に反感を募らせた。そしてメキシコでもっとも偉大な歌手、ルーチャ・レジェスほどこの葛藤を体現した人物はいない。

ルーチャは一九〇六年五月二十三日、世界のテキーラの中心地、ハリスコ州の州都グアダラハラに生まれた。今日ではマリアアッチ音楽の女王として知られる女性である。

本名はマリア・デ・ラ・ルス・フローレス・アセベス。一家は彼女が七歳のときメキシコシティに移り住んでいる。父親はルーチャがまだ赤ん坊の頃に亡くなり、以来母親がひとりで子どもたちの面倒を見ていた。彼女は十三歳になる頃には娯楽的な舞台興行にくわわり、歌などの芸を見せて家族を養う母親を助けた。翌一九二〇年、ソプラノ歌手としての才能を伸ばそうとロサンゼルスに移ることになる。

ルーチャがその技術を磨いた頃というのは、ラジオという新しい娯楽媒体が人気を集めはじめた時期でもある。ラジオの台頭は歌手や作詞家の需要を急速に高め、そしてこのことは、メキシコ革命を経て高まった国民意識と農民階級への新たな敬意と相まって、日常生活と労働者をテーマにした音楽の市場を形成することになった。

そこでカンシオン・ランチェーラの登場である。

カンシオン・ランチェーラはメキシコの伝統的な音楽ジャンルで、その歌詞はもっぱら田舎の労働者階級の生活を歌うものだった。革命以前にはカンティーナやプルケリアでしか聴かれなかったが、革命後になってこの音楽が大流行する。ラジオの普及とともにプロのランチェーラ歌手も登場するようになり、庶民の悲哀や苦難を歌い上げる姿が熱狂的な崇拝の対象になった。くわえて、これはみな男性だった。

この音楽が一九二〇年代のメキシコで人気を集めていた頃、ルーチャは仲間の歌手ナンシー・トレス[*128]とともに、メキシコ音楽のテント興行一座にくわわってアメリカ各地を巡業していた。アメリカでの興行生活は九年にわたり、虐待に苦しんだ結婚と流産を経て、彼女はメキシコシティに戻って新しいことに挑戦しようと決心する。

韓国でもキムチや酒造りは女性の仕事

何世紀ものあいだ、韓国の家庭では酒造りは女性の仕事であり、キムチや醤油などを発酵させるのと同じことだった。蒸留や醸造の新たな技術はいずれも女性によって編み出されていた。

『飲食知味方[*129]（ウムシクチミバン）』は東アジア最古の女性著者による料理本で、多くの詳細な酒造りのレシピが掲載されている。一六七〇年に朝鮮王朝の貴族であった張桂香《チャンゲヒャン》によって書かれたこの本には、格別な意味がある。それというのも、強固な儒教文化と家父長制のおかげで、女性は読み書きどころか特筆できそうなこと一切が禁じられていた時代であり、女性の書き手による出版物が見つかる

＊128 ナンシーとルーチャは恋人同士だったとする研究者もいる。そうでなかったとしても、ルーチャがバイセクシュアルで、そのことを隠そうとしなかったという点では研究者の意見はほぼ一致している。伝説の女性画家フリーダ・カーロと関係があったとする憶測もある。

＊129 おいしい料理のレシピという意味。

のはめったにないからだ。

韓国のお米の酒にはじつに多くの種類があるが、大方は同じところから、つまり女性たちが米を洗って、浸して、蒸すところから始まる。なかでも「マッコリ」はもっとも歴史が古い。白濁していて発泡性があり、酸味とクリーミーな口当たりはオルチャタ［スペイン発祥のタイガーナッツのジュース］にも似ている。マッコリをつくるには、まずは米を蒸して冷まし、ヌルク（発酵のスターターとなる麦《むぎ》麹《こうじ》）を入れて混ぜる。これに水をくわえて、すべてが混ざったら数日おいて発酵させた。

女性がもしこの段階で止めたら、出来上がるのはマッコリである。熟成させたマッコリを濾過すると、透明感があって洗練された「ヤクジュ」になった。ヤクジュを蒸留すると「ソジュ」になる。蒸留酒のソジュは無色透明で、アルコール度数は一七～五三％ほどになる。どれも米からつくることができた。ちなみに、マッコリ、ヤクジュ、ソジュは、どれも韓国語では「スル」と呼ばれ、この語は種類を問わずお酒全体を表す総称になる。

多くの韓国家庭では、古くからの風習として女性たちがスルを醸造したり蒸留したりしていた。家の外で売るためにつくることもよくあり、マッコリの店を営む女性は「ジュモ」と呼ばれていた。一九〇〇年代に入り日本の帝国主義による支配が拡大するとともに、女性たちの家庭内での醸造と蒸留はすぐに攻撃の対象になる。一九三四年には、お酒の自家醸造は完全に禁止された。[*130] 工場で生産されるものだけが合法となり、すべてのアルコールに酒税が適用されることになった。

とはいえ、韓国の女性たちを止めることにはならなかった。世界中の女性たちがそうであったように、彼女たちは違法とされてもお酒をつくりつづけた。家庭用や近隣に配ることもあったが、密かに売ることも多く、台所を韓国版のシビーンに変えた。女性たちは警察に摘発されると金を渡したり、あるいは、おいしい密造酒で買収したという。

武器を持って立ち上がった南アフリカの女性たち

一方その頃南アフリカでは、植民地化の結果として、ここでも醸造する女性たちの前に法律の壁が立ちふさがった。そして韓国と同じように、どっちを向いても憤懣《ふんまん》やるかたない状況になる。

一八九九年に黒人への酒類販売を禁じた法律施行から九年後、一九〇八年に先住民ビール法が成立する。一八九九年の法ではそれでもまだ先住民の女性によるネイティブビール（ソルガムのビールであるウトゥワラ）の販売が認められていたが、新たな先住民ビール法ではこれについても販売が完全に独占化された。都市部においては、合法的にビールを販売したり飲むことができるのは白人所有のビアホールだけになった。おまけに男性しか立ち入れなかった。これによりアフリカ先住民の女性は、すべてのアルコールとそれを提供する場所へのアクセスが完全に禁じられたことになる。

一九二八年にはさらなる規制法が可決され、アルコール産業への政府の統制が地方にまで拡大された。一九二九年一月以降は、ウトゥワラの自家醸造と飲用が――多くの農村部の人々にとって主食の一部だったが――すべて禁止となった。いつものごとく白人政府は、ビールの醸造や飲酒を許せば女性は扱いが難しく、家事労働がおろそかになると考えた。女性が私有地内での醸造ができるとすれば……その土地を所有する白人男性の許可が得られる場合に限って認められた。

＊130　この禁止が解かれるのは一九九〇年になる。

いよいよ一九二九年にはアフリカ先住民の男性が合法的にお酒が飲める場所はビアホールだけとなり、そこからの収益が大いに白人官僚の給与へとまわされ、そのことが黒人労働者へのさらなる弾圧の強化につながる、といったような具合になる。階層と人種とジェンダーを横断する抑圧が一挙に成し遂げられる、じつに悪質な仕組みといえた。

南アフリカ各州の黒人女性たちにとっては、ビールの醸造と販売が女性が自活できるほぼ唯一の選択肢であった時代に、その道が閉ざされたかたちだった。一九二〇年代にナタール（南東部沿岸の州）のような場所に住んでいた女性には私有財産を持つ権利もなく、政治制度からほぼ排除された。彼女たちは密かに醸造を続けるも、すぐに警察の標的になった。白人警官が夜中にやってきてドアを壊して入ることもしばしばだった。彼らは床を掘り起こし、家具や壁を壊し、家主の女性に性的暴行をくわえた。そうしたやり方で大量の密造アルコールが押収され、破壊された。[*131]

やがてビアホールは黒人女性抑圧の象徴となる。

一九二九年の春、港湾都市ダーバンでビール・ボイコット運動が始まった。この運動は地方へと広がり、ビアホールでの飲酒を強いられることに反発する何千人もの黒人男性出稼ぎ労働者によって支えられた。五月になると多くの黒人女性たちがこれにくわわり、何十年と募らせてきた怒りを爆発させた。女性たちは戦歌を歌いながら村を行進し、ビアホールを襲撃した。女性の抗議者たちは、ときには店内で飲酒や給仕をしていた男性たちと争いになることさえあった。

この当時の代表的な黒人労働組合のＩＣＵ（商工業労働者組合。一九一九年にケープタウンで結成された）は政治運動を活発化させていて、地域で非常に人気があった。これには女性の支援組織があり、その女性たちがダーバンに集結してビアホールに投石を行い、シャムバク（革製の重くて頑丈な鞭）を手に警察官と衝突している。

六月に入っても抗議活動は続き、激化の一途をたどる。何千人もの人々が参加した。女性支援組織のまとめ役のひとり、マ・トラミニという女性は、抵抗闘争でみせる荒々しさで警察を恐れさせた。月の終わりまでに六人の黒人と二人の白人警官が殺され、一二〇人が負傷している。

事態の深刻化を受けて、治安当局はＩＣＵが集会を開くことを禁止する。しかし抗議とボイコットはその後一八カ月もの長きにわたって続けられ、その動きは拡大しつづけた。抗議運動はやがて地方にも広がりをみせ、これを維持させることは女性組織の働きにかかってくることとなった。

九月になり、女性組織員たちがＩＣＵから資金を集めてダーバンをあとにする。彼女たちはその資金で周辺地域をまわり、ビール・ボイコットの抗議デモへの支援を呼びかけて組織化した。その働きによって地方の町や村の抗議運動は互いに連絡をとりあい連携されたものになっていく。「自家醸造の合法化と、忌々しいビアホールの閉鎖を」――こうして地域一帯のデモ参加者が、ひとつの旗の下に団結していった。

深刻な経済的苦況がこの騒乱に拍車をかけた。地元のビアホールで割高な料金をとられる前でさえ、働き手の多くが家族を賄えるだけの十分な収入を得てはいなかった。妻が自家醸造すればわずかな費用ですむビールに、一日の賃金の半分を費やす人も出てくる。

＊131　警察の手入れにあった女性たちの唯一の支援は、他の女性たちからのものだった。醸造者、なかでも独身の醸造者は、しばしば相互扶助のつながりをもち、互いに価格を調整したり顧客の情報を交換したりしていた。誰かが摘発されると、仲間たちがその後の生活を助けた。

さらに悪いことには、ひどい干魃《かんばつ》に見舞われたことで、一九二九年の収穫は危機的だった。労働者階級の多くが困窮状態に陥っていて、もっとも大きな打撃を受けた地域が、抗議活動がもっとも早く起きた地域となった。グレンコーの町では、醸造する権利を求めて抗議する女性たちの叫びには、飢えを訴える叫びが混じっていた。ビールはこれらの法律が可決された当時でも、なおも多くの南アフリカの先住民にとって、とくに農村部に住む人々にとって、欠かせない食の一部だった。それはまるで、政府が女性たちに「もうパンはつくるな」と言うようなものだった。

このビアホールへの抗議は、それまで直面してきた他の経済的搾取に対する、先住民の女性たちの怒りにも火をつけた。彼女たちの賃金は（かろうじて仕事を見つけることができたとしても）、男性に比べてはるかに少なかったが、なおも家族を食べさせるのは女性の責任とされていた。似たようなことは世界中の文化にあるとはいえ、彼女たちもまた、責任は負わされても、それを果たせる力も資源も手にできずにいた。抗議にくわわった女性の多くが、醸造で稼いだお金は子どもたちを養い、学校に通わせるものだと訴えた。

ちなみに、全員が全員、家庭のために闘っていたわけではない。一部の女性たちは性差別に抗議してビアホールの襲撃にくわわっていた。これらの女性はたんに醸造権を求めていたのではなく、お酒を飲めるようになること、そして何よりも地域の交流の場に受け入れられることを望んでいた。飲酒することは、社会的な力を意味していた。レディスミスの町でのビアホール襲撃のなかには、抗議する女性たちが押し寄せて、店内のありったけのお酒を戦利品にすることも起きてくる。

何に対する抗議であったにせよ、あらゆる年齢層の女性たちが参加した。十代の若者から年老いた老女まで、一緒になって自分たちの権利を求めて団結した。じつのところ、かなり多くの高齢女性がくわわっている。こうした老女たちの多くは教会や祈禱会に通うさいに計画を立てたり話し合いをして、ときには、ビアホールを襲撃する前に祈りや賛美歌を歌うために集まることもあったという。もしこのおばあちゃんたちの活動を認めずに自制を説く牧師がいたとしたら、それはもう、同じく抗議の対象になったに違いない。

運動が拡大するにつれて参加する女性たちが武装を固めるようになる。ウィーネンの町で最初の抗議活動（二〇〇人強の参加者がいた）が起きた数日後、四人の女性が地元当局と会うためにビアホールに向かった。彼女たちがみな槍で武装している姿を前にして、治安判事は震えあがる。話し合いはうまくいかなかった。一〇日後にウィーネンのビアホールには、不満を抱えた七〇人ほどの女性たちが襲撃しに戻ってくることになる。

当局が動揺したのは、たんに槍で突かれることを恐れたのではなかった（もちろん大問題ではあるが）。この時代というのは、いかなる民族の女性であっても、物静かで従順で言いなりになることが女性とされている。武器を手に持つことは、ちょうどお酒を飲むのと同じことで、男性が自らを証明する行為だった。武装した女性が集団になって殺気立つ姿は衝撃を呼ぶものになる。ビアホールでの抗議は、女性の振る舞いに対する社会の期待にあらゆる面で反していた。

しかも彼女たちは、ただ武装していただけではなかった。女性たちのほとんどは、植民地支配下におかれていること、劣った性であることを映し出すようなものは、その目印や特徴や振る舞いといったすべてを捨て去っていた。その多くが両手に棒や槍を持ち、戦士のようなムチョコベジ（牛の尻尾の房）や羽根飾りの腰巻きを身に着けた姿で、そうして戦歌に声を合わせ、怒りの声を上げ、武器を使い、号令をかけ、列を組んで行進した。世界中どこもかしこも、お酒もそれを飲む空間も長いこと男性が占めるばかりだったが、これらの町々では女性たちがその支配権を奪い返そうとしていた。

そう、間違いなく、ここでの主役は女性たちだった。白人であろうと黒人であろうと、抗議行動が行われた田舎町の男性たちは表立って支持することはなく、デモの指導者のひとりは「男たちは失敗した、だから今度はわたしたち女が手本を見せてやる番だ」と声を上げた。

抗議は何カ月にもわたるものになる。女性たちはビアホール入口を固めて男性客が入るのを物理的に防いだ。ときには店内に乱入してホールを行進し、窓ガラスを割ったり、中の男性たちを襲ったり、その勢いのまま男性たちを追い出すことに成功することもあった。ニューカッスルでは、彼女たちを排除しようと消火ホースを持ち出した当局が、逆に女性たちにノズルを奪われて噴射を向けられることも起きた。

当局が話し合いに向かうと、女性たちは本名を明かそうとはせずに、自分たちのことを「トラブル」や「ドリンク」といった名で呼んだ。先住民女性の集団が一斉に白人当局と向かい合うのは前代未聞のことだった。なにしろ代弁者となる男性の首長や代理人もいない。抗議活動の先頭に立っていたマトバーナ・マジョーラという女性は「ここではわたしたちが男だ」と言い放った。

エストコートの町では、女性たちが逮捕されるとその二日後、彼女たちを脱獄させようとする抗議者が刑務所に押し寄せた。デモ隊の波は足を踏み鳴らして踊り、近隣の白人住民たちは地面が揺れるほどだったと証言している。いくつかの町では、逮捕者が出たときに罰金を支払うために、女性たちがみんなでお金を出し合う組織がつくられた。

こうしたあらゆる騒動の最中でも、女性たちの醸造は続いていた。多くがつくっていたのがミード（蜂蜜酒）で、これは法律上の規定では厳密にはネイティブビールには含まれず、蜂蜜からつくるビールは堂々と醸造して飲んでも問題なかった。しかしながら、それよりはるかに多くの女性たちはウトウワラをつくりつづけていた。レディスミスの町では、醸造所の手入れに入った警察が押収したビールの樽をトラックに積み込もうとするも、女性たちの体当たりで投げ倒されている。

こうした抗議は、ついにはウィーネンやレディスミスといった町のビアホールを閉鎖に追い込んだ。一部の女性に醸造許可証が発行されたが、これでは問題の解決にも、要求に応えることにもならなかった。抑圧的な政策はなおも変わることなく、警察による取締りが強化され、抗議活動には銃による威嚇《いかく》や、催涙ガスが浴びせられた（これが南アフリカ史上初めての使用となった）。しかし女性たちは止まらなかった。

最終的には、当局が根負けするかたちになる。一九四〇年代になっても、これらの地域で女性による密造が抑制されることはなかった。依然として警察による嫌がらせはあったが、その頻度は減っていく。先住民の多くはアルコール法を完全に無視し、当局は徐々にその施行に消極的になっていった。その後の一〇年間はしかし、状況が大きく変わることはなかった。女性の醸造家たちが当局との最後の衝突を繰り広げるのは、さらにこのあとのことである。

日本の農村には女性限定の酒盛りもあった

植民地化されていなかった国々の女性たちは、お酒を飲むのも醸造するのも、はるかに楽だった。第二次世界大戦前の日本の農村では、女性だけの酒盛りが見られるほど非常に盛んなアルコールの文化があった。

日本列島の南西にあたる九州の熊本には、古くから月見の宴をする風習があり、村の女性たちは集まって酒を飲み、満月が昇るのを眺めた。餅やお菓子を食べながら夜明け近くまで時を過ごし、月に感謝と祈りを捧げながら、ふつうは自家製の焼酎を酌み交わした。この地域ではたいていの女性が、米や芋、大麦、蕎麦などを原料にした蒸留酒の焼酎をつくったり売ったり飲んだりしていた。日本酒もよく飲まれた。

一九三〇年代の日本の農村では、人々が何かにつけて宴を開いている。出産でも収穫の祝いでも祭日でも、とにかく祝い事があれば、踊って、歌って、食べて、飲むことがつきものだった。女性だけが集まる機会もあった。そうした女性限定の酒盛りは、最後は酔っぱらって卑猥な歌をうたって（ときには振り付きで！）締めることでも知られた。もうひとつ盛り上がる宴会芸には「胴上げ」もあって、二人がかりで三人目の腕と足をつかんで空中で左右に振るという、おそらくこれは、飲んだ焼酎の量次第ではかなりスリルがあった（どの人が飲みすぎてもスリルは増しそうだ）。

すっかり二十世紀に入っていたとはいえ、お酒をつくって飲もうとする女性への弾圧や抑圧は世界中にあった。それでも彼女たちの多くは、さまざまな方法でお酒を醸造し、蒸留し、飲み、ときにはパーティーを開きつづけていた。

ルーチャ・レジェスはテキーラを飲んで女性の真実の姿を表現した

一九二九年にメキシコシティに戻ったルーチャ・レジェスのもとには、ラジオ局XEWから契約のオファーが入る。その頃はラジオが一大ブームになっていた。放送局もラジオもどんどん増えていて、歴史上初めて、ミュージシャンや歌手はどんな田舎に住むリスナーにも瞬時に音楽を届けることができた。もちろん彼女はその話を引き受けた。

ところで、この時期のルーチャは、人気の音楽ジャンルであってもカンシオン・ランチェーラを歌ってはいない。カンシオン・ランチェーラは、マリアッチと呼ばれる男性だけの楽団が演奏するものと決まっていて、女の子が手を出すジャンルではなかった。女性がマリアッチと共演するのは、テキーラを飲むのと同じことでジェンダーを越境する行為だった。

しかしそこへ、ルーチャのキャリアとメキシコ音楽の未来をすっかり変えてしまう出来事が起きる。メキシコシティでの公演を終えたルーチャは、音楽の興行団にくわわりヨーロッパへの巡業に乗り出した。ところがその巡業のあいだに喉の感染症と呼吸器疾患を患い、声にひどく影響が出てしまう。メキシコに戻る道中に症状はさらに悪化し、帰国した頃には深刻な状態になった。この感染症は声帯に永久的な損傷を残した。声を発することなく過ごした一年後、彼女の従来のソプラノの音域は一オクターブ下がり、病気から復活すると真新しい声になっていた。歌手としてのキャリアが終わってもおかしくないこのピンチが、かえって信じられないほどのチャンスへと変わることになる。ルーチャは、力強くハスキーな声で歌うスタイルへと転向を覚悟した。

このスタイルは、カンシオン・ランチェーラにはぴったりだった。ルーチャは回復するとすぐに演奏活動に復帰し、人気のラジオ番組「メキシコ発のアメリカの声」に定番の歌手になった。リスナーはそこで、彼女がその声だけでなく、人格もすっかり変化していることに気づく。

長かった黒髪をばっさりとボブにした――その頃にはこの髪型は世界中でモダンで独立した女性らしさの象徴になっていた。ステージでは、これまで男性パフォーマーにしか見られなかったような、派手で大胆な身振りになった。しかもすべてチナ・ポブラナの装いでやった。通常ならこのような衣装のパフォーマーはめったに口を利くことさえなかったところへ、ルーチャは鮮やかな赤や緑や白の色合いの衣装と同じくらい堂々として、ステージ上で体いっぱいに表現した。取り澄ました、しとやかさへの期待などすっかり窓から投げ捨てた。

新たな髪型と、新たな声と、新たな大胆さをものにしたルーチャは、性別の境界線をさらに踏み越えてマリアッチとの共演を始める。保守的な価値観の人々の多くがショックを受け、眉をひそめたが、ルーチャ・レジェスはすぐにその名を世に知られる存在になる。RCAレコードと契約を結び、劇場の舞台で歌い、ラジオから多くのヒットを飛ばした。一九三五年から四三年までに、九本の映画に出演している。

そしてキャリアを重ねるにつれて、彼女は既成概念の枠をさらに超えていこうとする。ときには女装を一切やめてズボン姿でステージに立つこともあった。チャーロ用のズボンに華やかな刺繍飾りを施して、定番のチナ・ポブラナの衣装にも負けないものにした。そしてこの最高にカッコいいズボン姿で、男性優位やジェンダーのしがらみをあざ笑うかのように、ゆうゆうとステージ上を闊歩《かっぽ》した。

やがて、彼女の逸脱にはテキーラを飲むこともくわわる。

テキーラを飲むことは、とくに人前で飲むことは、究極の男らしさを象徴する行為だった。ルーチャはこれを自分の選択として取り入れた。情熱的で派手なパフォーマンスをして人前でテキーラを飲む女性……こう言ってはなんだが、存在そのものが女性の理想像に対して中指を立てているようなものだった。

一九四一年、ルーチャ・レジェスはもっとも人気のある曲のひとつ「ラ・テキレラ」（テキーラを飲む女）を発表した。これは曲名からして逸脱している——本来ならばスペイン語では、「テキーラ」の

17：ルーチャ・レジェス

前には男性名詞であることを示す定冠詞「エル」がつく。

女性の飲酒そのものがタブーであった時代だった。お酒を飲みたいとか、しかも酔っぱらいたいなどという欲望をあからさまに表現することは、前代未聞だった。

わたしの魂はいつも
テキーラに酔っている……
良きメキシコ女性らしく
静かに苦しみに耐えてみせる
明日がきてもきっと
わたしはテキーラを飲んでいる

歌詞を聞くまでもなく、女性がお酒を飲む歌であることは曲名から明白だった。「ラ・テキレラ」は軽快な酒飲みの歌ではなく、恋人の残酷さに深く傷ついてお酒の力を借りようとする切ない物語である。彼女が歌ったのは、「良きメキシコ女性らしく」痛みに耐えようとして、深く酔うほどにお酒を飲む女性の姿だった。

「ラ・テキレラ」のメッセージは、メキシコ中の女性の心に深く響いた。この曲をカンシオン・ランチェーラのスタイルでレコーディングしたと聞けば、いかに慣習に反していたか容易に想像できる。ルーチャはテキーラがもつ社会的な含意をとおして伝統に立ち向かい、日常を生きる女性たちの真実の姿を表現した。一〇〇〇年前の李清照と同じように、ルーチャ・レジェスもまたアルコールを手に、女性の欲望や痛みを表現し、感情を隠すべきとされる価値観を正面きって引っくり返した。

ここはひとつ、もうひとりの女性歌手バーバラ・ペリー［こちらは米カントリー・ミュージックの歌手］の歌詞を借りてもいい。

わたしたちはみんな、どうして家のなかで泣くしかないのでしょう？
わたしたち女にはどうして、ビールを飲みたくなるような歌がない？

女性のアルコール依存症に対する偏見と闘ったマーティ・マン

アメリカの女性たちにも「ラ・テキレラ」のような歌が、とくにアルコール依存に苦しんでいた女性たちには必要だった。一九三〇年代から四〇年代にかけて、女性はアルコール依存症の治療から排除されていた。治療プログラムに女性を参加させると、どうかすると他の男性参加者たちを堕落させる恐れがあるとされた――すでにアルコール問題で苦しんでいるのに、女の問題まで背負わせるわけにはいかない。女性は罪深くて道徳を破壊させる生き物だから、周囲に悪影響を与えることになってしまうらしい。

女性のアルコール依存症をめぐっては、世間的な醜聞と偏見への恐れから、大部分の女性は苦しみを抱えながらも沈黙を守っていた。そこへマーティ・マンという女性が医療界に働きかけたことで、ようやく助けが求められるものになる。

一九三〇年代のはじめ、マンは成功したビジネスウーマンとしてロンドンで働いていた。シカゴの上流中産階級の白人家庭に生まれ、私立学校で教育を受け、さまざまな土地を旅行して育った。当時のマンは、まさに女性の成功と富を絵に描いたような存在で、しかも社交界デビューをする令嬢でもあった。しかしその華やかなキャリアの裏で、マンはアルコール依存に苦しんだ。助けを求めても、ロンドンの医師たちは冷淡でまともにとりあわなかった。彼女はついに治療のためにアメリカに帰国する。

一九三八年、マンはコネチカット州のブライスウッド療養所に自ら入所した。一五カ月後に療養所をあとにした彼女は、自身の健康だけでなく、苦しみを抱える他の女性たちも助けたいと決意していた。そして、女性のアルコール依存症に対する偏見をなくすために動き出した。

断酒を続けようとした彼女は、設立されて間もないAA（アルコホーリクス・アノニマス）〔匿名のアルコール依存症たちという意味〕の会合に参加するようになる。AAは設立当初は全員男性だけで構成された自助グループだった。一九三五年の発足以来、女性の参加は全米で二人しか前例がなく、マンは三人目。はじめのうちは会員の多くが彼女を警戒し、敵対的でさえあった。

同じグループの男性たちは、彼女がプログラムについてこられるか疑問視した。なかには彼女の参加に反対して追い出そうとする者もいた。しかし彼女は粘り強く、AAの歴史で初めて長期の禁酒に成功した女性となる。さらにはAAの基本書（ビッグブック）に「女性も依存症に苦しむ」という章を書きくわえた。治療プログラムをとおして生涯の恋人となるプリシラという女性とも出会った。

マーティ・マンは社会に広く知ってもらうことで偏見をなくし、アルコール依存症が道徳的な堕落ではなく、ひとつの病気であるというメッセージを広めようとした。一九四四年、全米アルコール依存症教育委員会を創設し、のちに全米アルコール依存症評議会を組織した。同時に、AAや依存症治療をより開かれたものにすることにもこだわった。プリシラとともに住んでいたニューヨーク市で、同性愛者のコミュニティのためのAAグループを立ち上げてもいる。

マーティ・マンの活動のおかげで、アルコール依存症、とくに女性のアルコール依存症に対する社会の見方は少しずつ変わりはじめることになった。[*132]

「ガーリードリンク」を好まない女性たち

アメリカではこの時期、アルコールをとりまく環境はすっかり変わっていた。[*133] 一三年の長きにわたって地下に潜っていた飲酒文化が、しょぼしょぼの目を開けて光のなかへと姿を現した。蒸留所ではスチルの（少なくともこっそり工業用アルコールをつくってなかったスチルは）埃が払われ、醸造所では樽が充塡された。販売会社は新しい時代の世の中にいかに売り込むかを考え、再開したバーでは、モダンな客層をどう迎えるか考える必要があった。

禁酒法撤廃後に見られた最大の変化のひとつは、女性が飲酒文化にくわわったことである。禁酒法下では女性が仕切る私的空間へと持ち込まれていた。それがふたたび解禁となって表に出されたいま、女性たちも一緒に表へと出てきた。

一九三〇年代の新しい飲酒文化がとりかかった最初の仕事は、たとえ女性の立ち入りは認めるにしろ、いかにして彼女たちを隔離しておくかを探ることだった。

禁酒法時代以前には、男性は豪勢に飾りつけた甘くてフルーティーなカクテルを喜んで飲んでいた。フルーツやらハーブを盛りに盛ったコブラーやパンチやジュレップを傾ける姿はよく見られる光景で、注目をひく派手な飲み物は男性に大変好まれた。

禁酒法が明けると、こうしたカクテルはもはや通用しなくなる。飲む空間を性別で分けることができないとなると、男性は飲むものに性差をもたせようとしはじめた。

このやり方には何千年もの歴史がある。はるか昔の古代ローマで、宴席にくわわることが許された女性がワインではなくパッスムを飲んだのと同じことだった。一般的に、性別に応じてアルコールが差別化されるのは、女性が飲酒空間にアクセスできる場合特有の現象になる。飲酒の場から女性を追い出せないのなら行為そのものから追い出せばよいのだ。

雰囲気が渋いマティーニやハイボールは男性向けの飲み物になった。いまやジンフィズやビーズニーズのような甘いカクテルは、女性向けの飲み物とされた。一般的に「ガーリードリンク」は他のドリンクと強さは変わらない。大きな違いは砂糖の含有量と色合いの鮮やかさ、ミントの小枝やフルーツのスライスといった可愛らしい飾りの有無にある。

しかしながら実際には、女性たちに一番人気があったのはガーリーなものではなかった。禁酒法が

＊132　彼女は一九八〇年に亡くなるまで、アルコール依存症への理解を広める講演者として活躍した。

＊133　一九三三年、アルマ・ウィテカーは著書に「礼儀正しい」飲酒のためのガイドを記して、女性たちに結婚前に恋人と一緒にお酒を飲むことを勧めている。彼女は、カップルは互いの酔っぱらった姿を見ておくのがよいと考えた。

明けてすぐの一九三三年十二月、ニューヨークのビルトモア・ホテルのバーテンダーたちは、女性にもっとも人気なのは、ウイスキーに砂糖とビターズを少々くわえた、オールドファッションドであることを発見する。ワシントンDCのロータス・クラブの支配人だったD・G・ラムも、「女性客が一番よく注文するカクテルならオールドファッションドだ」と述べている。

カクテルを頼まない場合には、ウイスキーとソーダだけを頼むことが多かった。どこのバーテンダーも、目の前にした新しい客層の女性たちが見せるカクテルへのこだわりに、驚くことになる。典型的な男性客よりもこだわりが強いといえるほどだった。禁酒法明けに姿を現した多くの女性は、お酒の嗜好が非常に洗練されていた。翌一九三四年の『ニューヨーカー』誌は、もはや多くの女性が砂糖を一切くわえないオールドファッションドを注文していると報じている。

バーカウンターから締め出される女性たち

アメリカ女性の経済力が高まりをみせた一九三〇年代から四〇年代、より多くの女性がバーに行ってお酒を飲むようになった。就業率が上昇し、産児制限と離婚という概念の広まりをみるという大きな変化も起きている。各地に新しくできたバーの多くは、労働者階級の女性にも通えるような値段だった（サルーンという言葉はほぼ使われなくなった。これ以後は、お酒を飲む場所は一般にバーと呼ばれる）。

一方で男性だけの空間が失われたことを苦々しく思う愛飲家が、アメリカ中に膨大な数でいた。そういった男性たちは、女性を給仕として受け入れることさえ気に入らない。彼らの嘆きを聞いた高級なレストランやホテルのなかには、男性限定の方針を打ち出すところもでる。これは、こういった施設で女性が接客係としてようやく雇われはじめた頃だった（もちろん男性よりも給料は少ないが）。男性ウェイターの組合は、女性が酒を扱うことを禁じるよう政治家に陳情し、ニューヨークの大衆紙『トロイ・レコード』は、「子どもをあやす手でウイスキーサワーを混ぜるとは、いったい誰が喜ぶのか？」と報じた。

その後の第二次世界大戦は、この男性限定の方針に思いもよらない転換をもたらすことになる。多くの男性バーテンダーが兵役のために離れると、その分のマティーニを誰かがつくる必要がでた。そこでシェイカーを手にとったのは、アメリカ中の女性たちだった。かの「リベット打ちのロージー」［大戦中の軍需産業を支えた女性労働者を称揚してつくられた架空の人物で、象徴的なイメージ画とともに広まった］、じつは彼女には、あまり知られていないが妹がいる。バーテンダーのベッシー[*134]だった。

ブルックリンでは、女性組合のバーメイド・ローカル101が結成され、たとえば深夜〇時を過ぎて働かないことや客に名字を教えないなど、バーで働く女性に対する社会の不安に配慮した一定の決まりを組合員に課した。第二次世界大戦が終わる頃にはアメリカでは女性バーテンダーが数千人に上り、ブルックリンだけでも一〇〇人、五〇年前の一八九五年には四七人だったのに比べると大きく変わった。

これほど多くの女性バーテンダーが戦時中にはいたにもかかわらず、なおも男性のエスコートがな

＊134　残念ながら、彼女はロージーのようなクールなイラストで描かれることはなかった。でも、いまからでも遅くない、世界中のアーティストたちにお願いしたい！

いと女性客はバーに入れないとする場所はたくさんあった。ケンタッキー州では、開戦の一年前、女性は食事が出されるテーブルでしかお酒を飲んではいけないとする州法案が可決されている。女性はバーで注文することも飲むこともできなかった。

そして一九四五年に戦争が終わって男性たちが帰国となると、女性たちにはシェイカーをおいてバーカウンターから離れてくれるものと期待された。これを多くが拒否した。バーメイド・ローカル101のような組合のおかげで、彼女たちが仕事を失うことにはならなかったが、しかし世の中そう簡単にはいかない。

女性と並んで働くことを拒否する男性バーテンダーたちは、女性バーテンダーを雇っているバーの入口への座り込みを繰り広げる。そして愚かにも、戦争のあいだ立派にバーテンダーを務めていた彼女たちをつかまえて、バーには暴力沙汰や複雑なカクテルレシピがあるから女性の手には負えない仕事だと抗議した。……この騒動の記事をどこかで読んだエイダ・コールマンが大笑いしたことを願う。

ミシガン州ではこの同じ年に、女性がバーテンダーとして働くことを禁じる州法が制定されている。唯一例外として認められるのは男性オーナーの妻か娘のみで、たとえ自分の店でも女性であるとバーカウンターに立つことはできないとなった。バーの女性オーナーだったヴァレンタイン・ガーザートは、一九四八年にこの州法の違憲性を問う訴えを起こしている。彼女は自分の店でバーテンダーとして働きたかったし、二人の女性従業員にもできるようにしたかった。しかし最高裁はこの州法を合憲とする判断を下し、ヴァレンタインは敗訴する。これが判例となって全米のさまざまな公共施設で似たようなことが合憲と裁定されることにつながり、この州法も三〇年近く改正されることはなかった。

持ち帰りやすい缶ビールの出現

一九三〇年代から四〇年代は、禁酒法以前の時代と同じように、家族のためにビールを買うのは女性の仕事だった。家庭向けに販売されるアルコールの大半は女性によって購入されていた。[*135] 母親や妻たちがビールの広告の訴求対象となり、雑誌でも新聞でも、美しい女性が（あるいは美しく手入れされた手もとが）男性に家での一杯を勧める広告であふれた。ビールブランド各社はこぞって、自社のものを一パック買って帰れば、彼女たちにも広告のなかと同じように笑顔の夫と温かい家庭が手に入るのだと思わせたがった。

広告のほかにも、女性の影響はビールの先端技術にも及んだ――ビール缶である。ビール缶が登場したのは一九三五年で、かつての「グラウラー運び」の習慣が、モダンなやり方にバージョンアップした。地元のサルーンに通って夕飯時のビールをバケツで持ち帰るかわりに、女性たちはいまやスーパーマーケットという、これまた一九三〇年代に誕生したもうひとつの革新的な新業態の店舗で、缶ビールを手にとるようになる。缶は瓶よりもはるかに軽くて開けやすく、すぐに妻や母親たちの買い物のさいには缶ビールが好まれるようになった。その年には二億缶以上が売れている。アンハイザー・ブッシュ社、シュリッツ社、パブスト社など大手ビールブランド各社は、我先に缶にビールを充塡しようと必死になった。

第二次世界大戦中には金属資源の統制があり、一時は缶詰製品の生産が中断されたものの、その後

＊135　これは今日でも変わりないが、アルコール会社はふつう広告に女性が飲む姿を登場させない。

の缶詰の広がりについては言うまでもない。缶ビールといえば、自分の額で缶をつぶしていたお調子者をつい思い浮かべてしまうが［一九七〇年代のカルト的なギャグ映画『アニマル・ハウス』で、トーガを着て飲みほしたビール缶を額でつぶす人物をジョン・ベルーシが演じている］、缶ビールはむしろ一九四〇年代の主婦を連想すべきなのだろう。額で空き缶をつぶすのが得意技だという主婦がいたとも思えない。

ルーチャ・レジェスの傷つけられた女性像

ルーチャ・レジェスの数多い功績のなかでも、彼女の名をメキシコの女性たちの胸に刻み込んだもののひとつに「ラ・テキレラ」[*136]のヒットがある。彼女の代表曲ともなった。

しかし、そのことは彼女に対する後世の評価にも影響を及ぼした。

彼女は性別という壁を越えるためにテキーラを巧みに使ったわけだが、そのことで自らのイメージを傷つけることにもなった。ルーチャはこの曲のヒロイン、酒におぼれる悲劇的な女性像といつまでも結びつけられることになる。友人のナンシー・トレスをはじめ、共演者たちが誓って事実ではないといくら否定しても、彼女のハスキーな歌声が過度の飲酒によるものだという風評が消えることはなかった。

波乱に満ちた交友関係と三度の結婚、そして鬱病との闘いのすえ、一九四四年六月二十五日、ルーチャ・レジェスは睡眠薬の過剰摂取により自ら命を絶つ（人々はこれにはテキーラの過剰摂取もあったと噂した）。彼女はまだ三十八歳だった。

ルーチャが亡くなったのは、ちょうどマーティ・マンが全米アルコール依存症教育委員会を立ち上げて、女性のアルコール依存症がとくに道徳的な堕落とされる偏見と闘おうとしていたのと同じ年だった。ルーチャ・レジェスの芸術的遺産とその栄光には、テキーラを飲むことを歌ったがために、いまだにアルコール乱用の風評が（確認されたことはないにもかかわらず）暗い影を落としている。

雑誌や新聞、さらには一九九四年の伝記映画『夜の女王』でさえ、ルーチャは自滅的なアルコール依存症で、心に傷を負った壊れやすい女性として描かれている。彼女はすっかり悲劇的な人物とされるわけだが、一方では多くの著名な男性歌手や芸術家については、アルコール好きが周知の事実であっても賞賛と敬意をもって記憶される。文豪アーネスト・ヘミングウェイも自殺で亡くなっているが、彼が無類のお酒好きだったことは（彼にちなんだ名前のダイキリもある）美化されている。それはまるで、男らしさを極めすぎて死んだかのような、ロマンチックな描かれようだ……死因はたんに胸毛の生えすぎだったとでも言いたいのだろうか。

ロサンゼルスのマリアッチ広場には、ルーチャ・レジェスの銅像がある。両手を腰に当て、肩を後ろに反らして誇らしげに立っている。自立したフェミニストの象徴として、そしてマリアッチ音楽の大胆な女王として、これこそがルーチャが記憶されるべき姿なのだろう。

南アフリカのビアホールからアメリカのビール缶にいたるまで、家父長制社会の制約のなかにあっても、女性は依然として新しい時代のアルコール文化に大きく影響を与えた。このあとに続く一〇年は、いよいよ女性の飲酒体験が、次なるブームをかたちづくる原動力となる。

＊136　この曲は作曲家アルフレド・ドルセーによるものとされてはいるが、多くの人はルーチャ自身がつくったと考えている。一九三七年以前はメキシコでは女性が作曲家として著作権を登録することはできなかった。一九四〇年代に入っても、女性歌手が著作権を登録せずに曲を書くことは珍しくなかった。

第11章　サニー・サンドと「ビーチコマー」――一九五〇年代

ティキ文化発祥のティキ・バー

一九四五年に第二次世界大戦が終結すると、熱帯特有の味覚に親しんだ多くの帰還兵が南太平洋から戻り、市民のなかにも多くの人々がポリネシア文化の美に対する驚きと好奇心を抱くようになった。こうした流れが相まって、史上かつてない広範かつ最長の飲酒風景を誕生させることになる。それがティキ文化だった〔ティキとはポリネシア地域で広く神々やその彫像を指す〕。それはたとえば、ポリネシア風のマグカップや、親戚のおじさんがいつも着ている派手な柄シャツや、カクテル用の小さな傘飾りや、マイタイ、そして山ほどの種類の竹製品といった形になっていく。

ティキ文化の始まりをたどるなら、一九三四年にハリウッドに開店した、ティキをテーマにしたレストラン兼バーの「ドンズ・ビーチコマー」ということになる。しかしながら、アメリカ中が貪欲にティキ文化を消費するようになるのは第二次世界大戦後のことであり、ひとりの聡明な女性のビジネスセンスがなければ、すべてはハリウッドの一角にとどまっていたかもしれない。

その前にひとつつけくわえておこうと思う。

ティキ文化はファンタジーの世界だ。つまり、南国カリブの飲み物や風味をベースにつくるアメリカのカクテルに、広東料理と、ポリネシア風を真似た装飾が特徴というティキ文化は、いわば文化の盗用と人種偏見と帝国主義的搾取がブレンドされたアメリカ独自のスタイルである。「本物」のティキ・バーなどというのは存在しないのだ。この点については、マオリやハワイやサモアの人々にとって重要な宗教的・文化的図像を真似たマグカップからラム酒をすすることを正当化するのが、いかに不可能なことか、今日のティキ文化はその核心にある問題をなおも抱えつづけている。たとえてみるならば、カトリックをテーマにしたバーがあって、人々が聖母マリアを模したグラスからショットで飲むようなもの——もしもキリスト教国が植民地支配を受けて搾取されていたなら、そういう話だったはずだ。

ティキ文化に本質的な問題点があるとはいえ、アメリカに一大ブームを巻き起こしたのは間違いなく、一九五〇年にそのもっとも熱狂的なピークを迎えている。さてそれでは、カリフォルニア州ハリウッドのちょっと横道に外れたところにあった、出発点となるティキ・バーの話である。

ドンズ・ビーチコマー（のちのドン・ザ・ビーチコマー）は、ホテル一階の片隅にあった漆喰壁の小さなバーで、店内は二五席ほどしかなく、カクテル史を語ろうとするには地味なたたずまいだった。店名になっているドンこと、本名アーネスト・ガントは、才能あるバーテンダーだった。この頃のアメリカでは、カクテルのベースといえばジンかウイスキーが主流になっている。建国の父たちが国内のウイスキー市場を奨励する優遇政策をとったおかげで、課税対象になったラム酒は、植民地時代以降のアメリカでは普及せず人気とはならなかった。

ドンは、実際に彼自身でカリブ海域や南太平洋を旅していて、そこからカクテルの知識をたくさん得ていた。さまざまな種類のラム酒同士を組み合わせたり、新鮮な果汁を混ぜておいしい一杯をつくることも学んだ。このやり方を彼はラム・ラプソディーと呼び、人々にその味を提供する小さなバーを開いた。その狭い店内は、漁の網や島々の工芸品や竹製家具、サメの顎骨など、彼が海外から拾い集めてきたものであふれていた。

最大の問題は、ドンが経営には向いていなかったことである。バーの経営手腕のまずさは、バーカウンターでみせる才能と同じくらい並外れていた。そんな彼にとって、ひいては全米の何千人ものティキマニアにとって幸運だったのは、ある日、ミネソタ州出身のひとりの若いウェイトレスがビーチコマーにやってきて、そして瞬時に可能性を感じたことである。

ドン・ザ・ビーチコマーからティキ・バーが始まった、これは議論の余地がない事実である。しかし、ビーチコマーのティキ帝国を築き上げたのが誰かとなれば、それはコーラ・アイリーン・サンド、通称サニーとして知られる女性だった。このサニー・サンドが、女性受けするバーのつくり方を心得ていたことが、帝国の成長につながっていく。

最初からティキ帝国の女王を目指していたわけではない。十七歳でミネソタ州の小さな学校で教師として働きはじめた。毎日往復およそ三〇キロの道のりを、冬のあいだはスキーを履いて、全学年を教えるために通わなければならなかった。やがてこれよりももっと華やかな（そしておそらく暖かい）生活がしたいと思うようになる。旅費を貯めたサニーは、ロサンゼルスに住む姉のもとに滞在するため鉄道の片道切符を買った。

サニーは、手足の長い金髪の白人で、ドンズ・ビーチコマーを最初に訪れた当時は、チックタック・ティールームのウェイトレスとして雇われていた。そしてティキ・バーのほうは、開店してそれほど経っていない頃だった。サニーが店を買いたいとすぐに申し出ると、これが驚くべきことに、ドンはイエスと返事をした。

彼女の最初の仕事は、お金を用意することだった。デパートでモデルとして副業を始め、姉からお金を借り、銀行から融資を受けた。間もなくしてバーを購入するのに必要な資金が集まると、契約が交わされた。サニーはそこで、ドンをそのまま店長として残し、自身は社長兼経営責任者となる。このどこかの段階で、サニーはバーが気に入ったのと同じくらい、そこの外向的で魅力あるバーテンダーのことも好ましく思うようになっていて、二人は交際を始めた。

サニーはビーチコマーに大きな計画を思い描き、さっそくその実現に乗りだす。

女性は家庭での良きホステス

第二次世界大戦を経たアメリカでは、その飲酒習慣が、とくに女性に関してふたたび大きく変化した。家庭的な女性の新たな理想像に、カクテルづくりがくわわる。相変わらずビールは食事時に欠かせない家庭の飲み物とされていたが、一九五〇年代の主婦は美味しいマティーニをさっとつくれる腕前も必要になった。

戦後の繁栄を享受するなか、とくに中流以上の既婚女性にとって、お酒の付き合いという新たな社会的プレッシャーがかかる。かつては飲むことを禁じられていた専業主婦が、一転して飲むことが求められるようになった。もちろん飲み過ぎは禁物。妻や母親には家庭内のすべての人に節度を守らせる責任がある点に変わりはない。もしも女性が飲み過ぎていたなら、それは家事義務を果たしていないに違いなく、もし飲み過ぎているのが男性なら、家事義務を果たしていない妻のせいに違いなかった。一九五〇年代のアメリカの大衆文化は、規範意識と伝統的な性別役割分担の重要性を強く説くものだった。当時のいわゆる専門家の多くは、アルコール依存は性別役割規範を守れていないことの現れだと考えた――これは一周まわって納得というべきか、一九五〇年代の完璧な主婦像に合わせようとしたら、どんな女性だってお酒を飲みたくもなるのだろう。

こうした考え方は、当時のアルコール広告にも反映されていた。雑誌や新聞の広告は、女性に期待する、良きホステスとしての役割を前面に打ち出すものになる。禁酒法時代に始まった自宅でのカクテルパーティーの流行は、一九五〇年代にはよりオープンなかたちで続いていた。郊外の新興住宅地に住む白人の豊かさを典型的に表したイメージのひとつは、美人の主婦が夫とその友人たちのためにカクテルをつくり、ビールを用意するものだった。数えきれないほどの広告が――エレガントな女性が、夫にビールを飲ませようとして異様な興奮状態にあるという――まさにこの筋書きどおりの情景を描いた。

こうした広告において、女性はお酒を飲む側ではない。一九三〇年代や四〇年代と同じように、あくまでも彼女たちはアルコールを用意する姿だけが写された。広告では家庭内で飲まれるものとしてアルコールを売り込んだが、蒸留酒協会は会員に対して、印刷広告での女性の飲酒を禁じる規約を課した。ビール会社については、繰り返しになるが食卓の飲み物だという立場でもあり、やろうと思えばできないことはなかったが、蒸留酒の場合ではそういうわけにはいかない。一九五八年、蒸留酒協会は米国蒸留酒協議会となり、テレビのコマーシャルにも女性の飲酒広告は禁じることで合意された。この禁止は一九八七年まで解除されなかった。

イギリスとオーストラリアで女性向けのお酒が発売

一方で大西洋をはさんだ反対側では、状況はかなり違っている。フランシス・シャワリングという会社が、イギリスのテレビで初めてアルコール飲料の宣伝をして、まさに歴史に名を刻もうとしていた。その商品はかつてない斬新なもの、女性向けのお酒、ベイビーシャムだった。

ベイビーシャムは爽やかな発泡性のペリー（洋梨のシードル）で、アルコール度数は約六％と、一般的なビールとほぼ同じ強さがある。ペリーは当時のイギリスでは人気のある飲み物ではなかったが、確実に流行しようとしていた。

ベイビーシャムが発売されたのは一九五三年で、「ガーリードリンク」の選択肢はかなり限られていた時代である。バーやパブの敷居は下がってきていたが、そこに女性市場向けのビールはなかった。世間は女性が注文するものをさんざんからかうだけだし、それならば自分たち向けに宣伝される商品を試さないはずがない。しかもほかには選択肢もないときている。

この新しく斬新な飲料は、いかにも愛らしい小さな瓶入りで、かわいい子鹿のイラストがラベルを飾っていた。中身はおよそ一〇〇ミリリットルでシャンパンのクープグラス[*137]にちょうどよい容量だった。ベイビーシャムはお洒落なものとされ、セクシーでシックな女性が「ベイビーシャムが飲みたいわ」とほほ笑むコマーシャルをとおして、洗練された飲み物として宣伝された。

ベイビーシャムは第二次世界大戦後のイギリス女性にとって一番人気のお酒になった。

このちっちゃなボトルはパブでもバーでも大人気で、なにしろビールと競合することもなかった。ビール会社にとっては、このシードルが急激な人気を集めたところで、自分たちの客層を奪われる恐れは感じなかった。

オーストラリアでも似たようなことが起こり、一九五七年にはグランプス・ワイン社がバロッサ・パールを発売した。一九五〇年代にはパブでお酒を飲むノンネイティブのオーストラリア女性が増えたことから、各社は彼女たちが買えるものをつくろうとした。バロッサ・パールは、ビールに代わるものとしてつくられ、口当たりの軽いスパークリングワインで、ともすると低品質のシャンパンを薄めたような味といえた。ベイビーシャムと同じく、バロッサ・パールも人気が爆発する。とくに若い女性の人気を集めていて、これはイギリスの女性たちと同じで、それまで自分たちに向けて販売されるアルコールがなかった層である。[*138] いまでもオーストラリアのおばあちゃんたちの多くは、バロッサ・パールをめぐっての思い出話を（良いものも悪いものも）もっている。

人目を引く真っ赤な封蠟

一九五〇年代のウイスキー業界では、なおも女性たちが合法・非合法の両面でその足跡を残していた。蒸留所で瓶詰めに従事する女性は変わらず多くいたが、徐々に樽づくりやマーケティングといった、他の部門にも進出するようになった。そしてマージ・サミュエルズというひとりの女性が、バーボン［ケンタッキー州が中心のウイスキーの一種］の販売風景を一変させる。

一九五〇年代に酒屋に入ってウイスキーを買うには、銘柄をきっちり把握していないと難しかった。

＊137　ベイビーシャムは、シャンパンであるかのような印象を強く与えすぎているとして、フランスのシャンパン生産者から訴えられた。ベイビーシャムは、シャンパン・シードルやシャンパン・ペリーと名乗っていた時期があった。法廷闘争ではベイビーシャム側が勝利した。

＊138　ベイビーシャムとバロッサ・パールは現在でも買うことができる。美味しいかは約束できないけれど、購入できるのは間違いない。

どれもほとんど同じボトルだったからである。種類が何か（ライウイスキーやバーボンなど）を問わず、ほぼすべてが高さ三〇センチほどの首の細長い透明なガラス瓶に入っていた。種類も何もない、派手な色のラベルも、凝った形や色のボトルも、もちろん目を引く仕掛けなどありえない。

マージ・サミュエルズが目をつけたのはそこだった。

夫のビル・サミュエルズは、六代目のウイスキー蒸留業者だった。兵役を終えて戻ったビルは、家業を受け継ごうと考え、一九五三年、サミュエルズ夫妻はケンタッキー州ロレットの北東にある蒸留所を購入する。

一八〇五年に建てられたこの建物には、かつてバークス・スプリング蒸留所があった。その歴史的意義に感動したマージは、夫を説得して、古い建物をすべて取り壊すのではなく修復することを決める。そして彼女は、地域社会においてこの古い蒸留所がいかに重要な意味をもつか、近隣の人々に聞いてまわり、時間を費やしてその声を集めた。三〇年近くかかったものの、ついには国立公園局を通じて国定歴史建造物の申請が承認されるにいたった。これは国内の蒸留所で初めてのことだった。

夫婦は、副原料としてライ麦のかわりに小麦の品種を使い、まろやかな味わいのバーボンをつくろうと力を合わせた。マージはさまざまな種類の穀物を使ったパンを幾種も焼いて夫に試食させて比較し、最終的に二人は赤い冬小麦を選ぶ。赤い色はのちには蒸留所にとって重要な色ともなった。

化学の学位をもっていてカリグラフィーが好きだったマージ・サミュエルズという女性は、芸術と科学の両面でバランスのとれた才能があったといえる。一九五六年、彼女はひとりきりのバーボンのボトリング研究開発部門に就いたかたちになった。キッチンに座り、ボトルとラベルのデザインをさまざまに試作した。従来の酒屋の棚に並んでいるような、代わり映えしないものとは違った、個性的で手づくり感のある見せ方はないか。彼女はバーボンボトルを人目を引くものにしたかった。

密封のさいにコルク栓ではなく蠟《ろう》が使われていたコニャックのボトルをヒントに、マージはこれまでウイスキーボトルにはなかった新しいことを試すことにした。キッチンから揚げ物鍋を引っぱり出して地下室に運び込んだ。さまざまな種類と色の蠟を七カ月かけて試した。そしてついに、赤色の蠟にたどり着く。こうして、赤色の蠟がボトルトップを覆って滴り落ちるという、ついに望みどおりの装いを見事につくり上げ、彼女はそれをメーカーズマークと名付けた。

18：メーカーズマークの封蠟

メーカーズマークは一九五九年に発売され、すぐにヒット商品となった。バーボンの味の良さだけでなく、真っ赤な封蠟が施されたボトルはどこの棚でも目を引いた。他社はなんとかサミュエルズの作品を真似ようとしたし、その挑戦は五〇年以上経ってなお続いている。二〇一二年にテキーラ大手のホセ・クエルボ社が滴り落ちる蠟の外観を模倣しようとしたところ、裁判所からサミュエルズのデザイン侵害にあたるとの判決を下されている。商標法による判決は酒類のパッケージデザインを一変させることになった。

歴史あるメーカーズマークの蒸留所は、「バーボントレイル」として知られる観光の始まりとなり、いまではケンタッキー蒸留酒業者協会の主催によって州内の主要なバーボン蒸留所をめぐることができる。観光客は各蒸留所に立ち寄り（肝臓のためにも一日弾丸ツアーはお勧めしていない）、見学や試飲を楽しんでまわる。没後三〇年近くを経た二〇一四年、マージ・サミュエルズはケンタッキー・バーボンの殿堂入りを果たした。蒸留所をもつ女性として初の殿堂入りだった。そしてメーカーズマークは、いまなお世界でもっとも簡単に見分けられるウイスキーボトルのひとつになっている。

禁酒法廃止後も規制の厳しい地域

アメリカの女性は一九五〇年代においても、非合法なウイスキー製造に深くかかわっていた。禁酒法が過ぎ去ったあとでも国内には多くの「ドライ」な地域があった。多くの州には「ドライ・カウンティ」（酒類の規制がある郡）があり、その地域ではアルコールの販売が、毎日のものから日曜日の限定的なものまで、さまざまな厳しさで禁止されていた（現在でもいくつかの州には規制する法がある）。そこでは多くの女性が密売をちょっとした副業にしていて、州外で合法のお酒を買ってきてドライな町で売ることをしている。

オクラホマ州はほぼ完全にドライだった――なにかにつけ四角四面な州ではある。そこで販売が許されていたのは、アルコール度数の低いビール（三・二％以下）に限られていて、密造酒をつくって売る女性たちが州内全域にいた。なかでも有名だったのはクレオ・エップス[*139]で、一九四〇年代から五〇年代にかけて密造酒を手がけていた。地元では人望が厚く、この稼業で得た大金を使って多くの人が家を買うのを助けてもいる。警察も彼女のことを知っていながらも見て見ぬふりをするほど愛されていた。オクラホマ州が一九五九年になってついに規制を廃止したのちも、エップスは一九七〇年に亡くなるまで闇酒を売りつづけた。[140]

ハリウッドの女性セレブたちが愛したビーチコマー

サニーが最初にとりかかったのはビーチコマーを拡張させることだった。たった二五席では彼女には物足りない。

近隣を偵察してみたところ、ティキ・バーの通りをはさんだ向かいのアパートが放置建物であると知り、これを購入した。二階建ての上の階にはダイニングスペースがあるこの建物が、ビーチコマーの新天地となった。

新規に場所替えしたとはいえ、通りからは目立たなかった。入口は竹やぶのなかに隠れていて、表看板は小さくて遠くからはわかりづらい。タクシー運転手は場所を見つけるのに苦労した。バーのオーナーにとっては悩みの種になりそうなものだが、彼女の計画にはこの隠れ家的な立地がぴったりだった。

サニーはこの新しいバーを、客にとって特別な場所にしたかった。仕事帰りの一杯に立ち寄る大衆酒場ではなく、彼女の表現では「とっておきの夜」を過ごすための場所である。ドレスコードを指定し、男性客にはジャケットの着用を求めた。

＊139　そう、この本にはクレオがたくさん登場する。もし自分の娘を酒飲みか密造で有名にしたいなら、ひとまず名前はクレオパトラに。

＊140　エップスは法廷で不利な証言をしたために地元マフィアに殺害された。

それまでの狭くて薄暗い元の厨房で、ドンがつくっていた手軽な炒め物ではまずいとなり、メニューを変えた。異国情緒への客の期待、カリブ風のカクテルと島々の文化を真似た装飾にマッチさせるように、中国系アメリカ人のシェフを雇って広東料理をつくらせた。タケノコ、シログワイ、オイスターソースなどの食材を中国から直接取り寄せた。最後の仕上げとして、アメリカの白人層の戸惑いを予想して、客席のあいだを歩きまわって料理の内容を説明する専任のメニュー・アドバイザーをおいた。

彼女はまた、埃っぽい装飾品が散らばるだけでは不十分なこともわかっていた。ハワイから大量の花や植物を船で運び込み、ビーチコマーを本物の果物で飾った。バーはまるでハリウッド映画の南国のセットのようになり、客はそこでココナッツやパイナップルからドンの有名なカクテルを味わうことになる。

その後ろでは、店内での生演奏を好まない彼女が、静かな音楽を流しつづけた。彼女が当初から目指したのはロマンチックな場所だった。照明を薄暗いものにしたのも彼女で、「すべての女性を魅力的でミステリアスに見せる」[*141]ためだったと述べている。

ビーチコマーが突出して成功を収めた理由として、女性が女性のために考えたものだったことがある。新たに要素をくわえたり拡張したりするたびに、サニーの念頭にあったのは女性客がどんな体験を求めるかということだった。斬新かつ入念な店づくりをしたのは、彼女自身もバーが好きだったからでもあった。お酒を飲みながら楽しい時間を過ごすのが大好きで、女性がバーに求める魅力をよく理解していた。サニーは、彼女自身も飲みに行きたくなるようなバーをつくろうとしたのだった。

ちょうど同じ頃、第二次世界大戦の直前に、アメリカの大学で若者を対象にした飲酒に関する初めての大規模な社会調査が行われている。若い女性の半数以上が定期的に飲酒していて、そのほとんどは純粋に楽しむ目的だとしている。理由として挙げられたのは、「陽気になるため」や「雰囲気を楽しむため」、「緊張をほぐすため」といったものだった。結果は明らかで、アメリカの若い女性たちが飲酒文化に参加したがっていたことがわかる。[*142]

サニーの緻密な計画と細部へのこだわりは功を奏した。経営を引き継いでから半年を経ずに「アイスボックスとレジ以外は、すべてのものがよく売れた」と語るまでになる。一九三七年になると平日の夜には約六〇〇人、土曜日には九〇〇人もの客がビーチコマーの席に着いた。サニーは口コミの力でビーチコマーを盛り上げている。そしてその口コミを発したのが有名人たちだったことが、成功を真に大きなものにした。

ハリウッドの関係者たちが常連となって出入りするようになり、グレタ・ガルボやジョーン・クロフォード、マレーネ・ディートリヒといった女性セレブたちがこの店を愛した。たとえばジョーン・クロフォードはお気に入りのエッグロールとエビフライとスペアリブのメニューを食べに頻繁に通っていて、「ピニャコラーダを飲むほうが、ベティ・デイビスの顔を引っぱたくより気が晴れる」[二大

＊141　彼女は一九四八年の『サタデー・イブニング・ポスト』紙のインタビューで、「多くの恋愛を成就させたと思う」と語っている。
＊142　この調査の対象はほとんどが白人女性だった。アメリカ先住民に対する禁酒法の廃止には一九五三年まで待つことになる。人種隔離政策であるジム・クロウ法は一九六五年まで施行されており、つまり若い黒人女性を受け入れないバーが多かった。

19：クイーンズ・チェアに座るサニー

女優は生涯にわたる確執があった」と語っている。[*143]

ブームに火をつけたのは、このスターたちの影響力だった。サニーは著名な顧客たちの要望やニーズに神経をとがらせ、すべての従業員がつねに気を配り、ファンやカメラマンを遠ざけるよう万全を期した。彼女はビーチコマーを、選ばれた人のための隠れ家的なものとしてイメージした。人というのは手に入れがたいものを欲しがる。入口の前に赤いロープを張り、ときには満席でなくても客を追い返すよう指示することもあった。

じつはハリウッドのスターたちも含めて、これらの顧客のほとんどはサニーの存在にまるで気づいていなかった。つねに明るく外向的なドンは客のなかに出ていくのが好きだったが、サニーはあえて舞台裏に留まった。この（マスコミの表現によれば）「脚がきれいで、胸の谷間が深いブロンド」がビジネスの原動力であったわけだが、ドンがバーの顔になっていることにサニーは満足だった。この頃には二人は結婚していて、彼女は従業員たちから慕われ、みんなからは本名のコーラ・アイリーンの頭文字をとってママＣＩとも呼ばれた。

唯一の道楽といえば、彼女だけの私的な食事場所においたクイーンズ・テーブルだった。ぴかぴかに磨き上げられたそら豆形の大きなテーブルで、タマリンドの木から切り出した一枚板を、上に板ガラスを載せて保護していた。そのテーブルの上座にはクイーンズ・チェアがおかれていた。その扇形の編み細工の椅子があるのは店内でここだけで、座ることができるのはサニー・サンドだけ、そして彼女がよく座っていた。

ポンプ＆ウィムジー社の創業者であり社会学者でもあるニコラ・ナイス博士は、カクテルの歴史にとってサニーのような貢献がどれほど重要かを忘れてはならないと力説している。「バーテンダーに必要なのはもてなしの心で、女性には相手の心を気遣うところがある」

裕福な有名人のなかには、禁酒法時代からトロピカルな風味に慣れ親しんだ人たちもいた。当時は飛行機でハバナまで飲みに行くのが、経済力のある人々のあいだで流行《はや》ったからである。そして禁酒法が明けてもハバナはお酒を楽しむ人気の観光地でありつづけ、リタ・ヘイワース、エリザベス・テ

＊143　ジョーンはお酒に強いこだわりがあった。旅行に自分の好きな銘柄を持参することで知られていたが、彼女の契約書の付帯条項には、スミノフ・ウォッカ、オールドフォレスター・バーボン、シーバスリーガル・スコッチ、ビーフィーター・ジン、モエのシャンパンを用意するよう明記された。

イラー、ジョセフィン・ベーカー[*144]といったスターたちも訪れている。
禁酒運動の指導者たちのなかでさえも、ラム酒のカクテルの誘惑に抗えなかった人たちがいた。ロサンゼルスの福音伝道者エイミー・センプル・マクファーソンは、ラジオ番組での禁酒法を支持する説教で有名な女性だった。あるとき、偽名を使ってハバナのバーにやってきたところが、バーテンダーのマックス・ビルグレイに正体を気づかれてしまう。後日になってマクファーソンの偽善を面白がった彼は、彼女のためにつくったカクテルのレシピを絵葉書に印刷したため世界中に広がることとなった。

M・ビルグレイ考案による特別調合
エイミー・センプル・マクファーソンの来店を記念して

【ハレルヤ・カクテル】

バビロニア産のグレープブランデー
シナイ山の頂からの氷
シンの荒野のレモン
ソドムとゴモラのベルモット
ノアの方舟で熟成させたラム酒
エデンの園からカインのシロップをくわえて

最後はヘブライ人のようにシェイクし
飲み終えたらハレルヤと唱えること[*145]

それにしてもサニーの顧客の多くにとっては、この種のフレーバーやリキュールを使ったカクテルは、彼女のバーで初めて出合うものだった。調合にかけてはドンは天才だった。たんにレモンかライムだけでなく、パイナップルやグレープフルーツやオレンジの新鮮な果汁を使った。シンプルなシロップのかわりに、蜂蜜やメープルシロップ、あるいは、バニラやオールスパイス、シナモンなど異なるスパイスと砂糖を混ぜることもあった。

こうしたカクテルの豊かさ、雰囲気のよさ、秘密めいたような空気、排他的な特別感、これらすべてが無敵の組み合わせとなった。サニーはギフトショップ[*146]を設けてラム酒や食料雑貨を売ることもあったが、すぐに座席数を増やすために場所がなくなった。

＊144　ベーカーには彼女の名前がついたカクテルまであった。
＊145　レシピは以下のとおり。ブランデー＝一オンス／ラム＝〇・七五オンス／スイートベルモット＝一・五オンス／グレナデンシロップを適量／ライム果汁を四滴。このカクテル自体は美味しいものではない。しかし、人々には禁酒を要請しておきながら、自分はハバナにカクテルを飲みにひとっ飛びというのも、これまたいただけない。
＊146　彼女は、ロマンチックな雰囲気に水を差さないことを徹底した。そこで、若い女性が店内を歩きまわってタバコや土産品を売るかわりに、客が食事を終えたあとに生花のフラワーレイなどを買えるようギフトショップを設けた。

そしてそこへ、二つの大きな変化が起きてくる。サニーとドンが一九四〇年に離婚し、その直後に、ドンは第二次世界大戦でイタリアへと発った。ドンの出征中も二人はビジネスパートナーでありつづけた。ティキ文化に関する歴史の多くには、この状況について、まるでサニーが離婚でドンからビジネスを取り上げて、彼がヨーロッパの戦線で勇敢に戦っているあいだにお金儲けをたくらんだかのように描いているものが多い。しかし、ビーチコマーは二人が結婚する前でも、すでにサニーのバーだった。

そうしていまや彼女は、全米を視野に入れようとしていた。

南アフリカ先住民の女性たちの大規模な抗議活動

一九五〇年代の南アフリカでは、お酒をつくる権利を求める女性たちの闘いがまだ続いていた。

この一〇〇年間には、家庭用の蒸留技術が大陸全体に急速に広まる。発酵飲料の摂取や醸造を禁じる法律をいかに逃れるか、女性たちはつねに抜け道を探していて、これに蒸留がぴったりはまった。一般的に蒸留酒のことを指した「ワラギ」は、おもに農村部の女性たちによってつくられた。ここへきてアフリカの女性たちも蒸留酒の闇酒造りに乗りだすこととなり、シビーン・クイーンたちはワラギをメニューにくわえた。

アパルトヘイト時代の女性たちにとって、醸造と蒸留はお金と自立と力が得られる秘密の手段になっていた。一九四八年に始まったアパルトヘイトは、法によって人種差別と人種隔離が進められた制度で、一九九一年まで続くことになる。シビーンはそれまでの何十年もそうであったように、黒人の抵抗活動と白人至上主義に対する反乱の拠点の役割を果たしていく。女性たちは、手がけたお酒をドラム缶に入れて、発酵させるためや隠す目的でも地中に埋めることをしていて、その巨大なドラム缶が埋められたり掘り出されたりするたびに、家族や友人たち、近所の人たちが見張りに立った。

アパルトヘイト体制の緊張と恐怖のなかで、先住民の女性たちは白人所有のビアホールによる抑圧状況となおも闘っていた。一九五九年、ダーバンのなかでも労働者階級が住む地域のケイトー・マナーでは、醸造や蒸留を手がける女性たちに対する手入れや摘発が相次いだ。ついに堪忍袋の緒が切れたこの地域の女性たちが、六月十七日に大規模な抗議活動を起こす。

抗議する女性たちはケイトー・マナーのビアホールへと押し入り、その先頭にはフローレンス・ムクヒズとフェミニスト活動家のドロシー・ニヤンベがいた。二〇〇〇人規模の抗議集団は、最終的には警察によって鎮圧されている。ムクヒズとニヤンベによる訴えに対して当局が取り合うことは起きなかった。

翌日になると抗議は沈静化するどころか、ダーバン中に広がった。女性たちはより大規模な抗議行動を組織し、ボイコットは地元のビアホールすべてを対象にして広がり、間もなくして一時閉鎖に追い込むにいたる。その年末にかけて、抗議活動にくわわった女性は二万人以上に上った。彼女たちのうち一〇〇〇人以上が逮捕され、裁判で有罪判決を受けた。

それでもなお、法律が変わることはなかった。

しかし、彼女たちの努力はまったく無駄ではなかった。これに続く一〇年は、ついに南アフリカの女性たちの醸造に変化をもたらすことになる。

ＬＧＢＴＱのコミュニティを求めて

バーや公的な飲酒空間の歴史をみていると、それが女性たちの生活や政治力、独立性、地域社会への参加においていかに重要であるかがよくわかる。一九五〇年代には、その重要性は女性たちの社会生活においてもいよいよ増した。なかでも女性のうちの特定の集団、レズビアンのコミュニティにとってはまさにそうだった。

一九二〇年代に入る以前のアメリカでは、レズビアンはふつうは個人宅でパーティーをしていた。そこへきて禁酒法が施行され、女性が飲酒文化に仲間入りしたのと同じく、多くのゲイやレズビアンのナイトライフも充実した。飲酒をするならどこか安全な秘密の場所でなければならないのは、レズビアンのパーティーと同じことだった、

とくにハーレムは、ゲイやレズビアンの夜の社交生活の中心地だった。

マンハッタン一二六丁目にあったのは、ゲイバーの「ウェルズワース」である。ウェルズワースは、女性用にサイドドアが設けられた古いサルーンのひとつだったことから、店のオーナーはその構造を活用して、バーの奥の部屋をレズビアンの客専用にあてた。この合わせ技により、前面にはゲイ、後方にはレズビアンの空間ができたことになる。そしてこのウェルズワースの奥まった空間は、禁酒法時代に黒人のレズビアン・コミュニティのホットスポットだった。

一九五〇年頃には、ニューヨーク市のレズビアンバーは、ほぼすべてがマフィアによって経営されていた——間違ってもこれは、ニューヨーク市ではマフィアが同性愛者の権利を擁護したからでは決してない。むしろ、どこかに違法な匂いがして金になりそうとなれば、必ずやマフィアがからんできたにすぎない。

LGBTQコミュニティは一九五〇年代には当局の標的になっていて、バーが彼らを客とすることさえも違法だった。同性愛者のバーで飲んだり踊ったりしたら逮捕される危険があり、そうなれば秘密が暴露されて仕事も家族も何もかもを失うはめになる。これはマッカーシズムの嵐が吹き荒れていた時代で、性的マイノリティの人々が集まるバーをめぐっては、潜入捜査を試みる警官であふれていた。ニューヨーク市警察には、これらのバーに暴力的な（ときには性的暴力に及ぶ）強制捜査を行う、いわゆる風紀取締班があった。

そこへ登場してきたのがマフィアである。

マフィアが経営するバーであれば警官にお金を渡す資金力があり、ほんの少しばかり客の安全が高まった。ゲイやレズビアンのバーのほとんどは、マフィアの後ろ盾があるなしにかかわらず隠れて営業され、窓は外部の目を避けるために黒く塗りつぶされていた。そこで飲むには、どこに行って誰に声をかけるべきかを知っている必要があった。

こうしたバーは、お酒を飲むには決していい場所とはいえず、たいていは法外な値段だった。しかしここで飲む女性たちは、ミクソロジーの質を求めていたわけではない。彼女たちにとってこれらのバーは、自分を隠すことなく他のレズビアンと出会うことができる唯一の場所だった。恋の相手を求めている女性もなかにはいたが、多くはコミュニティを求めてのことでもあった。家族や同僚、隣人のサポートが得られることはほぼないLGBTQの人々にとっては、コミュニティの存在は、大事な生命線だった（これはいまも同じだ）。これらのバーは、レズビアンが家の外でもつことができる唯一の交流の場になっていた。

レズビアンバーは、レズビアンのコミュニティにとって特別というだけでなく、女性を中心としたアルコール文化の歴史をみるうえでも特別である。それというのも、屈強なマフィアの用心棒を除けば、通常は店内にいる全員が女性だったからである。客はすべて女性で、ウェイトレスもバーテンダーも女性だった。

しかしながら、必ずしも誰もが歓迎されたわけではない。とくにマフィアが経営するバーでは、客となったのは、おもに労働者階級の白人女性たちだった。伝説的な黒人女性作家で活動家のオードリ・ロードは、人種差別が顕著だったニューヨークのレズビアンバーに溶け込むことが難しかったことを記している。

ニューヨーク市でもっとも重要で人気のバーのひとつとなっていたのは、グリニッジヴィレッジにある「シーコロニー」だった。ここはすべての女性にとって入りやすかった。オードリ・ロードのほか、アン・バノンといった作家たちが常連だった。歴史研究家のジョーン・ネスレは、二〇〇一年の『ライプ・マガジン』誌のインタビューで、シーコロニーについて語っている。

シーコロニーは大きく二つに分けることができて、前面の部屋は一見客向けのバーとテーブル席があり、奥はいわゆるダンスと呼んでいた違法行為の部屋でした。警察がくると赤いライトが点滅して知らせるので、みんなテーブルに着いて、互いに触らないようにするんです。もうひとつ鮮明に思い出すのはトイレの列で、ストーンウォール暴動の以前には、トイレ待ちとして列がつくられました。こうしたバーは、わたしたちから大金を稼いでいた犯罪組織が経営していて、だからバーは合法性を警察に掛け合うことをしていたのです。そこで、女性はひとりずつしかトイレに入れないというルールができました。彼らは、わたしたちが性的に堕落しているから、二人で入れば性行為に及んで、風紀取締班がやってくる事態になると考えたのです。

毎晩、ひとりの背が低くてハンサムなブッチ［男性的なレズビアン］の女性が、手にトイレットペーパーを巻いて立っていて、わたしたちに一回分のトイレットペーパーを渡すのが仕事でした。列は、奥の部屋から狭い通路を通って手前の部屋の、バーの裏にあるトイレへと続いていた。ブッチの女性は行列の先に立っていて、ひとりにつきトイレットペーパーを二回の巻き取り分くれます。トイレの列に並ぶときというのは、たぶんかなり酔っていて、たくさん飲むとおしっこがたくさんしたくなるものなのに……。そうして自分でも気づくまでに長い時間がかかったけれど、それまでいろんな大義のために必死になっていたけれど、でもこれがあなたの分なのだと、トイレットペーパーの割り当てを手にするのは、ちっとも大丈夫じゃないと気づいた……。この記憶、この一回分のトイレットペーパーのイメージは、わたしの生涯の仕事を支えているものです。つまりこれは、あのトイレの列に立っていた女性たちのコミュニティと、渇望と政治と抑圧と怒りが入り混じっていた時代へのオマージュなのです。

ティキはアメリカ史上もっとも長い飲酒文化のトレンドとなった

サニー・サンドはドンとの離婚で気を落とすこともなく……、ビーチコマーの計画に変更をきたすこともなかった。

一九四〇年、離婚と同じ年に、シカゴにもう一軒新たにドン・ザ・ビーチコマーを開店した。猛吹雪が吹き荒れたにもかかわらず初日の夜は超満員だった。その後も熱気は衰えず、バーは連日満席が続く。八カ月で投資分を回収していて、たいていのバーやレストランは最初の一年を乗りきれないところ、これは新規店としてはまさに奇跡だった。

新たな拠点でのクオリティを確かなものにするために、頼みとするスタッフの主要メンバーを、ハリウッドの本店と肌寒いシカゴの新店舗のあいだを飛行機で行き来させた。最初の二年はこれに彼女もくわわり、二都市それぞれに時間を費やした。そのかたわらではさらなる拡大計画が進む。

最終的には、ロサンゼルスの二店目とその近くのパームスプリングス店も含めて、東海岸から西海岸まで、アメリカ全土に一六の店舗を広げるまでになった[*147]。簡単なことではなかった。当時は男性の援助なしには、女性が法的に信用枠を確保することができない時代だった。しかしサニーの覚悟は揺らぐことなく、ついにはティキ王国にさらなる投資家を集めてみせた[*148]。

まさにそれは王国といえた。

ドンのカクテルとサニーの経営手腕が巻き起こしたティキの流行によって、ラム酒の人気は大きく復活した。その人気はドン・ザ・ビーチコマーがある地域だけにとどまらず、一九四五年までには、毎年何十万ケースものラム酒が、アメリカ中のバーに売られるまでになる。サニーのバーとドンの飲み物は全米各地に何百もの模倣店を生み出していて、なかでも際立ったのは「トレーダーヴィックス[*149]」だった。

トレーダーヴィックスは長年にわたってサニーとドンの最大の競争相手となったわけだが、その創業者ヴィックは、一九三〇年代後半にビーチコマーを目にして自分のレストランをティキ・バーにすることを思いついたと認めている。ティキの歴史研究者たちは、このトレーダーヴィックスを、ティキ・バーの双璧を成す存在として高く評価している。そしてサニーのことは、ドンからビーチコマーを盗んだものとして（ヴィックが訪れてヒントを得たのは実際には「彼女の」バーだったにもかかわらず）すっかり悪役になっている。

一九五〇年代が終わりに近づいても、ティキの流行に止まる気配はなかった。一九五九年にハワイがアメリカの州として編入されると南国ブームはさらに燃え上がった。突如として、ティキをテーマにしたボウリング場や、集合住宅、レストラン、歌、衣類、家具などが現れた。ディズニーランドにさえ「魅惑のチキルーム」ができて、これは現在でも楽しめるものになっている。

サニーは一九七四年一月、六十三歳で亡くなった。いまでもサニー・サンドはティキ文化の真の女王であることに変わりはない。彼女は、お酒を飲みに行くことが多くの人にとって、とく女性にとっては、単純にお酒のためだけではない点をよく理解していた。それは雰囲気であったり、もてなしであったり、日常からの逃避を求めてのことである。サニーは女性が求めるものを……少なくともバーについてはよく理解していた。そこに彼女の鋭いビジネスセンスがくわわり、新しいタイプのバーと新しいタイプのカクテルの広がりに、爆発的な力を与えた。

＊147　二人の契約上では、サニーがアメリカでの権利をもっていた。ハワイはまだ州ではなかったため、ドンはワイキキに自分のティキ・バーを開いた。
＊148　彼女の再婚が助けになった。二番目の夫はウィリアム・カスパリという名で、オハイオ州出身の製造業の有力な実業家だった。
＊149　創業者のヴィックはマイタイを発明したことで知られるが、その名付け親といえるのはタヒチに住む白人の友人キャリー・ギルドだった。この飲み物を試した彼女が「マイタイ！」と言ったそうで、これはタヒチの口語表現で、大ざっぱに訳せば「すごい」という意味がある。

ティキはアメリカ史上もっとも長い飲酒文化のトレンドで、その全盛期は一九四〇年代から六〇年代まで続いた。ティキをテーマにした家に住み、ティキをテーマにした服を着て、ティキをテーマにしたパーティーを開くという、ひとつのライフスタイルを生み出したカクテルブームというのはほかにはない。一九六〇年に大統領選で勝利したジョン・F・ケネディは、ジャッキーが自身のレシピでつくったダイキリで祝った。[*150]

アメリカのひとつの世代を熱狂させた流行は、やがて次の世代に反動を生むことになる。次の世代にはもっと違うものが必要になった。幸いなことに、眼鏡をかけたスコットランド人の女性が道を示してくれる。

*150 ジャッキーのダイキリのつくり方は、ラム酒が二割、ライムが一割、ファレナム（生姜、ライム、スパイスを使ったリキュール）を数滴、缶詰のフローズン・ライムエードが二割。

第12章　レディースナイトはベッシー・ウィリアムソンとともに――一九六〇〜七〇年代

スコッチのファーストレディ、ベッシー・ウィリアムソン

一九六〇年代と七〇年代は、自由奔放な恋愛とグルーヴィーなノリがあった時代として知られる……しかしカクテルについてはパッとしない。これらの年代は、アメリカのお酒の暗黒時代だった。ベビーブーマー世代は、親が飲んできたものにまるで興味を示さなかった。ラム酒はティキから低俗という意味の「キッチュ」なものとなり、ベイビーシャムはすっかり年配者が飲むものになった。

正直なところ、かつて彼らの親世代が飲んでいたカクテルは一九六〇年代にはシロップ過多で甘いだけとなり、かつての面影を失ったものになっていた。奇抜さを嫌う文化を反映するかのように、消費者の関心はシンプルでクリーンな飲み物に向かっていた。飲まれていたのは、マンハッタンやジントニック、ドライマティーニといった、よくある無難なカクテルになる。

一九六〇年代には、スピリッツ界を荒らした二つの勢力があった。一つ目は、特定の種類のお酒を販売するために開発された、企業レシピによるプレミックスのカクテル。二つ目は、冷戦に勝利したロシア勢――つまりバーカウンターの裏のもうひとつの冷戦だったが。

さてさてウォッカの時代の幕開けだった。まぎれもなくロシアのスピリッツだったにもかかわらず、ウォッカは冷戦中のアメリカで大流行した。ウォッカがすっかりジンに取って代わり、オレンジブロ

ッサムのカクテルは、スクリュードライバーに取って代わられた。もはやマティーニは、たんにウォッカとオリーブを運ぶためにあるようなものになった。

ウォッカを突きつめると、なるだけ無味かつ透明なものになる。これを混ぜて風味がくわわることは一切ない……もちろんそこを目指しているのだし。*151 このスピリッツには酒類が放つ強い匂いも味もなく、どんなミキサー（割り材）にも注ぐことができる。こうした特徴からウォッカが、不純物のないクリーンなものを求めるアメリカ人の新たな嗜好にぴったりはまった。いわゆる純度が高いとは、二日酔いにならない意味だとすら信じられた。一九六八年、ウォッカの売上げが初めてジンを上回る。大胆な風味や目新しさは不要で、混じりけのない純度に需要があった。

しかしながら、このウォッカがアメリカをカクテル暗黒時代へと向かわせていた頃、ひとりの女性が明かりを点ける手を伸ばしていた。

シングルモルトのスコッチと聞いて思い浮かぶのは、初老の白人男性が書斎で大きな髭を撫でながらパイプをくゆらす姿だろうか。あるいは高級スーツを着たリッチなビジネスマンか、はたまたドラマ『パークス・アンド・レクリエーション』の俳優、ニック・オファーマンを思い浮かべる人もいるだろう。頭に誰が浮かんだにせよ、そこからスーツと髭とパイプを外してほしい。かわりに猫目形の眼鏡フレームと、着古したカーディガンと、ヒールの低い歩きやすい靴をイメージにくわえるとよい。そこにあるべき人物は、スコッチのファーストレディ、ベッシー・ウィリアムソンなのだから。

ベッシーは、一九一〇年八月二十二日、エリザベス・リーチ・ウィリアムソンとして、グラスゴーで生まれた。一九三四年にグラスゴー大学を卒業すると、眼鏡をかけたこの若い女性は、初めて自分の国を見てみようと思い立つ。飛行機で各地をまわったところで、旅の終わりを当時スコットランドでもっとも人気だった観光地のひとつ、美しく温暖なアイラ島[*152]で休暇を過ごすことにした。これはスコットランドの南端にある小さな島で、一九三〇年代の人口は四〇〇〇人足らず。そしてその小ささを、スコッチで補っているような島だった。

ベッシーが初めてこの島に着いた頃、アイラ島では毎年約八〇〇万ポンド相当の非課税のウイスキーを、スコットランド本土に向けて出荷していた。大量に送り出されて、他のスコッチとのブレンドに使われていた。なぜかといえば、アイラ島のスコッチは際立っていたからである。

スコッチとはスコットランド産のウイスキーということにすぎない。スコッチならすべて重厚でスモーキーというものではないが、アイラ島のスコッチは間違いなくそうだ。この小さな島のウイスキーは、世界でもっとも重厚で、もっともスモーキーなスコッチとして知られている。長い歴史のなかでもこの時点で大多数の人々が飲んでいたのは、異なる蒸留所からの異なるスコッチを混ぜ合わせたブレンデッド・スコッチで、一方でシングルモルト・スコッチとは単一の蒸留所でつくられたものに限られる[*153]。そしてシングルモルトにしてもアイラ島のスコッチにしても、単体でボトリングするにはスモーキーな味わいが強すぎるとして、消費者の需要はそれほどなかった。これが、ベッシーがアイラ島にやってくる前までの話である。

＊151　このためカクテルの世界では軽視されがちである。しかしまちがっても、ウォッカはよくないものと受けとってはならない。ウォッカを飲むさいには、ロシアで必死に密造を続けたカッコよくてワルな女性たちに乾杯して、カクテル通を気取る俗物たちなんかくたばれと言ってやろう。

＊152　スペルが難しい。Islay と書いてアイラと読む。

休暇のあいだ、ベッシーはこの島の美しさに夢中になった。そこで、たまたま目にした地元紙の求人広告に応募してみた。それは地元のスコッチ蒸留所のひとつ、ラフロイグが速記タイピストを募集するもので、ベッシーは三カ月だけのつもりで、この仕事に臨時採用となった。

新しいボスは彼女をとても気に入ることになる。ビジネス向けの鋭い機転が利いて、生来の人当たりのよさをもっていた。ベッシーの聡明さと勤勉なところに惚れ込んだオーナーは、蒸留所でのフルタイムの常勤職として雇い入れることにした。当時のラフロイグは働いているのはほとんどが男性で、彼女は少しばかり異例だった。ほどなくして、オーナーが出張のときに蒸留所をまかされるのは、みんなのなかでもベッシーが選ばれようになる。鍵を預かるのは彼女だった。そして彼女がまかされたときには、すべての出荷を管理し、販売業者とのやり取りにもあたった。これが新しい仕事を仕込まれたことになろうとは、彼女自身にその自覚はまるでなかった。

一九三八年、蒸留所のオーナーが脳卒中で倒れたことで、ベッシーの責務はさらに大きなものになった。彼女はアメリカとのビジネスをまかされることとなる。これは一九三〇年代後半から四〇年代にかけて至上課題になっていて、スコッチの製造元はどこも、禁酒法解禁直後のアメリカ市場で顧客を取り戻そうと必死になっていた時期だった。ほどなくしてベッシーは所長として蒸留所全体をまかされ、スコットランドでその肩書をもつ唯一の女性となった。

ベッシーがラフロイグの舵取りを引き継いだのは、第二次世界大戦が始まる直前だった。戦争による激動の時代をその才覚でやりくりし、スコットランド政府がラフロイグの施設を弾薬の主要な集積所として軍事目的に使用したさいにも蒸留所の指揮をとった。軍による接収から設備とお酒を守っただけではない。倉庫管理人が召集されたさいには、ウイスキー製造に彼の技術は代替不可能なものだとして兵役免除を訴えて勝ちとるなど、何人かの従業員の命も守っている。ほかにも多くの問題について軍との交渉をたびたび繰り返し、その攻防戦ではつねに、軍の要求にはるかに満たない水準でしか譲らなかった。人柄の魅力と意志の強さが交互する見事な手腕によって、蒸留所は戦争を無傷で乗りきることができた。

一九五四年にオーナーが亡くなり、会社の全権はもっとも適任な人物に、つまりベッシーに託される。蒸留所とそのスモーキーなスコッチに、彼女は大きな未来を描くことになった。

バーに入る権利を獲得した女性たち

一九六〇年代のアメリカをフェミニズムの第二波が襲った［日本ではウーマンリブ運動として知られる］。賃金における男女格差が議論の俎上にあがり、避妊や中絶など、性と生殖における女性の自己決定権が主張されるようになり、そしてついでに、ゴーゴー・ブーツがものすごく流行った時代でもある。そこで企業の重役室や連邦裁判所とならんでフェミニストの戦場になったもうひとつの場所が、バーカウンターだった。

＊153　シングルモルトのウイスキーには、とことん気取った雰囲気のものが多い。とはいえ、この気取りがすべてでもある。市場に出回っている低品質のスコッチやウイスキーのほとんどがブレンドものであるのはひとつの事実で、質の悪さや手間をかけずにつくったウイスキーをブレンドしてごまかすほうが簡単ではある。しかし、そのスコッチがブレンドものだからといって本質的に悪いことにはならない。シングルモルトのスコッチだからといって本質的に良いことにはならないのも同じことだ。

ほとんどのバーは、もはや法的効力で女性の入店を禁じることはできなかったが、多くの州や店舗では女性を回避するための独創的な工夫が続けられていた。禁酒法が明けて三〇年が過ぎても、いまだ男性は女性と並んで飲むことに慎重だった。男性専用のバーやクラブはまだ多く存在し、女性の入店については、大事な仕事の昼食や商談がすべて終わる三時以降に認めるものとして、時間帯を制限するところも多かった。たいていは男性のエスコートがある場合のみ女性の入店が許可された。こうした差別は一般的に受け入れられていて、バーの側では、苦々しい面持ちでBガール《ビー》の存在を挙げて、しょうもない言い訳までしていた。

Bガールたちは、一九四〇年頃からバーで働いていた。バーに雇われて男性客とダンスをしたり、酒を勧めたりしていた女性たちである。実際にはそれよりはるか以前、一八〇〇年代後半のダンスホールやサルーンにまでさかのぼる慣習がある。はじめの頃はパーセントガールと呼ばれていて、これは男性に酒を飲ませた金額の何割かを、バーが歩合制で支払っていたためである。これらの女性は(通常は)セックスワーカーではなく、男性の家に同行することもない。ひと晩中踊ったり、いちゃついたりして、男性が酒を買うよう誘うことをしていた。ほんとうには深く酔いたくない彼女たちのために、バーテンダーがこっそりお酒のかわりにアイスティーのようなものをグラスに注ぐことも多く、彼女たち自身もこっそりと近くの観葉植物に中身を捨てることにかけては腕を磨いた。マリリン・モンローが、一九五六年の映画『バス・ストップ』で演じているのがBガールの役で、この伝説的なセクシー女優が、偽のカクテルをひと晩に一五杯も飲まなければならないと不満をもらすシーンがある。

いかにも消耗しそうな仕事だが、生計を立てようとしているだけで、何も疚《やま》しいことはない。そのはずではあったが、しかし、多くのバーの男性客にとっては、そうはいかなかった。男性客は自分たちは女性たちの被害者だと考えていた――ここで呆れるのはまだ早い。男性客は、バーの女性たちが自分につきあってくれるのは、自分に対する下心があるからに違いないとして腹を立てた――ここはひとつ呆れて笑うべき。

これを仕事として生き抜こうとしているだけだったBガールは、とくに第二次世界大戦後の時期には、ずる賢い捕食者とみなされた。一九五〇年代には彼女たちとバーで遊んでいた軍人たちが多かったことが、Bガールに向けられる敵意を、激しくセンセーショナルなものにした。彼女たちは健全なアメリカ人の生き方に対する挑戦となり、社会にモラルパニックを引き起こす。バーにいる女が、無垢な兵士に思わせぶりな態度で近づいて、彼が命懸けで稼いだ金を吸い上げようとしている！となる(軍人の多くは楽しんでいた事実はこのさい問題ではないのだった)。つまり、男性が酒をおごるということは、本来ならば女性の側には借りができていることになる。Bガールをめぐる憤りの多くは、十九世紀後半の、男性が女性に一杯をおごるのと引き換えに対価を求められた伝統からきていた。

一九六〇年代に入っても、Bガールがもつとされる危険性が、なおもバーから女性を排除することを正当化する口実になった。傷つきやすい男のエゴを守るためならば、いっそ女というジェンダーをまるごと排除してしまうほうが安心だし、くだらない仕事の愚痴に耳を傾けてくれるのは、彼女がお金をもらえるからだと男たちに悟らせるよりも、いっそ女が公共の場に出入りできないようにしてしまうほうがよい、ということらしい……なるほど。

そして一九六七年十二月のある晩、すべてが変わりはじめた。

その夜、ニューヨーク州シラキュースでは、ジャーナリズム専攻の女子学生だったジョアン・ケネディが、母親とクリスマスの買い物を終えたところだった。家族みんなにそれぞれが喜びそうなプレゼントを選んでまわる長い一日を終えた二人の女性は、ホテル・シラキュースのバーに向かった。ところがレインボーラウンジという名のそのバーは、男性のエスコートがないことを理由に、彼女たちの入店を拒否する。ケネディは激怒した。

ケネディがただちにこの話をもちかけた相手というのは、法学部の学生だったカレン・デクロウで、彼女は当時シラキュースに出来たてほやほやの、全米女性機構（NOW）の支部にくわわっていた。はじめのうちはNOWの内部でもおおいに意見が分かれることになった。バーの客席に座ることを、女性の権利運動として組織の優先事項に掲げるべきかどうか――お酒を飲む女性に影を落としてきた何千年にもわたる歴史のおかげで、ここでも消極的な声が上がった。賃金の男女平等を求めるのは高尚な使命になりそうだが、おおやけにビールを飲むための闘いというのは、それに負けず劣らず高尚なことなのだろうか？　多くのメンバーがそうは思わなかった。

しかし、カレン・デクロウはそうだと考えた。

彼女によれば、バーに行くことは自由であることの象徴であり、女性が家の外で、重要な人脈づくりや商談の場となる公共圏に参入できることが、職場の成員として女性が認められることにつながるとの主張になる。くわえて圧倒的に多くの州や都市や町が、バーカウンターの後ろについても差別を認めていて、多くの女性が仕事の機会を奪われている状況でもあった。一九六四年時点でも、二六州が女性のバーテンダーを禁じていた。ついにはNOWの残りのメンバーも、デクロウに同意する。こうして、全員の賛同を得たところで、デクロウはひとつの計画を立ち上げた。

彼女が呼びかけたレインボーラウンジへの座り込みに、NOWの活動家たちが全米から駆けつけた。これにはホテル側も迎え撃つ態勢を整え、オーナーは防御策を講じる。抗議団がやってくる直前、ホテルでは看板を書き替えてバーの収容人数を一一〇人から六人へと大幅に減らし、さらにはバーのすべてのスツールから座面を取りはずすことまでやった。しかしNOWの抗議を阻止することにはならなかった。抗議団はバーに入り、占拠して立ちつくした。後日になり、デクロウはホテル・シラキュースに対する訴訟を起こした。

さらに数回ほど座り込みをした翌年、ニューヨーク市で開催された一九六八年のNOWの年次大会において、デクロウはバーにおける男女差別の問題を提起した。大会が開催されたビルトモア・ホテルにはうまい具合に男性専用バーがあり、彼女の主張にはうってつけだった（そこではまだ抗議行動は起こしていなかったが）。

翌年二月、デクロウはNOWの他のメンバーとともに「公共施設週間」を呼びかけた。女性の権利獲得のための抗議活動と行動の週間とされたこの運動では、全米にある男性専用のバーに入ってお酒を飲むことも一部で行われた。対象となったのは、ビバリーヒルズ・ホテルのポロラウンジ、ワシントンDCのリトリート、シカゴのバーグホフのほか、ニューヨーク市のプラザ・ホテルのオークルームでは、ベティ・フリーダン［NOWの会長で、その著書が第二波フェミニズムの引き金とされる］ら三人がバーテンダーからサービスを拒否されることも起きている。

マンハッタンにあるバーのマクソリーズは、創業以来一一五年にわたり一度として女性に接客したことがなく、そのことを誇りとしている店だった。正面のドアには「淑女のみなさんは一切お断りです」と掲げ、オーナーは「うまいエールと、生のタマネギと、女抜きで一世紀以上繁盛している」と高らかに謳っていた。不機嫌な男たちと生タマネギの悪臭だけあればよいとは……さぞかし楽園だったのだろう。

その週、このマクソリーズでの一杯を目指してきたデクロウは、NOWの仲間とともに店内の鼻をつく空気のなかを臆することなく進み入った。バーの男性客たちは、すぐに彼女たちをからかってヤジを飛ばし、大声を上げはじめた。バーテンダーは彼女たちを無視していたのだが、ひとりの客が女性たち全員に飲み物をおごろうとしたところで、男たちの集団が怒って彼につかみかかり、文字どおりドアの外へと放り出すにいたる。血まみれになった彼は、よろよろと立ち去った（女性にケガはなかった）。

翌年になり、NOWの抗議とバーへの押しかけはついに実を結んだ。一九七〇年、ニューヨーク市の法律により、すべての公共の場での性差別が廃止された。[*154] 一部には法律に従うことを拒否して、強制的に女性の入店禁止を解かれるバーもあれば、一方では新たな客を歓迎するバーもあった。なかには、活動家のグロリア・スタイネムを（大勢のメディアとともに）招いてお酒を飲む様子を公開したバーグホフのように、この騒動全体を逆手にとって宣伝に変えようとした店も出た。

こうして勝ちとられた法的成果はもちろん素晴らしく、ようやく達成されたものではあったが、女性がバーで味わう現実をただちに変えることにはならなかった。多くの女性にとっては、とくにひとりである場合には、入店には心理的な壁があった。バーが女性客の入店を合法的に認めているとはいえ、わざわざ呼び入れるようなことはなかったのである。ところが、一部の飲み屋が、女性客にはじつは価値があると気づくようになる。

女性客を目当てにバーにやってくる男性たち

七〇年代になり、多くのバーが、女性客を入れると男性客を増やす効果があることを発見した。オーナーたちは、女性がバーにいると男性がバーへとやってくることを学んだ――これを遅まきと言わずしてなんと言おう。

独身者が集まるシングルズバーは、一九六〇年代から七〇年代にかけて流行した。こうした店では女性はたんに許容されるのではなく積極的に歓迎され、その来店が期待された。何世紀にもわたった差別はなかったことにして、飲酒施設は女性客を呼び込もうと先を競った。

より安全で清潔な店づくりに努めることで地道に女性客にアピールするバーもあったが、なかには地道とは言いがたい手法をとるバーも出てくる。

一九七〇年代にはレディースナイトの広まりをみた。これは週に一度か月に一度、たいていは平日の夜に、女性が無料もしくは非常な低料金でお酒が飲めるというものだった。そのねらいとしては、そこに集まる女性客を目当てに独身男性が大挙してやってきて、バーが無料で振る舞っている分を補ってあまりある量のお酒が売れることにある。レストランチェーンのTGIフライデーズのニューヨーク本店は、レディースナイトを始めた最初の店のひとつだった。ちなみに名物のポテトスキンはこの当時はない。

とはいえ、レディースナイトは女性のための特典なのではなく、男性向けのアトラクションとして企画されたものだった。女性はここで商品化されたといえる。彼女たちは集客のための客寄せ商品で

＊154　マクソリーズの最初の女性客となったのは、近くの革製品店の店主バーバラ・シャウムだった。彼女も生タマネギが好きだったとしたらいいな。

あって、バーが最終的に気をもむ客ではなかった。

動機はどうであれ、この手法はうまくいき、とくに何でも無料が大好きな女子学生がいる大学の町ではおおいに成功した。じつにレディースナイトは、香港をはじめ世界中の都市に広がった。この現象は二〇〇〇年代まで続いたところで、男性には酒代を請求して女性には請求しないことに合法性を問う人々が出始めることになる。

もうひとつ、女性客に後押しされた現象に「ファーンバー」がある［ファーンはシダ植物のこと］。これは一九七〇年にサンフランシスコのヘンリー・アフリカズ[*155]という店から始まった。客層は性別を問わなかったが、女性客を惹きつけるためのフェミニンな演出が特徴で、その名称の由来となった観葉植物が大量に飾られてあり、居心地の良いボックス席、バーには布張りのスツール、グラスにもこだわっていた——スツールにクッション性をもたせて座り心地をよくするのが女性らしさとは滑稽な話だが、いまさらというものだろう。お尻が痛くなるのは男らしさの勲章なのかもしれない。

ファーンバーは、若い世代の職業人たちに人気となり、仕事後に一杯飲んで、リラックスして交流する場所になっていく。安っぽいダイブバーと高級なホテルのバーのちょうど中間にあって、市場の大きな隙間を埋めたかたちといえる。テレビドラマの『スリーズ・カンパニー』や『チアーズ』などに登場するバーは、こうしたファーンバーがモデルだった。

カナダのバーでも同様の動きが起きている。一九六〇年代になり、いくつかの州ではようやく女性がアルコールを提供することが認められるようになった。そしてそのサービスが提供される「ラウンジ」という新しいカテゴリーの酒場ができた。カクテル・ラウンジあり、ダイニング・ラウンジあり、とにかくラウンジという言葉がつくとより女性との親和性が高いことになった。ファーンバーと同じように、女性客を惹きつけるようなフェミニンな店づくりだったことから、女性に優しい場所として、カナダで女性がひとりでも入りやすいバーの先駆けということになった。そのラウンジの最大の問題は、労働者階級の女性を排除していたことである。多くの店にはドレスコードがあって入店にはスカート着用が求められるような場所で、つまりは工場で一日を終えて一杯飲みたい女性たちは歓迎されなかった。

アメリカのいくつかの州では、飲酒年齢に関する法律面でも男女差が解消されはじめた。それどころか、性別が問われなくなり、一九七六年、クレイグ対ボーレン訴訟において画期的な判決が連邦最高裁で下されることになった。ことの発端はオクラホマ州で、アルコール度数三・二％のビールを、女性は十八歳から購入できたのに対して、男性は二十一歳まで購入できなかった。[*156] これは女性が家族のためにビールを買っていた習慣の名残からきていた。女性は家で夫や家族が飲むビールを買って帰る必要があるが、男性は自分で飲むビールしか買わないとする考え方が背後にある。この法律を変える必要があると感じた二十歳の男性カーティス・クレイグと、女性の酒屋店主キャロリン・ホイットナーは、ともに手を組み、このことを法廷で争うことにした。

訴訟ははじめのうちは荒れ模様だったが、そこへアメリカ自由人権協会（ＡＣＬＵ）で女性の権利プロジェクトを立ち上げていた敏腕弁護士から、援助の申し出が入る。それはルース・ベイダー・ギ

＊155　バーのオーナーはノーマン・ホブデイという名前だったが、自分の店をとても気に入り、自らも法的にヘンリー・アフリカに改名した。
＊156　女性はそれ以上強いお酒は二十一歳まで買えなかった。

ンズバーグという名の女性で、現在ではRBGの愛称で親しまれる、のちの最高裁判事となる人物だった。彼女は担当の弁護士に手紙を書いて、「最高裁がビールを飲む庶民に興味をもっていると知って嬉しい限りです」と伝えたという。

ギンズバーグの協力もあって訴訟は勝訴する。最高裁判所は、オクラホマ州法における性別に基づいた区別は違憲であるとの判断を示した。そしてこの判決が先例となり、性差別に関する司法判断に新たな審査基準が設定されていくことになった。

そういうわけなので、次にビールを飲むときには、ひとつRBGに乾杯してもらいたい。

ストーンウォール暴動の口火を切ったマーシャ・P・ジョンソン

一般的に女性が入りやすくなったバーとともに、レズビアンバーも一九七〇年代にはおおいに賑わった。とくに集中したのはサンフランシスコやニューヨークなどの大都市で、ニューヨークでは同時期に一〇軒ものレズビアンバーが営業している。市内に初期からあった女性経営のレズビアンバーのひとつ、当時人気だったボニー・アンド・クライドが主催するかたちで、一九七七年にはウィメンズ・バー・アワードが催されるほどだった。ベスト・バーメイド賞、ベスト・ウェイトレス賞、ベスト・バウンサー賞が授与されている。これは、国内、もしかしたら世界初の女性中心のアルコール業界の賞だった。

残念ながら、現在ではそのほとんどが閉店してしまったが、[*157] 一九七〇年代にはいろんなタイプのレズビアンバーがあった。[*158] ダイブバーもあれば、おしゃれなカクテルラウンジも、こぢんまりとしたパブもあった。しかし共通していたのは、それらが重要な社交の場であったことで、いまでもLGBT

Qコミュニティの仲間が集い、交流する主要な公共の場になっている。ゲイやレズビアン向けのガイドブックが印刷されはじめたのは一九六〇年代で（安全のために隠語が使われていた）、こうしたバーの多くが掲載されていた。一九七〇年代になると、『ガイアズ・ガイド』をはじめ、情報はよりオープンな用語が使われるようになり、特定のバーの広告を掲載するまでになる。

しかし虹色の空が広がるばかりではなかった。一九六〇年代から七〇年代のレズビアンバーのなかには、入店拒否の対象が黒人女性からトランス女性へとシフトするところも出た（とはいえ、まだ人種差別も消えていたわけではない）。すべてではないが、一部には「生物学的な性が女性」のみを歓迎する旨を看板や広告に示すところもあった。

しかしゲイ解放運動のきっかけをつくったのは、バーにいたトランスジェンダーの女性でもある。男性専用のゲイバーだったストーンウォール・インは、一九六九年ついに、女性（すべての女性）とドラァグクイーンを店内に入れるようになっていた。この年の六月、この場所で起きた蜂起から始まった同性愛者の権利運動とともに歴史に名を残したのが、黒人のトランス女性、マーシャ・P・ジョンソンである。現在ではストーンウォール暴動として知られるこの事件で、もっとも知られた人物のひとりだった。蜂起はバーへの警察の手入れに対して起きたもので、最初に抵抗の口火を切ったのがジョンソンだと考えられている。

＊157　二〇一九年の時点で、ニューヨーク市のレズビアンバーは三軒しかない。
＊158　それでもゲイバーよりもレズビアンバーのほうがはるかに少なかった。

世界でもっとも成功したウイスキー

ベッシー・ウィリアムソンは、正式にラフロイグのオーナーとなるまでには、すでに一六年近くにわたる会社経営と、他の蒸留所との深い取引関係を築いてきた経験があった。いよいよ経営の指揮に立ったところで、彼女にはウイスキーの世界を変える準備ができていた。

力強く特徴的な香りのラフロイグは、ブレンディング用のウイスキーとしてもっとも重宝される銘柄のひとつだった。しかしベッシーは、消費者は大胆でスモーキーな香りをそのまま気に入るようになると信じた。ほかとブレンドすることで個性を薄めるのではなく、シングルモルトをつくろうと、つまりラフロイグだけのボトルを売ろうと考えた。

さらにベッシーは、アイラ島のウイスキーというコンセプトを広めようと考えた。新参の蒸留所オーナーとして、ただラフロイグを押すかわりに、島そのものを売り込もうとしたのである。その特徴的な豊かでスモーキーな風味は、アイラ島への旅を想像させるはずだった。彼女の目標は、ラフロイグのボトルを前にした消費者が、海辺の潮の香りやウールのセーター、なだらかに広がる緑の丘と、ピート（泥炭）の煙が詰まったものとして見ることだった。ピートとは、酸性の沼地や湿地帯に見られる現象で、腐敗過程の植物が長い年月をかけて堆積してできる。スコットランドでは伝統的にこれを切り出して乾燥させ、薪の代替品として用いてきた。麦芽をピートで燻《いぶ》す過程での薫香がアイラ島のスコッチの個性となり、それはちょうど、多くの人にとってピートの煙の香りがスコットランド特有であるのと同じことだった。

一九六〇年代初めに受けたテレビのインタビューで、ベッシーは「アイラ島のウイスキーの秘密は、ピートの成分が溶け込んだ水とピートであって、この島が生み出すものがこのウイスキーの原点なのです」と表現している。

同じインタビューのなかで、彼女は希少性と需要の高さという考えを売り込んだ。「アイラ・ウイスキーの市場はどんどん広がっています。その需要に応えきれない状況なのです」――これはやがて、世界でもっとも成功したウイスキーの市場戦略となった。消費者はラフロイグのボトルを、急がないと売り切れてしまう特級品として見るようになる。

20：愛する蒸留所でのベッシー・ウィリアムソン

彼女の情熱と熱意、そしてマーケティングの才能に目をつけたスコッチウイスキー協会は、ベッシー・ウィリアムソンの力を活用しようと考えた。一九六一年、協会は彼女を広報責任者に指名し、その年の終わりには、ベッシーはシングルモルトのスコッチを広めるためにアメリカへと向かう。

全米各地をまわり、バーや酒屋の店主たちと会って話をした。そのなかでベッシーは、スコッチ、とりわけアイラ島のスコッチに対する情熱と愛を表現するという、彼女がもっとも得意なことをする。シングルモルトのスコッチは高品質で贅沢なものを飲むことであり、顧客が大金を払うものだと説得してまわった。

その後の三年間、ベッシーはスコッチを掲げて精力的に全土を駆けまわった。格子柄のスカートに、着慣れたセーター、そして満面の笑みを浮かべた彼女は、スコッチウイスキーの完璧な特使になった。ワイン片手のおしゃべり好きな中年女性をワイン・ママと呼ぶのなら、ベッシーはウイスキーおばさんみたいなものだった。魅力的で説得力がある、そんな無敵な彼女のスコッチに対する愛情に、人々は共感せずにはいられなかった。

彼女の宣伝活動は実りをもたらす。一九六〇年代半ばになると、アメリカ人の嗜好は変わりはじめた。ブレンド物は人気を失い、消費者は家庭でもバーでも、シングルモルトを求めるようになる。酒屋やバーではシングルモルトの取り扱いを増やし、客に勧めるようになった。

ベッシーとその使命は、マスコミの目を引いた。そのマスコミが何より関心をもったのは、スコッチを広めた彼女の活動ではなく、彼女が女性であることだった。彼女自身としては、ウイスキーの世界で女性であることがどういうものかではなく、むしろウイスキーそのものについて語りたかったわけだが、このことでは守勢を強いられた。一九六二年にAP通信の記者に答えて、「たしかに、女のウイスキー蒸留家というのは風変わりですが、蒸留家になるのに風変わりな女である必要はないんですよ」ともらしている。

アイラ島を離れていることも多かったが、蒸留所の発展に向けた手を止めることはなかった。彼女は、ラフロイグをほかのどんな銘柄よりも抜きん出たものにする計画を進めていた。

ワイン業界への女性の進出

一九六〇年代にいたるまでは、アメリカのワイン業界で働く女性は基本的にいなかった。一八〇〇年代後半には何人かの未亡人の姿が見られて、おもにカリフォルニアだったが、ソノマ郡グレンエレンでテン・オークス・ヴィンヤードのブドウ栽培で大成功したケイト・ウォーフィールドや、その近くで同じ時期にワインの醸造所を経営していたエレン・グッドのような例はあった。しかし全体としては男性の世界だった。

ついに一九六五年になって、メアリー・アン・グラフが、カリフォルニア大学デービス校で発酵科学の学士号を取得する。醸造やワイン業界でキャリアを築きたい女性にとって、これはよい足掛かりになった。グラフが情熱をもったのはワインのほうで、ソノマ郡のシミ・ワイナリーでワインメーカーの職を得た。このような学位を授与された女性は彼女が最初だったが、ほかにも女性たちがあとに続くのに時間はかからなかった。

一九七〇年にはゼルマ・ロングが、カリフォルニア大学デービス校で、ワイン醸造とブドウ栽培の修士課程に進んだ。博士号取得前にワイン造りの道に進み、最終的にはシミ・ワイナリーの上級管理職に就いた最初の女性となった。一九七三年にはメリー・エドワーズが、かつてのグラフとロングの足跡を追うように、カリフォルニア大学デービス校で修士課程を修了し、現在はソノマ郡に名高い自社畑を二つ所有している。

世界がアメリカのワインに対して、とりわけカリフォルニア産に対して、真剣なまなざしを向けはじめたのは一九七〇年代になる。それまでは、イタリアやフランスなどのワインに劣るものと考えられていた。一九七六年五月二十四日、パリで開かれた試飲会で、カリフォルニア産がフランス産を抑えるというまさかの結果に、ワイン業界に衝撃が走った。突如としてカリフォルニアのワイナリー、とくに北のナパ・ヴァレーから南のソノマ・ヴァレーにいたる地域に注目が集まった。そしてこのことが、カリフォルニアのワイン産業に異常なブームをもたらす。

女性がそこで働くには最高の時代だった。

カリフォルニアには何十もの新しいブドウ園が次々と誕生し、どこも働き手を必要としていた。こうした会社は極端に新しかったため、ヨーロッパをはじめとした多くの古いワイナリーに見られる女性差別が根づいていなかった。『ニューヨーク・タイムズ』紙が報じたところでは、一九八五年にはアメリカ国内に女性のワインメーカーが三〇人を超えていて、二〇年前のゼロから大きく飛躍している。

アン・ノーブル博士は、さらに先を見越していたことになる。ノーブル博士は、カリフォルニア大学デービス校で、学位を授与する側となった。一九七四年に女性として初めてブドウ栽培・醸造学部で教職員として採用され、数年のうちには学部にさらに数人の女性がくわわった。

マサチューセッツ大学アマースト校で食品科学の博士号を取得していたノーブル博士は、食品の官能評価の専門家として、人々がワインを表現する方法を変えたいと考えた。ワインの味はそれまで、いたって曖昧で誤解を招く表現がされていた。あるワインは女性的で、あるワインは男性的——汗くさい靴下とか制汗剤でもあるまいし、男性的な味でほんとうに大丈夫か？——そんな調子でワインを語ることは、役にも立たないし、悪くすれば混乱を招く。そこで彼女は、解決策として食べ物でワインを表現する用語集をつくろうとなった。

彼女がつくった「アロマホイール」は、ナッティ、フルーティ、スパイシー、フローラル、ウッディなど一二の基本となる用語を円状に配置させたもので、その分類用語は誰もが理解できる語彙だった。おそらく店先のワインボトルに書かれているのを見たことがあるだろう。ノーブル博士は、客観的かつ的確な評価用語を用いてワインを語ってみせた先駆者である。これにより、あらゆる階層の人々が、それまで高価なワインとは無縁だったような人でも、彼女のチャートを参照できるようになった。アロマホイールはワイン産業を開放的なものにして、人々のワインの味わい方や語り口を一新させることになった。

テレビでワインを飲む女性

そうした一方で、テレビではジュリア・チャイルドが、女性の飲酒に対する人々の見方をすっかり変えていた。

ジュリア・チャイルドはアメリカの料理研究家で、『ザ・フレンチ・シェフ』という大人気のテレビ番組をもっていた。一九六三年に放送が始まるや、たちまちお茶の間の人気者になった女性である。この番組は料理の世界に大きな影響を与えたが、それと同時に、『ザ・フレンチ・シェフ』は女性の飲酒が映されたことでも注目に値する。チャイルドは料理中には決まってワインに口をつけていて、それがごくふつうのことのようだった。そしてよく「わたしはワインを飲みながら料理をするのが好きなの。そのまま料理にくわえることもあるよ」と言うのだった。

放送中にワインを飲む行為は、単純に一九六〇年代には見られなかったことで、とくに女性では言うまでもない。なかでもとくに、愛されるべき主婦では、これはありえないことだった。『ザ・フレンチ・シェフ』は第二波フェミニズムが大きな盛り上がりを見せる数年前から放送されていた。主婦の悩みや生活をテレビが取り上げることはほぼなかった時代でもある。女性たちはすでに一〇〇〇年近くも台所で飲んできたことになるが、ここにきて世界中の目の前に展開され、それがごくふつうのことであるとチャイルドは人々に示した。

これはまた、アメリカ人がひどいワインを飲んでいた時代でもあった。一九六〇年代後半まで、大部分のアメリカ人が飲んでいたのはテーブルワインと呼ばれるもので、低品質で低価格のワインだった。未亡人クリコが一番搾りか二番搾りの果汁から素晴らしいシャンパンをつくったのを覚えているだろうか。そのあとにさらに数回圧搾して得た搾汁からつくられるのがテーブルワインと呼ばれるものになる。良質なワインへのジュリア・チャイルドの情熱は、食事と一緒により品質の高いワインを飲むことをふたたび流行《はや》らせるのにおおいに一役買った。

ちなみに彼女は、良質のワインにこだわったが、ジンの愛好家でもあった。ベルモットが多めでジンが少なめのアップサイド・ダウン・マティーニが大好きで、新しいウォッカベースのマティーニの流行には乗らなかった。

「バーボンの不良女子」

ジュリア・チャイルドがテレビをとおしてワインに行ったことを、ジョイ・ペリーヌという名のバーテンダーが、ケンタッキーでバーボンのためにやっていた。

一九六〇年代から七〇年代のアメリカでは、バーボンはおじいちゃんの飲み物と見られていた。年寄りのお酒というわけで、若い人はあまり飲まないし、間違っても女性向けには売られていない。バーテンダーはカクテルにバーボンを使わなくなった。禁酒法明けにはカクテルのオールドファッションドが女性に人気があったが、この頃になると、まさに「古風な」という、その名のとおりの飲み物になっていた。これが、自称「バーボンの不良女子」がやってくる前までの話である。

ジョイ・ペリーヌは、一九六〇年代初めにセントクロイ島［カリブ海の米領ヴァージン諸島最大の島］でキャリアをスタートさせた。両親はともに禁酒法時代のニュージャージー州で密輸業を営んでいたのだから、彼女の血にはスピリッツが流れていたといえる。彼女がバーテンダーを始めたのは二十代前半で、お酒をつくることが大好きだった。米領ヴァージン諸島の一部という土地柄から、セントクロイはラムベースのカクテルの一大産地であり、ペリーヌはラム酒をさまざまに試してミクソロジーの技術を身につけていった。やがて彼女はケンタッキー州ルイビルに移り住むこととなり、カリブ海に戻ることはなかった。一九七八年のことで、同州が女性のバーテンダーを認めてからわずか六年後だった。

ケンタッキーに移っても、ペリーヌはふたたびバーカウンターに立った。そしてこの新天地で出合ったお酒にすっかり夢中になってしまう。それが、ケンタッキー州を代表するスピリッツのバーボンだった。彼女はラム酒のときと同じように、さまざまに試してみることにした。バーテンダーが一番に学ぶべきカクテルがオールドファッションドだとしても、それを超えるものを試してみようと考えたのである。問題は、客のほとんどがストレートのウイスキーの味を好まなかった（そして慣れてもいなかった）ことである。

ペリーヌはフレーバーシロップやフルーツの香味液を自分でつくり、バーボンのカクテルを試してみた。彼女の美味しいレシピはすぐに業界から反発を受ける。多くの伝統的なバーテンダーにとって、フルーティーなシロップのようなものをバーボンに混ぜるとは冒瀆だった。事もあろうに男性的なスピリッツを使ってガーリードリンクをつくる不届き者ということになる。

彼女自称のニックネームはここからきていて、バーボンの常識を破ったことから「バーボンの不良女子」。しかしペリーヌは気にもとめなかった。彼女にはバーテンダーの伝統よりも、バーボンの魅力を伝えるほうが重要だ。二〇一六年のインタビューに答えて、こう語っている。「言っておくけど、世の中にはウイスキーのストレートの味が嫌いな人がいるのよ。そこでわたしがカクテルをつくって、その人たちがバーボンを飲むようになったら、それで済む話じゃない？」

業界からの批判にもかかわらず、ペリーヌのカクテルは地元の愛飲家には大好評だった。少しずつ、新作のカクテルと大事なバーボンの両方を客が好むようになることに時間をかけた。バーボンをリンゴや生姜など、より広く親しまれている風味とかけ合わせることで、それまでバーボンを飲んだことのないような多くの愛飲家をバーボンに引き込んだ。彼女を敵視する人々に見せる姿勢ということで、手には黒い毒蜘蛛のタトゥーを入れて、彼女いわく「ふざけた真似はさせない」効果があった。

一九八〇年代半ばにはペリーヌはバーテンダーの階段を駆け上がっていく。一九八五年にルイビルの由緒あるレストラン「エクウス」のバーに雇われ、二〇一九年に亡くなるまでそこに君臨した（そのバーは現在、ジャックス・バーボン・ラウンジとして知られている）。バーテンダーとしてのキャリアは五〇年以上に及び、彼女の言葉を借りれば「バーテンダーとして生まれ、バーテンダーとして死ぬ」人生を送った。バーボン評論家のスーザン・レイグラーとの共著でカクテルのレシピ本『ザ・ケンタッキー・バーボン・カクテルブック』と『モア・ケンタッキー・バーボン・カクテルズ』の二冊を書いた。二〇一六年に女性バーテンダーとして初めて、ケンタッキー・バーボンの殿堂入りを果たしている。

ジョイ・ペリーヌはじつによい着眼だった。

ペリーヌが人々をバーボンの味へと誘い込んだのと同じ頃、ウイスキー界の大手ワイルドターキーも同じことをしようとしていた。一九七〇年代半ば、バーボンの醸造責任者ジミー・ラッセルは、女性たちにはバーボンが強すぎるはずだとする考えを示した（いずれにせよ女性向けには売り出されていない点はさておく）。ジョイ・ペリーヌのことはご存じなかったのだろう。

一九七〇年代後半に現代的な女性市場をとりこむためとして、ワイルドターキーが発売したのが、良くも悪くも有名な現在の「アメリカンハニー」である。アメリカンハニーはバーボンと蜂蜜の甘さが配合されたリキュールで、当初はこれを売り出すさいに、女性のためのバーボンだとしていた。

アメリカンハニーは大ヒットしたが（現在でもよく売れている）、ふたを開けてみれば結局、女性と同じくらい男性が飲んでいることをワイルドターキーも認めるにいたっている。

ラクシ造りのために立ち上がったネパールの女性たち

一九六〇年代から七〇年代、なおも世界の多くの地域では、アルコールをつくり飲む権利のために闘う女性たちがいた。そう、まだ終わってはいなかった。

ネパールの女性たちには、「ラクシ」をつくって飲むという古くからの伝統がある。ラクシは雑穀や米からつくられる蒸留酒で、強くて無色透明、味は少し日本酒にも似ている。ラクシは村落共同体において重要な要素であり、娯楽としてだけでなく、人々の食生活や医療の一部でもあった。辺鄙《へんぴ》な村では医療処置のさいの鎮痛にはアルコールがもっとも手近な場合もあるし、産婦の体力改善に用いられることもあった。宗教的な儀式や祭事にはラクシが欠かせないような地域もあった。

しかし、ラクシのもっとも重要な側面は、女性にとって、なかでもルンビニ州ロルパ郡に住むタバンキ族の女性たちにとっては、重要な収入源だったことである。ラクシ造りから得られるお金は特別だった。この収入は、家庭の財産ではなく女性の財産とされ（この点は現在も変わらない）、通常は子どもの学費や衣服代にあてられた。ラクシの販売は、わずかながらも男女間の富の再分配に貢献していた側面もある。多くの女性にとってラクシを売ることは、大事な生計手段であり、重要なアイデンティティの一部でもあった。

そして一九七〇年代、アルコール製造の工業化がネパールを襲った。これは生産の場を台所から工場に移そうとする動きであり、つまり貧しい女性の手を離れて男性の手に渡ることを意味した。男性である村の指導者たちは自家醸造の禁止を提案し、ラクシに代えて販売許可を得た酒類に置き換えようとした。ロルパ郡の女性たちにとってこのことは、南アフリカの女性たちと同じく、受け入れるわけにはいかなかった。一九七〇年代早々、女性たちが立ち上がった。

ロルパ郡の女性たちは抗議行動に出た。村議会の議場まで行進して議事の進行を止めた。そして立場を表明すべく集まって組織をつくり、説得力をもつ意見をまとめて議会に提起する。そうして彼女たちの主張が通り、ラクシをつくって売る権利が守られることになった。

今日にいたるまで、ネパールの女性にとってラクシは大事な収入源でありつづけている。現代的な生活を望む若い娘世代の多くはこの伝統を見下しているが、ラクシの蒸留はいまでも年配の女性には大きな誇りと力をもたらしている。

自家醸造が合法となった南アフリカ

さて、何十年も闘いつづけてきた南アフリカの女性醸造者たちはどうなったのか。

一九六一年、南アフリカはイギリス連邦から離脱して共和国となった。これに続きアルコール規制の解除を求める声が広まるわけだが、社会的な理由ではなく経済的な理由からだった。政府によるビアホールの独占政策は、それを正当化するほどの利潤をもたらしていなかった。さらには、警察もついに、シビーンやそれを運営するシビーン・クイーンを摘発することの限界を認めざるをえなかった。違法であろうとなかろうと、人々はビールをつくり、飲み、売ろうとする。そのため政府としては、ビールで儲けるには別の方法を考えようとなったのである。

翌年には酒類法が改正された。一九六二年八月十五日、黒人に対する飲酒制限が撤廃された。ビアホールの独占はもうない。自家醸造はふたたび合法となり、ただし販売するには免許が必要とされるものになった。しかしアパルトヘイト政策が終わったのではなく、この先数十年と終わることはない。依然として黒人が酒屋に入るには、非ヨーロッパ人用として別に設けられたサイドドアがあった。

長い抑圧の年月をとおして、南アフリカの女性たちは酒造りをやめなかった。次の数十年のうちには、彼女たちがようやく花開く時代がくる。

ストレートのスコッチはガーリードリンク

市場を開拓するかたわらで、自らのスコッチを最高のものにすることも、ベッシー・ウィリアムソンは忘れなかった。

一九六一年、スコッチウイスキー協会がアメリカの広報責任者に彼女を指名したのと同じ年、ベッシーはラフロイグのための大きな計画を始動させる。蒸留所の拡張をねらい、新しい設備、それも手に入る最高のものを求めた。資金を調達するために持ち株の一部を売却することにした。引き換えに経営に対する支配権を失ったが、結果としてラフロイグを改造するのに必要な資金を得ることができた。

ただちに新しい倉庫を建て、スチル（蒸留器）を増設し、さらには、本土からアイラ島に運ぶために軍の揚陸艇が使われたほどの巨大なボイラーを購入した。蒸留所の敷地内も改修した。

彼女のマーケティングの才能にくわえ、新たな設備と貯蔵による生産力の増加は、ラフロイグを一気にスコッチウイスキーのトップブランドへと押し上げた。

しかし、すべてをお金のためにやったわけではなかった。彼女が愛したのは蒸留所であり、とくにそこで働く人々のためだった。スコッチのファーストレディは、すべての従業員を非常に大切にすることで知られていた。従業員に手厚い給与を払ったり、多額の寄付をしていなければ、一九六〇年代から七〇年代にかけて蒸留所はもっと大きな利益を上げていただろう。ベッシーはさらに、ラフロイグが地域社会で積極的な役割を担うよう、季節のお祝いには施設を一般に開放した。彼女の多大な慈善活動に対しては、エリザベス女王からメダルが授与されている。

一九七二年、六十一歳になったベッシー・ウィリアムソンは、ついに残りの持ち株をすべて売却し、スコッチ業界から引退した。そして一〇年後にグラスゴーでこの世を去った。これ以後のラフロイグ蒸留所には、女性の経営者やオーナーはいない。

ベッシーはアイラ・スコッチの成功に大きく貢献した。ボウモア、ラガヴーリン、アードベッグなど、今日操業しているアイラ島のウイスキー蒸留所の成功の基礎を築いた。

ベッシー・ウィリアムソンという存在は、グラスに注がれるストレートのシングルモルトのスコッチが、じつはガーリードリンクであることの証しである。アメリカにおける人気は彼女に負っている。

消費者は男性も女性も大胆な味をきっと受け入れると信じたひとりの女性、その彼女はウイスキーの個性を薄めたり甘くしたりせずに味わうことを主張し、そして見事に説得してみせた。

甘くするのが好きでももちろん構わない。バーボンの不良女子こと、ジョイ・ペリーヌ[*159]が勧めたように、ウイスキーはどんな飲み方をしても正しい。スコッチであれ、ライウイスキーであれ、バーボンであれ、ウイスキーはどんな人にも、どんな飲み方にも合う。

おそらくは何世紀もウイスキーのストレートが男の飲み方とされてきたことを受けてのものだが、ここ数年ほど、ウイスキー好きの女性をもち上げるという興味深い現象が見られる。女の子っぽいものじゃなくて男っぽいものが好きなら、それはクールな女性だとなり、ガーリードリンクではなく男のお酒を飲めるのだから、セクシーでしかもタフな女性だとされる。

こうしたクールな女性像の奇妙なサブジャンルは、新たな男性のフェティシズムの一種にすぎない。これは男性にウイスキーを売るための広告や、いわゆるインスタ映えする飲酒の演出法から発展した。男性がある銘柄のウイスキーを飲めば、クールでセクシーな女性が、わたしも一緒に飲みたいわとなる段取りだ。さらに苛立たしいことには、多くの女性が、クールなお酒とガーリーなお酒とは互いに相容れないもの——ウイスキーを飲むのだから、彼女はふつうの女の子とはちょっと違うわね——と、これに同調したことである。たしかにウイスキーはクールだし、ウイスキーは素晴らしい。しかしウイスキーを飲むからといって、ワインやビール、はたまたウォッカを飲む人よりも格好いいわけでも、

*159 正確にはバーボンのバッドガール。彼女は自分のことをバー・ベルとも呼んでいた。

より素晴らしくなれるわけでもない。お酒を選ぶなら男性本位の価値観などに左右されずに、自分で飲みたいものを飲めばいい。それに、ベッシー・ウィリアムソンのように心からウイスキー派を目指した女性は、古風な眼鏡をかけて毛羽立ったカーディガンをはおり、髪は束ねてアップにしていた。

こうしたすべての革新的な女性たち、蒸留所オーナーやバーテンダー、科学者、活動家たちに続いて、世界はついに初の女性マスターブレンダーの登場をみる時代がやってくる。

第13章　ジョイ・スペンスのアニバーサリーブレンド――一九八〇～九〇年代

世界初の女性マスターブレンダー、ジョイ・スペンス

何世紀にもわたり、自分たちが生み出して成長を支えたアルコール産業から押し出され排除されてき女性たちは、一九八〇年代から九〇年代にかけてようやく（合法的かつ正式に）醸造と蒸留の世界に復活する。

ひとりの女性が広く業界全体を切り開き、そのあとに続く数多い女性たちのための道を整えた。蒸留酒の種類を問わず世界初の女性マスターブレンダーとなったのはジョイ・スペンスで、ラム酒の女王として知られる。

二十一世紀に入ったいま、ラム酒の評判はずいぶんひどい。クラフトカクテルのマニアでもない限り、ほとんどの人がラム酒に出合うのは、パーティーで巨大なスコーピオン・ボウルのカクテルに火を点けるときか、使い捨ての赤いプラスチックのカップにコーラと混ぜて出されるときだけだろう。ティキが流行《はや》ったさいに復活したものの、その後はふたたびその他のスピリッツの一種という底辺の位置づけに落ちた。一九八〇年代から九〇年代にかけて、ほとんどの消費者にとってラム酒は、甘ったるいカクテルや、大学生の無分別なパーティーに合うものとなっていた。

しかしラム酒は奥の深いスピリッツであり、最高級のウイスキーに引けをとらない複雑な風味をも

っている。優れたラム酒をつくるには（そしてほんとうに、世界には優れたラム酒がたくさんある）、並外れた技術と経験が必要になる。そしてジョイ・スペンスには、その両面が豊富に備わっている。

ジョイ・スペンスが生まれたのは一九五一年で、ジャマイカの首都キングストンに育った。十三歳になると化学への情熱を抱くようになった。きっかけは大好きな化学教師の影響だったが、彼女がまだ高校を卒業する前に亡くなってしまう。その喪失に深く打ちのめされたものの、亡き師が誇れる存在でありたいと決意し、ジョイは化学の道へと進んだ。

一九七二年に西インド諸島大学を第一級優等の成績で卒業し、数年後にはイギリスのラフバラー大学で分析化学の修士号を取得する。[*160] ジャマイカに戻ったジョイは、コーヒー豆を使ったリキュール製造を手がけるティアマリア社で化学系研究開発の職を得た。

数年ほどすると、ジョイは飽きてしまう。ティアマリア社では十分なやりがいを感じられずにいた。彼女（そしてわたしたち）にとって幸運だったのは、その隣にラム酒の老舗製造元レイ&ネフュー社があったことだ。ジョイは道の向こうに目を凝らして、どんなことをしているのか観察しつづけた。どうやらラム酒造りはとても興味深い。彼女はついに履歴書を送ることにした。

そしてここからお酒の歴史が変わることになる。

妊婦の飲酒は是か非か

一九八〇年代、第二波フェミニズムが描いた夢は、まだ完全には実現されていなかった。たしかに西欧諸国では達成されたことも多かった。一九八四年のアメリカの学士号と修士号は四九%が女性に授与されている。連邦最高裁には女性裁判官がいて、さらに女性の宇宙飛行士も誕生した。最高裁は、職場における性差別は敵対的であり虐待的な就労環境につながるとの判断を示した。しかし道のりはまだまだ遠い。この同じ最高裁が、州法は、中絶の指導への公金支出も公立の病院施設で中絶手術も禁止できるとする判決も下している。労働力の半分を占めるようになったとはいえ、女性はまだ賃金が低く、多くの理不尽な扱いを受けていた。

一般的な飲酒文化においても、女性はまだ完全には受け入れられていなかった。状況はアメリカでもそれ以外でも同じで、西洋のお酒や習慣を取り入れた非西洋諸国の多くが女性を排除した。日本では、男性はバーボンのようなアメリカのお酒を喜んで試したが、女性が勧められることはなかった。女性に期待されたのはお酒を注ぐ役割であって、お酒を飲む側ではなかった。

じつのところ一九八〇年代は、女性の飲酒に関する医学的なパニックが起きた時期でもある。その前の一〇年にわたる調査から、妊娠中の大量飲酒（一日に八～一〇杯）が胎児に奇形をともなう先天異常を引き起こす可能性があるという、胎児性アルコール症候群が報告された[*161]。すべてのアルコール飲料に妊婦への警告を表示すべきではないか、一九八二年には米食品医薬品局（ＦＤＡ）長官が声明を出した。

ヨーロッパの医療専門家たちの見方は、少し違っていた。とくに妊娠中や授乳中には、一杯のビールかワインを飲むことで得られるかもしれない健康面のメリットに比べれば、胎児性アルコール症候

＊160　ジョイの最終試験成績は、いまなおラフバラー大学の学生史上最高点の記録となっている。
＊161　アルコールに催奇形性があり、奇形を誘発しやすい要素をもっていることが発見された。核兵器や風疹などのウイルスも催奇形性物質である。

群のリスクは小さいものとして考えられた。ドイツでは授乳中の女性であればコップ一杯のビールが推奨された。[*162]

一九八九年になり、アルコール飲料のボトルや缶には妊婦への警告（および飲酒による車の運転や重機の操作の危険に対する警告）の表示を義務づける法案が、連邦法として制定された。[*163] この法案の成立は間違いなく良いことではあったが、結果として、妊娠中や授乳中に（あるいはその後も）一杯でもワインを飲むような母親は悪い母親だとする風潮を強め、母親は飲酒文化に属さないとする、古くからの信念を新たに正当化するものになった。こうした、母親が酒を飲むことに対する激しい反応は、現在も根強く見られる。

男の子《ラッド》みたいに好き放題に騒ぐ女の子《ラデット》

一九八〇年代後半から九〇年代前半にかけて欧米で成人になった新世代の女性たちは、すっかり反体制的だった。一九〇〇年代初頭のアメリカがみたフラッパーを彷彿《ほうふつ》とさせるかのように、多くの若い（そしておもに白人の）女性たちが、激しい自己主張をしはじめる。

一九九〇年代のイギリスでは、ラデット［若い男を指すラッドの女性形］文化が芽生えた。これはラッドたち、つまり無鉄砲な若者たちによる、知的活動を嫌い、大酒を飲み、大声で叫び、性差別的な言動を好むといった、中流階級の若い男性を中心としたサブカルチャーの台頭にただちに呼応するものだった。すべてはお酒を囲んでのウロボロスの蛇［自らの尻尾を食べて再生を繰り返すシンボル］の状況といえた。つまり、ラデット文化がかたちづくられたのは、ラッドの文化を受けたもので、ラッドはそもそもフェミニズムを脅威に感じた男性の反応から生まれていて、そのフェミニズムというのは、性差別的な言動のせいで広がっていく。いっそのこと、このウロボロスの蛇の輪から性差別をなくしてしまうのが一番簡単だと思われるだろうが、それができるなら誰も苦労しない。

ラデットたちは、挑発的な言葉を使い、大酒を飲む、薄着をした若い女性たちで、ラッドたちが何をしようとも自分たちのほうがうまくやれると言わんばかりに、あるいは、少なくとも同じになってみせようと言わんばかりの姿勢だった。騒がしく一気飲みをしたり、道端で露出行為に出たり、ビールをがぶ飲みしながら男性をナンパするのを楽しんだ。

ラデットはどの経済階層の出身であってもおかしくないが、その多くがお金もまともな仕事もある若い職業人たちだった。たいていは大学教育を受けているような女性たちで、これが社会に衝撃を与えた理由のひとつである。ラデットたちは、いわゆる良い子たちだった。

多くのラデットはまた、キャリアを目指す現代的な女性像を模索してもいた。家事にも子どもをもつことにも抵抗する彼女たちは、伝統的な女性の役割や行動の領域から完全に外れた空間を占めていたことになる。従うべき青写真も、広く信じられる手本もなかった。そこでラデットは、ラッドがす

＊162　この対立は現在も続いている。アメリカでは疾病予防管理センターの公式見解として、妊娠中の飲酒に安全なものはないとしている。二〇〇四年から二〇一一年にかけてアイルランド、イギリス、ニュージーランド、オーストラリアで行われた研究では、妊娠中の最小限もしくは低アルコールの飲酒は、赤ちゃんに悪影響を及ぼさないと結論づけた。

＊163　これはアルコール業界にとっては勝利に等しかった。そもそも妊婦は彼らの市場に占める割合も大きくはなかったし、飲酒運転への警告表示は製造元の企業をすべて責任から解放した。

るような行動をとった。まだ家庭をもっていないため（家庭をもつ平均年齢は上昇傾向にあった）、お金には余裕があった。そして彼女たちはそのお金をバーで使おうとする。

ラデットたちはフルーティーな香りのボディスプレーを振りまきながら、まるでヘそピアスを開けた大隊さながらに、イギリスのバーに降り立った。そして、ゾーイ・ボール、サラ・コックス、デニース・ヴァン・オウテンといったメディアの有名人たちが、まさにラデット文化を代表する顔となった。こうした乱暴で乱雑な酒酔い姿を見せる女性を（その隣には同じくらい乱暴で乱雑な酒酔いの男性たちもいたとはいえ）メディアは大きく書き立てた。バーカウンターに力強いビールのげっぷを放つ女性というのは、これは多くの第二波フェミニストが夢見たような女性の自立の姿からは遠い。

こうした女性のアメリカ版は、毎年放送されるMTVの春休み特番と、インフルエンザにかかった子どもたちが、深夜二時のインフォマーシャルの合間に目にする『ガールズ・ゴーン・ワイルド』のビデオにあった。どちらも、大学生くらいのたいてい白人の女性たちが、お酒を飲んでパーティーで盛り上がり、たまにポロリと露出するという、身も蓋もない映像が流れた。こうしたことは大学や春休みの騒々しい「ビンジ飲酒」（むちゃ飲み）の文化にますます多くの女性がくわわることにスポットライトを当てた。

ビンジ飲酒（一度に五ドリンク以上飲むこと）をする女性の数は一九九〇年代に急増したが、これは男性の数にははるかに及ばない。一九九八年の調査では、十八歳から二十四歳の男性の三九％がビンジ飲酒をしていたのに対し、女性はわずか八％だった。数ではラッドのほうがはるかに多かったが、ラデットのほうがより悪名高かった。アルコール依存や交通事故など、アルコール関連のあらゆる社会問題の増加について、ラデットが原因として名指しされた――男の子はいくつになっても男の子だから仕方ないけれど、女の子が男の子みたいに好き放題に騒ぐようでは、世の中をおかしくしてしまう。

ラデット文化は二〇〇〇年代に入ってついに燃え尽きるかたちになった。これが巻き起こしたパニックは、女性が男性のように振る舞うことに対する数千年来の恐怖が、現代で見られたものといえる。ラデットの存在は、あたかも、ピーチシュナップスを飲んでディオニュソス神を祝おうとする、厚底ヒールとタンクトップ姿になった古代ギリシャの女性信者たちにすぎなかった。

「飲み物から目を離すな！」

ビーニーベイビーのぬいぐるみ、グランジ音楽、レズビアンバー――どれも一九九〇年代に全盛期を迎えたものである。

これはアメリカ史上、もっとも数多くのレズビアンバーが、多様な人を受け入れて繁盛した一〇年間だった。レズビアンをカミングアウトすることも少し安全になり、一九八〇年代とはまったく違った空気になった。八〇年代までは、ニューヨークのような都市にはまだ警察には風紀課があり、同性愛者を敵視する規制が行われていた。風紀課の警官隊はなにかと黒人やラテン系の女性が出入りするバーを標的にしていたし、人種差別や同性愛嫌悪の近隣住民たちが騒音の苦情を通報してはバーに嫌がらせをしていた。マンハッタンにあったダッチェスのように、男性にお酒の販売をしないことで裁判沙汰になるバーもあった。しかし、一九九〇年代になると、レズビアンバーを取り巻く状況はよくなっていた。

大都市には多数のインクルーシブなバーができた。マンハッタンのクレイジーナニーズは、トランス女性を歓迎するバーとして知られた。クイーンズには、ラテン系のレズビアンバーが二店舗できた。一九九一年に開店したヘンリエッタ・ハドソンズ（ストーンウォール・インの近く）は、ニューヨーク市でもっとも歴史の長いレズビアンバーとして、現在もまだ営業している（一九六六年開店のサンフランシスコのモーズは、アメリカ最古を自称していたが、一九八九年に閉店した）。

残念ながら活況は長続きしなかった。一九九〇年代以降はレズビアンバーは急激に減少し、二〇一〇年代にかけて、さまざまな理由で次々と閉店していくことになる。いまでは、ＬＧＢＴＱ＋コミュニティが集まる場所はほかにもたくさんできていて、まったく新しいタイプの出会い系アプリも登場している。古くから同性愛者が多く住んでいた地域、とくにＢＩＰＯＣ（黒人、先住民、有色人種）のゲイコミュニティが占めていた地区は高級地に整備された。全体として、とくにレズビアンバーに対する関心は低下していて、性的少数者を区別なく受け入れるような広く寛容な空間が好まれるようになる。

性的指向がどうであれ、一九九〇年代にはバーに行く女性が増えた。バーテンダーやウェイトレスとして働く女性が増えたことは就業機会が増えたことになるし、商談や人脈づくりの会合にくわわる女性が増えたことは、つまりは労働力として重みが増したことを意味する。公共圏のこの領域へと、より多くの女性がアクセスできるようになったことで、家の外で人と会って交流する機会が増え、バーの種類によっては、くつろいだ時間を過ごすことさえできる。より多くの女性が、飲みに行くぐらいは好きにできるようになったということだ。

ところがここで、入店するために何十年と闘ってきた女性たちは、バーに入ったあとのことを心配することになる。一九九〇年代、デートレイプドラッグと呼ばれるものが出現した。

飲み物にデートレイプドラッグを盛られるかもしれないという恐怖は、何よりも大きくバーやナイトクラブにおける女性の飲酒文化に影響し、家の外での飲酒行動を完全に変えることになった。

デートレイプドラッグは人の意識や抵抗力を奪うことで性的暴行にさらすことになる。よくあるのはこっそり飲み物に混入させる手口で、匂いも味もない。この手の薬物にはいろいろあるが、なかでも代表的なものはロヒプノールで、ルーフィーとも呼ばれる。一九九〇年代には安価に入手できた。あまりにも悪名高くなったため、こうした薬物全体がルーフィーと呼ばれたり、動詞としても使われた。

ロヒプノールは、薬品名としてはフルニトラゼパムで知られるもので、基本的にザナックスやヴァリウムよりはるかに強い。一九七〇年代に重度の不眠症の治療薬として発売されたベンゾジアゼピン系の薬で、抗不安作用もある。摂取したのちしばらくの記憶がなくなったりする前向性健忘を引き起こす傾向があり（ガンマヒドロキシ酪酸〔ＧＨＢ〕をはじめ、いくつかのこの系統の薬には同じような作用がある）、この副作用ゆえに性犯罪者の手にロヒプノールがあると非常に恐ろしいものになる。

こうした薬に対する国民の不安が高まったのは一九九五年から九六年になる。薬物やその卑劣な手口に関する記事が新聞や雑誌でとりあげられるようになった。恐怖の中心になったのは、アメリカ、カナダ、オーストラリア、イギリスのバーやナイトクラブなどパーティー会場だった。

このロヒプノールの製造元であるホフマン・ラ・ロシュ社が、規制の強化を避けたい一心で始めたキャンペーンは、女性が飲みに行くときの行動を永遠に変えることになった。[*164]

このキャンペーン「飲み物から目を離すな！」は、ホフマン・ラ・ロシュ社による規制緩和を求めるロビー活動の一環だった。ロシュ社の戦略については二方面で展開された。第一には、アルコール自体がほんとうの問題だとする主張になる。アルコールでなくても、ロヒプノールはどんな飲み物にも混入できるにもかかわらず、彼らはアルコールこそがデートレイプドラッグの最たるものだと宣言した。第二には、女性側に自分の飲み物を守って暴行を避ける責任を負わせるものになる。要は、あなたが飲み物から目を離すから……とか、あなたが飲みにさえ行かなければ……とか、雰囲気としては、まるで性的暴行は意図的な犯罪ではなく、大雨のようなもの、恣意的な自然現象だから、きちんと計画を立てれば避けられるものであるかのような印象になった。たとえば下戸の友人の飲み物にこっそりアルコールを混ぜるのは[*165]、無害に聞こえようとも犯罪行為以外の何ものでもない。

ロシュ社は、しかしながら、女性を襲うなというメッセージの方向に動くことはなく、「飲み物から目を離すな！」と並行させるべき「このクズ野郎め！」といったキャンペーンが展開されることはなかった。デートレイプを防ぐ責任は、ひとえに女性の肩にかかるものになる。

三〇年近く経ったいまでも、このキャンペーンはまったく色褪せていない。

「飲み物から目を離すな！」をきっかけに、女性が飲酒するさいには一連の警戒行動が生まれた。まず一番に、そしてほぼ唯一といえる忠告は、コップから目を離さないことである。コップを下におかないこと、みんなと一緒にいること、バーテンダー以外からは飲み物を受けとらないことだ。

ついには、バーテンダーたちも女性客の安全を守るために特別な暗号を考案した。「エンジェル」という単語が発せられると、その客が問題に巻き込まれているか、誰かが自分の飲み物に薬を盛った疑いがあるということになった。客がエンジェルのショットを注文した場合、それはバーテンダーからの助けを求めるシグナルだった。エンジェルのショットをストレートで注文する女性は、バーテンダーに車まで送ってくれるよう頼んでいることになる。このショットに氷を入れてとなると、タクシーや配車サービスを呼んでほしいということで、ライムを添えてとなると、バーテンダーは警察を呼ぶべきとの意味になった。

煮ても焼いても食えないサンデーの上にチェリーを飾るかのように、各社がロヒプノールに触れると色が変わるマニキュアといったような、飲み物のなかの薬物を検知する製品を開発して販売を始めた。こうした会社の多くは、女性の恐怖心を高めて製品の売上げにつなげるために、デートレイプドラッグ事件の統計を誇張して発表することになる。

さらに統計を混乱させたのは、デートレイプドラッグの増加が、大学キャンパスでのビンジ飲酒の増加と連動していたことである。もはや大学生にとってむちゃ飲みは新奇なものではなかったが、一九九〇年代には急増した。ビンジ飲酒の定義は通常、一機会に五ドリンク以上〔ドリンクとは純アルコール換算による飲酒量の単位で、各国で違いがあり日本では一ドリンクは一〇グラム相当で、米国は一四グラム〕飲むことと定義される。ラデットたちの状況でも見たように、男性のほうが飲酒量が多く、飲み方もむちゃなことが多かったものの、一九九〇年代に顕著に増えたのは女性だった。『ジャーナル・オブ・アメリカン・カレッジ・ヘルス』誌は、一九九三年から二〇〇一年にかけて、女子大学全体でビンジ飲酒が

＊164　ロヒプノールはじつはアメリカでは違法である。昔からずっとそうだった。ふつうはヨーロッパやメキシコから密輸された。一九九八年になって同社はこれに青い色素を添加して、透明な飲み物に入れると検出できるようにしている。

＊165　こうした行為を英語で「スパイク」という。二〇〇四年、北ウェールズで安全な飲酒を訴えるキャンペーンが開始され、ハリネズミのイラストが使われた。このマスコット、その名もなんと「スパイク」だった。

一二五％増加したと報告している。

なかには、実際にはたんにひどく度を越して飲みすぎただけなのに、デートレイプドラッグを飲まされたと思い込む女性たちもいた。たとえ何歳であろうと、世の多くは自分がどれだけ飲んだかを自覚しないものだが、大学生ではこれがとくにひどい。アメリカ社会では、「一ドリンク」が何を意味するのかについて、つまりはお酒が一杯かのような、非常に多くの混乱がある。

大学生のパーティーに定番といえば、巨大なパンチボウルで提供されるジャングルジュースなどがある。安くつくれて大勢で飲める。ふつうは、極度にアルコール濃度の高い中性スピリッツや安価なウォッカ、ジュース、炭酸飲料を混ぜ合わせて、ほろ酔いするものになる。問題なのは、赤いプラスチックカップ一杯のこの混合物が、通常六〜七単位のアルコール量があることで、つまりこの一杯ですでにビンジ飲酒に該当することになる。しかし学生たちは、これを一杯とみなす。子どもたちに飲酒について教えることに抵抗のある親や教育現場は多いが、若者はこうしたことをきちんと知っておくべきなのだ。

さらには、この「飲み物から目を離すな！」のキャンペーンは、薬ではなくたんに泥酔状態で性暴力の被害に遭った女性への厳しい視線も生み出した。パーティーやバーで飲みすぎた女性には何が起きても当然とでもいうような、ややもするとレイプさえ自業自得とされかねない空気が生じた。まるで、彼女はそんなことを〝させるべきではなかった〟と言わんばかりに――これは女性が短いスカートをはくのは〝誘っている〟と考えるのと同じことで、これは昔もいまも変わらない。

女性がお酒に酔ってかつ暴行もされない権利をめぐっては、アメリカ社会はまだ清算できないものを抱えていた。

禁酒法以前の時代には、良い子という物語が女性の飲酒を思いとどまらせるために使われた。一九九〇年になると、新しい物語が登場する——スマートな子である。女の子の美徳は、敬意に代わって責任にまつわるものになった。スマートな女の子は、自分の飲み物を守ることができる。スマートな女の子は、男はお酒が入ると性的な野獣になるので（やれやれ）、これを避けるべきだと知っている。スマートな女の子は、友人の様子や、彼女たちが飲みすぎていないかにも気を配る。もっといえば、バーに出入りしないのがスマートな女の子だろう。バーは男の場所で、男の子はいくつになっても男の子なのだから。

さて、まとめるとこうなる。女性は自身の飲酒と行動、そして友人たちの飲酒と行動、さらに半径四〇〇メートル以内のすべての男性の飲酒と行動について責任があることになる。もちろん、女性が自分の飲酒量を把握して友人やそのお酒に注意するのは賢明な考えだ。それにしてもこのスマートな女の子という物語は、何世紀にもわたって女性に対して武器化されてきた概念、すなわち「女性は無力のまま責任はすべて負わなければならない」という概念に新たなひねりをくわえたものだった。

開始から数十年経つが、「飲み物から目を離すな！」のキャンペーンはいまだに終わってはいない。誤解しないでほしいが、まだまだ必要ともされている。ロヒプノールに代わって別種のデートレイプドラッグが出まわり、それらがさらに別のものに取って代わられたが、男たちは依然としてそれらの薬物を人々の飲み物に入れている。開始から数十年経つが、彼らを思いとどまらせようとするキャンペーンは行われていない。

二〇〇種以上の香味を嗅ぎ分ける

ジョイ・スペンスが興味をもった隣接のジャマイカ産ラム酒の会社、レイ&ネフュー社の人々もまた、今度は彼女に対して、同じくらい興味を寄せることになった。会社は彼女の履歴書に感銘を受け、仕事の空きはなかったが、それでも彼女に採用を申し出た。給与はティアマリア社よりも少なかったが、ジョイの返事はイエスだった。

一九八一年、彼女は会社が所有するアップルトン・エステートと呼ばれるラム蒸留所で、主任研究員として新たに雇われることになる。この仕事での彼女の役割は、アルコール度数など化学的特性が、ラム酒の製品規格を満たしているか確認することだった。ナッソーバレーの美しい丘陵地帯に広がるアップルトンの農園は、ラム酒業界のなかでももっとも歴史のある名称のひとつである。これはジャマイカ最古のサトウキビ農園であり、そこに蒸留所ができたのは一七四九年にさかのぼる。

一九八〇年代のジャマイカでは、女性はお酒を飲むことも、バーに行くこともなかった。不適切なことだとされていて、ジョイ自身もアップルトンに雇われるまではまったく飲まなかったが、仕事が決まってからはすっかりラム酒に夢中になっていった。

ジョイは、オーウェン・タロックという名のマスターブレンダーのもとで仕事を始めた。マスターブレンダーとは、それぞれ個性の異なるスピリッツの組み合わせをもとにブレンドを開発する人々である。彼らは創造性とアルコールの科学の両面で秀でている必要があり、蒸留酒の多くは、ウイスキーやラム、ブランデー、ウォッカも含めて、その製造元にマスターブレンダーがいる。

マスターブレンダーの技術には、おそらくもっとも重要な資質として、味覚や嗅覚をはじめとした高い感覚感度が求められる。タロックは、すぐにジョイが感覚的な鋭敏さをもっていることに気づいることができた。彼女には匂いを感知し、特定し、区別する並外れた能力があり、二〇〇種以上の香味を嗅ぎ分けた。

彼女の才能を目にしたタロックは、ジョイを蒸留の仕事にくわえた。

ラム酒をつくるには、まずサトウキビ[*166]を収穫し（ジャマイカでは収穫期が一月から五月）、圧搾して汁を搾り出す。搾り汁を煮詰めて濃縮させ、これを遠心分離器にかけて砂糖の結晶を採取したあとには糖蜜が残る。砂糖は売り払われ、糖蜜はラム蒸留所に運ばれる。糖蜜に水と酵母[*167]をくわえて、三日ほど発酵させる。最後に蒸留されてラム酒になる。アップルトンでは、最終製品は樽に入れられ、首都キングストンにある熟成庫へと送られる。

タロックの仕事を間近に見ながらの一七年間、ジョイはラム酒がもつ複雑さと、ジャマイカ文化としての表現力に情熱を抱くようになった。熱帯の気候ではラム酒の熟成が三倍も早く進むため、すぐに他のスコッチやブランデーのような長期熟成酒と同じくらい深みのある複雑な味わいになる。

タロックが引退を迎えて、後任にジョイが抜擢されたのは当然の流れだった。こうして彼女は世界初の（蒸留酒すべてを通じて初の）女性マスターブレンダーとなった。彼女の能力を（一七年もの修行にもかかわらず）疑う男性同僚もいたが、その圧倒的な実力とラム酒にかける熱意は、最終的には必要な人々すべてを納得させることになる。そしてジョイの最初の仕事となったのは、アップルトン・

＊166　ラム酒の種類によって、使用するサトウキビの種類が異なる。
＊167　アップルトン・エステートが用いている特別な酵母培養液は、何世代も受け継がれてきた秘伝のものである。もし蒸留所が災害に見舞われた場合には、それを再現する方法はジョイが守っている。

エステートの創業二五〇周年を記念する特別なラムをつくること——いきなりの一大プロジェクトだった。

マスターブレンダーとしてのジョイの仕事は、個々の異なる樽やバッチのなかからブレンドするラムを選ぶことだった。巨大な貯蔵倉庫のなかを歩いてラム酒を選んでまわり、いろんな香りを嗅いだり味わうのが天国のようだとするなら、間違いなくジョイは天上はるかにいたことになる。ブレンドの候補となる原酒を選んだのちには研究室でその成分を分析し、規格（アルコール度数など）を満たしているかを確認した。もちろん、味も確実でなければならない。

二五〇周年の記念ブレンドは味も間違いなく完璧なものになった。ジョイは見事に期待以上の成果を上げ、一九九九年に発売された記念ボトルは、スピリッツ業界から高い評価を得た。わずか六〇〇〇本のみが製造され、現在はコレクターズアイテムとなっている。

そしてこれは、彼女のラム酒造りの始まりにすぎない。

ウイスキー業界でも女性マスターブレンダーが相次ぐ

ジョイ・スペンスが先陣を切ったわけだが、その後数年のうちには、世界中の蒸留所で女性マスターブレンダーたちが誕生してくることになる。一九九〇年代、アイルランドとスコットランドのウイスキー業界でも遅ればせながら女性たちが大きく躍進した。

一九九五年、レイチェル・バリーがスコッチ大手のグレンモーレンジィに採用され、ウイスキー業界を一変させることになる。エディンバラ大学で化学を修めた彼女が、卒業して最初に勤めたのはスコッチウイスキー研究所での研究員だった。そこでの彼女の研究はやがて、現代の蒸留所でスコッチの風味を高めるために採用されている、感覚科学の技術を発展させることになる。グレンモーレンジィに採用されると今度は、新たな麦芽の製法や、熟成させる樽の種類をさまざまに試す実験を始めた。かつて誰もそういった試みを大規模にやったことはなく、その風味の変化は大きな反響を呼んだ。すぐに他の蒸留所も彼女のやり方を試すようになり、とくに樽の種類を変える試行錯誤が行われた。スコッチの多くは、熟成のさいに他のアルコール産業で使用済みの樽がリサイクルされて使われる。バーボンの樽が人気が高いが、レイチェル・バリーのおかげで、一部のスコッチでは、ラムやシェリー、ワインの樽が使われている。

バリーがくわわってから数年後、グレンモーレンジィはもうひとつのスコッチ製造元、アードベッグを買収した。グレンモーレンジィはハイランド（スコットランド北部）の製造元であり、アードベッグはアイラ島の製造元である。つまり、アードベッグははるかに重く、スモーキーである。比較するとハイランド産のほうが少し甘くてスパイシーさがあり、より麦芽の風味やフルーティーさが感じられることが多い。一九九七年、バリーはこの新しい蒸留所での評価の仕事をまかされた。するとここでも彼女の活躍はめざましく、二〇〇三年には、レイチェル・バリーはスコットランド初の女性マスターブレンダーとなった。彼女が持ち込んだ革新性と品質はアードベッグに力を吹き込んだ。バリーとそのチームが開発した逸品のアードベッグ・スーパーノヴァ[*168]は、二〇〇八年と二〇〇九年のワールド・ウイスキー・オブ・ザ・イヤーに輝き、二十一世紀でもっとも素晴らしいスコッチのひとつと

＊168　個人的にはこのスコッチが好き。

もされている。

レイチェル・バリーが採用されたのと同じ年、アイルランドでは化学者のヘレン・マルホランドが、ブッシュミルズ蒸留所に採用されている。二〇〇五年にはアイルランド初の女性マスターブレンダーとなり、全員が女性のテイスティングパネルとともに、マルホランドは現代において最高峰のアイリッシュウイスキーの数々をつくりだしている。そしてジョイ・スペンスと同じように、彼女もまた特別な記念ブレンドをつくることを任された。ブッシュミルズ四〇〇周年記念ブレンド「ブッシュミルズ1608」は、二〇〇八年のワールド・ウイスキー・アワードでベスト・アイリッシュ・ブレンデッドウイスキーに輝いた。二〇一八年には女性として初めて、『ウイスキー・マガジン』誌認定による殿堂入りを果たしている。

アメリカではケンタッキー・バーボンが、二〇一五年についに、キャッスル&キー蒸留所に初の女性マスターブレンダーとなるマリアンヌ・イーブスが現れた[*169]。同じ年のテネシー州には、オールドドミニク蒸留所に女性初の蒸留責任者となったアレックス・キャッスルが就任し、彼女は二〇二〇年にはテネシー蒸留酒組合の初の女性会長にもなった。いまでは、どんな種類のウイスキーであろうとも、必ずや女性がつくったものを見つけることができる。

とはいえ、世界はまだ女性の名を冠したメジャーブランドの登場を見ていない。ジャック・ダニエル、ジム・ビーム、ジョニー・ウォーカー、パピー・ヴァン・ウィンクル、エライジャ・クレイグ……いつの日か、この男性陣に交じって、レイチェル・バリーやオールド・ヘレンといったボトルが棚に並ぶ日がくるのかもしれない[*170]。

ビール業界初の女性ブリューマスターの誕生

蒸留酒の世界に遅れをとるまいとばかりに、アメリカのビール業界にも一九九〇年代には初の女性ブリューマスター（醸造責任者）が誕生している。

一九九五年、ミラービールの醸造所ではパトリシア・ヘンリーが、全米初となる女性工場長に就任した。ヘンリーは一九六九年に化学の学士号を取得したのち、一九七七年からミラーで働きはじめた。彼女はその後、大手のビール会社において初の女性、そして初の黒人のブリューマスターとなる。

アンハイザー・ブッシュで初の女性ブリューマスターを務めたのはジル・ヴォーである。彼女が同社で働きはじめたのは一九九二年で、その同じ年に食品科学の修士課程を修了したところだった。掲示板でアンハイザー・ブッシュの求人広告を目にした彼女は、気まぐれで応募してみることにした。ビールについてはまったく知識がなかった彼女は、図書館で醸造学の本を借りた。そしてその本を持って面接に向かうために飛行機に乗り、彼女の（仕入れたばかり）ビールの知識にアンハイザー・ブッシュの人々はいたく感心することになった。

それから三〇年近くヴォーはそのまま働きつづけることになる。バドライトライムやミケロブ・ウルトラなどの人気ビールのレシピを開発したが、なかでもとくに有名なのは、二〇〇五年入社の同社ブリューマスターのレベッカ・ベネットと共同で開発にあたった一連の銘柄がある。二人が手がけた

＊169　イーブスは二〇一九年にキャッスル＆キーを去った。
＊170　女性の名前がついたウイスキーを製造している小規模なブランドはいくつかあるが、実際に女性が製造者のものはない。

レシピの数々にはバドライトプラチナ、ショックトップ、ストロービアリタなど、パーティーの定番どころが並ぶ。ベネットは現在もアンハイザー・ブッシュに在籍していて、ジェーン・キルブリューのような他のベテランのブリューマスターたちとともに働いている。

アンハイザー・ブッシュについては熟練ブリューマスターの大多数が女性だが、これは業界では異例である。ビール業界で働く女性たちによる非営利団体「ピンク・ブーツ・ソサエティー」によれば、アメリカのブリューマスターの九九％は男性である。ベネットは二〇一四年の『エッセンス』誌のインタビューにこう述べている――「ビール職人はみんな髭を生やした男という先入観があって、アフリカ系アメリカ人の女性である私を見るとそれは驚くのです」。いつの日か、ショックトップにオレンジスライスを沈めながらビールを語ろうとする髭の気取り屋がいたなら、ひと言かけてあげよう。

アルコポップの流行と衰退

ビール、ワイン、スピリッツに並ぶように、一九八〇年代から九〇年代にかけてアルコールに新しいカテゴリーが出現する。そしてまるで二日酔い地獄から届いた悪魔のように、アルコポップが世界に大苦痛をもたらすために登場してきた。

すべての始まりはワインクーラーが登場した一九八〇年代初頭ということになる。ワインクーラーとは、低品質のワインに、低品質のジュースと、砂糖と炭酸が混じったもので、これが流行ったのには多くの理由がある。値段も手頃でワインよりもアルコール度数も低いため（ときにはビールよりも低い）、一般的な酒類よりも規制が緩かった。見た目も鮮やかな色で、お酒の風味もほとんどしなかったことから、アルコール自体に慣れていない初心者やアルコールの味は苦手でも酔いたい人など、それまでは見向きもされていなかった市場に広く受けた。

非常によく売れていたが、一九九一年に大きな問題にぶつかる。その年の一月にアメリカ議会がワインの物品税を五倍に引き上げた。突如としてワインクーラーがそれほど安くつくれなくなったのである。少なくとも、本物のワインを使ってはできなくなった。そこで、安価なモルトリカーで代用することを誰かが思いつき、ポンとできたのがアルコポップだった［アルコールとPOP（炭酸飲料）の造語］。

その後の一〇年ほどは、この甘ったるくて炭酸が利いたアルコポップのブームが続くことになる。ジーマ、マイクのハードレモネード、スミノフアイスといった製品が大人気になった。アルコポップは本物のお酒とはみなされず（ビールよりも度数が高いこともあったが）、ビールやウイスキーのような男くさい印象もつかなかった。甘くて、カラフルで、コマーシャルではクールでセクシーな若い女性が飲んでいた（蒸留酒のテレビ広告に女性の起用が解禁されたのは一九八七年のことで、女性がお酒を飲むコマーシャルはまだ比較的新しいことだった）。こうして、アルコポップは「ガーリードリンク」となった。

アルコポップを注文するのには、お酒の嗜好も知識も必要ない。試しに飲んで笑われることにならないか心配する必要もなく、いわば飲むと酔える炭酸飲料のようなものだった。しかもほかには商品の選択肢がほぼない市場で女性向けに宣伝されたわけで、これに応えるように女性層が買うようになった。そのためアルコポップには、ビッチ・ブリューやビッチ・ビールといった、女性蔑視なニックネームがすぐにつけられた。

アルコポップは、その甘い味と人気の広がりから、いくつかの深刻な問題も引き起こしている。色鮮やかで味がほぼ炭酸飲料に似ていたために、十代の若者たちにとっても魅力的なものになった。二

○○一年に公益科学センターが実施した調査によれば、十七歳から十八歳の五一%が試したことがあり、十四歳から十六歳の三五%が試したことがあるという——これはよくない！　あまりにも十代の市場向けに広告をつくりすぎたとして法的問題にいたった製造元もある（こうした調査や苦情を受けた連邦取引委員会が調査を行ったものの、当該年齢層への広告を示す証拠は見つからなかった）。

さらにいえば、率直にいってアルコポップはたいていがかなり気持ち悪い。ふつうは質の悪いモルトリカーに人工着色料と強烈な甘味料でつくられる。一九八〇年代と九〇年代には、アーバーミストのボトルを見せられた多くの子どもが、掃除機を近づけたときの猫なみに縮みあがったものだった。誰かがパーティーで何本か飲み干そうものなら、翌朝には脳みそが異常事態で頭蓋骨から逃げ出そうとしているのだと思って目を覚ました。

二〇〇〇年代の終わりには、アルコポップはもはや十代の若者にさえダサいと思われるようになる。ガーリードリンクというよりも、どの年齢層にとっても魅力のない、未熟な飲み物として見られるようになった。こうしたすべてが最終的にアルコポップの衰退につながったのだが、それでも、あまりお酒っぽくないお酒に対する欲求が消えたわけではない。近年では、アルコール入りのセルツァー（炭酸水）や、出来合いのカクテルやワインスプリッツァーの缶が増えてきた。これらの製品の多くは、アルコポップのようなシロップの甘さではなく、もう少し上質な材料でつくられているが、とはいえ気軽な飲みやすさが追求されていることには変わりない。

企業はいまだ、女性にどのように宣伝すべきかをよく理解していない。購買層の一角にふつうに女性をくわえるかわりに、これらの企業は、女性向けとして通常の製品よりも甘くて質を落としたものをやたらと宣伝している。そうやってワイルドターキーのアメリカンハニーの例のように、結局は女性よりも男性が多く飲むようになったとしても、これらのタイプの製品は依然としてガーリードリンクということになる。

カクテルとスピリッツの世界でもっとも影響力のある女性

二五〇周年記念ブレンドで成功を収めたのちも、ジョイ・スペンスはアップルトン・エステートの名を冠した一〇種類の新たなブレンドをつくりだした。現在販売されている高品質のブレンドの多くは、ボトルに印刷された彼女のサインが特徴になっている。

ジョイはラム酒に情熱を注いだ。同時に、ジャマイカと、ジャマイカを代表するスピリッツとしてのラム酒にもまた情熱を注いだ。マスターブレンダーとしての仕事のかたわらで、アップルトンのブランドアンバサダーともなり、世界中をまわってジャマイカ産ラムについて知ってもらおうとした。この黒い巻き毛の小柄な女性には、相手を笑顔にさせる明るい魅力があり、かつてのベッシー・ウィリアムソンと同じように、誰かに自分の大好きなスピリッツを勧めるには最適な人物だった。ジョイのスピーチには高度な知識と熱意が満ちていて、彼女がつくるラム酒のように見事にブレンドされていた。彼女のラム酒産業への貢献に対して、二〇〇五年にはジャマイカ政府からオフィサー勲章[*171]が授与されている。

そしてジョイは、ジャマイカ産のラムをもっと高いレベルに引き上げたいと考えた。

*171　二〇一七年には格上げされ、コマンダーを受勲した。

ジャマイカ産ラム酒の地理的表示の指定を目指し、仲間の専門家や愛好家たちとともに活動を始めた。地理的表示の制度とは、ある国や地域で生産された製品がどのように製造され、表記されるかに関する規定や協定といった法の枠組みであり、産地名としてその国や地域名を独占的に名乗るかたちで、すなわちこの場合は「ジャマイカンラム」といった呼称が適用される。必ずしも酒類に限らず、チーズや果物なども地理的表示に登録されることがある。いわば製品に産地の商標がつくようなものだ。シャンパンはフランスのシャンパーニュ地方でしかつくられず、バーボンはアメリカでしかつくることができない。ほかの場所でつくられた製品は、たんにスパークリングワインだったりコーンウイスキーと呼ばれることになる。これがなぜ大事かといえば、購入する人にとっては、製品が一定の品質基準を満たしていることや、産地表示された場所で実際に生産されていることの目印になるからだ。誰かがシャンパンと書かれたボトルを買ったなら、それはシャンパーニュ地方でつくられたスパークリングワインのボトルを手に入れたことになる。

ビール、ワイン、スピリッツが地理的表示を得ることができるのは、これらがもつ深い魅力のひとつでもある。お酒の愉しみのひとつは、その産地が生み出す味わいや香りを体験できることだ。そこには、土壌、天候、水、そこにいる人々の献身と技術が詰まっている。それはあなたが愛してやまない場所かもしれないし、憧れの場所かもしれない。いずれにせよ、グラスを手に座っているあいだは、その場所をごく身近に濃密なかたちで体験することができる。

二〇〇八年、ジャマイカンラムは地理的表示の候補に名をつらねた。ジョイは、ラム酒がジャマイカンラムを名乗れるための具体的なルールづくりを担うグループの一員だった。たとえば、国内の特定の地域において石灰層で濾過された天然水を使うことや添加物を含まないなど、技術面や成分上の要件にくわえて、重要なルールがひとつあった。それはジャマイカで発酵と蒸留がされなければならない。すべての正しい材料をアメリカに空輸してラム酒にしたとしても、それはジャマイカンラムとは呼ばれない。

地理的表示を獲得することは、ジャマイカ産のラム酒を購入しようとする人だけでなく、ジャマイカにとっても重要なことだった。それは、この産業と雇用が他国に流出されないことを意味する。二〇一六年、ジョイの努力の甲斐もあり、ついにジャマイカ産ラム酒は地理的表示が認定された。

その翌年、アップルトン・エステートは彼女のマスターブレンダーとしての二〇年を記念するブレンドを発表した。彼女の名がついた記念ブレンドには、二五年熟成と三五年熟成のラムにくわえて、ジョイのキャリアにとって特別な意味をもつラムとして、一九八一年（入社の年）のものと、お気に入りの蒸留器を使ったものが含まれている。彼女がこれまでに手がけたなかで一番好きなラムとなり、このブレンドは二〇一七年のラム・オブ・ザ・イヤーに輝いた。

ジョイ・スペンスはいまなおアップルトンに君臨していて、もう四〇年になる。蒸留所ツアーには彼女の名がつけられていて、アップルトンでの仕事のかたわらで、学生たちに無料で化学の指導もしている。彼女はラム酒とジャマイカに対するその情熱を、他の人々にも広めることに力を注ぎつづけている。

記念ブレンドが発売された同じ年、当時世界最大かつ注目のスピリッツ業界の一大イベントであったテイルズ・オブ・ザ・カクテルにおいて、ジョイはグランダム賞を受賞した。グランダム賞は、カクテルとスピリッツの世界でもっとも影響力のある女性に贈られる。

ジョイはその受賞スピーチに、アルコール産業における女性の重要性を強調して次のように述べた。

ジャマイカだったら「この女性たちが誇りだ」と表現するところですが、……これは蒸留所の女性たちだけにとどまりません。わたしたちはバーテンダーであり、バーのオーナーであり、アンバサダーであり、意思決定者であり、流行の仕掛け人であり、指導者であり、そして一番重要なことは、仲間であることです。わたしたちはみな、性別、肌の色、伝統、性的指向、宗教に関係なく、この業界がすべての人を受け入れてインクルーシブな空間になることで一致しています。

ジョイ・スペンスはアップルトン・エステートで歴史をつくり、世界中の蒸留所に女性の門戸を開いた。一九九〇年代が終わりを告げるとともに、女性はふたたびバーに立って歴史をつくるときがくる。

第14章　ジュリー・ライナーは午後三時過ぎのバーテンダー――二〇〇〇年代

人気を集めたジュリー・ライナーのクラフトカクテル

二〇〇〇年にいたるまで、カクテルは何十年と続く暗黒時代から抜け出せずにいた。とくにアルコポップとジーマのあとには、その低迷ぶりはさらにひどいものに見えた。

新たなミレニアムを目前にして、アメリカからは新鮮な材料からカクテルをつくるバーはほとんど姿を消していて、大量生産されたボトル詰めのミックスが使われていた。クラフト（手工芸品）のように凝ったカクテルは過去のもの、アメリカの飲酒文化における遠くて野暮ったい記憶となっていた。客がマンハッタンのようなものを飲みたいと思っても、おそらく当てが外れることになる。そもそも市場が存在しないのだから、そういったドリンクの材料を見つけることさえ（不可能ではないにしても）難しくなっていた。

こうした状況が一変することになる。

一九八〇年代後半、ニューヨークのロックフェラーセンターでは大規模な改装が進められた。六五階にあったレストランのレインボールームは、一九三〇年代の華やかさを取り戻すべく増床と改装が行われた。そこで新しく主任バーテンダーとなったデイル・デグロフは、禁酒法時代からインスピレーションを得て、カクテル革命の基礎を築くことになる。

レインボールームは、一九九〇年代を通じて、黄金時代復刻の中心となった。デグロフは自らの技法を共有し、カクテルづくりに情熱をもつバーテンダーの育成に熱心に取り組んだ。デイル・デグロフはいまでは現代のカクテル・ルネサンスの父として知られている。彼の指導を受けた伝説的な三人の弟子のうち二人は女性で、なかでももっとも成功を収め、クラフトカクテルの魅力を世に広めることになったのが、ジュリー・ライナーという名の女性である。

ジュリーはハワイで生まれ育った。一家はのちにフロリダに移り、そこで大学まで進んだ。一九九四年になり、ジュリーは西海岸のサンフランシスコへ向かう。そこでいくつかの退屈な仕事を経たところで、一生机の後ろにいるのは嫌だと考えた彼女は、パーク55・ホテルのバーでウェイトレスとして働きはじめた。そのバーの店長だったリンダ・ファスコという女性がジュリーにお酒のつくり方を教え、これがスターを誕生させることになった。

ウェイトレスからバーテンダーに転向できるくらいに腕を磨いたジュリーは、アジア系パフォーマーによるドラァグショーが売り物のレストラン、アジア・エスエフで働くことになった。しかしそんな彼女に、急成長するカクテル・ルネサンスの本場、ニューヨークが手招きをする。

一九九八年、ジュリーは恋人のスーザン・フェドロフ（彼女も元はバーのマネージャーだった）とともに、ふたたび東部へと戻った。ニューヨークに着いたところで、バーテンダーの仕事を見つけるのに非常な苦労を強いられる。彼女が二〇一七年に情報サイトのスリリスト（Thrillist）のインタビューに答えた内容によると、求人に応募しようと店を訪れると、バーのマネージャーから「ほんとうにウェイトレスじゃなくていいのか？」と尋ねられたという。応募する先はどこも、すべて男性バーテンダーのみを求めていた。彼女は行く先々で、技術では男性バーテンダーに「はるかに勝る」と伝えて、チャンスを与えてほしいと訴えつづけた。しかしうまくはいかなかった。

幸運なことに、ほどなくして、ワシントンスクエア・ホテル内にあるバーがマネージャーを募集するという話を電話口で耳にする。ジュリーはこれに応募し、マネージャーとして最初の仕事に就いた。そのバーはC3という名で、外を通る人からはバーがあることさえ気づかれないほどの、どうやっても新しいテコ入れが必要な状況にあった。そしてジュリーはこの挑戦にぴったりだった。創造力と好奇心にあふれる彼女は、その力を発揮してドリンクのメニューを一新する。クラシックなカクテルに独自のアレンジをくわえてみたり、まったく新しいインフュージョンを試した。彼女の冒険的な味の試みは、盛り上がりつつあったニューヨークのカクテル好きのあいだで人気を集めることとなる。外向的で、話好きで、その個性の大きさにふさわしい大きな笑い声の彼女は、まさに輝く存在になった。彼女がマネージャーとなったC3は、併設するレストランの存在感をかげらせるほどになりはじめた。

二〇〇〇年、『ニューヨーク・タイムズ』紙がジュリーのアップルマティーニを記事にとりあげた。ジュリーはこれに風味づけのウォッカを使用せずに、ウォッカとグラニースミス種の青リンゴで手仕込みしたインフュージョンをくわえていた。数カ月後、彼女が創作したカクテルのひとつ、フレンチ77(フレンチ75のアレンジで、ブランデーとシャンボールリキュールを使う)が『ニューヨーク・タイムズ』紙にふたたび掲載された。続けて『ニューヨーク・マガジン』誌も彼女のことを記事にした。その年、ジュリーはC3で働く誰よりも目立っていた。

彼女が注目を集めることを喜ぶかと思いきや、C3の責任者たちは、マネージャーのほうがバーより目立つことに不満だった。彼女は職を解かれた。

結果的にみれば、これは彼女のためにできる最高の判断をしてくれたことになる。

生活の一部として酒を飲む女性たち

二〇〇〇年代は新たなミレニアムの始まりであり、新たなガーリードリンクの始まりでもあった。ジュリー・ライナーがニューヨークのカクテルシーンで頭角を現していた頃、好きかどうかは別として、もっともよく知られたガーリードリンクのひとつ、「コズモ」もまた舞台に躍り出た。

略してコズモこと、コスモポリタン・カクテルの起源については多くの説があるが、[*172] 確実にわかっているのは、このカクテルが一九八〇年代から九〇年代にかけてアメリカ中のさまざまな飲み屋で見られていたことである。そのレシピとしては、ウォッカにライムジュース、オレンジリキュール（トリプルセックとして知られる）、クランベリージュースを混ぜていて、これがコズモの有名なピンクの色合いのもとになる。かつてはマドンナが、一九九五年にレインボールームで開かれたグラミー賞パーティーで、デイル・デグロフがつくったコズモを手にして写真に収まった。

コズモは、ある超人気のテレビ番組がなかったら、カクテル愛好家のあいだにとどまっていたかもしれない。一九九九年、このカクテルは『セックス・アンド・ザ・シティ』第二シーズンの第二話に初めて登場した。この番組はアメリカの女性たちにとって新しいファッションの教科書だった。デザイナーズのシューズやバッグなど、若い職業人たちが望むようなものに大きく影響し、カクテルもそうした商品のひとつだった。

二〇〇〇年にはコズモがお酒を飲む女性のあいだで大流行し、サラ・ジェシカ・パーカーが演じる番組の主人公のひとり、キャリーを代表するカクテルになる。コズモにとって最高の時代だった。おしゃれで洗練されていて、マティーニグラスに注がれたピンク色の華やかなコズモは、多くの若い女性がなりたいと願うものすべてを象徴していた。それは成功と自由を表すシックなお酒であり、しかも番組でとりあげられたなかでも価格がもっとも手頃なもののひとつでもあった。デザイナーズの財布に一〇〇〇ドルも払うことはできないかもしれないが、コズモはおそらく手の届くところにあった。

それはまた、堂々として「ガーリードリンク」だった。当時の一番人気のカクテルといえば、無色透明で無菌のような見た目のマティーニで、これはビジネススーツを着てビジネスをしているビジネスマンと同義語だった。一方でまさにピンク色をしたコズモは、アメリカ文化において一番わかりやすいかたちで、良くも悪くも女性の代名詞になった。

『セックス・アンド・ザ・シティ』の第二シーズンが放映されるまでは、女性のお酒にはいわばインフルエンサーは存在しなかった。女性たちには何を注文すべきかの青写真がなく、ウォッカマティーニの地味な親戚のような、ウォッカのソーダ割りがせいぜいだった。客というのはほとんどの場合、バーに行ったら自分が知っているものを注文する。いまや女性たちはキャリーが注文するものを注文すればよいとなった。マティーニが男性の職業人たちが飲むものだとしたら、コズモは女性の職業人たちが飲むものといえた。[*173]

やがてバーテンダーたちはコズモをつくるのにうんざりするようになる。アメリカ国内、とくに都

＊172　諸説あるなかでもっとも信憑《しんぴょう》性《せい》が高いのは、一九八五年にマイアミのバーテンダーだったシェリル・クックがコズモを考案したという説である。彼女は、マティーニグラスに合うような、それでいてマティーニよりも一般受けするカクテルをつくろうとしたとされる。

市部では、男性客でさえ一番よく注文する人気の飲み物のひとつになっていく。数年のうちには、コズモはすべての流行りごとと同じ道をたどり、その輝きを失っていった。『セックス・アンド・ザ・シティ』の映画が二〇〇八年に公開される頃には、すっかり定番のありきたりな注文とみられるようになった。

もうひとつ、ガーリードリンクの空席を埋めるかのように人気が急上昇したピンク色の飲み物に、ロゼがある。

ロゼはれっきとしたワインの一種で、たんなる白と赤の混合物ではない。実際にはもっとも古いタイプのワインのひとつで、ブドウの皮の色素が一部果汁に溶けだして色がつく。二〇〇〇年代半ば、ロゼが新たな大ブームとなった背景には、コズモの人気ぶりを成層圏ほどにも高めたのと同じ理由があった。女の子らしくて、新しくて、ファッショナブルな響きがあった（くわえて、二〇〇五年は記録的なブドウの収穫によってカリフォルニア産のロゼが大量に安く売れたことも人気を助けたかもしれない）。

そもそも女性のあいだにワイン人気を高める素地となった大部分は、もうひとりの女性スターによって築かれている。

『ブリジット・ジョーンズの日記』が公開されたのは二〇〇一年で、ヘレン・フィールディングが『高慢と偏見』を現代に翻案して一九九六年に発表した小説の映画化だった。レネー・ゼルヴィガー演じる主人公ブリジットが好きな飲み物が白ワイン、とくにシャルドネ種である。しかし、ブリジットとシャルドネとの関係は、キャリーとコズモとの関係とはまったく異なる。

コズモは成功者の飲み物だったが、シャルドネはそこになかなか到達できない女性の飲み物だった。

ブリジットが体現していたのは、万事うまくいかない、働くアラサーの白人女性である。彼女はタバコもやめたいし、体重も減らしたいし、もっと良い仕事を見つけたい、素敵な恋人をつくりたい、お酒も、自分なりに分別ある飲み方をしたいと思ってはいる。アメリカでもイギリスでも、白ワインが、ストレスとうっぷんを溜めた女性たちに選ばれるようになった。

映画が公開されるとともにシャルドネの売上げが伸びた。イギリスではワインの年間消費量が、二〇〇五年には一九九五年からほぼ倍増している。いわゆるブリジット・ジョーンズ効果による押し上げもあったワイン業界は、一九九五年には四億六四〇〇万ガロンだったワイン全体の売上げが、二〇〇五年には七億三〇〇〇万ガロンに達した。

キャリー・ブラッドショーやブリジット・ジョーンズのような、スクリーンのなかの女性たちの飲酒が特筆に値するのは、アルコールが彼女たちのふだんの生活の一部になっていることである。女性がお酒に酔っておどける様子は、映画やテレビでは目新しくなかった（『アイ・ラブ・ルーシー』でさえ、ルーシーがコミカルに酔っぱらうエピソードがある）。しかしながら、ホームコメディでいえば父親役はビール好きで、釣りをしながら飲んだり、仕事終わりに仲間とパブに行くのが日常であるように、ふだんの生活の一部として酒を飲む女性が登場するのは珍しいことだった。ブリジット・ジョーンズは他のあらゆることで悩むのと同じように飲みすぎを悩んでいたが、『セックス・アンド・ザ・シティ』の女性たちは、女友達とバーに出かけることが普通のこと、よくあることのように思わせた。

＊173　ジュリー・ライナーは、クランベリーの代わりにブラッドオレンジを使い、独自のコズモをつくっていた。

のちにケンブリッジ公爵夫人となるケイト・ミドルトンでさえ、ファイフのセントアンドリューズ大学の学生だった頃には、女性だけの飲酒クラブを始めている。これは好き放題に酔うためではなく、大学の飲酒クラブがほかはすべて女性を排除していることへの抗議だった。

飲酒文化のこうした規範の変化は、この一〇年間に女性アーティストたちが発表したパーティーソングの多くに見てとれる。作家のガブリエル・モスは、二〇一一年のエッセイ「パーティーの境界を超えて」(Party out of Bounds) のなかで、ケシャ、ケイティ・ペリー、ピンクといったアーティストの曲をとりあげている。モスによれば、これらの曲には、二〇〇〇年代における女性の喜び、自立、身体への自己決定権をめぐる意識の変化が集約されている。パーティーガールのポップス(おもに女性のファン層から成る)は、モスが「ドランクトピア」と呼ぶところの、酔っぱらった女の子が非難にも危険にもさらされない音楽上のファンタジーが織り込まれている。このジャンルの音楽はパーティーの定番曲であり、そこには破滅ではなく、自分自身の喜びを盛り上げようとする女性の物語が詰まっていた。

残念ながらドランクトピアは現実には存在しない。社会の不平等はつねに飲酒文化のなかに反映されてきたが、二〇〇〇年代のアメリカもまた同じだった。女性は依然として、飲酒をめぐって男性よりも厳しい世間の目にさらされていて、そのための可処分所得も少なかった。すべての州で女性の収入は男性より低く、さらにBIPOC(黒人、先住民、有色人種)の女性は白人女性よりも低かった。白人女性は一般的にバーをはじめ飲酒空間でより受け入れられていたが、BIPOCの女性については、とくに大学キャンパスでの飲酒機会は、統計的に低い数字にとどまった。状況は少しずつ良くなってきているが、わたしたちがケシャの歌のような生活が送れるには、まだ道のりは遠い。

中国では二〇〇〇年代に入り、お酒の輸入関税引き下げや減税政策、社会の意識の変化などが重なり、飲酒文化にくわわる女性の増加につながっていく。中国もアメリカと同じように、仕事後に飲みに行く文化が発達していた。ビジネスの世界に進出する女性が増えたことで、女性が飲酒に費やすお金が増え、仕事帰りにバーに行く女性が増えることになる。二〇〇〇年には一三対一であった男女比は、二〇一〇年には五対一になった。

同じような変化は、韓国やシンガポールをはじめ、ほかの国でも起きている。二〇〇〇年代には、マレーシアとシンガポールの若い層では女性のほうが若い男性よりも多く飲酒していた。韓国ではマッコリやソジュのメーカーが女性向けに新しいタイプのお酒を売り出して、とくに女性が飲みやすようつくられたフルーツ味のマッコリが大きく人気を集めた。ソジュのメーカー各社は古臭いイメージを脱却して、若い飲み手に愛されるブランドづくりを進めた。こうして全体として、若い女性たちは伝統に縛られることが減ってきて、女性が人前で飲酒することに対する社会の長年の反感が薄れはじめた。

ニューヨークのカクテルシーンを変えた「フラットアイアン・ラウンジ」

C3から追い出され、いまや好きなことが自由にできる身になったジュリー・ライナーには、ニューヨークにはもっとクラフトカクテルに対する需要があることがわかっていた。ここには飲みたい人々も、記事を書きたいジャーナリストたちもいる。

いよいよ自分のバーを持つべきときがきていた。

そこへセレンディピティのような幸運な出会いがあり、ジュリーは三人（兄弟たち）の投資家から、お酒を飲める店が近場にないフラットアイアン地区にバーを開きたいと声をかけられることになる。このコッシー兄弟は、このデッドゾーンの一角に良いバーができれば、大成功するだろうと考えていた。ジュリーの経歴や彼女についての記事に感心したものの、三人はジュリーにもお金を出資することを求めた——ふつうはバーテンダーのほうがなくて求める側なのだが。ジュリーは両親に相談して六万ドルを借り、このお金をコッシー家との共同経営にあてた。

アールデコ調の一九二〇年代の古いバーを見つけることも含めて、一年半の準備期間をかけて、二〇〇三年五月に「フラットアイアン・ラウンジ」が開店にいたった。それは複雑で高価なカクテルを一〇人分ほどつくる小さなバーではなかった。そうではなく、ニューヨーク市初の、間口の広い、大量注文に対応するクラフトカクテルの大型バーとなった。

広告会社を雇うようなお金はなく、ジュリーはマスコミの注目を集めるために、彼女や彼女のカクテルをとりあげたことのあるジャーナリストに片っ端から電話をかけた。すぐにバーは話題を集めるようになる。フラットアイアン・ラウンジがあったのは、ファッション業界や音楽業界で働く人々で賑わう地域だった。そうした業界人たちが大挙してバーに押し寄せ、この新しく流行の先端をいく店で、新しく流行の先端をいくカクテルを求めた。

ジュリーはこうした顧客すべてに魅力が伝わるメニューを工夫し、風味づけに用いられる彼女の有名なインフュージョンの数々を紹介した。カクテルになじみのない人たちでも抵抗感を感じないよう、軽くて爽やかな味を用意した。客を圧倒するのではなく、とりこまなくてはならない。もちろん、客はコズモを飲むこともできる。けれどジュリーや他のバーテンダーからは、もう少し違うものを試してみる気にさせられたことだろう。

そしてジュリーの妻でビジネスパートナーともなったスーザン・フェドロフが、カクテルの飲み比べセットという素晴らしいアイデアを思いつく。客が「カクテルのフライト」を頼むと、ふだんは試さないような、知らないことすらあるスピリッツやフレーバーを使った三種類が小さなグラスで運ばれてきた。これは多くの人をクラフトカクテルの世界に迎え入れる天才的な方法だった。

まさに大成功だった。

フラットアイアン・ラウンジは、他のどんなバーよりも、一般の人々にミクソロジーの奥深さと魅力を広めることになる。スーザンが発案したフライトで紹介されたカクテルが人気になり、客はコズモやマティーニのことは忘れて、もっと新しく冒険的なものを試すようになった。ジュリーの作品のひとつ、ジャスミン茶を抽出させたウォッカによるベイジンピーチは、店の看板カクテルになった。

彼女のバーはまた、業界屈指のバーテンダーたちのトレーニングの場にもなった。ジュリーは女性バーテンダーを歓迎し、さらには積極的に支援して、ミクソロジーの経験のない女性たちを指導もしている。

二〇〇〇年代初めのバーテンダーというのは、たいていが何も量《はか》っていなかった。公平を期していえば、量るほどのものがなかったのである。ほとんどのバーは、メニューに複雑なレシピのドリンクなどなかった。しかしフラットアイアン・ラウンジでは、ジュリーがすべてのバーテンダーに各材料の正確な量を注ぐよう徹底した。全員がジガー（お酒の分量を量るメジャーカップ）を使った。すべてのカクテルが上手につくられるのと同じくらいに、毎回同じ味につくられることが重要だった。なにせバーテンダーによって味が変わるのはおかしい。

膨大な人数のために膨大な数のクラフトカクテルをつくるにあたって、ジュリーと彼女のチームは工程を合理化するノウハウを編み出した。人気が集中するカクテルには、事前にベースとなる酒とリキュールを正確な量で混ぜてボトルに詰めておき、これを「チーターボトル」と呼んだ。このやり方は、ほかのクラフトカクテルのバーにも真似されるようになり、やがてバーの作業工程を変えていくことになる。

フラットアイアン・ラウンジが大成功を収めるとすぐに、コッシー兄弟はさらなるバーの開店に意欲的になった。そこでジュリーとスーザンの頭に浮かんだのは、候補とすべきひとりの顔だった。デイル・デグロフのもうひとりの女性弟子、オードリー・サンダースである。

サンダースがバーテンダーになったのは三十代前半だった。デイル・デグロフのセミナーを受講した彼女は、トレーニングのかわりに彼のもとで無償で働くことを申し出る。これを彼が承諾し、翌年には彼女はレインボールームでのイベントを手伝うようになっていた。一九九九年になるとデグロフはマンハッタンにある「ブラックバード」というバーで一緒に働くために彼女を雇った。

この頃のサンダースは独自のカクテルレシピを開発していて、そのスタイルにはのちにモダン・クラシックという呼び名がつくことになる。彼女が情熱を注いだのはジンだった。この透明な美味しいスピリッツは、数十年前にウォッカにその座を奪われて以降、ほとんど見向きされることなく、二〇〇〇年代においてはとても流行遅れなものになっていた。彼女はそれをふたたび表舞台に出したいと考え、ジンを使って数々のレシピを考案した。そうしたなかのひとつ、ジンジンミュールは、オードリー・サンダースの代表作ともなり世界中のバーで提供されるにいたっている。

二〇〇一年、彼女はカーライルホテルの伝説的なバー、「ベーメルマンス」のドリンクディレクターになっていた。ところが彼女の経歴をもってしても、ベーメルマンスが参加していた男性バーテンダーの組合に入ることを許されず、そのためサンダースは自分では実際に飲み物をつくることができなかった。昔ながらのバーテンダーたちを説得して、彼女のかわりに新しいレシピをつくってもらうしかない。最初はかなり渋っていたバーテンダーたちだが、彼女の熱い働きかけに（くわえてドリンクの味に）ついには動かされることになる。サンダースはベーメルマンスをカクテルの名所にした。

ある日、フラットアイアン・ラウンジを訪れたサンダースは、新しいバーに意欲的なコッシー兄弟のひとり、ケビンと話す機会がもてた。その二週間後には、ジュリーとスーザンがベーメルマンスにやってきて三人がさまざまにアイデアを出し合い、そこで「ペグクラブ」の計画が生まれた。

ジュリーとしては、フラットアイアン・ラウンジの開店から日も浅く（まだ一年ほどだった）、自分でバーをほかに出すには早すぎると感じていたため、サンダースがこの新しい事業を担うことで全員の意見が一致した。サンダースはフラットアイアン・ラウンジの地下に店を構え、素晴らしいメニューづくりにとりかかる。二〇〇五年一月にはベーメルマンスをあとにした。

この新しいバーの名前は、禁酒法以前からあったジンベースのカクテル、ペグクラブにちなんでいた。この店名ならカクテル通にはどんな店なのかが伝わり、同時に彼女が好きなスピリッツを示すことにもなる。

二〇〇五年八月、ついにペグクラブが開店を迎えた。この新しいバーはニューヨークのカクテルシーンで話題を集め、おかげでサンダースのもとには、選りすぐりのバーテンダーを集めたスターチームが揃った。ドリンクに細心の注意を払うことで知られていた彼女は、そのメンバーに熟練の技術を求めた。ただし、フラットアイアン・ラウンジとは異なり、ペグクラブでは客がコズモを飲むことはできない。ここは、本格的なクラフトカクテルを提供して、客にウォッカ以外を味わってもらうことを掲げるバーだった。なかにはラムコークがないとわかって怒る客もいたが、多くの客はバーテンダーが出すものに興味をもち、もっと深く知りたがった。

開店から一年も経たずに、ペグクラブはニューヨーク随一のカクテルバーとして広く知られるようになる。

ジュリーにとっては、次の店を開くことを考える時期がきていた。

女性杜氏、町田恵美

ジョイ・スペンスの活躍（そしてレイチェル・バリーやヘレン・マルホランドの活躍）をきっかけとして、二〇〇〇年代には多くの女性がアルコール業界に参入した。

女性たちの姿は、官能評価パネル（新製品の開発において新しいフレーバーや異なるブレンドや樽の違いによる特性評価をフィードバックするパネリスト集団）に見られたし、あるいはマスターブレンダーや化学研究者としても雇われた。一〇年と経たずに、世界中のほぼすべての蒸留酒のテイスティングパネルに女性の姿が交じるようになる。

日本を見てみると、町田恵美《えみ》が日本酒の世界に変化を起こそうとしていた。

町田は、群馬県にある町田酒造の杜氏《とうじ》である。実家は一三〇年以上も酒造りを営んでいたが、一族から杜氏になったのは彼女が初めてとなる。長いあいだ日本の酒造業は、自らは実際の酒造りには携わらない経営者で占められていた。杜氏集団が農閑期の出稼ぎとして全国各地の酒蔵にやってきて、その年の酒をつくっては次の土地へと去っていくのである。そこへ町田の家族は、経営も製造も兼ねる「蔵元杜氏」の形態に転向することを決め、長女である彼女が実家に戻って手伝うことになった。

町田は子どもの頃には、杜氏になるとは夢にも思っていなかった。一九七五年生まれの彼女は、日本酒を飲む人が減っていた時代に育っている。その祖父母の時代には、女性は酒蔵に立ち入ることが許されず、汚れているから神聖な蔵をだめにすると恐れられた。しかしときは二〇〇〇年、二十五歳の町田は会社勤めに見切りをつけ、酒造りに参入する。そして、彼女が後ろを振り返ることは二度となかった。

町田は本を読んだり、先輩の杜氏から教わったりして技術を身につけていき、やがて酒造りという骨の折れる仕事に没頭するようになった。日本酒は並行複発酵のため水麹《みずこうじ》に蒸米《むしまい》を投入してかき混ぜていく仕込み作業だけでも大変だったが、従業員や設備にもすべて目を配らなければならない。彼女の言うことに従おうとしない男性従業員もいたし、一部の男性客からは購入を拒否されることもあった。

型にはまらない酒造りを好んだところで物事が順調に運ぶこともなかった。昔ながらのやり方は尊重しつつも、彼女は新しいことを試してみたいと考えた。製造工程にこだわり、どうしたら最高のものをつくりだせるか夢中になって模索することになる。酒造りに身を投じて一年後、彼女は結婚し、新しい夫も婿として蔵に入り夫婦二人三脚となった。

町田の酒が賞を受賞しはじめたのは、わずか六年後のことである。二〇〇六年、町田酒造が全国新酒鑑評会で初の金賞を受賞し、町田はこれにより女性の杜氏として初めての受賞となった。その後も町田の上質な酒は、七度にわたる金賞という、彼女が蔵を継ぐ前には成しえなかった栄光を勝ちとった。

彼女自身の創意工夫と向上心にくわえて、町田の成功のカギになったのは、他の女性杜氏たちの後押しである。町田は女性蔵人たちが集う「蔵女性サミット」（現在二〇人以上の会員がいる）に参加し、同じ志をもつ女性たちとのつながりから大きな支えを得た。

日本には約一五〇〇の酒蔵があるが、そのうち女性杜氏がいるのは四五ほどにとどまる。しかしその数は徐々に増えてきている。そして町田恵美は、ますます手腕をふるう女性杜氏たちの最前線にいる。

ジュリー・ライナーの闘い

ペグクラブの成功を見届けると、ジュリー・ライナーにも自分のバーを増やす準備ができた。彼女とスーザンはブルックリンのコブルヒル地区へと引っ越したところだった。そこは絶好の立地環境であるにもかかわらず、周辺には良いクラフトカクテルのバーがなかった。そこでピンときた。「クローバークラブ」は二〇〇八年に開店するや、すぐに成功を収めた。ジュリーは禁酒法時代以前のカクテルの歴史からインスピレーションを得てメニューを考案し、この店をより居心地の良い、気取らずに立ち寄れるバーにすることを目指した。店の名前は、ジンとラズベリーシロップを使う禁酒法時代以前からのカクテルからとった。

クローバークラブは、開店から一年と経たずに、二〇〇九年のテイルズ・オブ・ザ・カクテルの大会で、世界最高のカクテルラウンジ新規店に選ばれた。この店が大成功を収めたことで、業界における彼女の知名度は国際的なものになる。四年後にはアメリカのベスト・カクテルバーを受賞すると同時に、その大きな集客力によりベスト・ハイボリューム・カクテルバー受賞にも輝いた。同じ年、彼女の指導者としての貢献に対しては、ベスト・メンター賞が贈られている。

この受賞は当然のものといえた。ジュリー・ライナーは、ニューヨークのどのバーのオーナーにも増して、多くの有名な女性バーテンダーたちを育ててきている。二〇一五年に飲食情報サイト〈Grub Street〉のインタビューに答えて、つねに女性をサポートする環境をつくり、彼女たちが「バーカウンターに立つ」機会をもてるようにしたいと語った。

こうした彼女の理想をよく表しているのが、新規事業となったバーの「レイエンダ」である。そしてバーテンダーのアイビー・ミックスは、いま業界でもっとも重要な声のひとつになっている。アイビー・ミックスがキャリアをスタートさせたのは、ブルックリンのレッドフック地区にある「フォート・ディファイアンス」で、そのあとにクローバークラブでジュリーのもとで働いて指導を受けるようになった。ミックスには、十九歳のときにグアテマラへ旅行したことをきっかけに、メスカル〔メキシコのローカルな蒸留酒のこと〕やラテン系のカクテルへの強い情熱があった。そうした種類の飲み物を紹介するバーをつくりたい夢があったが、バーの経営経験もない新参のバーテンダーだったミックスには、出資者を見つけるのは難しい。これを聞いたジュリーが、クローバークラブのすぐ向かい側の場所で彼女と組んでみることに同意した。

二〇一五年にレイエンダが開店すると、ミックスはその年、テイルズ・オブ・ザ・カクテルでアメリカのバーテンダー・オブ・ザ・イヤーに輝いた。二〇一九年には、レイエンダがジェームズ・ビアード賞のバー部門でノミネートされた。

さらにミックスは、もうひとりのジュリーの弟子で、こちらもバーテンダーとして受賞歴のあるリネット・マレーロとともに、技術の速さを競う女性だけのコンテスト「スピードラック」を立ち上げた。マレーロはフラットアイアン・ラウンジでジュリーの指導を受けている。男性中心の業界にうんざりしたミックスとマレーロの二人は、女性バーテンダーたちが技術を披露する機会をつくり寄付を集めるチャリティーイベントを考えたのだった。二〇一二年に始まったスピードラックのコンテストは、全米各地で数回の予選ラウンドが開かれ、最後はニューヨークでの決勝ラウンド（ジュリーが審査員のときもある）となる。そのチケットの売上げは、乳癌研究のためにこれまでに一〇〇万ドル以上を集めている。

レイエンダ開店と同じ年、ジュリーは自身初のカクテル本『ザ・クラフトカクテル・パーティー』（The Craft Cocktail Party）を出版している。ごりごりの蒸留酒オタクだけでなく、誰もがクラフトカクテルを気軽に楽しめるよう書かれた。彼女はまた、バーのメニュー開発やスタッフ訓練のコンサルティング会社、ミクストレス・コンサルティングを設立して、タイムズスクエアのハイアットといったニューヨークの最大手のホテルのバーにも力を貸している。さらには、クローバークラブの仲間でもあるバーテンダーのトム・メイシーとともに、「ソーシャルアワー・カクテル」という缶入りカクテルのブランドまでつくった。

ジュリー・ライナーの仕事はすべて、カクテルを楽しく、誰にでも歓迎されるものにすることを目指している。

家賃の急騰を受けたフラットアイアン・ラウンジは、二〇一八年にその幕を下ろした。しかしクローバークラブとレイエンダは営業を続けていて、バーで働く女性を支援するというジュリーの使命も消えることはない。

二〇一九年、毎年恒例の「世界のベストバー50」が、カクテルの専門家で女嫌いとして知られるチャールズ・シューマンに対し、バー業界を象徴する個人に与えられるアイコン賞を贈ることとなった。

チャールズ・シューマンは、何年にもわたり複数のインタビューで、女性バーテンダーについての独自の見解を繰り返してきた人物である。彼はドイツ版『プレイボーイ』誌に「バーに女性の居場所はない。重要な登場人物はいつだって男性だ」と語り、『ジャパン・タイムズ』紙には、バーに女性は〝必要とされない〟と語ってきた。

ジュリーには、彼のこの馬鹿げた持論に直接向き合った経験もあった。彼のキャリアについてのドキュメンタリーに出演したさい、カメラのなかでシューマンは彼女に向かって、女性バーテンダーは午後の三時までにバーから出て行き、〝本物の〟バーテンダー、つまり男性バーテンダーにその場を譲るべきだと説いている。

シューマンのアイコン賞受賞が発表されると、ジュリーはただちにインスタグラムに上げて「性差別者にアイコン賞はおかしい。女嫌いをもち上げるのはおかしい。いいかげんバカに賞をやるのをやめて。業績が免罪符にはならない。もうちょっとマシなことに労力使って」と投稿し、これに「三時過ぎの女性バーテンダー」〈#womenbehindthebarafter3〉のハッシュタグをつけた。

この投稿とハッシュタグはまたたく間に広まり、女性バーテンダーたちがこぞって三時過ぎにバーで働く写真を投稿してこれに応えた。五日後、シューマンは賞を辞退して、もう賞はいらない、自分の発言が〝ひどく誤解された〟ことに〝傷ついた〟と述べるにいたる。

ジュリーはさらに、他の多くの女性バーテンダーやバーのオーナーたちも巻き込んで、主宰協会をも非難した。その一週間後には「世界のベストバー50」が謝罪を発表して、二〇二〇年の選考では審査員に男女の偏りをなくすと宣言することになった。

今後、スピリッツ業界の賞がどのように男女の公平性を実現していくかはまだわからない。しかしジュリー・ライナーがこの業界をインクルーシブなものにするために闘いつづけることだけは確かだ。彼女は、バーやカウンターに女性を受け入れれば、女性たちはやってくるということを証明している。

そして、彼女たちは輝くことだろう。

第15章 アピウェ・カサニ・マウェラの新風——二〇一〇年代

マスター・ブリューワーの資格を取得した最初のアフリカ系黒人

いよいよ時代はここまできた。

ローセルのヴィーナスが彫られてから二万五〇〇〇年。世界で最初のビール醸造者で愛飲家でもあった女性たちがニンカシ賛歌を歌っていた頃から約四〇〇〇年が過ぎた。その長い長い時を経て、女性たちはいまだ自分たちがつくりだした産業にくわわろうと闘っている。

どんなに止められ、違法とされ、死刑にさえなった時代があっても、それが醸造酒であれ蒸留酒であれ、女性はお酒をつくり、振る舞い、飲んでいた。女性は数千年にわたって阻止されてなお、まさにすべての始まりでもあったビール造りをやめなかった。ニンカシがどこにいようとも、彼女は自分の遺産を守りつづける醸造家たちを祝福している。それはたとえば、南アフリカで初めて地ビールの醸造所を設立した黒人女性、アピウェ・カサニ・マウェラのような女性たちに向けられる。

一九八四年生まれのアピウェは、東ケープ州のムゴマンジという小さな村で育った。早くから科学とビールの両方に興味をもっていた。両親は娘が医学の道に進むことを期待したようだが、彼女は一年生［南アは小学校が七年、高校が五年ある］のとき、ヨハネスブルグ大学での体験学習に参加して醸造の科学に目を奪われる。アピウェはそれまで家族がビールを醸造する姿や、大人がウムクォンボティ

（ソルガムのビール）を飲むのを見て育っていた。その背後に、生物科学、数学、微生物学、物理学、工学……と、じつに複雑な要素がともなうと知ったアピウェは、醸造技術にすっかり夢中になった。

進学してウィットウォーターズランド大学で理学士号を、そしてプレトリア大学で微生物学の優等学位を取得した。大学を卒業するとすぐにビールの世界に飛び込んだ。二〇〇六年に新卒採用プログラムで南アフリカ醸造社に入社し、翌年には醸造がスタートした。

一八カ月の研修期間を終えたのちには、さらにステップアップしてマスター・ブリューワーを目指すようになる。南アフリカ醸造社で働きながら、国際的な業界団体である醸造・蒸留協会（ＩＢＤ）の醸造課程を修了し、さらにマスター・ブリューワーの資格を取得した。彼女は同協会のトレーナーとして認定された最初のアフリカ系黒人となった。

彼女の父親は、こうした学業での成功と順風なキャリアを導き守ってくれた先祖へ感謝を捧げるべきだとして、伝統的な儀式であるイムシンビのために帰省するよう彼女に勧めた。その滞在中のアピウェは、母親や叔母たちとともに伝統的なウムコンボティを醸造して過ごすことになった。彼女が閃《ひらめ》いたのはこのときである。彼女が南アフリカ醸造社でやっているのは、西洋の醸造技術とレシピを何年もかけて習得することだった。しかし自分の家族は何世代にもわたって独自の技術とレシピでビールをつくってきたのだった。アフリカの女性たちが醸造にかけた長い歴史に気づいて以降、アピウェの仕事は決して同じものではいられなくなる。

ダイエットを組み合わせたカクテル「スキニーガール」

すっかり二十一世紀に入っていたが、アメリカのアルコール会社のほとんどは商品を女性市場にどう売り込むか（そもそも、その気があったとしてだが）、まだ模索中だった。コズモ人気が去ったあとの業界には、またもガーリードリンクの枠が空いていた。これが埋まるのはベサニー・フランケルという女性が解決策を見つけるまで待つことになる。

ジュリー・ライナーのような女性たちの活躍があり、全米、とくに大都市圏ではクラフトカクテルが女性たちに認知され親しまれるようになった。しかし誰もがクラフトカクテルにお金を使えるわけではないし、誰もが自分の町におしゃれなカクテルバーがあるわけでもない。大部分の人はチェーン店のレストランでカクテルを前にして、大量の人工シロップと過剰な甘味料を味わうだけだった。こうした飲み物に対抗するように、女性層をねらった瓶入りカクテルのシリーズをつくりだしたのが、ベサニー・フランケル、リアリティ番組の『リアル・ハウスワイフ』出演で有名な女性である。彼女がじつに天才的だったのは、女性市場へのドリンクブランドという希少性にくわえて、すべてのアメリカ女性がつねに努力すべきだと言われていること、つまりダイエットを組み合わせた点にある。

二〇〇九年に発売された「スキニーガール」は、一夜にして圧倒的な成功を収めた。シリーズの最初となった商品はスキニーガール・マルガリータで、細長くて半透明な瓶入りの形で売られ、瓶表面には細身でおしゃれな女の子がシェイカーを振るイラストが描かれた。この商品にはブームにつながる要素がすべて詰まっていた。何かを混ぜる手間もなく、すでにアルコールは入っていて、忙しい女性にぴったり。六オンス［一オンスは約三〇ミリリットル］あたりわずか一五〇カロリーと、ダイエット中の人にもぴったりだった。おまけに、七五〇ミリリットルのボトルで二〇ドル以下。この手頃さとくれば、つまり誰にとってもぴったりだった。

マルガリータに続き、スキニーガール・コズモ、スキニーガール・ワインまでも登場した。そしてこれはアルコール業界に火をつけた。二〇一〇年から一一年にかけて、ラベルにスキニーと書かれた飲料の数は五三三％増加し、このブームに乗って『スキニーティニー』(Skinnytinis) や『スキニージーンズ・カクテル』(Skinny Jeans Cocktails) などのカクテル本も発売された。

スキニーガールがもつ問題点は、——ダイエット文化というものが、毒をまき散らす巨大なゴミ箱火災事故みたいなもので、社会によってつくられた身体評価に対する女性の不安を食い物にしてその社会が女性から金銭的に利益を得るという、悲惨だが手をこまねくしかない点にくわえて——実際には、たいしてカロリーの節約にならない点にある。

たとえばオールドファッションドのカクテルだと脂肪分もなく、通常は一七六キロカロリー前後になる。ボトル入りのプレミックスではなく、ライムジュースでつくったマルガリータなら約一五三キロカロリー。スキニーガール・コズモであれば、通常のコズモと同じ九五キロカロリー。スキニーガール・ワインは五オンスあたりが一〇〇キロカロリーで、これが赤ワインだと一二四キロカロリー、白ワインは一一六キロカロリーある。一・五オンスのバーボンに氷を入れて飲むと一二四キロカロリーほど。ちなみに大きなバナナ一本が約一二一キロカロリーある。どうしても延々と重箱の隅をつついている感じしかしないとしたら、なぜならそのとおりのことだから。

ともあれ、フランケルの商品群は手間いらずで価格も安く、さらに重要なことには、ほかにはアルコール飲料の選択肢がほぼなかった女性に向けて販売された。そのウェブサイトでは「女性ならスキニーガールのカクテルを知っているもの」とまで謳っている。まさに飛ぶように売れた。ベサニー・フランケルは、業界の企業はほぼ例外なく手出ししようともしなかった市場で成功を収めた。

いずれはスキニーのブームに便乗した企業たちも、長い一日を終えて女性が一番避けたいのは、自分の身体を嫌いになるようなボトルを手にとることだと気づく日がくるのだろう。そうすれば今度は、その巨大な販売力と製造力を使って、自己嫌悪を招かない飲み物を女性に売ろうとするようになるかもしれない。

「ワインママ」への賞賛と非難

この一〇年間に広がりをみせた女性の飲酒をめぐる動きのなかに、「ワインママ」という、賞賛と同じくらい非難を集めた現象がある。

この言葉はアメリカ、ケニア、イギリスなどのソーシャルメディア上で、二〇一〇年代半ばになって急速に広まりはじめた。仕事や育児やら無数に湧いて出る家事に追われた長い一日を終えて、ようやくワインでひと息ついてくつろぐ母親たちが、自撮り写真とともに、この言葉をハッシュタグ付きで投稿した。これは母親たちが互いに意気投合して、母親業やキャリアで直面するストレスや無理難題に共感したり、励まし合う方法としてたちまち人気になった。ワインママであると自認することで、すべてのことを引き受けてはいても、決して簡単ではないことの表現になった。母親たちは、テレビに登場する人物たちがワインをボトルで一気飲みしたり巨大グラスで飲むといったＧＩＦアニメを添えて、冗談半分のような見せ方で日頃の疲れや不満を表現した。

ワインママはすぐに嘲笑の対象になったが、一部の女性たちはこの言葉のうちに、自分の個性を引き立たせて母親になる前の自分を取り戻したように感じさせる価値を見出した。それは、母であることが女性のアイデンティティのすべてではなく、母親もまた人であることを世の中に思い出させる方法になった。自分のことをワインママと呼ぶ女性は、母親とは従順で物静かで色気とは無縁だとする伝統的な主婦業の概念に対して、ノーを言うようなものだった。店頭にはワインママと書かれたTシャツやワイングラス、コースター、雑貨が並ぶことになった。

こうした現代の女性たちがやっていることは、じつは何世紀も前から女性がやってきたことと変わりない。何百年も前にはエールワイフたちが同じことをして、台所でタンカードに入れたエールを手にくつろいだ。彼女たちにはスマートフォンもＷｉＦｉもなかったという違いだけである。何世代にもわたって私的にやってきたことを、ワインママたちは世界中が見られるかたちで公開した。そしてこの言葉が広まるにつれ、反発も高まった。

ワインママは過剰飲酒を美化していると非難され、その場しのぎの対症療法にワインを用いているとして軽蔑された。過剰飲酒が母親特有の問題であるとか、ワインママの流行が過剰飲酒を増加させたとする研究はない。子どものいない女性は、子どものいる女性よりも平均的により多く飲んでいる。男性であれば平均飲酒量は女性よりもさらに多いわけだが、父親像にはビールダディといったような蔑称がつくことはない。ホームコメディに登場する愛すべき父親のステレオタイプは、仕事から帰ってビールを開けるのが当然の姿として何十年と描かれてきた。しかし母親は二四時間三六五日休みなしとされているので、そこにアフターファイブはない。それだから彼女たちが公然と同じことをする姿には眉をひそめる反応が返ってくることになる。

多くのワイン会社がついに女性市場へのワイン販売に本腰を入れるようになった。ケニアでは、ワインをテーマにした女性中心のイベントがあちこちで開かれ、一般的なヨガや陶芸教室といった活動に、より女性を集める目的でワイン教室が追加されることが各地で見られた。

それにしても、アルコールは資本主義社会の弊害につながることも、解決策につながることもない。

賃金格差や手頃な保育の欠如をワインが埋めることはない。インスタグラムでワインママを馬鹿にしている人たちは、もしほんとうに彼女たちの健康や福祉を心配しているというのなら、彼女たちが切実に必要としている支援が得られる方向に努力してもよさそうなものだ。

黒人女性が過半数を占める酒造会社

アフリカにおける女性たちの長い醸造の歴史に啓示を得たアピウェは、自分のビールにアフリカの伝統技術と原料をとりいれていくことを決意した。

さらに知識を深めるため、南アフリカ大学で「アフリカ再生への思想的リーダーシップ」というコースに学んだ。これは「アフリカ大陸とその人々の政治的、経済的、社会的、文化的再生」に向けた人材の育成を目指すコースだった。二〇二〇年に情報サイト〈Food for Mzansi〉のインタビューに答えて、アピウェは「アフリカへの思いが強まり、醸造業界からアフリカの発展に貢献したいと考えた。アフリカを盛り上げるには自分の分野で何ができるかを自問した」と語っている。

二〇一四年、アピウェは南アフリカ醸造社を離れ、もうひとりとの共同オーナーのかたちで醸造所「ブリューーホッグス」をキャラミに設立した。これにより彼女は南アフリカで初めて地ビールの醸造所を設立した黒人女性となり、南アフリカ初の黒人女性の醸造責任者となった。

その一年後、彼女はいよいよ念願のプロジェクトを立ち上げた。その名はブリュースターズ・クラフト、南アフリカで初めて黒人女性が過半数を占める酒造会社となった。しかしブリュースターズ・クラフトは、ビール造りだけの会社ではない。アピウェがこの会社を立ち上げたのは、醸造業界の女性を称え、彼女たちにその地位を取り戻させるためだった。ブリュースターズ・クラフト社は、ヨハネスブルグのロードポート地区を拠点として、醸造技術の認定資格が得られるトレーニングとともに、品質検査サービスを提供している。より多くの女性がビール醸造に参入できるようトレーニングし、それができたら次は、最終製品が業界の基準に達しているか品質を確認する手段まで用意していることになる。

二年後の二〇一七年、アピウェはブリューホッグスの株を売却して手放し、ブリュースターズ・クラフトに専念することにした。そこで彼女が最初につくったのは、ウムクォンボティの伝統的な味わいと口当たりをもちながらも、その独特の濃厚な濁りを取り除いた、ピルスナータイプのソルガムのビールだった。これには女性だけの醸造チームをつくり、ヤムケラ・ムバカザという女性が醸造主任を務めた。アピウェは女性を雇用すること、醸造が男性の仕事という固定観念を壊すことに情熱を傾けている。

これだけに終わらない。アピウェは、醸造・蒸留協会アフリカ支部と南アフリカビール協会の会長となった。その合間を縫って南アフリカのクラフトビール醸造者協会の理事会にも参加した。彼女はこうした多くの役割を背負うことで、アフリカ大陸全体の黒人女性醸造家を支援し奨励することにつなげようとしている。

二〇一九年、アピウェは彼女の情熱――アフリカ、科学、醸造家――そのすべてを合わせて、とびっきり特別なビールをつくることになる。

ビール造りに情熱を注ぐ修道女

シスター・ドリス・エンゲルハルトは、十二世紀から醸造を続けているドイツの修道院の修道女で、十二世紀といえばヒルデガルト・フォン・ビンゲンがホップのことを書いた時代にあたる。一九六一年に付属学校の生徒としてマラースドルフ修道院にやってきたが、そこで修道女たちにとても大切にされたことで、いつか自分もその一員になりたいと考えるようになった。ところが彼女の父親はじつは手に職を持つ生き方を望んでいた。彼女自身の興味は農業にあった。そして彼女のためにこの二つを満たす道を考えてくれた声がかかる。修道院の醸造所で働いてみる気はないかと尋ねられ、一九六六年、醸造担当の修道女のもとで見習いとなった。

彼女はこの仕事が大変気に入った。

一九六九年に近くの職業訓練学校で醸造のコースを修了し、まずはマスター・ブリューワーの資格を取得した。それからのちに誓願を立て、受理されて正式に修道女となった。七十一歳（本書執筆時）となったいまもビールをつくりつづけていて、現役の醸造長としては世界で最後の修道女である。ずっとひとりだったわけではないが、ほかの修道女はすべて引退したか、もしくは醸造所が閉鎖された。

シスター・ドリスのふだんの生活は、毎日朝五時半にほかの修道女たちとともに祈りを捧げることから始まる。しかし日曜日は特別だ。日曜日の朝はさらに早く、三時に起床して醸造に向かう。醸造はマラースドルフ修道院での彼女に与えられた仕事で、季節ごとに異なるビールをつくっている。バッチもレシピも年ごとに変わる。たしかに修道院のこの醸造の伝統は中世からのものだが、シスター・ドリスのレシピと設備はそうではない。完全に近代的な醸造所になっている。そして彼女のビールもヒルデガルトが醸造していたものとは似ても似つかない味だが、これはこれでいい。

シスター・ドリスのビールは保存料を使っていないので、できるだけ早く飲むのがお勧めだ。地元で売られるだけで、出荷はできない。味わいたければドイツに行くしかない。シスター・ドリスは毎日一杯飲むことを勧めていて、彼女自身もこの一杯を欠かしたことはない。

ビールは彼女の情熱であり、彼女はこれをつくることも、飲むことも大好きだという。醸造の仕事、麦芽の香り、彼女のビールを楽しむ人々、これらすべてがこの修道女にとって大きな幸せの源になっている。シスター・ドリスにとって、ビールをつくることは彼女が神に仕える道なのだ。

アルコール産業の女性たちが組織化し活動を始めた

何世紀もの長いアルコールの伝統を受け継ぐ女性たちがいる一方で、新たな伝統をつくる女性たちもいる。決して手を止めなかった女性たちは、二十一世紀を迎えてついに、大きく組織化してつながりはじめた。

デボラ・ブレナーは『ワインの女たち』(Women of the Vine) の著者で、カリフォルニアのワイン産業で働く二〇人の女性たちの人生を紹介した。その彼女が二〇一五年、初となる国際シンポジウム「ワイン&スピリッツの女性たち」を企画した。ワイン業界で働く女性たちを一堂に集めて、その数の多さを世界に示すとともに、国際的な支援コミュニティをつくりたいと考えたのだった。イベントは大成功を収めた。

このシンポジウムは、アルコール産業における女性の地位向上と活躍推進のための組織へと発展している。同じ「シンポジウム」でも、かつてのギリシャの男性だけの酒宴とは対極にある。いまや「ワイン&スピリッツの女性たち」は、この種の活動を行う組織のなかでも世界有数の会員数を誇る。女性のための奨学金、啓発、教育訓練を提供するとともに、就業機会を広げるダイバーシティの尊重と推進に取り組んでいる。二〇一八年、デボラは『ワイン・エンスージアスト』誌が選ぶソーシャル・

ビジョナリー・オブ・ザ・イヤーに選ばれた。これは業界全体にとても良いことである。同組織によれば、アメリカでは九〇%の女性が、女性がつくったスピリッツやワインをわざわざ買うと答えている。ほとんどの家庭（じつに八五%）において、アルコールの購入は女性の判断で行われている。アルコール会社は、女性の製造者を含めないことで売上げ機会をみすみす逃していることになる。

ワイン業界に女性が増えること自体が素晴らしいにしても、同じくらい重要なのは、これにすべての女性が含まれるべきことだ。ワイン業界はいまだ圧倒的に白人が多く、黒人のワイン専門家に対する差別が業界内には残っている。著名ソムリエであるタヒーラ・ハビビは、黒人のワイン文化を称え、人々の意識を変えることを目指して「ヒュー・ソサエティ」（Hue Society）を立ち上げた。この組織は、黒人のワイン愛好家に教育とコミュニティを提供する活動に注力している。彼女は黒人女性として初めて『ワイン・エンスージアスト』誌の表紙を飾った。

二〇二〇年には、ワインジャーナリストでコンサルタントのジュリア・コニーが「ブラック・ワイン・プロフェッショナルズ」（Black Wine Professionals）を立ち上げた。『インバイブ』誌のインタビューによれば、彼女たちのグループは、「黒人を業界に参入させること、就業の機会をつくること、それがただ働きに終わらず相応の報酬が得られることを目指している」。

スピリッツ業界においても、同じく女性たちが結束している。二〇一八年、ニコラ・ナイス博士が共同創設者となり、第一線の女性スピリッツ生産者らが集まった「ウィメンズ・カクテル・コレクティブ」が結成された。このグループは「力を合わせればより強くなるという信念のもと、アルコール飲料業界のすべての女性をつなげ、その声を増幅させたい」としている。

メンバーのなかには、ピスコ（ペルーやチリでつくられるブドウの蒸留酒）製造会社であるマチュピスコもある。マチュピスコは、メラニーとリジーのアッシャー姉妹が二〇〇六年に設立した。アッシャー姉妹は、原料となるブドウを栽培するペルー南部の地域で、働く女性労働者を守るフェアトレードの慣行を支援して、ブドウ収穫にあたる女性組合に対して公正な賃金を保証している。かつてスペインの植民地支配に抵抗して女性闇業者たちが密造していた時代から五〇〇年以上経つことになるが、女性たちはいまでも、家族を養うと同時により公正な待遇を求めてアルコールを利用している。

ウィメンズ・カクテル・コレクティブ創設の前年、ニコラ・ナイス博士は、家庭独自のコーディアルのレシピを書いて自宅で蒸留していたヴィクトリア朝の主婦たちへのオマージュとして、コーディアルスタイルのジン・ブランドをつくっている。長年にわたり酒類大手の市場調査やブランドコンサルティングに携わってきたナイス博士は、女性層がその巨大な購買力にもかかわらず、積極的なターゲットにされていないことに不満を感じていた。この問題点を大きなチャンスと見た彼女は、女性消費者を念頭にしてジンを調合し、ブランド化した。発売された年、この「ポンプ&ウィムジー」はロサンゼルス、サンフランシスコ、ニューヨークで開催された三つの品評会で金賞を、グローバル・スピリッツ・アワードで最高金賞を受賞した。

二〇一七年、フォーン・ウィーバーは、ウイスキー銘柄「アンクルニアレスト」で、アメリカ史上初めてメジャーな酒類ブランドを所有する黒人女性となった。このブランドは、アメリカ初の黒人マスターディスティラーであったニアレスト・グリーンに敬意を表してつくられた。奴隷として生まれた彼は、ジャック・ダニエルにウイスキーのつくり方を教えた人物である。南北戦争が終わり、新しくつくられたジャック・ダニエル蒸留所の初代マスターディスティラーとなった。ウィーバーは、この忘れられた人物のレガシーを復活させ、彼と彼がウイスキーの歴史に残した大きな功績を称えつづけるため、アンクルニアレスト財団を設立している。アンクルニアレストは、黒人の名前を冠した初のウイスキーブランドでもある。

その味をつくるにあたって、ウィーバーはアメリカ初の黒人女性マスターディスティラーを雇った。その女性ヴィクトリア・バトラーはニアレスト・グリーンのひ孫にあたり、その血にはウイスキーが流れているといえる。二〇一七年の発売以来一五以上の主要なスピリッツ賞に輝いており、毎年必ずいくつかの賞を獲得している。ウィーバーはブランドと財団の両方をさらに拡張させる計画だ。

同じ年、ミッシェル・ディ・オーガスティーノは「ノワール・キング・コニャック」を引っ提げて、初の黒人女性所有のコニャック会社を立ち上げた。第二次世界大戦でフランスに派遣された黒人兵たちがコニャックの味を覚えて帰ってきて以降、アメリカの黒人社会はコニャックと長いつながりがある。一九九〇年代から二〇〇〇年代、そして今日にいたるまで、ラップとヒップホップ音楽の影響力をとおしてその結びつきは深められてきた。ヘネシーやコニャックといった言葉が含まれる曲は一〇〇〇曲以上あり、たとえばミーガン・ジー・スタリオンの二〇一八年のアルバム『ティナ・スノウ』に収録されている「コニャック・クイーン」もそのひとつである。

お酒の供給ラインをさらにたどってみると、かつては男性だけだったバーテンダーの組合には、その五〇年以上の歴史において初となる女性の会長パメラ・ウィズニツァーが誕生した。ジュリー・ライナーのクローバークラブの開店を支えたひとり、フランキー・マーシャもまたバーテンダー組合の副会長を務めた。一九六〇年代から七〇年代にかけて女性の権利のために闘った活動家たちのおかげで、いまやバーテンダーの六〇%を女性が占めるようになった。

ティキの世界もまだまだ盛り上がりをみせている。ラム酒の専門家であるシャノン・マスティファーは二〇一八年、バーテンダーとティキ・ドリンク愛好家たちによるコミュニティ「ウィメン・フー・ティキ」（Women Who Tiki）を結成した。彼女はバーカウンターの内側から発信することに情熱を注いでいる。二〇一九年には『ティキ：モダン・トロピカル・カクテル』を書き上げ、この優れたカクテル本は、主要な出版社から発売された現役の黒人バーテンダーによる本としては一〇〇年以上ぶりとなった。[*174]

ニューヨークのクイーンズ区で定期開催されるポップアップバー「ドゥーム・ティキ」の共同創設者のひとり、チョッキー・トムは、人種差別や文化的盗用をティキ・バーから取り除こうと活動している。ドゥーム・ティキが提供するメニューには、多くの素晴らしい先住民バーテンダーによる創作が紹介され、彼女はマライア・カンクルと共同で、太平洋の島々と先住民族の伝統文化を支援する団体への資金を集めた。マライア・カンクルは、接客業界で働く太平洋諸島出身者による太平洋諸島出身者のための組織「パシフィカ・プロジェクト」の共同創設者でもある。チョッキー・トムが挑んでいるのは、絶品のカクテルをつくりつづけながらも、ティキ文化に内在する問題に立ち向かい、挑戦し、根絶することである。そして提供のさいには、ティキの神々のかわりに、パイナップルや猫の形をしたマグカップが使われている。

また、現在一五軒ほどまでに減ったレズビアンバーを救おうと活動している女性たちもいる。映画監督のエリカ・ローズとエリナ・ストリートは、〝アメリカに残るレズビアンバーを称え、支援し、保存する〟ことを目的に「レズビアンバー・プロジェクト」を立ち上げた。ウェブサイトによれば、レズビアンバーを保護すべき理由はこうである。

……こうした空間なしには、わたしたちは力も、正当性やコミュニティの安全も、世代間の対話へのアクセスも失うことになる。

ドゥーム・ティキやレズビアンバー・プロジェクトをはじめとした新しい動きは、バーという空間がいまも多くの文化やコミュニティの重要な部分であること、そしてバーの重要な部分を女性が占めていることを示している。

女性愛飲家たちの組織

女性の愛飲家たちもまた結束して、お酒の世界への間口を広げる組織がつくられている。二〇一一年、ペギー・ノー・スティーブンスは、バーボンは高齢男性が飲むものという見方を変えることを目的に、女性中心のバーボン愛好家の集まりである「バーボン・ウィメン」を結成した。彼女たちが掲げる使命は、人々の先入観を取り払うと同時に、女性市場への販売を促すことにある。初年度は三〇〇人以上という会員規模だったが、いまでは全米中に支部が広がっている。

二〇一六年、サマラ・リバーズは、スピリッツ業界と黒人消費者の距離を埋めることを掲げて「ブラック・バーボン・ソサエティ」を設立した。リバーズはバーボンの製造元に対して、彼らが大きな

＊174 シャノンの前は、一九一七年に出版されたトム・ブロックの『The Ideal Bartender』（理想のバーテンダー）だった。トムは禁酒法以前に活躍していた黒人のバーテンダーだった。

購買層を取り逃がしていることを示そうと考えていた。そしてその圧倒的な反響に押されるかたちで（フェイスブックのグループには一万六〇〇〇人以上の会員がいる）、彼女はさらに、ブランドや企業が従業員の包括性を高めるのを支援するコンサルティング集団「ダイバーシティ・ディスティルド」（Diversity Distilled）を立ち上げた。

女性たちによるウイスキー愛好家の集まりも、ヨーロッパ、日本、ベネズエラ、中国など各地に誕生している。インド初の女性ウイスキークラブとなったのは「スピリット・オブ・ネロ」で、月例会にはウイスキーに関する知識を広めるとともに女性愛好家をとりこむための講演が企画される。会費は無料、イベントでの食事やウイスキーはすべて無料。その活動拠点の州では一九九七年に全面的な禁酒法が制定されたものの、わずか二年で放棄する結果になった。現在もいくつかの州では禁酒法が施行されているが、インドはいまや蒸留酒、とくにワインの市場としてもっとも急速に成長している国のひとつである。インドのワイン消費量は二〇〇四年から二〇二〇年のあいだに三倍になった。この急成長の市場でもっとも急成長している層が、女性である。

こうして見てきた例は、お酒の業界とコミュニティをより良い場所にしようと力を尽くしている素晴らしい女性たちの一部にすぎない。

じつに女性たちの姿はいたるところにあり、そしてお酒もよりどりみどりにある。

醸造の世界に戻る女性たちの闘い

二〇一四年、第一回の「国際女性共同醸造デー」（ＩＷＣＢＤ）が開催された。醸造家のソフィー・デ・ロンデの発案からピンク・ブーツ・ソサエティと共同で実現されたもので、ＩＷＣＢＤは、三月八日の国際女性デーに合わせて、業界で働く女性の意識を高める目的でつくられた。最初の年には、五カ国から六〇人の女性醸造家が参加し、全員で共同開発した「ユナイト」というペールエールをつくった。翌年には一一カ国から八〇人の醸造家が参加となった。そしてアピウェ・カサニ・マウェラは、この年にヨハネスブルグでの初開催となったＩＷＣＢＤの運営にくわわっていた。

二〇一九年の開催に向けて特別なビールをつくろうとなった南アフリカの各醸造所は、その醸造工程を率いる役目にアピウェを抜擢する。アピウェはそこで、ラベルも中身についても、強く自立した女性を象徴するものにしたいと考えた。他の女性醸造家たちと協力してレシピの開発にあたり、ついに完成したのが「ボールドブリュー」である。このビールはすべて女性の手によってデザインされ、製造された。二〇一九年三月八日に発売されたラベルには、太陽を掲げる女性の図柄が描かれた。

アピウェは、この記念ビールが女性醸造家にインスピレーションを与え、この業界が女性にとってより魅力的なものになってほしいとの願いを込めていた。彼女は高校での講演をとおして、この業界が若い女性たちに活躍の場を約束するものだと伝える活動を始めている。自らの仕事について話すアピウェを見れば、その冷静な知性と自信に満ちた姿に学生たちが感銘を受けて触発されるのがよくわかる。南アフリカ大学の学生誌のインタビューに答えて、彼女はこう語った。

「今日のわたしたちの奮闘は、この仕事にやってくる次世代の女性たちのために道を切り開くことです。そうすれば、わたしたちが経験した苦労や、いま直面している苦労を彼女たちが経験しなくてもすむようになります。いつの日か男性優位の分野で女性が活躍することが当たり前になるでしょう」

その年の暮れ、ブリュースターズ・クラフト社では自社のビールとシードルのシリーズを発売し、アピウェの部族の名から「トロカジ」と名づけられた。このブランドは彼女にとって、彼女の一族や彼女が生まれ育った女性醸造家たちの長い伝統にとどまらず、すべてのアフリカの女性醸造家たちを称えるものになっている。すべての製造にアフリカ原産のものが原料として使われており、同社はこのブランドを世界市場へと育てる計画である。

アピウェ・カサニ・マウェラには先見性があり、醸造の世界でもっとも重要な人物のひとりではあるが、時代を先取りした女性かといえばそれは違うと言うべきだろう。どんな女性も、アルコール業界で時代を先取りできたことはない。すべては何千年も前から始まったことなのだ。

そうして長い年月を経て、支配的な家父長制と女性の自立への敵意によって自分たちの産業が奪われる前の地点へと、最初の場所へと女性たちが戻ってきている。その権利実現への道筋は、女性の力を恐れて抑圧しようとする政治や社会に足かせを掛けられながらも前進を続けてきた。女性はいまも闘い、勝って、負けて、そしてまた闘っている。変わらないのは、彼女たちのたくましさだ。

世界のいくつかの地域で女性がアルコール産業に参入している一方で、女性はお酒を口にすることさえ許されていない国もまだある。女性にとっては、人前で酒を飲めることが、なおも社会が彼女をどう扱うかの目安になる。

たとえ何を味わうのであれ、その歴史に女性たちがかかわっていたことを知って乾杯してほしい。ある種のお酒のほうが他のお酒よりも優れているだとか、より格が高いとか、より男性的だなどと言うのは、まったく馬鹿げている。醸造所でも、ブドウ畑でも、蒸留所でも、酒屋でも、バーでも、見渡してみれば、女性たちは自分がそこに属していることがわかるだろう。

そこにあるすべてはガーリードリンクなのだから。

エピローグ

女性と飲酒の歴史はどこに向かうのか

数千年もの長きにわたる女性と飲酒の歴史のあと、さてわたしたちは何ができるだろう。ここからどこへ向かうべきなのだろう。

ハーモニー・ムーン・コランジェロは、毎日そうした問いを続けている。

ハーモニーは、オハイオ州クリーブランドにあるバー「サイドクエスト」の主任バーテンダーである。長身で青い髪色のこのカクテルの達人は、二〇一六年からこのバーで働いているけれど、彼女がバーテンダーに挑戦したのは友人の説得があってのことだった。二〇二〇年にわたしは彼女から手紙をもらっていた。そのなかで彼女は「以前のわたしは、おもに小売業で働いていました。オハイオ州に住むトランスジェンダーの身としては、サービス業で接客しても生活ができるようなチップなんて自分には期待できないと思っていたからです。古い友人のひとりが、わたしはバーテンダーに向いていると何年も言いつづけてくれて、その彼女が働いていた二つの店でバーテンダーのアシスタントとして働きだし、そこからキャリアを積んでいきました」と書いていた。

バーに席があることが、必ずしも歓迎されることを意味しないのは、どのような女性でも知っている。より多くの女性が歓迎されることはつねに大事だが、そこに「すべての」女性が含まれることもまた大事だ。障害のある女性の多くは、車椅子など補助具を使用しているとトイレもテーブルも、カウンター下の足掛け用のバーすらも移動の妨げとなって、バーに行くこと自体を避ける。テーブルや座席の高さを低くしたり、カウンターに低い部分を設置したり、トイレを利用しやすいものに配慮しないことで、バーは多くの顧客を取り逃していることになる。アメリカだけでも、障害者の購買力は約五〇〇〇億ドルと推定されている。

人脈づくりに、交流に、コミュニティにとってバーが重要な空間であることに変わりはない。メニューにノンアルコール飲料を載せることも普及しつつあるとはいえ、むしろそれが標準的になるべきだろう。この世界にはお酒を飲まない女性が非常にたくさんいて、個人的な理由、健康上の理由、宗教上の理由、たんに気分が乗らない場合も含めて、それぞれにさまざまな理由があったとしても、こうした公共の場にくわわることを望み、きっと恩恵を受ける女性がたくさんいる。彼女たちには、水道水か炭酸水のほかにも選択肢があるべきだ。

ハーモニーはバーテンダーとなって数年間に、バーがより開放的でインクルーシブな空間になっていくのを目にしてきたし、自分のバーも同じものにしようと努力してきた。

「見えている風景が嫌なら自分で新しい風景をつくってやるという、昔からのパンクな精神で、わたしは自分が働いているバーでLGBTQIA+向けのイベントをもっと開催しようと働きかけて……。それ以降は毎月いくつかのクィアに焦点を当てたイベントをやりました。たとえば、外に出て友達をつくりたい人たちのために、プロナウンスティッカー［ジェンダー代名詞のシール］を用意して、交流をはかるミートアップも毎月開催したりとか。ゲイバーは伝統的に若者向けのポップな音楽をかけることが多いのですが、あえてその流れに逆らってクィアなアーティストによる音楽だけをかけたり、バーにおいてあるテレビには映画や番組にしても、クィアな人々か、クィアな人々についての放送だけを流して、そして、イベントごとに毎回限定のカクテルを載せた特別なドリンクリストをつくることもありましたね」

このドリンクリストがきっかけとなり、ハーモニーはカクテルの歴史を刻むことになった。ハーモニーがつくりだしたLGBTQIA+のイベントやカクテルが大変な人気を集めていたため、二〇二〇年の新型コロナウイルスの大流行でバーが一時閉鎖されると、サイドクエストのオーナーたちは彼女に、レシピをすべて本にまとめてみたらどうかと提案した。こうして『ア・イヤー・オブ・クィア・カクテルズ』が誕生し、ハーモニーは史上初めてカクテル本を書いたトランス女性になった。彼女はこの本を、カクテル初心者にもわかりやすいものにした。レシピにくわえて重要なクィアの歴史の断片についても書き込まれ、その初版の売上げは、サイドクエストの失業中のスタッフ全員への資金援助に充てられた。

二〇二〇年、ハーモニーはクリーブランド都市圏の最優秀バーテンダーにノミネートされ、そして見事選出された——女性のノミネートは彼女ひとりだった。

ところで彼女がバーで何を注文するかといえば、意外にもオールドファッションドである。ずいぶんと古風なものをと思われただろうか。お酒をつくって飲む女性というのは、いかんせん古いのだ。

女性たちはこの先もお酒をつくり飲みつづけるだろう

わたしがこの本を書き上げようとしているいま、世界ではまだ新型コロナウイルスが猛威をふるっている。オードリー・サンダースの伝説的なペグクラブも含めて、いたるところでバーや歴史的な酒場がその影響を受けて閉店に追い込まれた。多くの酒類メーカーが生産を中止していて、業界の先行きは（他の多くの業界と同じように）見えない。

どれほどの困難に直面してこようとも、女性たちはいつだってお酒をつくり、飲む方法を見つけてきた。彼女たちのたくましさは、わたしに希望を与えてくれる。この先どんな未来が待っていようとも、ひとつ確かなことは、女性たちは大丈夫ということ。女性の蒸留者、醸造者、バーテンダー、酒飲みは、四〇〇〇年近くにわたる抑圧と酒場のうんざりする男たちを切り抜けてきた。きっとまた立ち上がる。

乾杯しよう。

謝辞

世界的なパンデミックのただ中に、リサーチ量の多い世界史の本を書くというのはどうにも最悪だった。それでもこの本を書き上げることができたのは、多くのほんとうに素晴らしい人たちの助けがあったおかげである。

まずは、今回のすべてを実現させてくれた、わたしのエージェントのブレイディ・マクレイノルズ。編集者のピーター・ジョセフは、わたしの最初のアイデアをはるかに優れたものにしてくれた。ピーター、あなたと一緒にこの本をつくることができたことに心から感謝している。

グレース・タワリーは編集のサポートと洞察をくれた。

ローラ・ジャニーノ、わたしの広報担当兼スーパーヒーロー、わたしがまだ正気を保っていられるのは彼女のおかげ。リア・フェローネ、リネット・キム、イーデン・チャーチ、ヴァネッサ・ウェルズ、ハノーバースクエアプレスの全員、みなさんがほんとうに素晴らしい。

ロサンゼルス公共図書館の支援とリソースなしには、この本を書くことはできなかった。ほんとうは図書館員全員にウイスキーを一本ずつ買ってあげたいくらい。質問に答えてくれて、数えきれないほどの資料の箱を運んでくれて、どうもありがとう。

ジリアン・バント、日本女性の歴史について助けてくれた。

パク・ヒョンヒ、ある日突然に届いたソジュについてのメールに対応してくれた。

このプロジェクトのために時間を割いて話をしてくれたすべての女性たち、とくにアピウェ・カサニ・マウェラ、ニコラ・ナイス博士、ハーモニー・ムーン・コランジェロ。ベトナムのお酒についての質問に答えてくれたトラン・ニュエン。みなさんに心から感謝します。

また旅行が自由にできるようになったら、この本を応援してくれた友人たちに一杯おごらなければならない。グレディ・ヘンドリックス、マティーニをおごるよ。ショーン・クック、オーストラリアに関する面倒な質問に答えてくれてありがとう。

ブレア・グラント、つねに素晴らしい友人であり、的確なアドバイスをくれ、わたしのすることすべてを応援してくれ、わたしが締め切りに追われるあいだもポッドキャストの配信を続けてくれた。そして〈Reading Glasses〉のリスナーのみなさん、わたしにとって最高に協力的で、前向きで、心優しい本好きのコミュニティに感謝します。

バーバラとジョー、パネピントとランバート。わたしの人生にあなたたちがいてくれて信じられないほど幸運だと思っている、いつも信じていてくれてありがとう。セラピストのクリス、わたしの脳が溶けないようにしてくれてありがとう。

バッファロー・トレースはわたしのお気に入りのバーボンで、リサーチと執筆が続いた多くの長い夜をともに乗りきった。もし社内ライターを雇うなら候補がここにいる。まだ御社にはいないようだけれど、いつでも間に合う。ご一報ください。

ジェレミー・ランバート、わたしが延々と図書館の本を運び込むのを手伝ってくれて、この本を書き終えるまでのあいだ、わたし（と猫たち）の世話をしてくれて、夕食を食べながらこの本のひとつひとつの事実についてうんざりするほど議論するのを聞いてくれて、この本が良いものだと納得させてくれて、わたしが正気を失わないようにしてくれた。毎日毎日ほんとうに愛と感謝が募るのはなぜかわからないけれど、あなたがそうさせてくれる。バーボンよりも愛している、ありがとう。

最後に、ローレン・パネピント。わたしの親友であり、最初の読者であり、そもそもこの本が存在する唯一の理由が、あなたがいたこと。この本を書くように言ってくれて、絶えずあらゆる面でアドバイスと専門的な知識を与えてくれて、すべてが崩壊しかけて落ち込んだ深い穴のなかからわたしの脳みそを引っぱり上げてくれて、使用する写真も最高のものを探し出してきてくれた。あなたがわたしとこのプロジェクトを支えたことを列挙するには、本がもう一冊必要になる。言いきれないほどの愛と感謝をここに。お互い枯れてしわくちゃの顔になるまで、世界中のクールなバーでカクテルを飲もう。

訳者あとがき

本書は『Girly Drinks: A World History of Women and Alcohol』の全訳である。著者のマロリー・オメーラは、ノンフィクション作家で歴史研究家、著作活動以外では独立系映画会社のプロデューサーで脚本家としての経歴をもち、現在はポッドキャスト番組で共同ホストも務めている。最初の著書『The Lady from The Black Lagoon』は、一九五〇年代のハリウッドの映画界を背景に、映画『大アマゾンの半魚人』で女性として初めて怪物をデザインしながらも道を断たれたアニメーターを丹念に調べ上げた内容で、高い評価を集めてベストセラーになった。十代のころから熱烈なホラー映画ファンだったという。そのころ偶然目にしたこのアニメーターの写真に、自分のような「女の子でもホラー映画の業界に挑戦していい」のだと、雷に打たれたような衝撃で人生が一変したと語っている。ちなみに近刊の『Girls Make Movies』は映画づくりを夢見る女の子たちに向けた手引き書であり、その活動にある一貫した強い想いがうかがえる。

がんばる女性の背中を押すような意気込みは本書にも感じられる。読み終えて力が湧く本は強い。そしてユーモアある語り口。思わず口をついて出てしまったかのような、随所の皮肉には訳者も何度となく爆笑させられた。料理史としても社会史としても高く評価され、ジェームズ・ビアード財団による料理界の権威ある賞を獲得する一方で、英『ガーディアン』紙が選ぶ二〇二二年の歴史・政治部門のベストブックの一冊にも選ばれ、評者をして「今年一番笑った歴史本」とも紹介された。

著者によれば、自身が読みたい歴史の断片、あちらこちらに散在する女性とアルコールに関する短い史実を集めた本を書くことにしたとある。その歴史とは、ビールが農耕社会を支える主食の一部となり、その製造を女性たちが担っていた古代文明にまで遡る。多くの歴史的記述ではヨーロッパにビールとワインを根付かせたのはキリスト教修道院だと記すのだが、本書が注目するのはむしろ庶民の生活。生水が不衛生で危険な飲み物だった中世にあって、水代わりに飲まれたビールを台所で女性たちが醸造していたという着眼になる。この家庭内醸造はやがて時代を下り商業化されて男性が担う商材となっていくが、つづいて広まった蒸留酒造りにおいても、蒸留技術の普及とともに世界中で女性たちが台所から参入した。なんとその腕前がのちには花嫁の技量として人気を高めることにも、闇酒造りや密売に暗躍することにもつながっていく。産業革命とアルコールの大量生産（大量消費）は手を取り合うようにしてすすんだ。それまで家庭内に押し込められていた女性たちの姿が、この近代以降は徐々に多彩な個性を帯びて登場しはじめる。そうして工業化と資本主義の進展にともない、片や都市労働者となった女性と社会規範の軋轢《あつれき》があり、片や地球の反対側では、植民地支配が猛威をふるい、土着の飲酒文化をつぎつぎと飲み込んでゆく状況も起きてくる。世界の各地、日本酒造りも含め、アフリカや南米、中国、韓国、タイなどの状況を織り交ぜつつ、構成としては古代から二〇一〇年代までを全15章、各時代の顔となるひとりの女性を中心にして、彼女たちの特筆すべき人生と時代風景が、政治、経済、文化、風俗をとおして集められている。

有名無名の女傑たちの物語に劣らず、各時代や地域によって異なるアルコールについても詳しい。お酒はその製法によって大きく醸造酒、蒸留酒、混成酒に分類される。醸造酒の代表格であるビールやワイン、日本酒などの製法がどのように成立してきたか、こうした醸造酒を蒸留してつくられるウイスキーやウォッカ、ラム酒などの蒸留酒がどのように近現代の市場で洗練されていくか、そして混成酒が、薬酒からはじまり嗜好品へと変わっていき、アメリカにおいてカクテルと呼ばれる飲み方が生みだされるまで、まさに古代エジプトのビール製法から近年のニューヨークにブームを巻き起こしたクラフトカクテルのレシピまで、ひと通りの料理史が集められている。

この本を手に取った読者ならお酒が好きな方なのだろう。著者はバーボンが大のお気に入りといい、恐縮ながら訳者の燃料はもっぱらビールである。正直いって最初は、女性とお酒の歴史といわれても、そんな本にどんな需要があるのかと半信半疑だった。たんに珍しいネタ本を見つけたつもりが、蓋を開けてみれば福袋で「当たり」を引いたような盛りだくさんの一冊だった。

飲酒行動をめぐっては、脳内でドーパミン報酬系を活性化させる生理学的背景にくわえて、娯楽や健康増進への期待といった心理学的要因、宗教儀式や祭祀、社会的な潤滑油としての文化的要素もくわわる。日本でも酒税が国税の税収トップとして財政を支えた時代がある一方で、多くが命を落とす危険因子でもあるのだから、アルコールとひとの関係とはじつに複雑である。そしてアルコールと女性の関係となればその部分集合にすぎないはずだが、本書を読んだ後では、部分集合という枠をはるかに超えてくるのが面白い。ときどき出てくる「家父長制」という言葉はPatriarchy（このまま「パトリアーキー」という言い方もする）の訳語で、人類学では「母権制」の対語として「父権制」とも訳される。制度上はもはや解体されたとも指摘されるが、権力の所在が男性（家父長）にあることを示す概念として、長らくフェミニズムのキーワードとなってきた。訳語のせいか敷居が高いものの、ともあれ歴史を振り返れば女性は購買力をほとんどもたず経済から取り残されてきた影響は大きいことがわかる。世代交代がすすんだフェミニズムも現在では「第四波」。性別だけでなく多様な属性を視野に入れるインターセクショナリティ（交差性）がキーワードになりつつある。

改めて言うまでもないが本書は飲酒の薦めではない。著者が繰り返すのは、飲酒の場が交流の場として果たした機能であり、公共圏へのアクセスがその社会の成員として認められることにつながっていた歴史の一面である。現在でもアメリカの一部州やカナダをはじめ、意外な地域で酒販が公営だったり日時限定であったりと規制が厳しいことも多々ある。一般的にヨーロッパ諸国でもアメリカでも、人前で酔っ払うことは自己抑制力の欠如として厳しい非難の対象になる。ちなみにWHOの「世界の一人あたりアルコール消費量」をみるとどこも日本よりずっと飲酒量は多いが、道徳的な規範意識が強く、パブリック（公共の場）とプライベート（私的な場）を分ける飲酒文化であることは、本書を読むうえでも念頭におかれるべきだろう。

また、個々の飲酒行為にはさまざまな文脈がありえるが、それでもなお飲酒文化を通じて社会全体に相似した構造がみえるというのも、本書の興味深い発見のひとつだろう。日本は世界でもっとも酔っ払いに甘いなどといわれるが、「日本の飲酒文化は男らしさと密接に関係があり、女性の出世を妨げる一因にもなっている」として、日本のジェンダー・ギャップ指数の低順位を飲酒慣行と結びつける米研究者もいる。若者世代のアルコール離れがすすむ一方で女性の飲酒は増加傾向にある。料亭政治や色気過剰な接待が流行らなくなったのは不景気のせいばかりでもないのだろう。

ビールなら誰に励まされるわけでもなく手にする毎日だが、今回の翻訳については草思社の藤田博さんの後押しと「この本は面白い」の言葉に励まされて訳了までこぎつけた。多くのご指摘と助言を経たおかげで邦訳版を紹介できるに至りましたこと、藤田さんには改めてここに感謝申し上げます。

二〇二四年七月

椰野みさと

Pioneer of the American Bar. Penguin Publishing Group, 2015.
- Wong, Eugene C., Jean H. Kim, William B. Goggins, Joseph Lau, Samuel Y. S. Wong, and Sian M. Griffiths. "Chinese Women's Drinking Patterns Before and After the Hong Kong Alcohol Policy Changes." *Alcohol and Alcoholism* 53, no. 4 (July 2018): 477–86. https://doi.org/10.1093/alcalc/agy010.

【Y】
- Young, James Harvey. Review of *Brewed in America: A History of Beer and Ale in the United States*, by Stanley Baron. *Journal of American History*, Volume 49, Issue 2, Pages 349–350. September 1962. https://doi.org/10.2307/1888660.

【Z】
- Zharkevich, Ina. *War, Maoism and Everyday Revolution in Nepal*. Cambridge: Cambridge University Press, 2019.

9783050073576-011.
- Todd, Janet, and Elizabeth Spearing, eds. *Counterfeit Ladies: The Life and Death of Mal Cutpurse; The Case of Mary Carleton*. London: Routledge, 2018. https://doi.org/10.4324/9781315477855.
- Toner, Deborah. Review of *Distilling the Influence of Alcohol: Aguardiente in Guatemalan History*, edited by David Jr. Carey. *Hispanic American Historical Review* 94, no. 4 (2014): 709–10. https://doi.org/10.1215/00182168-2802858.
- Tracy, Sarah W. *Alcoholism in America: From Reconstruction to Prohibition*. Baltimore: Johns Hopkins University Press, 2009.
- Transchel, Kate. *Under the Influence: Working-Class Drinking, Temperance, and Cultural Revolution in Russia, 1895–1932*. Pittsburgh: University of Pittsburgh Press, 2006.
- Tsjeng, Zing. *Forgotten Women: The Scientists*. Octopus Publishing Group, 2018.
- Tyldesley, Joyce. *Cleopatra: Last Queen of Egypt*. London: Profile, 2011.

【U】
- Unger, Richard W. *Beer in the Middle Ages and the Renaissance*. Philadelphia: University of Pennsylvania Press, 2004.
- Unwin, P. T. H. *Wine and the Vine: An Historical Geography of Viticulture and the Wine Trade*. London: Routledge, 2010.

【V】
- Vivante, Bella. *Daughters of Gaia: Women in the Ancient Mediterranean World*. Praeger, 2007.
- Vivante, Bella, ed. *Women's Roles in Ancient Civilizations: A Reference Guide*. London: Greenwood Press, 1999.
- Vora, Shivani. "From Chemist to Cocktails: Meet the Rum Industry's First Female Master Blender." *Fortune*, October 24, 2015. https://fortune.com/2015/10/24/female-master-blender/.

【W】
- Warner, Jessica. *Craze: Gin and Debauchery in an Age of Reason; Consisting of a Tragicomedy in Three Acts in Which High and Low Are Brought together, Much to Their Mutual Discomfort; Complete with Stories, Some Witty and Some Not, Conducive to Meditation on Recent Events*. New York: Random House Trade Paperbacks, 2003.
- Wolfram, Herwig. *History of the Goths*. Translated by Thomas J. Dunlap. University of California Press, 1990.
- Wolputte, Steven van, and Mattia Fumanti. *Beer in Africa: Drinking Spaces, States and Selves*. Münster: LIT Verlag, 2010.
- Wondrich, David. *Imbibe! Updated and Revised Edition: From Absinthe Cocktail to Whiskey Smash, a Salute in Stories and Drinks to "Professor" Jerry Thomas,*

Cocktail, with Recipes and Lore. Ten Speed Press, 2014.

- Simonson, Robert. *A Proper Drink: The Untold Story of How a Band of Bartenders Saved the Civilized Drinking World*. Ten Speed Press, 2016.
- Sismondo, Christine. *America Walks into a Bar: A Spirited History of Taverns and Saloons, Speakeasies and Grog Shops*. New York: Oxford University Press, 2011.
- Smith, Gregg. *Beer in America: The Early Years, 1587–1840; Beer's Role in the Settling of America and the Birth of a Nation*. Boulder, CO: Siris Books, 1998.
- Smith, Lesley, and David Foxcroft. "Drinking in the UK: An Exploration of Trends." https://www.jrf.org.uk/sites/default/files/jrf/migrated/files/UK-alcohol-trends-FULL.pdf.
- Smith, Robert J., and Ella Lury Wiswell. *The Women of Suye Mura*. Chicago: University of Chicago Press, 1982.
- Snodgrass, Mary Ellen. *Encyclopedia of Kitchen History*. Routledge, 2004.
- Snyder, Solomon H., Paul R. Sandberg, Barry L. Jacobs, and Jerome Jaffe. *The Encyclopedia of Psychoactive Drugs*. New York: Chelsea House Publishers, 1992.
- "Spirited Women Who've Run the World of Spirits." ASW Distillery, March 8, 2018. https://www.aswdistillery.com/crafted-with-characters/2018/3/8/spirited-women-whove-run-the-world-of-spirits.
- Spude, Catherine Holder. *Saloons, Prostitutes, and Temperance in Alaska Territory*. Norman: University of Oklahoma Press, 2015.
- Standage, Tom. *A History of the World in 6 Glasses*. Bloomsbury USA, 2006.
- Stegall, Gwendolyn. "A Spatial History of Lesbian Bars in New York City." Master's thesis, Columbia University, 2019. https://doi.org/10.7916/d8-k46h-fa23.
- Stuart, Walton. *Out of It: A Cultural History of Intoxication*. Three Rivers Press, 2003.
- "Supreme Court Historical Society." The Supreme Court Historical Society. https://supremecourthistory.org/learning-center/text-books-supreme-court-decisions-womens-rights-milestones-to-equality/justice-for-beer-drinkers-craig-v-boren-429-u-s-190-1976/.
- Swanson, Sonja. "The Secret History of Makgeolli, the Korean Alcohol with a Yogurt-Tart Taste." *Los Angeles Times*, May 1, 2019. https://www.latimes.com/food/la-fo-homemade-makgeolli-korean-alcohol-20190501-story.html.

【T】

- Thompkins, Gwen. "Forebears: Bessie Smith, the Empress of the Blues." NPR, January 5, 2018. https://www.npr.org/2018/01/05/575422226/forebears-bessie-smith-the-empress-of-the-blues.
- Tlusty, Beverly Ann. "Crossing Gender Boundaries: Women as Drunkards in Early Modern Augsburg." In *Ehrkonzepte in der Frühen Neuzeit*, edited by Sibylle Backmann, 185–98. Berlin: De Gruyter, 2018. https://doi.org/10.1515/

in Interviews with Young Adults." *Acta Sociologica* 38, no. 3 (1995): 217–29. Accessed September 24, 2020. http://www.jstor.org/stable/4200967.

【R】

- Rageot Maxime, Angela Mötsch, Birgit Schorer, David Bardel, Alexandra Winkler, et al. "New Insights into Early Celtic Consumption Practices: Organic Residue Analyses of Local and Imported Pottery from Vix-Mont Lassois." *PLOS ONE* 14, no. 6 (June 19, 2019): e0218001. https://doi.org/10.1371/journal.pone.0218001.
- Roberts, Benjamin. *Sex and Drugs Before Rock 'n' Roll: Youth Culture and Masculinity During Holland's Golden Age*. Amsterdam: Amsterdam University Press, 2012.
- Rorabaugh, W. J. *Prohibition: A Concise History*. New York: Oxford University Press, 2018. https://public.ebookcentral.proquest.com/choice/publicfullrecord.aspx?p=5205547.
- Rose, Susan. *The Wine Trade in Medieval Europe 1000–1500*. London: A&C Black, 2011.
- Rotskoff, Lori. *Love on the Rocks: Men, Women, and Alcohol in Post-World War II America*. University of North Carolina Press, 2003.

【S】

- Salinger, Sharon V. *Taverns and Drinking in Early America*. Baltimore: Johns Hopkins University Press, 2004.
- Sasges, Gerard. "Drunken Poets and New Women: Consuming Tradition and Modernity in Colonial Vietnam." *Journal of Southeast Asian Studies* 48, no. 1 (2017): 6–30. Gale in Context: World History.
- Sasges, Gerard. *Imperial Intoxication: Alcohol and the Making of Colonial Indochina*. Honolulu: University of Hawaii Press, 2017.
- Schiff, Stacy. *Cleopatra: A Life*. New York: Little, Brown, 2010.
- Schrad, Mark Lawrence. *Vodka Politics: Alcohol, Autocracy, and the Secret History of the Russian State*. New York: Oxford University Press, 2014.
- Seltman, Charles Theodore. *Wine in the Ancient World*. London: Routledge & Kegan Paul, 1957.
- Sen, Colleen Taylor. *Feasts and Fasts: A History of Food in India*. London: Reaktion Books, 2014.
- Serrant, Laura. "The Silences in Our Dance: Black Caribbean Women and Alcohol (Mis)Use." In *Women and Alcohol: Social Perspectives*, edited by Patsy Staddon, Pg. #119-137 . Bristol: Bristol University Press, 2015. https://doi.org/10.2307/j.ctt1t89dmt.13.
- Shirley, Glenn. *"Hello, Sucker!": The Story of Texas Guinan*. Austin: Eakin Press, 1989.
- Simonson, Robert. *The Old-Fashioned: The Story of the World's First Classic*

Pop." *Bitch Media*, May 18, 2011. https://www.bitchmedia.org/article/party-out-of-bounds.
- Murdock, Catherine Gilbert. *Domesticating Drink: Women, Men, and Alcohol in America, 1870–1940*. Baltimore: Johns Hopkins University Press, 2002.

【N】
- Nice, Dr. Nicola. "Episode 398: Wouldn't It Be Nice." Interview by Damon Boelte, Sother Teague, and Greg Benson. *The Speakeasy*, September 24, 2020. Podcast audio. https://heritageradionetwork.org/episode/wouldnt-it-be-nice.

【O】
- Obayemi, Ade M. U. "Alcohol Usage in an African Society." In *Cross-Cultural Approaches to the Study of Alcohol: An Interdisciplinary Perspective*, edited by Michael W. Everett, Jack O. Waddell, and Dwight B. Heath. Berlin: De Gruyter Mouton, 1976.
- O'Brien, Christopher Mark. *Fermenting Revolution: How to Drink Beer and Save the World*. Post Hypnotic Press, 2011.
- O'Connor, Kaori. *The Never-Ending Feast: The Anthropology and Archaeology of Feasting*. New York: Bloomsbury, 2015.
- Olsson, Sven-Olle R. "Fermented Beverages Other Than Wine and Beer." In *Encydopedia of Food and Culture*, edited by Solomon H. Katz, 631–634. Vol. 1. New York: Charles Scribner's Sons, 2003. Gale In Context: World History. https://link.gale.com/apps/doc/CX3403400222/WHIC?u=lapl&sid=WHIC&xid=d65f350.
- Opler, Morris Edward. *An Apache Life-Way: The Economic, Social, and Religious Institutions of the Chiricahua Indians*. University of Nebraska Press, 1996.
- Osborn, Matthew Warner. *Rum Maniacs: Alcoholic Insanity in the Early American Republic*. University of Chicago Press, 2014.

【P】
- Pasulka, Nicole. "The History of Lesbian Bars." *Vice*, August 17, 2015. https://www.vice.com/en/article/8x443v/the-history-of-lesbian-bars.
- Phillips, Laura L. *Bolsheviks and the Bottle: Drink and Worker Culture in St. Petersburg, 1900–1929*. De Kalb: Northern Illinois University Press, 2000.
- Phillips, Rod. *French Wine: A History*. Oakland: University of California Press, 2016.
- Phillips, Rod. *A Short History of Wine*. Vancouver: Whitecap Books, 2015.
- Pierce, Gretchen, and Áurea Toxqui. *Alcohol in Latin America: A Social and Cultural History*. Tucson: The University of Arizona Press, 2017.
- Powers, Madelon. "Women and Public Drinking, 1890–1920." *History Today* 45, no. 2 (February 1995): 46–52.
- Prakash, Om. *Foods and Drink in Ancient India: From Earliest Times to C. 1200 A.D.* Munshi Ram Manohar Lal, 1961.
- Pyörälä, Eeva. "Comparing Drinking Cultures: Finnish and Spanish Drinking Stories

skinny-sipping.
- Martin, A. Lynn. *Alcohol, Sex and Gender in Late Medieval and Early Modern Europe*. London: Palgrave Macmillan, 2001.
- Martin, Pete. "Pago Pago in Hollywood." *Saturday Evening Post*, May 1, 1948.
- Martin, Scott C. *Devil of the Domestic Sphere: Temperance, Gender, and Middle-Class Ideology, 1800–1860*. De Kalb: Northern Illinois University Press, 2010.
- Masiwa, Duncan. "Master Brewer Sees a Fizzing Future for African Beer." *Food for Mzansi*, February 14, 2020. https://www.foodformzansi.co.za/master-brewer-sees-a-fizzing-future-for-african-beer/.
- Mazzeo, Tilar J. *The Widow Clicquot: The Story of a Champagne Empire and the Woman Who Ruled It*. HarperCollins, 2009.［ティラー・J・マッツエオ『シャンパーニュの帝国――ヴーヴ・クリコという女の物語』北代美和子訳、中央公論新社、2012年］
- McAvey, Marion S. "Moll Cutpurse." In *Great Lives from History: Notorious Lives*, edited by Carl L. Bankston. Hackensack, NJ: Salem, 2007.
- McGovern, Patrick E. *Uncorking the Past: The Quest for Wine, Beer, and Other Alcoholic Beverages*. Berkeley: University of California Press, 2010.［パトリック・E・マクガヴァン『酒の起源――最古のワイン、ビール、アルコール飲料を探す旅』藤原多伽夫訳、白揚社、2018年］
- McNamara, John. "Saint Brigid." In *World History: Ancient and Medieval Eras*, ABC-CLIO, 2020. http://ancienthistory.abc-clio.com.ezproxy.lapl.org/Search/Display/593524.
- McNie, Maggie. *Champagne*. Faber & Faber, 1999.
- Meacham, Sarah Hand. *Every Home a Distillery: Alcohol, Gender, and Technology in the Colonial Chesapeake*. Baltimore: Johns Hopkins University Press, 2009.
- Medicine, Beatrice. *Drinking and Sobriety among the Lakota Sioux*. Altamira Press, 2007.
- Minnick, Fred. *Whiskey Women: The Untold Story of How Women Saved Bourbon, Scotch, and Irish Whiskey*. Potomac Books, 2013.［フレッド・ミニック『ウイスキー・ウーマン――バーボン、スコッチ、アイリッシュ・ウイスキーと女性たちの知られざる歴史』浜本隆三・藤原崇訳、明石書店、2021年］
- Montalbano, Mara. "How Many Calories Do Skinnygirl Cocktails Really Save You?" *VinePair*, April 14, 2015. https://vinepair.com/wine-blog/how-many-calories-do-skinnygirl-cocktails-really-save-you/.
- Morales, Mónica P. *Reading Inebriation in Early Colonial Peru*. London: Routledge, 2016. https://doi.org/10.4324/9781315603735.
- Mortimer, Ian. *The Time Traveler's Guide to Medieval England: A Handbook for Visitors to the Fourteenth Century*. Simon and Schuster, 2009.
- Moss, Gabrielle. "Party Out of Bounds: Booze, the Pleasure Principle, and Party-Girl

Bhalla, Suok Kai Chew. "Trends in Alcohol Consumption in Singapore 1992–2004." *Alcohol and Alcoholism* 42, no. 4 (July 2007): 354–61. https://doi.org/10.1093/alcalc/agm017.

- Lindblom, Jeanette. "Women and Public Space: Social Codes and Female Presence in the Byzantine Urban Society of the 6th to the 8th Centuries." PhD diss., University of Helsinki, 2019. https://helda.helsinki.fi/handle/10138/300676.
- Ling, Sally J. *Run the Rum In: South Florida During Prohibition*. Charleston, SC: History Press, 2007.
- Locker, Melissa. "The Mixologist Who Shook Up Bartending's Boys' Club." *Brooklyn Based*, December 4, 2019. https://brooklynbased.com/2019/11/15/womenbehindthebarafter3-reiner-clover-club-50-best/.
- Lomnitz, Larissa. "Patterns of Alcohol Consumption among the Mapuche." *Human Organization* 28, no. 4 (Winter 1969): 287–96. Accessed December 1, 2020. http://www.jstor.org/stable/44125043.
- "Lucha Reyes." Strachwitz Frontera Collection. Accessed December 1, 2020. http://frontera.library.ucla.edu/artists/lucha-reyes.
- Lukacs, Paul. *Inventing Wine: A New History of One of the World's Most Ancient Pleasures*. New York: W.W. Norton, 2013.
- Lyman, Stephen, and Chris Bunting. *The Complete Guide to Japanese Drinks: Sake, Shochu, Japanese Whisky, Beer, Wine, Cocktails and Other Beverages*. Tuttle Publishing, 2019.

【M】

- Maddocks, Fiona. *Hildegard of Bingen: The Woman of Her Age*. London: Faber & Faber, 2013.
- Mancall, Peter C. *Deadly Medicine: Indians and Alcohol in Early America*. Cornell University Press, 1997.
- Mannheimer, Emma. "How 'Sex and the City' Ruined the Cosmo." *Vice*, November 29, 2017. https://www.vice.com/en/article/mb9q58/how-sex-and-the-city-ruined-the-cosmo.
- "Maria the Jewess." In *Encyclopedia of World Biography Online*. Vol. 32. Detroit, MI: Gale, 2012. Accessed June 11, 2020. Gale in Context: World History.
- Markham, Gervase. *Countrey Contentments, Or, The English Huswife: Containing the Inward and Outward Vertues Which Ought to Be in a Compleate Woman : As Her Skill in Physicke, Surgerie, Extraction of Oyles, Banqueting-Stuffe, Ordering of Great Feasts, Preseruing All Sorts of Wines, Conceited Secrets*. By J.B. for R. Jackson, 1623.
- Marre, Oliver. "Girl, Interrupted." *The Guardian*, March 18, 2007. https://www.theguardian.com/uk/2007/mar/18/monarchy.features.
- Martell, Nevin. "Skinny Sipping." *FSR*, January 2013. https://www.fsrmagazine.com/

【K】
- Kia, Mehrdad. *Daily Life in the Ottoman Empire*. Santa Barbara: Greenwood Publishing Group, 2011. ABC-CLIO.
- Kladstrup, Don, and Petie Kladstrup. *Champagne: How the World's Most Glamorous Wine Triumphed over War and Hard Times*. New York: HarperCollins, 2006.
- Koehler, Robert. *Korean Wines & Spirits: Drinks That Warm the Soul*. Irvine: Seoul Selection, 2016.
- Kondō, Hiroshi. *Saké: A Drinker's Guide*. Tokyo: Kodansha International, 1992.
- Krishna, Priya. "The Definitive History of the Cosmopolitan." *PUNCH*, September 11, 2019. https://punchdrink.com/articles/definitive-history-cosmopolitan-cosmo-vodka-cranberry-cocktail/.

【L】
- Larsen, Jeanne. "Li Qingzhao." In *Asian Poets*, edited by Rosemary M. Canfield Reisman, 53–60. *Critical Survey of Poetry*. Ipswich, MA: Salem Press, 2012. Accessed April 8, 2020. Gale eBooks. https://link.gale.com/apps/doc/CX4000200010/GVRL?u=lapl&sid=GVRL&xid=c4707c16.
- Lee, Lily Xiao Hong, and Sue Wiles, eds. *Biographical Dictionary of Chinese Women: Tang through Ming*, 618–1644. Armonk, NY: M. E. Sharpe, 2014. Accessed June 23, 2020. ProQuest Ebook Central.
- Lefkowitz, Mary Rosenthal, and Maureen B. Fant. *Women's Life in Greece and Rome: A Source Book in Translation*. Baltimore, MD: Johns Hopkins University Press, 2016.
- Legodi, Nancy. "TMALI Alumna Adds Feminine Flair to an Ancient Craft." *Younisa* no. 1 (2020): 10–11. https://www.unisa.ac.za/static/corporate_web/Content/News%20&%20Media/Publications/younisa/docs/Younisa%20Issue%201%20 2020%20web.pdf.
- Levin, Carole, Anna Riehl Bertolet, and Jo Eldridge Carney. *A Biographical Encyclopedia of Early Modern Englishwomen: Exemplary Lives and Memorable Acts, 1500–1650*. Taylor & Francis, 2016.
- LeWine, Howard. "Drinking a Little Alcohol Early in Pregnancy May Be Okay." *Harvard Health Blog*, January 29, 2020. Accessed March 3, 2021. https://www.health.harvard.edu/blog/study-no-connection-between-drinking-alcohol-early-in-pregnancy-and-birth-problems-201309106667.
- Li, Qingzhao [Ch'ing-Chao]. *Li Ch'ing-Chao: Complete Poems*. Translated by Kenneth Rexroth and Ling Chung. New York: New Directions, 1979.
- Li, Qingzhao [Ch'ing-Chao]. *The Complete Ci-Poems of Li Qingzhao: A New English Translation*. Translated by Jiaosheng Wang. Philadelphia: Department of Oriental Studies, University of Pennsylvania, 1989.
- Lim, Wei-Yen, Chee Weng Fong, Jacqelene Meow Ling Chan, Derrick Heng, Vineta

- Herlihy, Patricia. *The Alcoholic Empire: Vodka & Politics in Late Imperial Russia*. Oxford University Press, 2003.
- Heron, Craig. *Booze: A Distilled History*. Toronto: Between the Lines, 2003.
- Hildegard. *Hildegard Von Bingen's Physica: The Complete English Translation of Her Classic Work on Health and Healing*. Translated by Priscilla Throop. Inner Traditions / Bear, 1998. ［ヒルデガルト・フォン・ビンゲン『聖ヒルデガルトの医学と自然学』〈新装版〉井村宏次監訳・聖ヒルデガルト研究会訳、ビイング・ネット・プレス、2005年］
- Hoalst-Pullen, Nancy, and Mark W. Patterson. *National Geographic Atlas of Beer: A Globe-Trotting Journey through the World of Beer*. Washington, DC: National Geographic Books, 2017.
- Hockings, Kimberley, and Robin Dunbar. *Alcohol and Humans: A Long and Social Affair*. Oxford University Press, 2020.
- Höllmann, Thomas Ottfried. *The Land of the Five Flavors: A Cultural History of Chinese Cuisine*. New York: Columbia University Press, 2014.
- Holman, Bianca. "Hennessy's Popularity Is Not Due to Hip Hop. The Story Is Much Deeper Than That." *VinePair*, September 13, 2016. https://vinepair.com/articles/hennessys-popularity-is-not-due-to-hip-hop-the-story-is-much-deeper-than-that/.
- Hoog, Tycho van der. *Breweries, Politics and Identity: The History behind Namibian Beer*. Basel, Switzerland: Basler Afrika Bibliographien, 2019.
- Huggins, Mike. *Vice and the Victorians*. London: Bloomsbury Publishing, 2015.
- Hurt, Jeanette. "A Short History of Women Working Behind the Bar." *Thrillist*, February 14, 2017. https://www.thrillist.com/culture/women-bartender-history.

【J】

- Jackson, Lee. *Palaces of Pleasure: From Music Halls to the Seaside to Football, How the Victorians Invented Mass Entertainment*. Yale University Press, 2019.
- James, Margery Kirkbride, and Elspeth M. Veale. *Studies in the Medieval Wine Trade*. Oxford, Clarendon Press, 1971.
- Jeffreys, Henry. "Five Minutes with Joy Spence from Appleton Estate." *Master of Malt Blog*, June 6, 2019. https://www.masterofmalt.com/blog/post/five-minutes-with-joy-spence-from-appleton-estate.aspx.
- Jennings, Justin, and Brenda J. Bowser. *Drink, Power, and Society in the Andes*. 2009. https://doi.org/10.5744/florida/9780813033068.003.0001.
- Jochens, Jenny. *Women in Old Norse Society*. Ithaca: Cornell University Press, 1998.
- Joffe, Alexander H. "Alcohol and Social Complexity in Ancient Western Asia." *Current Anthropology* 39, no. 3 (1998): 297–322. DOI:10.1086/204736.
- Johnston, Ruth A. "Beverage Production in Medieval Europe." In *World History: Ancient and Medieval Eras*, ABC-CLIO, 2020.

www.forbes.com/sites/briannegarrett/2019/11/06/how-black-women-in-wineand-their-alliesare-banding-together-to-achieve-better-representation/.

- Gately, Iain. *Drink: A Cultural History of Alcohol*. New York: Penguin, 2008.
- Gaytán, Marie Sarita. *¡Tequila!: Distilling the Spirit of Mexico*. Stanford: Stanford University Press, 2014.
- Gies, Frances, and Joseph Gies. *Daily Life in Medieval Times: A Vivid, Detailed Account of Birth, Marriage and Death; Food, Clothing and Housing; Love and Labor in the Middle Ages*. New York: Barnes & Noble Books, 1990.
- Govender, Ishay. "The Underground Spaces Where Drinking While Female Was a Radical Act." *Wine Enthusiast Magazine*, March 8, 2020. https://www.winemag.com/2020/03/08/ladies-drinking-rooms-history/.
- Govender-Ypma, Ishay. 2019. "The Singapore Sling: Colonialism, Gender Roles and Pink Drinks for Pale People." *Wine Enthusiast Magazine*, September 7, 2019. https://www.winemag.com/recipe/the-singapore-sling-colonialism-gender-roles-pink-drinks-for-pale-people/.
- Graves-Brown, Carolyn. *Dancing for Hathor: Women in Ancient Egypt*. New York: Bloomsbury Publishing, 2010.
- Groom, Susanne. *At the King's Table: Royal Dining through the Ages*. London: Merrell, 2013.［スーザン・グルーム『図説　英国王室の食卓史』矢沢聖子訳、原書房、2021年］
- Guy, Kolleen M. *When Champagne Became French: Wine and the Making of a National Identity*. Johns Hopkins University Press, 2007.

【H】

- Hailwood, Mark. *Alehouses and Good Fellowship in Early Modern England*. Boydell & Brewer, 2014.
- Hambly, Gavin R. G. Review of *Nur Jahan: Empress of Mughal India*, by Ellison Banks Findly. *American Historical Review* 99, no. 3 (June 1994): 954–55. https://doi.org/10.2307/2167895.
- Hamilton, Roy W. *The Art of Rice: Spirit and Sustenance in Asia*. Seattle: University of Washington Press, 2004.
- Hamilton, Tracy Brown. "The Meditations of Europe's Last Brewmaster Nun." *The Atlantic*, October 2, 2014. https://web.archive.org/web/20160413031323/http://www.theatlantic.com/international/archive/2014/10/the-meditations-of-europes-last-brewmaster-nun/380967/.
- Hayward, Hurricane. "What We Learned at Appleton Master Blender Joy Spence's Rum Tasting at The Mai-Kai." *The Atomic Grog*, August 14, 2019. http://www.slammie.com/atomicgrog/blog/2019/08/14/appleton-master-blender-joy-spence-to-host-rare-rum-tasting-at-the-mai-kai/.
- Hebbar, Prajakta. "In High Spirits." *Indian Express*, September 23, 2012.

- Elam, Earl H., and James Haley. 1984. "Apaches: A History and Culture Portrait." *American Indian Quarterly* 8, no. 1 (Winter, 1984): 62–64. https://doi.org/10.2307/1184164.
- Elliott, Barbara. 1992. Review of *Constructive Drinking: Perspectives on Drink from Anthropology*, edited by Mary Douglas. Free Associations 3, no. 1 (1992): 143–46.
- Endolyn, Osayi. "The First Cocktail Book by an African American Bartender in More Than a Century." *Los Angeles Times*, April 2, 2019. https://www.latimes.com/food/la-fo-tiki-modern-tropical-cocktails-20190402-story.html.
- Erdoes, Richard. *Saloons of the Old West*. New York: Gramercy Books: 1997.［リチャード・アードーズ『大いなる酒場――ウエスタンの文化史』平野秀秋訳、晶文社、1984年］
- Ewan, Elizabeth. 1999. "'For Whatever Ales Ye': Women as Consumers and Producers in Late Medieval Scottish Towns." In *Women in Scotland c.1100–c.1750*, edited by Elizabeth Ewan, Maureen M. Meikle, and Evelyn S. Newlyn, 125–37. East Linton, Scotland: Tuckwell Press, 1999.
- Ewing, Hope. *Movers & Shakers: Women Making Waves in Spirits, Beer, and Wine*. Los Angeles: Unnamed Press, 2018.

【F】

- Falkowitz, Max. "Heart & Sool." *Imbibe*, May/June 2019.
- Fearn, Esther. "Moll Cutpurse." In *Encyclopedia Britannica*. https://www.britannica.com/biography/Moll-Cutpurse.
- Fetter, Bruce. Review of *Potent Brews: A Social History of Alcohol in East Africa, 1850–1999*, by Justin Willis. African Studies Review 46, no. 3 (December 2003): 134–35. https://doi.org/10.2307/1515053.
- Fetters, Ashley. "The Many Faces of the 'Wine Mom.'" *The Atlantic*, May 23, 2020. https://www.theatlantic.com/family/archive/2020/05/wine-moms-explained/612001/.
- Fleming, Alice. *Alcohol: The Delightful Poison*. New York: Delacorte Press, 1975.
- Foreman, Amanda, dir. *The Ascent of Woman*. United Kingdom: BBC2, 2016.
- Forsyth, Mark. *A Short History of Drunkenness*. London: Viking, 2018.［マーク・フォーサイズ『酔っぱらいの歴史』篠儀直子訳、青土社、2018年］
- Fox, Anne, and Mike MacAvoy. *Expressions of Drunkenness (Four Hundred Rabbits)*. New York: Taylor & Francis, 2010.
- Fragner, Bert G., Ralph Kauz and Florian Schwarz. *Wine Culture in Iran and Beyond*. Wien: Austrian Academy of Sciences Press, 2014. http://www.jstor.org/stable/j.ctt1vw0ps2.

【G】

- Garrett, Brianne. "How Black Women in Wine—and Their Allies—Are Banding Together to Achieve Better Representation." *Forbes*, November 6, 2019. https://

- Cooke, Anthony. *A History of Drinking: The Scottish Pub since 1700*. Edinburgh: Edinburgh University Press, 2015.
- Corrigan, Vincent J. "Hildegard of Bingen." In *Icons of the Middle Ages: Rulers, Writers, Rebels, and Saints*, edited by Lister M. Matheson, 1:355. Santa Barbara: Greenwood Publishing Group, 2012.

Costantino, Roselyn. "And She Wears It Well: Feminist and Cultural Debates in the Performance Art of Astrid Hadad." In *Latinas on Stage*, edited by Alicia Arrizón and Lillian Manzor. Berkeley: Third Woman Press, 2000.

- Crush, Jonathan, and Charles H. Ambler. *Liquor and Labor in Southern Africa*. Athens: Ohio University Press, 1992.

【D】

- Daryaee, Touraj. *Sasanian Persia: The Rise and Fall of an Empire*. New York: Bloomsbury Publishing, 2014.
- Davis, Angela Y. *Blues Legacies and Black Feminism: Gertrude Ma Rainey, Bessie Smith, and Billie Holiday*. New York: Knopf Doubleday Publishing Group, 2011.
- Dietler, Michael. 2006. "Alcohol: Anthropological/Archaeological Perspectives." *Annual Review of Anthropology* 35, no. 1 (2006): 229–49.
- Donahue, John F. *Food and Drink in Antiquity: Readings from the Graeco-Roman World; A Sourcebook*. London: Bloomsbury Academic, 2015.
- Donovan, Pamela. *Drink Spiking and Predatory Drugging*. New York: Palgrave Macmillan US, 2016.
- Dudley, Robert, and Aeon. 2016. "How the Drunken Monkey Hypothesis Explains Our Taste for Liquor." *The Atlantic*, December 19, 2016. https://www.theatlantic.com/science/archive/2016/12/drunken-monkey/511046/.
- Duis, Perry. *The Saloon: Public Drinking in Chicago and Boston, 1880-1920*. Champaign: University of Illinois Press, 1999.
- Dunbar-Ortiz, Roxanne, and Dina Gilio-Whitaker. *"All the Real Indians Died Off": And 20 Other Myths about Native Americans*. Boston: Beacon Press, 2016.
- Duncan, Todd C. "Black Bourbon Society Founder Seeks Diversity in Spirits Industry." *Atlanta Journal-Constitution*, May 12, 2020. https://www.ajc.com/entertainment/personalities/black-bourbon-society-founder-seeks-diversity-spirits-industry/7hsSQjm989gLFL7NSGd6HL/.
- Durham, William H., and Jane H. Hill, eds. *Annual Review of Anthropology*. Vol. 35. Palo Alto, CA: Annual Reviews, 2006.
- Dyhouse, Carol. *Girl Trouble: Panic and Progress in the History of Young Women*. London: Zed Books, 2014.

【E】

- Egan, Ronald. *The Burden of Female Talent: The Poet Li Qingzhao and Her History in China*. Cambridge: Harvard University Press, 2014.

Drinks and the People behind Them. New York: Cocktail Kingdom, 2014.
- Blumenthal, Karen. *Bootleg: Murder, Moonshine, and the Lawless Years of Prohibition*. New York: Roaring Brook Press, 2011.
- Brennan, Thomas E. *Public Drinking in the Early Modern World: Voices from the Tavern, 1500-1800*. London: Pickering & Chatto, 2011.
- Brennan, Thomas E. "Taverns and the Public Sphere in the French Revolution." In *Alcohol: A Social and Cultural History*. Mack Holt, ed. 107-120, Oxford: Berg, 2006. https://doi.org/10.5040/9781350044609-ch-007.
- Brooks, Polly Schoyer. *Cleopatra: Goddess of Egypt, Enemy of Rome*. New York: HarperCollins Publishers, 1995.
- Brown, Sally, and David R. Brown. *A Biography of Mrs. Marty Mann: The First Lady of Alcoholics Anonymous*. Simon and Schuster, 2011.
- Bryceson, Deborah Fahy. "Alcohol." In *Encyclopedia of Western Colonialism since 1450*, edited by Thomas Benjamin, 29–33. Vol. 1. Detroit: Macmillan Reference USA, 2007. Gale in Context: World History.
- Burns, Eric. *The Spirits of America: A Social History of Alcohol*. Philadelphia: Temple University Press, 2004.
- Buss, Carla Wilson. "Sources: Great Lives from History; Notorious Lives." *Reference & User Services Quarterly* 47, no. 1 (2007). https://doi.org/10.5860/rusq.47n1.85.2.

【C】

- Carrigan, Matthew A., Oleg Uryasev, Carole B. Frye, Blair L. Eckman, Candace R. Myers, Thomas D. Hurley, and Steven A. Benner. "Hominids Adapted to Metabolize Ethanol Long Before Human-Directed Fermentation." *Proceedings of the National Academy of Sciences* 112, no. 2 (January 13, 2015): 458–63. https://doi.org/10.1073/pnas.1404167111.
- "Catherine, II, the Great." In *Historic World Leaders*, edited by Anne Commire. Detroit: Gale, 1994. Gale in Context: World History.
- Chang, Kwang-chih. *Food in Chinese Culture: Anthropological and Historical Perspectives*. New Haven: Yale University Press, 1977.
- Chartres, J. A. Review of *The English Alehouse: A Social History, 1200–1800*, by Peter Clark. *The Economic History Review*, n.s., 38, no. 3 (August 1985): 449–51. https://doi.org/10.2307/2597002.
- Civil, Miguel. "A Hymn to the Beer Goddess and a Drinking Song." In *Studies Presented to A. Leo Oppenheim: June 7, 1964*, edited by R.D. Biggs and J. A. Brinkman. Chicago: Oriental Institute of the University of Chicago, 1964.
- Clark, James G., ed. *The Culture of Medieval English Monasticism*. Woodbridge, Suffolk, UK: Boydell & Brewer, 2007.
- Conrad, Barnaby, III. *Absinthe: History in a Bottle*. San Francisco: Chronicle Books, 1988.

参考文献

【A】

- Alexander, John T. *Catherine the Great: Life and Legend.* Oxford University Press, 1989.
- "Alfred the Great: Law Code on Anglo-Saxon Women (ca. 893 CE)." *World History: Ancient and Medieval Eras*, ABC-CLIO, 2020.
- Ambrose, Hugh, and John Schuttler. *Liberated Spirits: Two Women Who Battled over Prohibition*. Penguin, 2018.
- "America's Beer, Wine & Spirits Retailers Create 2.03 Million Jobs & $122.63 Billion in Direct Economic Impact." American Beverage Licensees, October 23, 2018. https://ablusa.org/americas-beer-wine-spirits-retailers-create-2-03-million-jobs-122-63-billion-in-direct-economic-impact/.
- Anderson, E. N. *Food and Environment in Early and Medieval China*. Philadelphia: University of Pennsylvania Press, 2014.
- Appleby, John C. *Women and English Piracy, 1540-1720: Partners and Victims of Crime*. Boydell & Brewer, 2013.

【B】

- Bailey, Mark. *Of All the Gin Joints: Stumbling through Hollywood History*. Chapel Hill, NC: Algonquin Books, 2014.
- Baker, Phil. *The Book of Absinthe: A Cultural History*. Grove/Atlantic, 2007.
- Bardsley, Sandy. "Nuns: Medieval World." *Daily Life through History*, ABC-CLIO, 2020.
- Barndt, Jillian Rose. "Women of the Rear Palace: Naishi no kami and the Fujiwara Clan." Master's thesis, University of Alberta (Canada), 2013.
- Barnett, Richard. *The Book of Gin: A Spirited History from Alchemists' Stills and Colonial Outposts to Gin Palaces, Bathtub Gin, and Artisanal Cocktails*. Grove/Atlantic, 2012.
- Bayles, Jaq. "Profile: Joy Spence." *Drinks International*, July 13, 2012. https://drinksint.com/news/fullstory.php/aid/3121/Profile:_Joy_Spence.html.
- Bennett, Judith M. *Ale, Beer, and Brewsters in England: Women's Work in a Changing World, 1300-1600*. New York: Oxford University Press, 1996.
- Bennett Peterson, Barbara, ed. *Notable Women of China: Shang Dynasty to the Early Twentieth Century*. London: Taylor & Francis Group, 2000. ProQuest Ebook Central.
- Bernstein, Gail Lee, ed. *Recreating Japanese Women, 1600-1945*. University of California Press, 1991.
- Berry, Jeff. *Beachbum Berry's Potions of the Caribbean: 500 Years of Tropical*

【図版出典】

1 ：Creative Commons Attribution 3.0 Unported
2 ：Hulton Archive/Ann Ronan Pictures/Print Collector/Getty Images
3 ：Creative Commons Attribution-Share Alike 4.0 International
4，5，7，10, 11, 12, 13, 14：Public Domain/Wikimedia Commons
6 ：Public Domain/WikiArt
8 ：Public Domain/© The Trustees of the British Museum, released as CC BY-NC-SA 4.0
9 ：Hulton Archive/Culture Club/Getty Images
15：Corbis Historical/George Rinhart/Corbis via Getty Images
16, 17, 19：Public Domain
18：Bloomberg/John Sommers II/Bloomberg via Getty Images
20：Courtesy of Laphroaig

著者略歴

マロリー・オメーラ *Mallory O'Meara*

数々の受賞歴とベストセラーをもつ作家であり、歴史研究家、脚本家、独立系映画会社プロデューサー。愛読家に人気のポッドキャスト「Reading Glasses」で共同ホストを務める。
本書は2022年のジェームズ・ビアード財団賞を受賞。その他の著書に、*The Lady from the Black Lagoon*、*Girls Make Movies*がある。

訳者略歴

椰野みさと《やの・みさと》

早稲田大学第一文学部卒。英語教育系出版社勤務を経て、現在は学術書を中心とした編集職。訳書にサラ・マレー『死者を弔うということ』。

ご意見・ご感想は、
こちらのフォームからお寄せください。
https://bit.ly/sss-kanso

女たちがつくってきた お酒の歴史

2024年11月6日　第1刷発行

著　者　マロリー・オメーラ
訳　者　椰野みさと
装幀者　Malpu Design（清水良洋）
発行者　碇　高明
発行所　株式会社 草思社
〒160-0022　東京都新宿区新宿1-10-1
電話　営業 03(4580)7676　編集 03(4580)7680

本文組版　有限会社マーリンクレイン
本文印刷　株式会社三陽社
付物印刷　日経印刷株式会社
製本所　大口製本印刷株式会社

編集協力　片桐克博（編集室カナール）

ISBN978-4-7942-2750-8 Printed in Japan　検印省略

造本には十分注意しておりますが、万一、乱丁、落丁、印刷不良などがございましたら、ご面倒ですが、小社営業部宛にお送りください。送料小社負担にてお取替えさせていただきます。

草思社刊

女たちの王国
「結婚のない母系社会」中国秘境のモソ人と暮らす

曹 惠虹 著
秋山 勝 訳

今も純粋な母系社会を営む中国奥地のモソ人たち。「結婚」の概念がなく家長である祖母のもとで家族全員が生涯を送る。自らそこで暮らした女性が描く新鮮な日々。

本体 1,900円

死因の人類史

アンドリュー・ドイグ 著
秋山 勝 訳

疫病、飢餓、暴力、そして心臓、脳血管、癌…。人はどのように死んできたのか？ 有史以来のさまざまな死因とその変化の実相を多面的に検証した「死」の人類史。

本体 3,800円

エネルギー400年史
薪から石炭、石油、原子力、再生可能エネルギーまで

リチャード・ローズ 著
秋山 勝 訳

人類はいかにエネルギー資源を見出し利用してきたか。400年にわたる発見・発明の変遷史を数多の人間たちの苦闘の物語として描く。ピュリッツァー賞受賞者の力作。

本体 3,800円

草思社文庫
銃・病原菌・鉄（上・下）
一万三〇〇〇年にわたる人類史の謎

ジャレド・ダイアモンド 著
倉骨 彰 訳

なぜ人類は五つの大陸で異なる発展をとげたのか。分子生物学から言語学に至るまでの最新の知見を編み上げて人類史の壮大な謎に挑む。ピュリッツァー賞受賞作。

本体 各1,100円

＊定価は本体価格に消費税10％を加えた金額です。